# Sagenhafter Schwarzwald

Coverbilder:
Großes Bild: Schwärzlehof Kapelle über Eschbach
Kleine Bilder Vorderseite (von links):
Kindlesbrunnen über Haslach – Wildsee – Teufelstein von St. Ulrich
Kleine Bilder Rückseite (von links):
Schauenburg bei Oberkirch – Bärenkreuz bei Loßburg – Triberger Wasserfall – Teufel holt Dr. Faust am Löwen in Staufen

Bildnachweis:
S. 116: wikimedia: Johannes Hermann, Rottenburg
Alle anderen Bilder stammen aus dem Archiv des Autors.


Alle Informationen und Hinweise ohne Gewähr und Haftung.

Verlag:
Eigenverlag Ulla Hund
Lange Straße 25
96215 Lichtenfels
eigenverlag-u.hund@web.de
www.eigenverlag-ulla-hund.de

Gesamtherstellung & Layout:
Petra Sarow, München

Druck:
Bosch-Druck GmbH, Landshut

2. Auflage
ISBN 978-3-9802425-3-0

Dieter Hund

# Sagenhafter Schwarzwald

206 geheimnisvolle Sagen und Mythen

4 | Sagenhafter Schwarzwald

## Ortsverzeichnis

## Täler des Nord-Schwarzwaldes

## Täler des Süd-Schwarzwaldes

## Vorwort

Mythen und Sagen haben bis heute nichts von ihrer Faszination verloren. Sie prägen Geschichte und Brauchtum einer Region und haben selbst Einzug in unser Reden und Denken gehalten. Fast jede Region der Erde hat ihren eigenen „persönlichen" Sagenschatz, in dem sich die Wurzeln und Werte ihrer Gesellschaft widerspiegeln.

Häufig verborgen, nur noch in Andeutungen an Gebäuden, verwitterten Kreuzen oder mysteriös klingenden Ortsbezeichnungen zu erahnen, erschließt sich die faszinierende Welt der Natur- und Volkssagen nur dem, der sich offenen Auges und Ohres auf eine Entdeckungstour begibt. Der Schwarzwald mit seinen Tälern, Ruinen, zahllosen Kapellen und Kirchen sowie seinem lebendigen Brauchtum bietet sich für eine solche Zeitreise wie kaum eine andere Region Deutschlands an.

Was haben unsere Vorfahren gedacht, als sie zum ersten Mal die Schwarzwaldgipfel bestiegen, die dunklen Wälder und schroffen Täler durchstreiften? Wie schafften sie das häufig harte und karge Leben zu bewältigen? Wie die Wirren von Völkerwanderungen, Kriegen, Pest und Hungersnöten zu überstehen? Es waren nicht zuletzt die Mythen und Sagen, die ihnen Trost und Hoffnung gaben, aber auch Ermahnung und Warnung waren. Und so schufen sich die Schwarzwälder über Jahrhunderte hinweg Kulte und heilige Stätte, von denen viele längst in Vergessenheit geraten sind. Andere sind jedoch im Gedächtnis der Menschen erhalten geblieben. Oft sind daraus Sagen und Mythen hervorgegangen, die, über Jahrhunderte hinweg mündlich überliefert, wesentlicher Bestandteil der Geschichte unserer Region sind.

Und so erzählen die Sagen – bekannte und auch weniger bekannte – von unglücklichen weißen Damen, die des Nachts durch verfallene Ruinen geistern, von Wassernixen, die junge Schwarzwald-Burschen auf den Grund ihres Sees locken oder von tugendhaften Mönchen und Nonnen, die dem Teufel ein ums andere Mal ein Schnippchen schlagen. Phantastische Begebenheiten und tatsächliche Ereignisse gehen dabei Hand in Hand.

Nahezu alle Orte, die ich in diesem Buch beschreibe, habe ich über Jahre hinweg besucht. Oftmals waren sie Ziel meiner Wanderungen, häufiger aber auch zufällige Entdeckungen am Wegesrand. Mein Hobby unterstützten meine Wanderfreunde *Meinrad Oberfell*, *Roland Dieterle* und *Meinrad Schmiederer*. Zusammen begaben wir uns auf kilometerlange Wanderungen durch die faszinierende Landschaft und Sagenwelt des Schwarzwaldes, immer auf der Suche nach alten, vergessenen Geschichten.

Die Aufzeichnungen von Erlebtem und Gehörtem ergänzte ich im Laufe der Zeit durch „phantastische Ereignisse", Fakten und historische Begebenheiten, die ich in Chroniken, Heimatbüchern, Zeitschriften, Zeitungen und Jahrbüchern des Schwarzwaldes fand. So setzten sich auf meinen Wanderungen durch Raum und Zeit 206 Mythen und Geschichten zum Bild des „Sagenhaften Schwarzwalds" zusammen.

Das Buch soll Fundgrube für all jene sein, die sich von diesen alten Geschichten und den geheimnisvollen Orten verzaubern lassen. Es soll Sie einladen, sich selbst auf Entdeckungsreise zu den Orten der Geschichten und Sagen des Schwarzwaldes zu begeben und die Region auf ungewöhnliche Weise zu erwandern.

Ich habe die 206 Sagen und Mythen den Schwarzwaldtälern talaufwärts entlang zugeordnet. Vom Kinzigtal aus führen die des Nord-Schwarzwaldes im Uhrzeigersinn und die des Süd-Schwarzwaldes entgegen dem Uhrzeigersinn um den Schwarzwald herum. Folgen Sie den vorgeschlagenen Wanderrouten und Sie werden sehen, dass der Schwarzwald auch heute nichts von seiner Faszination verloren hat.

*Dieter Hund*

Ein besonderer Dank gilt meiner lieben Frau, die mit viel Geduld, Verständnis und Aufmerksamkeit mein Hobby begleitet und durch ihren Forschergeist beim Auffinden zahlreicher versteckter, sagenumwobener Orte behilflich war.

# Kinzigtal

## SCHLOSS STAUFENBERG BEI DURBACH

*Durbach ist von Offenburg über Rammerweier oder Zell-Weiersbach zu erreichen. Nördlich von Durbach liegt Schloss Staufenberg. Nach dem Ortskern Durbachtal aufwärts zweigt links die Straße nach Oberkirch ab. Nach ca. 0,5 km zweigt in Heimbach links der Fahrweg zum Schloss Staufenberg ab. Heute ist es ein Weingut mit Blick über die Ortenau. Der Ortenauer Weinpfad umgeht das Schloss von Oberkirch nach Offenburg auf der westlichen Talseite.*

*Mutmaßlich die fränkischen Grafen von Kalw, wie sie sich damals nannten und als Grafen Staufenberg erscheinen, haben wohl im 11. Jahrhundert die Burg erbaut. Seit 1832 in markgräflichem Privatbesitz, wird sie heute als bekanntes Weingut betrieben.*

Der tapfere Petermann Diemringer ritt an einem schönen Pfingstmorgen nach Nussbach zur Messe. Da sah er eine schöne Jungfrau auf einem Steine sitzen, die sich als die ihn schützende Fee zu erkennen gab. Sein Leben, seine Ritterkämpfe und Gefahren würden durch die schützende Hand vor Schaden bewahrt. Bei diesen Worten wünschte der Ritter sich sehnlichst, ein Leben lang bei ihr zu sein.

Die Fee versprach ihm Glück und Reichtum, wenn er ihr die Treue halte und niemals eine andere Frau zur Ehe nehme. Er müsse beim Bruch seines Schwurs ansonsten mit dem Tod innerhalb von drei Tagen rechnen. Freudig gelobte er der Fee ewige Treue und genoss das Glück, Ansehen und Reichtum, denn auf Wunsch besuchte ihn auch die Geliebte, so oft er wollte.

So fiel es ihm auch nicht schwer, sich dem Drängen der Seinen zu widersetzen, endlich eine Frau zu nehmen, um sein Geschlecht nicht erlöschen zu lassen. Die Treue zu seiner Fee war ungebrochen.

Bei der Königswahl in Frankfurt errang er im Turnier den Sieg. Des Königs Base überreichte den Preis. Der König wollte dem Staufenberger, da dieser nicht verheiratet war, seine Base, die Herzogin von Kärnten, zur Gemahlin geben. Verbunden damit war die Herzogwürde. Entsetzt wies der Herzog dies zurück und gab seinen Vertrauten sein Geheimnis preis. Da er seine Geliebte nicht zeigen konnte, glaubten sie an einen Pakt mit dem Teufel. Er müsse zu seiner eigenen Sicherheit den Pakt mit dieser Unholdin lösen. Schweren Herzens ließ sich der Ritter überreden und verlobte sich mit der lieblichen Base des Königs.

◄ Schloss Staufenberg bei Durbach

Die Hochzeit wurde mit großer Pracht auf der Burg Staufenberg gefeiert. Plötzlich erschien über der Tafel nach lautem Stoß durch die Saaldecke ein schöner, schwanenweißer Frauenfuß. Der Ritter erbleichte, da er sich an die Prophezeiung und deren Folgen erinnerte. Voll Reue bereitete er sich auf seinen Tod vor, der nach drei Tagen auch eintrat. Die junge Witwe zog heim in ihr Land, trat ins Kloster ein und wurde so Gottesbraut.[1]

*Oder: Das Reich der Fee Melusine erstreckte sich auf den Stollenwald unterhalb des Staufenbergs. Hier im Wald traf sie auch Sebald, den Sohn des einstigen Staufenberger Amtmannes, und verwirrte ihn dermaßen, dass sie ihn bat, ihn drei Tage lang zu küssen, auf dass sie von dem Feendasein erlöst würde. Als sie ihm jedoch am dritten Tag als grässliches Weib erschien, wagte er den Kuss nicht mehr. Ihre Rache folgte ihm. An seinem Hochzeitstag fiel ein silberner Tropfen in seinen Teller – er aß ihn und starb.[2]*

## Speckuhr auf dem Gengenbacher Rathaus

*Die B 33 führt von Offenburg das Kinzigtal aufwärts. Bei Gengenbach Süd zweigt der Zubringer auf die andere Kinzigseite. Der Straße folgend, führt diese direkt ins Zentrum zum Rathaus. Gengenbach ist der Ausgangspunkt des Querweges Gengenbach-Alpirsbach. Auch der Kandel-Höhenweg führt nach Süden durch Gengenbach.*

*Gengenbach im Kinzigtal hat als ehemalige Freie Reichsstadt einen historischen Stadtkern. Im Zentrum vor dem ehemals mäch-*

*tigen Kloster liegt das Rathaus am Marktplatz. Es wurde 1784 im Übergangsstil vom Rokoko zum beginnenden Klassizismus neu erbaut. Figuren auf dem Dach stellen die Gerechtigkeit und Weisheit dar, während der ausholende Adler das Gengenbacher Wappen hält. Der zerstörte Südflügel wurde nach dem Zweiten Weltkrieg wieder aufgebaut.[3]*

Ganz auffallend lang benutzten die Zwölfer des Rates der freien Reichsstadt eine Pause in der Sitzung. Bereits vor einigen Minuten war durch das Läuten ihr Wiederbeginn angezeigt worden, und noch immer erschienen sie nicht. Drunten in der Wirtschaft, welche im Parterre des Rathauses errichtet war, wurden sie vergeblich vom Ratsdiener gesucht.

Droben hinter der Uhr hatte der soeben vergantete (insolvente) Wirt des Rathauses ein paar angeschnittene Seiten Speck. In der Hoffnung, dass es keiner merkte, wenn es bei der Versteigerung ein paar Pfund weniger sein würden, hatten sich die Ratsherren heimlich hinter dieser Delikatesse hergemacht und daher den Beginn der Sitzung verpasst.

Doch plötzlich wurden sie beim Speckessen vom Ratsdiener, dem sie vor einigen Tagen wegen Unfähigkeiten gekündigt hatten, überrascht. Eigentlich stand auf diesen Tatbestand in damaliger Zeit bei Anzeige 25 Prügel auf das verlängerte Hinterteil. Die Stadtherren aber kamen ungeschoren davon. Justizia drückte ein Auge zu und ließ es mit einer Rüge gut sein.

Seit diesem Vorfall wurde die Uhr auf dem Rathaus die Speckuhr genannt.[4]

## BERGLEKAPELLE ÜBER GENGENBACH

*In Gengenbach im Kinzigtal führt vom historischen Stadtkern nach dem Oberen Tor rechts der Kandel-Höhenweg ca. 1,2 km direkt zur über der Stadt gelegenen St. Jakobskapelle, auch Berglekapelle genannt.*

*Die Berglekapelle wurde von der Abtei Gengenbach als St. Jakobskapelle gebaut und 1294 geweiht. Funde bezeugen jedoch, dass schon die Römer den „Kastelberg" benutzten, um die Gegend von hier aus zu überwachen. Der heutige Bau stammt aus den Jahren 1681/1682.*

Eine große Verlobung fand im Mersy'schen Haus, dem angesehensten in der freien Reichsstadt in Gengenbach, statt. Die beiden Zwillingsschwestern Perpetua und Felizitas verlobten sich. Vom Reichsvogt, über den Abt des Klosters bis zum Stadtmeister waren die ganzen Honoratioren vertreten. Einige Jahre nach der Hochzeit gestalteten sich die Familienverhältnisse bei beiden gar traurig. Felizitas blieb ohne Nachkommen und musste sich heftige Vorwürfe vom jähzornigen Gemahl machen lassen.

Perpetua konnte sich eines hübschen Kindes erfreuen, aber sie hatte viel zu leiden unter der Eifersucht ihres Gemahls. Er misstraute ihr wegen ihrer Schönheit. Geduldig ertrugen die Zwillingsschwestern die ungerechtfertigten Vorwürfe. Nur zum Himmel flehten sie inbrünstig, dass er sie bald von diesem Leiden erlösen möge. Endlich wurden sie erhöht. Am Haupte von Perpetua kamen seltsame hornähnliche Gebilde zum Vorschein, die ihre Schönheit vernichteten. Felizitas bekam das lang ersehnte Kind.

Die Ehemänner sahen ihr Unrecht ein und baten die Gemahlinnen um Verzeihung. Zum Dank für ihre Erlösung beschlossen die Schwestern, auf dem Bergle bei Gengenbach eine Kapelle zu bauen. Dort auf dem Altarbild der Kapelle stehen die Dulderinnen mit den Siegespalmen und dem väterlichen Wappen, einem menschenähnlichen Löwen, zu Füßen. Perpetua mit ihrem größeren Kinde und den hornähnlichen Auswüchsen am Haupte. Auf der anderen Seite Felizitas mit ihrem Neugeborenen im Tragekissen. Im Hintergrund die Berglekapelle. Darüber schwebt Maria.[5]

▶ St. Jakob Kapelle,
genannt Berglekapelle über Gengenbach

## FUSSBACHER FRAUENBILD BEI GENGENBACH

*Die B 33 führt das Kinzigtal aufwärts. Bei Gengenbach Nord zweigt die Landstraße (alte B 33) rechts nach Fußbach ab. Nach 1,5 km steht rechts an der Straße die Immaculata.*

Auf einsamen Feld saß im Spätherbst kummervoll ein armer Handwerksbursche. Vor ihm lag die freie Reichsstadt Gengenbach mit seinen vielen Türmen. Beim Anblick dieser Stadt überkam ihn große Trauer, ob er hier wohl Arbeit erhalten könne? Als Küfergeselle müsste er doch in dieser Weingegend Arbeit finden.

Aber als der Küfergeselle im benachbarten Maierhofe am Eingang des Strohbacher Tales nach Arbeit für die Nachweinlese fragte, wurde ihm das abschlägig beschieden. Entmutigt ging er nach Gengenbach und fand bei einer vermögenden Witwe mit schönem Haus die langersehnte Arbeit. Da der Küfergeselle fleißig und brav war, entschloss sich die junge Witwe diesen zu heiraten.

Von den Kindern dieser Ehe war besonders der kleine Joachim sehr aufgeweckt. Er besuchte die Klosterschule, widmete sich nach Absolvierung derselben der militärischen Laufbahn. Er brachte es in kurzer Zeit bis zum österreichischen Feldmarschall und wurde unter Beibehaltung seines Familiennamens „Bender" in den erblichen Adelsstand erhoben. Der fähige Offizier wurde ein gefeierter Heerführer in den napoleonischen Befreiungskriegen. Seine letzte Ruhestätte fand er auf dem Gengenbacher Gottesacker.

An Stelle, wo einst sein Vater als armer Handwerksbursche in so trüber Stimmung sich befand, ließ der Marschall eine Statue errichten. Sie ist unter dem Namen „das Fußbacher Frauenbild" bekannt geworden.[6]

## SAGENUMWOBENER HEILIGER BRUNNEN BEI HASLACH

*Die B 33 im Kinzigtal umfährt Haslach talaufwärts. Nach der Bahnunterführung biegt die Straße rechts ins Zentrum von Haslach ein. Von hier aus führt der Hansjakob Weg 2 zum „Hansjakob Haus", dann rechts und wieder links in die Rotkreuzstraße. Diese hoch bis zum Waldrand. Dort geht dann zum Hansjakob Weg 2 der Stationenweg 1 km durch den Urenwald empor zu einem von mächtigen Buchen umgebenen Dobel. Da liegt der „Heilige Brunnen", in alten Karten als „Heiligendobel" bezeichnet.*

Der Volksmund erzählt, dass dieser Ort mit einem Hirtenjungen und Klausner namens Rudolfus verbunden sei. Er soll hier als gottesfürchtiger Mensch und als Einsiedler gelebt haben. Einer Mörderhand sei er schließlich zum Opfer gefallen. An diesen Rudolfus wird auch heute noch mit der Rudolfuskapelle erinnert. Ein Bild über dem Eingang der Kapelle weist auf die schreckliche Tat hin.

Das Orginalbild wird im Stadtarchiv aufbewahrt. Dort, wo die Erde sein Blut trank, da sei eine Quelle entsprungen. Aus einem zum Brunnen umgebauten Bildstock sprudelt das Nass. Noch heute liefert diese Quelle ihr kostbares Wasser ins Tal.

▲ Der Heilige Brunnen über Haslach

▲ Rudolfus Kapelle am Heiligen Brunnen über Haslach

Alt ist der Brauch, dass Eltern mit ihren Schützlingen hinauf zum „Kindlesbrunnen" ziehen, wie der Heilige Brunnen im Volksmund auch genannt wird. Über der Quelle entstand im Laufe der Zeit eine Grotte. Zu Füßen der Mutter Gottes steckten viele Kinder Kreuzchen, um den Wunsch nach einem Brüderchen oder Schwesterchen ausdrücken zu wollen.[7]

## KARFUNKELSTADT (FISCHERBACH)

*Von der B 33 biegt vor Haslach die Straße über Schnellingen nach Fischerbach ab. Nach ca. 1 km talaufwärts biegt links die Kreisstraße nach Fischerbach in Richtung Nillhöfe ab. Nach ca. weiteren 4 km liegt Karfunkelstadt. Der Hansjakob Weg 2 führt von Fischerbach auf der Höhe zu den Nillhöfen an Karfunkelstadt vorbei.*

*Nach Hansjakob bezieht sich der Name „Karfunkelstadt" auf die Tätigkeit der Römer, die hier angeblich Edelsteine gegraben und geschliffen sowie mit dem Silber der Nachbarschaft gefasst haben. In Wirklichkeit waren es wohl Familienangehörige von Tagelöhnern, die als Nebenerwerb die Karfunkel (ein roter Halbedelstein) aus Böhmen in Heimarbeit geschliffen und poliert haben.[8]*

Im Schwarzwald lebte einst ein armer, alter Holzhauer, der Witwer war. Seine schöne, einzige Tochter, Agathe, besorgte ihm den Haushalt. Still und willig tat sie ihre Arbeit. Eines Abends saß Agathe am Spinnrad, spann fleißig Flachs zu Garn. Plötzlich kamen drei Zwerge zur Tür herein und stellten sich vor sie hin: „Du sollst

unsere Königin werden. Übermorgen ist Vollmond, da will unser König mit Gefolge zu Dir kommen, um Dich zur Hochzeitsfeier abzuholen." Agathe konnte kein Wort sagen, die Kehle war wie zugeschnürt. „Sorge Dich nicht", sagte der Vater, der alles mit angehört hatte. „Morgen gehst Du zu Deiner Göttel, mit den Zwergen werde ich schon fertig."

Am nächsten Morgen stand sie früh auf, verließ das Haus. Doch auf der Straße standen schon viele Leute, denn über Nacht war ein Wunder geschehen. Die Straße war mit Karfunkelsteinen gepflastert, die glitzerten und funkelten. Agathe war in Sorge, als sie so dahin schritt. Ihr war bewusst, dass der Zwergkönig sie nur bauen ließ, um auf einer schönen Straße zu wandeln, wenn er käme, um sie zur Hochzeit abzuholen.

Am Ende der Häuser und Gärten blieb sie wie angewurzelt stehen, weil sie keinen Schritt mehr tun konnte. Dann kam ein Windstoß und drehte sie um. Gehen konnte sie nur heimwärts. Damit wusste sie und auch der Vater, dass sie einem Zauber unterlagen. Unglücklich über ihre Situation konnte sie kaum arbeiten, an Schlaf war auch beim Vater nicht zu denken.

Gegen Mitternacht klopfte es an die Tür und auf Nachfrage, wer draußen sei, kam die Antwort, ein Wanderer, der um ein Nachtlager bat. Als die Tür geöffnet wurde, stand ein Ritter hoch zu Ross vor der Tür, der vom Weg abgekommen war. Der Holzhauer bot ihm ein Nachtlager an und versorgte das Pferd. Als der Ritter in die Stube kam, erzählte der Holzhauer von dem Zauber, der ihnen den Schlaf raubte. Der Ritter hatte aber von einer Fee in der Nähe seiner Heimatburg ein Kräutlein geschenkt bekommen, das vor jeglichen Zauber schützte. Davon gab er dem Vater und Agathe.

Als sie am nächsten Morgen das Haus verlassen wollten, rutschten Agathe immer die Schuhe weg, und dem Vater war es nicht möglich den Kittel von der Stange zu holen, da dieser immer wegflog. Der Ritter drängte zur Eile, sie sollten alles liegen lassen, denn die Zwerge hatten wohl gemerkt, was sich mit dem Wunderkraut ereignet hatte. Plötzlich flogen Tisch und Stühle in der Stube umher, Bilder fielen von den Wänden.

Der Ritter setzte Agathe auf sein Pferd und sprach ihr Mut zu, denn mit dem Zauberkraut konnte nichts passieren. Er nahm das Pferd am Zügel und schritt mit dem Holzhauer voran. Es krachte an allen Enden. Heugabeln, Rechen und Bohnenstangen flogen umher und stießen haarscharf an ihnen vorbei. Auf der Straße flogen die Karfunkelsteine in die Höhe und schlugen wieder hart auf. Aber es geschah ihnen nichts. Zwischen dem Lärm hörten sie die Zwerge fluchen und schimpfen, denn sie konnten den Fliehenden nichts anhaben. Mit der Zeit wurde es immer ruhiger, je weiter sie weg waren. Gegen Morgen konnte man die Vögel wieder zwitschern hören.

Erst nach Tagen erreichten sie die Burg des jungen Ritters. Dort wurde Agathe seine Gemahlin, und sie lebten glücklich und zufrieden miteinander. Auch der alte Vater blieb bei ihnen und kehrte nicht in seine Heimat zurück, die seit dieser Zeit „Karfunkelstadt" hieß.[9]

D' Karfunkelstadt ist vorne und hinten nit fest;
D' Karfunkelstadt ist halt nur ein Bettelnest.

## Schatzsucher auf der Burg Hausach

*Das Kinzigtal aufwärts liegt Hausach an der Bundesstraße B 33/294 In den Ort fahrend, liegt rechts über der Stadt die Burg Hausach. Hausach liegt am Westweg, der durch Hausach führt und auch Ausgangspunkt des Hansjakob Weges ist.*

*Die Gründung der Burg wird in der Mitte des 12. Jahrhunderts durch die Zähringer vollzogen. Prominentester Besucher war Kaiser Maximilian 1504. Die Burg diente als Zollstation der Handelswege und wurde im Dreißigjährigen Krieg zerstört (1643).[10]*

Vom Hausacher Schloss geht die Sage um, dass in seinen Abgründen ein Schatz aus lauter Gold verborgen sei. Ein paar Hausacher Bauernburschen stiegen in den unterirdischen Keller der Burg ein, um den Schatz zu heben. Ihnen war gesagt, sie dürften kein Wort reden, sonst versänke der Schatz unweigerlich, und sie hätten das Nachsehen.

Wirklich stießen sie nach tagelangem Graben auch auf zwei mächtige Geldkisten und begannen sie nun mit starken Seilen ans Licht zu heben. Schon hatten sie die eine Schatztruhe ganz hinaufgehoben und die andere schon fest im Griff, als es von drunten aus der Hausacher Dorfkirche zu läuten begann.

Da sagte der eine wohlmeinend: „Wir wollen jetzt beten, das Gold haben wir ja." Das hätte er nicht sagen sollen, denn kaum waren die Worte seinem Munde entschlüpft, als auch bereits mit lautem Gepolter die beiden Truhen in die Tiefe rumpelten, und ein solch

heftiger Sturmwind losbrach, dass sich die wackeren Schatzgräber schleunigst vom Schlossberg herunter machten und sich unter ihrem schützenden Dach daheim bergen mussten.[11]

## Wolfacher Bettelmännle

*Die B 294 führt weiter durch das Kinzigtal und früher durch Wolfach. Vor der Tunneleinfahrt biegt links die Straße in den Ort. Wie ein Sperrriegel legt sich das Wolfacher Schloss mit seinem Tor quer zur Straße. Mehrere Zugangswege führen von Wolfach aus zum West- und Mittelweg.*

*Die Anfänge und die Erbauer des Wolfacher Schlosses sind leider nicht verbürgt. Zumindest wird im Jahr 1447 von einer erweiterten Bautätigkeit der Fürstenberger berichtet. Das Schloss diente zeitweise als Wohnsitz von Familienmitgliedern und später als fürstenbergischer Verwaltungssitz. In den zwanziger Jahren kaufte die Stadt Wolfach nach und nach verschiedene Teile des Schlosses.*

Kommt der Besucher von draußen zum Stadttor des Fürstenberger Schlosses, kann dieser rechts oben neben dem romanischen Rundbogen des Kreuzgratgewölbes ein kleines Figürle sehen. Dieses Figürle hatte einen verhältnismäßig großen Kopf und Glotzaugen. Es liegt den Kopf Richtung torauswärts, die Beine der Stadt zu in die Höhe gestreckt, so dass sich das Hinterteil direkt der Stadt ent-

◀ Bettelmännle am Schloss von Wolfach

gegenlegt. Diese Bettelmännle ist das eigentliche Wahrzeichen von Wolfach. Von ihm berichtet die Sage, dass beim Bau des Tores ein Bettler in die Stadt gekommen sei, nur mit einem Hemdle bekleidet und um Almosen gebeten habe. Die Wolfacher hätten ihm aber nichts gegeben. Darauf habe sich das Männle voll Wut unters Tor gelegt, habe sein Hemd hochgezogen und der Stadt in „ergötzlicher" Weise das Hinterteil gezeigt.

Als mahnendes und abschreckendes Beispiel haben die Wolfacher dann dieses steinerne Abbild des abgewiesenen Bettlers am Tor errichtet. Es ist mittlerweile stadteinwärts nach dem rechten Fußgängerdurchgang rechts an der Wand angebracht.[12]

## ST. JAKOB KAPELLE BEI WOLFACH

*Vom Markplatz kommend, führt vor der Stadtbrücke rechts der Fahrweg zur St. Jakob Kapelle hinauf. Auf dem Querweg von Gengenbach nach Alpirsbach steigt der Wanderweg von Wolfach aus Richtung Moosenmättle den Wald hinan, bis nach kurzer Zeit die St. Jakob Kapelle über dem Kinzigtal erscheint.*

*Eine Kapelle war schon im 11. Jahrhundert eine bekannte Wallfahrtsstätte. Die erste Kapelle war wohl noch aus Holz. Die jetzige Form stammt aus dem Jahr 1685.*

Der frommen Ursprungslegende nach, hüteten Wolfacher Kinder ihr Vieh im Walde. Ein seltsames, unsagbar schönes und feines Singen und Tönen drang plötzlich durch den Wald. Aus einer Tanne kam der Klang. Wie hätten die Kinder auch länger staunend zuhören können! Die Waldaxt her! Mit dumpfen Krachen fiel der mächtige Baum! Das Singen verstummte!

Aber aus dem hohlen Stamm strahlte es golden. Eine „Bildnuss" fanden sie, eine kleine hölzerne Statue. St. Jakobs Bild war's, das sie emporhoben unter großer Freude. Und betend knieten sie nieder.

Weit im Tal kündeten sie dann, was droben im Wald sie entdeckt hatten. Und sie kamen und beteten an diesem Ort. Sie beteten zu St. Jakob vor dessen Gnadenbild. Dieses alte Bildnis stand vorerst oben auf dem linken Seitenaltar, bis es in festlichem Rahmen unter dem Chorbogen seinen endgültigen Platz bekommen hat. Und oben über dem linken Altar hängt das Bild, wie Wolfacher Kinder die Bildnuss fanden. Konrad Schmider aus dem Übelbach hielt die Legende malerisch fest.[13]

## GEHEIMNISVOLLE WALDGENOSSENSCHAFT (KINZIGTAL)

*In Wolfach am Ortsausgang beim Fußballstadion zweigt linker Hand die Fahrstraße in den Langenbach ab. Nach ca. 4 km zweigt links der Übelbach – auch als Radweg – ab. In Schiltach talaufwärts zweigt am Bahnhof das Heubachtal nach St. Roman ab. Alle Wege führen letztlich beim Staufenkopf zusammen. Von Wolfach führen die Zugangswege zum Mittelweg über das Landeck oder durch den Langenbach dorthin, auch der Hansjakob Wanderweg von Schenkenzell über St. Roman.*

*Wo Übelbach, Langenbach und Hinterer Heubach zusammenkommen, gibt es ausgedehnte Waldungen der Stabsgemeinde Kinzigtal. Hier hat auch die Waldgenossenschaft Langen-Übelbach ihren Genossenschaftswald. Wer mit einem eigenen Wohnhaus in einem der beiden Täler ansässig ist, ist Mitglied der Genossenschaft.*

Der Sage nach ist eine Gräfin von Hohengeroldseck einstmals auf dem Wege in das Kloster Wittichen, das ja von der Familie Geroldseck gegründet worden war, von einem Unwetter überrascht worden. In ihrer Not hat sie Unterschlupf bei einem Langenbacher Köhler gefunden, der die Herrin gepflegt und behütet habe. Es wird auch erzählt, sie sei mit einem später hochberühmten und als trefflichem Ritter geachteten Spross der Geroldsecker Familie in Hoffnung gewesen und habe in der Köhlerhütte das Kind geboren.

Jedenfalls als Dank für die treue Fürsorge habe die Gräfin den „Armen Leuten" des Stabes, zu dem die beiden Täler Langenbach und Übelbach gehörten, den Wald geschenkt, der im oberen Teil des Heubaches gelegen, sich vom Stirnle über den Lachenkopf bis zum Hinteren Hals ausdehnt.

Eine andere Version spricht davon, dass die Gräfin von Hohnegeroldseck auf dem Weg ins Kloster Wittichen von Langenbacher und Übelbacher Bauern überfallen und ihr unter Androhung des Todes der schöne Wald abgerungen worden sei.[14]

◄ Die St. Jakob Kapelle bei Wolfach

## TEUFELSTEIN BEI ST. ROMAN

*Im Wolfacher Ortsteil Halbmeil biegt das Kinzigtal aufwärts die Fahrstraße links nach St. Roman ab und führt nach einigen Kilometern zu diesem bekannten Wallfahrtsort. An der Wallfahrtskirche führt der Hansjakob Wanderweg den Hügel hinauf, an dieser vorbei. Ca. 1 km bergaufwärts liegt der Teufelstein.*

*Zumindest seit dem 14. Jahrhundert besteht die Wallfahrt des hl. Romanus (9. August), dem nachgesagt wird, vor allem jüngeren und auch älteren bei der Suche des Mannes behilflich zu sein. „Suchst du einen Mann, wallfahr' zu St. Roman." Da wohin die Siedler aus allen Tälern leicht hingelangen konnten, bauten sie ihre Kirche und weihten sie dem heiligen Märtyrer. Noch heute zeugen die Hofzeichen in der Kirche vom Opfersinn und der Liebe der Bauern zu ihrer Heimat und ihrem geschichtsträchtigen Gotteshaus.*

Der Teufel treibt sich oftmals in irgendwelcher menschlicher Gestalt umher, um zu sehen, wo er Schaden stiften und die Seelen zum Unheil verführen kann. Er versteht es dann meisterlich seine Hörner, den Bockfuß und Schwanz zu verstecken. So haben die Bauern auf der Höhe zwischen Heubach und Langenbach, die dem St. Romanus eine Kirche bauen wollten, nicht gemerkt, dass die Hilfe, die fleißig Stein auf Stein zum Kirchbau trug, der Teufel in eigener Person gewesen war. Er war der Meinung, hier entstehe ein Wirtshaus. Dieses ist ja des Teufels liebstes Menschenwerk, da ihm die Schnapser und übermäßigen Bier- und Weintrinker leicht zufallen.

Beim Fortgang des Baues merkte der Teufel aber, dass zu seinem Schrecken nicht ein Wirtshaus entstand, sondern ein Gotteshaus. Schnell eilte er hinauf auf den Staufenkopf und brach unter entsetzlichem Brüllen einen mächtigen Felsblock aus des Berges Gipfel, um damit Kirche und Werkleute in einem zu zerschmettern.

Schon war er grimmigen Herzens auf dem Weg zur Untat, als ein Wanderer des Weges daherkam und den Satan fragte, was er denn vorhabe. „Seht ihr die Kirche dort, die ist mir ein Dorn im Auge." Der Wanderer entgegnete: „Schont Euch ein wenig, Ihr seid ohne-

dies außer Atem, legt den Stein lieber noch ein wenig ab und ruhet, damit Euch der Wurf gelingt." Dem Teufel leuchtete das ein, er warf den Stein ein Stück den Wald hinunter und gedachte nach einem Stündle erquickenden Schlafes den entscheidenden Wurf zu tun.

Nach seinem Ausruhen schritt er zur Tat. Er konnte den Stein heben, wie er wollte. Er stemmte und schob an dem Stein über einen Tag herum. Der zuvor leichte Felsen war nicht mehr zu bewegen. In seinem Zorn zerkratzte er mit seinen Krallen in sinnloser Wut den unschuldigen Stein, der noch heute oberhalb des Wallfahrtsorts St. Roman liegt und seither Teufelstein heißt.

Jener Wanderer, der dem Teufel den Rat gab und den Stein so schwer machte, muss wohl ein Erzengel oder gar Gottvater gewesen sein, der auf diese Weise seinem Widersacher die Grenzen aufzeigte. [5]

## SCHILTACHER STADTBRAND

*In Schiltach das Kinzigtal aufwärts an der B 294 und an der Abzweigung der B 462 nach Rottweil liegend. In der Ortsmitte Richtung Freudenstadt zweigt rechts der steile Marktplatz zum Rathaus von Schiltach ab. Der Mittelweg durchquert Schiltach auf seinem Weg von Freudenstadt nach Süden.*

*Edgar Trautwein hielt in einem Gemälde am Rathaus von Schiltach fest, was verschiedene unbekannte und bekannte Chronisten wie*

◄ Der Teufelstein über St. Roman

*Erasmus von Rotterdam, der Villinger Ratsherr Heinrich Hug oder Graf Froben Christoph von Zimmern in der Zimmerschen Chronik festhielten: Der Teufel habe mit einer Magd gebuhlt, und diese habe mit seiner Hilfe die Stadt verbrannt.*

Einige Tage vor dem großen Brand am 10. April 1533 begann im Wirtshaus von Schultheiß Schernlin ein Gespenst sein Unwesen zu treiben. Mit seltsamen Pfeifen und Werfen von Steinen und Holz machte sich der Unhold bemerkbar. Wo immer der Wirt und das Hausvolk meinten das Pfeifen geortet zu haben, kam es von einem anderen Ort, mal aus der Stube, aus der Küche, von unter dem Tisch oder vom Dach. Viele hörten ihn, aber keiner sah ihn.

So ging es mehrere Tage. Schernlin bat sein Hausvolk sich vorzusehen. Die Pfarrherren von Schiltach und Schenkenzell wurden gebeten den Exorzismus anzuwenden. Als Antwort verlachte das Gespenst die Pfarrherren und beschimpfte sie als Diebe und den Schenkenzeller außerdem als Hurenbock. Er gestand, dass er nicht ein Geist, sondern der leibhaftige Teufel sei und das Wirtshaus des Schultheiß Schernlin verbrennen wolle. Dieser hätte ihm sein „Hure", nämlich die „Magd im Haus", vorenthalten.

Inzwischen hatte der Wirt die Schuldige an dem ganzen Spuk ausgemacht, nämlich seine aus Oberndorf stammende Magd bzw. Köchin. Der Spuk ging kurz nach ihrem Einzug los. Auch meinte man gehört zu haben, dass er „bei ihr liegen wolle", und sie „seine Hure sei". Angeblich soll der Sohn des Wirts oder dieser selbst eine Affäre mit ihr gehabt haben. In Wirklichkeit hätte die Magd seit vielen

▶ **Schiltacher Stadtbrand – Bild am Rathaus**

Jahren eine Liebschaft mit dem Bösen gehabt, der ihr nach Schiltach gefolgt sei.

Nachdem die Magd entlassen war, gab es für einige Tage Ruhe. Am Gründonnerstag setzte das Pfeifen wieder ein, und der Geist tat kund, dass man ihm seine Buhlschaft allda vertrieben hätte. Deswegen wolle er das Städtlein verbrennen. Der Wirt und die Gäste nahmen dies aber nicht mehr ernst. Gleichzeitig soll die Magd jedoch unter dem Vorwand, etwas vergessen zu haben, ins Wirtshaus zurückgekehrt sein.

Auf einmal sei das Haus angegangen und voll Feuer gewesen. Es seien dann die anderen Häuser auch angegangen, und der Wind habe dann das Feuer über die Gassen getrieben. Eh eine Stunde vergangen war, waren siebzehn Häuser bis auf den Grund verbrannt.

Am Morgen des Brandes will man die Magd in Schiltach gesehen haben. Erkundigungen ergaben jedoch auch, dass sie auch in Oberndorf in der Kirche das heilige Sakrament empfangen habe. Dies konnte nicht mit rechten Dingen zugegangen sein, denn beide Städte liegen drei Stunden des Weges auseinander. Des Teufels „liebste Buhlschaft" wurde verhaftet. Da sie alle Vorwürfe bestritt, wurde sie „peinlich befragt".

Unter der Folter gestand die Magd, sie sei nach dem Empfang des Sakraments, auf das sie nichts hielt, auf einer Ofengabel nach Schiltach geritten. Dort habe der Teufel auf dem Dach auf sie gewartet, ihr einen Hafen mit Inhalt gegeben und gesagt, sie solle es auf das Heu ausschütten, dann werde das Haus und die Stadt verbrennen.[16]

## SCHENKENBURG BEI SCHENKENZELL

*Zwischen Schiltach und Schenkenzell im Kinzigtal an der B 294 führen Bundesstraße und Bach scharf um einen Bergvorsprung. Da liegt auf einem exponierten Bergkegel über der Kinzig die Ruine Schenkenburg. Der Wanderweg führt rechts der Kinzig an der Schenkenburg vorbei nach Schenkenzell.*

*Die Burg gehörte den Geroldsecker und wurde 1534 durch die Fürstenberger zerstört.*

Einst hüteten Schenkenzeller Bauern auf dem Schlossberg ihr Vieh. Plötzlich erschien ein weißhaariger Mann und forderte den einen auf mitzukommen und ihm in die Burgruine zu folgen. Dort führte der Alte, der der Burggeist der Schenkenburg war, den Bauern vor eine schwere Türe, die derselbe, obwohl er sehr ortskundig war, zuvor noch nie gesehen hatte.

Mit einem großen Schlüssel, der sich knarrend im Schloss drehte, öffnete der Geist die Türe, und sie standen am Anfang eines langen, gewölbten Ganges. Durch diesen gelangten sie zu einer zweiten Türe, die ebenfalls geöffnet wurde. Sie kamen jetzt in einen gewölbten Raum, in dem sich neben allerlei altem Gerät auch eine große Kiste befand. Der Alte hieß seinen Begleiter den Deckel derselben zurückzuschlagen. Bis zum Rande war die Kiste mit Goldmünzen gefüllt, und der Geist forderte den Bauern auf, soviel von den Münzen mitzunehmen, als er tragen könne. In falscher Bescheidenheit las er sich jedoch nur einige schöne Stücke aus, um dem Geist nicht als habgierig zu erscheinen. Dieser erkannte jedoch

◄ St. Luitgard, abgebildet mit Kloster Wittichen

die Arglist seines Begleiters, denn derselbe wollte, da er jetzt nicht alles Gold mitnehmen konnte, später wiederkommen, um den ganzen Schatz zu heben. Der Bauer erklärte dem Geist nun genügend Reichtum zu besitzen. Danach wurden die Türen sorgsam verschlossen und sogleich verschwand der Geist. Zum Schrecken des Bauern war jedoch von der eisernen Türe auch keine Spur mehr zu sehen und trotz eifrigem Suchen auch nie wieder zu finden.[17]

## KLOSTER WITTICHEN BEI SCHENKENZELL

*In Schenkenzell zweigt nach links talaufwärts von der B 294 die Straße ins Reinerzauer Tal ab. Nach ca. 3 km biegt links die Straße in den Klosterbach zum ehemaligen Kloster Wittichen ab. Der Hansjakob Weg führt von St. Roman auf seinem Weg ins Kaltbrunner Tal am ehemaligen Kloster vorbei.*

*1325 wurde das Kloster mühsam gegründet, ist mehrfach abgebrannt und wurde 1802 von den Fürstenberger aufgehoben. In der ehemaligen Klosterkirche befindet sich das Grab der Gründerin. Die Kirche dient heute als Pfarrkirche.[18]*

Hier ist vor ca. 700 Jahren auch die fromme Prozession, müde vom weiten Weg von Oberwolfach her, hineingeschritten ins dunkle, tannen- und bergumsäumte Tal, das hinführt zum Klösterlein. Eine Klostergründung, die nicht durch den Adel vorgenommen wurde. Wittichen verdankt seine Gründung einer armen, aber gottbegeisterten Nonne, die selbst nichts einbringen konnte als ihr Gottvertrauen und ihren Glauben.

Um 1290 kam Luitgard als Tochter armer, aber frommer, ehrsamer Tagelöhnersleute im Vortal der Kleinen Kinzig zur Welt. Das kleine Mädchen zeichnete sich durch Hilfsbereitschaft und christlichen Lebenswandel sowie Demut aus. Durch mitleidvolles Flehen soll es ihr gelungen sein, einen Gefangenen aus dem Verlies des Schlosses Wittgenstein zu erlösen. Mit zwölf Jahren trat sie in ein Büßerkloster in Oberwolfach-Rankach ein und wurde schon nach wenigen Jahren Oberin. Während der feierlichen Wandlung hörte sie eine Stimme, die ihr gebot, ein Haus zu bauen und die 34 Schwestern nach der Aufhebung des Klosters mitzunehmen. Die Eingebung bestimmte auch den Ort, eine einsame, wüste Landschaft. Ihr war sie aber bekannt, denn es war nicht weit von ihrem Elternhaus.

Da zog sie aus, um für ihre Klostergründung Almosen zu sammeln. Schier unvorstellbar waren die Schwierigkeiten. Niemand, weder geistlich oder weltlich, gelehrt oder ungelehrt, alt oder jung, kam auf den Gedanken, an der wilden Stelle ohne Geld und ohne aller Leute Rat ein Kloster zu bauen, außer Luitgard. Sie zog mit ihrer Mitschwester Gerlinde zur Herzogin zu Teck nach Schiltach zu den Geroldsecker, ins Kloster Günterstal, wo sie auch Heinrich Suso traf, einen adligen Dominikanermönch, der als geistlicher Berater viele Klöster besuchte. Unter vielen Entbehrungen und Demütigungen sammelte sie ein paar Schärflein zusammen. Die Zahl der Unterstützer wurde immer größer, da sie vom glaubensfrohen Eifer Luitgards begeistert waren.

Da an dem durch die Vorsehung bestimmten Platz im Tal bei Wittichen die Wälder von den Flößern abgeholzt waren, brachten die

Helfer aber nur das Bauholz für ein „Scheuerlein" zusammen. Luitgard betete in ihrer Not inbrünstig zu Gott, das eben begonnene Werk zu segnen. Und wie durch ein Wunder soll daraufhin das taugliche Holz so rasch gewachsen sein, dass genug Bauholz für das Klösterlein vorhanden war.[19]

## ROSSBERG ÜBER DEM TAL VON REINERZAU

*Die B 294 führt von Wolfach über Schenkenzell nach Freudenstadt. In Schenkenzell biegt links die Straße nach Reinerzau ab. Im Ortsteil Oberes Dörfle, wo es auch zur Kleinen Kinzig abgeht, führt der Zugangsweg zum Mittelweg über den Rossberg. Oder der Schwarzwälder Radweg vom Zwieselberg ins Kinzigtal.*

*Auf diesem stehen einsam zwei ehemalige Bauernhäuser und eine alte Kapelle, die dem St. Georg geweiht ist. Schon 1275 wird eine Kapelle erwähnt, die jetzige stammt von 1577. Nur ein paar Mal im Jahr kamen die Leute vom Rossberg hinunter ins Tal, nach Wittichen oder Kaltbrunn in die Kirche, zum Begräbnis oder zu einem Fest. In Winterzeiten deckt hoher Schnee Wälder und Weiden zu, sind die Wege fast ungangbar, und Stille lastet schwer über Häuser und Menschen.*

Das Volk erzählt von einer Stadt Rosenberg, die vor vielen hundert Jahren hier gestanden haben soll, von reichen Leuten, die sie bewohnten und die ihr Geld übermütig machte und hoffärtig, so dass sie Gott lästerten und sich besser dünkten als er. Da kam ein Strafgericht über sie, Häuser und Menschen wurden vom Erdboden verschlungen, wüst und verlassen lag alles da – nur die Wälder rauschten wie eh und je. Kein Buch, keine Urkunde berichtet von dieser Stadt, übrig sind nur die Kapelle als Rest der einstigen Kirche sowie die ehemaligen Bauernhöfe.[20]

Von denen wird berichtet, dass durch den unteren Hof bis vor vielen Jahren die Landesgrenze ging, so dass ein Teil des Hofes badisch, der andere württembergisch war. Als Grenzstein habe der Ofen gedient.

Starb im Hause ein katholischer Bewohner, wurde er auf die badische Seite gebracht und in Wittichen beerdigt. Verstarb dagegen ein Evangelischer, wurde er auf die württembergische Seite gelegt und in Reinerzau beerdigt. Saß ein Landstreicher auf der württembergischen Ofenseite und kam ein königlicher Landjäger, so rutschte er schnell auf die badische Seite der Ofenbank, und der Landjäger konnte ihm nichts mehr anhaben.[21]

## KLOSTER ALPIRSBACH

*Alpirsbach liegt an der B 294, die von Wolfach nach Freudenstadt führt. Der Ostweg von Freudenstadt nach Süden durchquert Alpirsbach. Auch der Querweg Gengenbach-Schapbach-Alpirsbach endet hier. Im Zentrum liegt links über dem Bahngleis die ehemalige Klosterbrauerei und die ehemalige Benediktinerabtei. Sie wurde 1095 von Bischof Gebhard von Konstanz geweiht, 1130 wurde das große Münster erbaut, erstmals 1535 säkularisiert, zweimal restituiert und mit dem Westfälischen Frieden endgültig 1648 aufgehoben.[22]*

*Im Kloster steht eine Grabplatte, auf der ein zum Skelett abgemagerter Mann dargestellt ist, dem eine Kröte im aufgeschnittenen Brustkorb sitzt und um dessen Gliedmaße sich eine Schlange windet. Es ist die Grabplatte eines Abtes.*

Von dem geht die Sage aus, dass er an einem heißen Tag auf einem Spaziergang an der Karlsquelle (liegt am Ende des Alpirsbächle) getrunken und dabei ein Krötenei verschluckt habe. Das Ei habe im Magen sich zu einer Kröte entwickelt, die den Abt von innen her aufgefressen habe.

Im Kloster steht ein Beingerüst,
Drin grinst ein böses Tier,
Und jeder fragt, was das denn ist,
Und fürchtet sich gerade schier.
Das war ein Abt.-
Was hat er denn gehabt?
Den lüstet's wieder nach der Welt.
Er ging vom Kloster fort,
Zog frevelhaft weit über Feld
An einen fernen Ort.
Der Tag war heiß.
Wie rann ihm doch der Schweiß!
Da rieselt nebenan ein Quell,
Der winkt ihm lockend zu.
In seinem Durste trinkt er schnell
Und legt sich hin zur Ruh.
Und träumt gar schwer.
Sein Leichtsinn reut ihn schwer.
Gestraft wird sonst mit hartem Bann,

Wer nicht hält das Gebot.
Due tat's dir selbst die Strafe an:
Du trankst als Ei die Krott!
Das böse Tier
Sog alle Kraft aus dir.---
Im Kloster steht ein Beingerüst,
Drin grinst ein böses Tier,
Und jeder fragt, was das denn ist,
Und fürchtet sich gar schier.
Das war ein Abt.-
Was hat er denn gehabt?[23]

## NONNENSTEIN ÜBER ALPIRSBACH

*Die Verbindungsstraße von Alpirsbach nach Reinerzau. In der letzten Kurve vor der Höhe rechts den Waldweg 500 m bis zur Hütte, links den Waldweg 200 m bis zum Nonnenstein. Der Verbindungswander- und Radweg zum Ostweg führt von Schömberg über die Heilebene zu ihm. Der Wanderweg führt nach Schenkenzell, der Radweg nach Alpirsbach.*

*Der Nonnenstein ist ein fünfeckiger Steinblock auf der Heilebene. Auf einer Inschriftentafel am Baum steht ein Gedicht von Katzensteiner:*
*Von Wittichen hätt eyne Nonn*
*Beim Beerensuchen sich verloffen,*
*Allda hätt sie eyn Blitz getroffen,*
*Eyn Engel trug die Seel davon.*

*Die ander Mär besaget fest:*
*Hier ist die Grenz einmal gewest*
*Für jeden Alpirsbacher Mönch,*
*Dem's so im Tale ward zu ench*
*Dass er auf Frühlings Fittichen*
*Lustwandeln wollt nach Wittichen.*
*Was immer dazumal geschah –*
*Der Nonnenstein steht da.*

Die dritte Sage berichtet: Eine Witticher Klosterfrau habe sich unerlaubt in den jungen Ritter Sigbert aus unbekanntem Geschlecht verliebt. Dieser hätte sie zur Flucht auf den Schömberg bewogen, von wo er sie, in weltliche Kleider gehüllt, in welches Land entführen und sie zu heiraten gedächte. An einem fünfeckigen Steinblock auf dem Heilenberg angelangt, hätte sie den rettenden Weg nicht gefunden, sei stundenlang im Wald umhergeirrt und wäre dabei immer wieder an den Stein zurückgekehrt. Dort sei sie endlich, von Angst und Gewissensqualen gepeinigt, tot zusammengebrochen und von Köhlern gefunden worden. Auf die Weise sei der bisher unbenannte Steinblock zum „Nonnenstein" geworden.[24]

## BÄRENKREUZ BEI LOSSBURG

*Die B 294 führt von Alpirsbach talaufwärts Richtung Freudenstadt. Kurz vor Freudenstadt liegt Loßburg-Rodt. Kurz nach dem Ortseingang von Loßburg zweigt scharf rechts die Straße nach Betzweiler-Wälde ab. Nach der Firma Arburg zweigt rechts die Straße nach 24 Höfe ab. Nach 200 m liegt rechts an der Straße das Bärenkreuz.*

In Loßburg war einst ein Ritter eingekehrt. Dem erzählten die Einwohner, dass in dem Walde, aus dem er gekommen sei, ein wilder Bär hause. Er habe dem Kuhhirten noch am Vortage sein bestes Kalb erschlagen und weggetragen. In den nächsten Tagen würden die Mutigsten eine Hetzjagd auf ihn veranstalten. Der Ritter war erstaunt, dass es so vieler Leute bedarf, um einen Bären zu erlegen. Er könne das wohl alleine tun. Bestürzt rieten die Einwohner ihm ab. In seinem überzogenen Stolz wollte er seinen Mut beweisen. Er wollte nur Haupt und Decke des Bären haben.

Und schon war der Ritter mit seinem starken Hund und seinem langen starken Spieß unterwegs. Es dauerte nicht lange, bis er auf die Spuren des Bären stieß, dessen Lager sich in einem dichten Gestrüpp befand. Immer wieder versuchte er seinen Hund auf den Bären zu hetzen, auf dass dieser sein Versteck verließ. Die Tatzen und das kräftige Gebiss ließen den Hund immer wieder zurückweichen. Als der Hund bei einem seiner Angriffe dem Bären zu nahe kam, traf ihn ein Tatzenschlag mit voller Wucht. Verendend blieb der Hund liegen. Mutig ging der Ritter nun mit seinem starken Spieß auf den Bären los.

Mit seiner starken Tatze schlug der Bär aber den starken Spieß in zwei Teile. Trotz des Angriffs gelang es dem Ritter das Endstück des Spießes zu ergreifen. Mit einem kräftigen Stoß jagte er den Spieß in den aufgesperrten Rachen des Bären. Der aufgerichtete Bär brach zusammen, stürzte auf den Ritter und begrub ihn unter seinem schweren Leib. Als die Einwohner am folgenden Tag den Ritter suchten, fanden sie alle tot, den Ritter, den Hund und den Bären. Auf einem Kreuz, das am Rande des Bärenwaldes steht, ist das Unglück dargestellt: der Ritter mit seinem Spieß, der Hund und der Bär. Das Bärenkreuz wurde schon vor 1560 erwähnt.[25]

▲ Das Bärenkreuz bei Loßburg

# Harmersbachtal – Nordrachtal

## WALLFAHRTSKIRCHE MARIA ZU DEN KETTEN (ZELL A. H.)

*Die Landstraße führt vom Zeller Rathaus nach Unterharmersbach. Am Ortsende von Zell führt rechts eine Brücke über den Harmersbach zur Wallfahrtskirche und dem Gandenbrunnen.*

*Der älteste Teil der Wallfahrtskirche geht auf das Jahr 1480 zurück. Sie wurde auf Harmersbacher Gebiet errichtet. 1742 wurde ein Querschiff gebaut. 1910/1911 erfolgte eine weitere Vergrößerung und zwar in Richtung und Breite des alten Langhauses. Die letzten Renovationen fanden 1970/71 statt. 1752 wurde der Gnadenbrunnen an der heutigen Stelle errichtet. 1741 sollte das Dankeskreuz erstellt werden, das nach längeren Streitigkeiten zwischen Reichstal und Reichstadt hinter der Kirche aufgestellt werden konnte.*[26]

Ursprünglich soll die Wallfahrt „Maria zur Rose" geheißen haben. Der Beginn der Wallfahrt soll auf einen jungen Mann zurückgehen, der aus dem Schuttertal nach Birach (Ortsteil von Unterharmersbach) kam und am Harmersbach das Schmiedhandwerk erlernen wollte. Hier wurde in verschiedenen Gruben nach Erz gegraben.

Vom Meister zum Wasserholen an den am Harmersbach gelegenen Brunnen geschickt, hatte der Geselle eines Tages wiederholt ein Singen gehört und ein Madonnenbild gefunden. Auf Veranlassung seines Meisters bauten die Bewohner des Tales bei dem Brunnen dann eine Kapelle mit einem Altar. In diese trugen sie das hölzerne Bild der Gottesmutter „Unserer lieben Frauen" und gaben dieser den Namen Maria zur Rose. „Maria rosenrot, komm mir zu Hilf in meiner Not!", lautete noch im 17. Jahrhundert eine fromme Anrufung der Gnadenmutter.

Der junge Schmied nahm an einem Kreuzzug gegen Jerusalem teil und geriet in die Gefangenschaft der Türken und wurde in Jerusalem eingekerkert. An Händen und Füßen angeschmiedet lag er im Gefängnis zu Jerusalem und sollte schließlich nach Babylon verschleppt werden. Als er abends wieder mal müde von der Arbeit im Kerker an seine Ketten angeschlossen wurde, da weinte er und seufzte und sehnte sich nach dem Gnadenbild in Birach, das er so verehrte. Doch beruhigt betete er wieder fünf „Vater Unser" und „Ave Maria". Kaum hatte er das Gebet vollendet, war es lichthell in der Gefängniszelle, und die Mutter Gottes stand lieblich wie der Mond vor ihm und befahl ihm die Ketten von den Händen und Füßen wegzuschütteln, mitzunehmen und sich draußen auf ein Pferd zu setzen. Plötzlich verschwand die Erscheinung wieder. Die Ketten fielen von den Händen und Füßen ab, und klirrend öffnete sich die Kerkertür. Der Schmied besann sich nicht lange, nahm

◄ Mühlstein Hof über Nordrach

die zwei Ketten zur Hand und eilte ins Freie. Und siehe da, ein weißes Pferd stand da. Schnell schwang sich der Schmied mit den Ketten aufs Pferd. Reiter und Pferd verschwanden in den Lüften. Angelangt in seiner Heimat geleiteten ihn seine Landsleute von Schuttern über den Schönberg nach Zell, wo er zum Dank für seine Befreiung seine Ketten in dem Holzkirchlein aufhängen ließ.

Das Deckengemälde der Zeller Wallfahrtskirche stellt eine weitere Sage der Ketten dar. Wie die Österreicher, die Franzosen und Weimarer, plünderten im Dreißigjährigen Krieg auch die Schweden das Kinzigtal und zerstörten in Zell die Stadtkirche. Der schwedische Oberst hatte kein Verständnis für die Marienverehrung und gab dem Schmied Jakob Grabler den Auftrag, die Ketten aus der Wallfahrtskirche zu holen. Aus den Ketten sollte er in seiner Schmiede Hufeisen für sein Pferde schmieden.

Nach dem Protokoll des Magistrats von Zell vom 30.7.1697 und unterschrieben von vielen Zeugen, ist dies jedoch nicht gelungen, die Ketten befanden sich wieder am alten Platz. Trotz seiner Abneigung verstand der Oberst den Fingerzeig des Himmels und ließ die Kirche zwar plündern, aber nicht niederbrennen und zerstören wie die Stadtkirche zu Zell.[27]

*Oder:* In jener Zeit als das Harmersbachtal noch eine Wildnis war, lebte dort der hl. Gallus als Einsiedler. Seine Hütte stand an einem Waldbrunnen nahe bei einem großen Dornbusch. Eines Tages kam ein Bär zu dem Einsiedler und hielt ihm seine Tatze hin, weil ein

◄ **Der Brunnen mit den Ketten der Wallfahrtskirche Maria zu den Ketten in Zell a. H.**

langer Dorn darin steckte. St. Gallus zog ihn heraus. Zum Dank führte ihn der Bär zu einem Felsen und zeigte ihm dort in einer Höhle eine Menge wilden Honigs. Das Tier wich hinfort nicht mehr von seiner Seite, trug das Feuerholz herbei und tat ihm auch sonst noch mancherlei Dienste.

Mit dem Wasser des Brunnens heilte St. Gallus zahlreiche Kranke. Allmählich kamen so viele Besucher zu seiner Einsiedelei, dass die Arbeit über seine Kraft ging. Darum zog er sich eine Stunde weiter in das Tal zurück, an den Ort, wo die ihm geweihte Kirche von Oberharmersbach steht. Von hier aus zog er mit seinem Bären in die Schweiz und gründete dort das Kloster St. Gallen.

Obwohl der Heilige nicht mehr im Harmersbach wohnte, pilgerten die Leute immer noch zu seiner Hütte am Waldbrunnen. Als sie eines Tages den Gesang aus dem Dornbusch hörten, suchten sie nach und fanden darin ein hölzernes Marienbild. Man baute an dieser Stelle erst eine kleine Kapelle und später die Wallfahrtskirche „Maria zur Kette". Noch heute benetzen fromme Pilger ihre Augen mit dem Wasser aus der Quelle, die in dem Brunnen vor der Wallfahrtskirche gefasst ist. Das Wasser soll heilende Wirkung haben.[28]

## REICHSFREIHEIT DES HARMERSBACHTALS

*Die Landstraße führt von Zell a.H. über Unter- nach Oberharmersbach. In der Ortsmitte liegt der Gasthof „Zu den drei Schweinsköpfen". Von hier aus führt nach Osten auch der Zugangsweg zum europäischen Fernwanderweg.*

Kaiser Wenzel, der Faule, der von 1378 bis 1400 die Krone des Reiches getragen hatte, war der Quell, der so heiß begehrten Reichsfreiheit. Er war vielgehasst im Reich, trotz seiner Untätigkeit, und mehr als einmal waren seine Feinde im Begriff ihn gefangen zu nehmen.

Als er eines Tages im Harmersbachtal weilte, glaubten seine Feinde seiner habhaft zu werden. Sein Pferd, ein Falber, wurde mit dem kaiserlichen Reiter zusammen von seinen Rittern unter einer Brücke versteckt, die über den Waldhäuser Bach im Dorf führte. Nur dadurch entging er zunächst seinen ihn verfolgenden Feinden – deswegen der Name „Falbenbrücke". Als diese aber immer noch im Tal umherschwärmten, blieb nichts anderes übrig, als die kaiserliche Majestät in einem Saustall mit drei Sauen darin zu verstecken, bis die Gefahr endgültig vorbei war. Das hat den Kaiser auch gerettet. Als seine Verfolger ihn im Stall suchten, grunzten ihnen nur die Sauen entgegen.

Zum Dank für die Bewahrung von Leben, Freiheit und Krone des kaiserlichen Herren, verlieh dieser dem Besitzer seines schmutzigen Versteckes das Wirtsrecht und den Hausnamen „Zu den drei Schweinsköpfen". Der Schultheiß des Tales, in dem der Kaiser gerettet wurde, bekam für sein Gemeinwesen die Reichsfreiheit verliehen.[29]

Damit war das Harmersbachtal das einzige freie Reichstal im Deutschen Reich Römischer Nation. Das Reichstal Harmersbach hatte nach wie vor keinen Sitz und keine Stimme im Reichstag, sondern stimmte sich jeweils mit Zell ab, das sich wiederum wegen der hohen Kosten oftmals mit den anderen freien Reichsstädten Gengenbach oder Offenburg ins Benehmen setzte. 1802 nahm der damalige Markgraf und spätere Großherzog von Baden Zell und das Reichstal in militärischen Besitz.[30]

## SAGENHAFTE SCHOTTENHÖFEN BEI UNTERHARMERSBACH

*Von Zell a.H. führt die Landstraße nach Unterharmersbach. In der Ortsmitte biegt links eine Fahrstraße zu den ca. 4,5 km entfernten Schottenhöfen ab, die verstreut am Talende liegen. Von dort führt eine Fahrstraße über den Mühlstein nach Nordrach. Der Hansjakob Weg 2 führt von Zell um die Schottenhöfe herum nach Oberharmersbach.*

*Die Schottenhöfen Mühlstein und Lindach, politische Gebietsteile von Nordrach, sind zum Kirchspiel Zell einbezogen.*

Auf dem Mühlstein stand in alten Zeiten ein Schloss. Auf diesem saß ein alemannischer, freier Mann, dem die leibeigen gewordenen Keltenbauern im Tälchen dienstbar waren. Denen sprach er an der „Malstätte", die ein großer Stein bezeichnete, Recht. Aus dem „Malstein" haben die Bauern späterer Jahrhunderte den ihnen mundgerechten „Mühlstein" gemacht. Später wurde der freie Alemanne auf dem Mühlstein durch einen fränkischen Edelmann abgelöst.

Zuletzt habe ein Edelfräulein allein auf dem Schloss gelebt. Sie habe eines Tages mit dem Spektiv ins Tal hinabgeschaut und zu den Füßen der Burg drei Bauernknechte in einer Wiese mähen se-

hen. Der mittlere war ein so schöner Bursche gewesen, dass sie ihn aufs Schloss kommen ließ und ihm ihre Güter schenkte. Also hatte die Erbtochter des letzten Ritters ihn zum Gemahl und Burgherren erkoren. Dieser hatte mit seinem kinderlosen Ableben seinen Besitztum dem Kloster Gengenbach hinterlassen, „wo er Christ geworden sei". Wir wissen, dass der Sohn des Franken Arnulf, Herzog Ruthard, durch aus Schottland und Irland gekommene Benediktinermönche das Heidentum unter den Alemannen der Mortenau (weitläufige Ortenau) auszurotten suchte. Wegen ihrer Herkunft nannte man damals die Benediktinermönche auch einfach Schotten. Arnulf gründete das Kloster Gengenbach für die genannten Mönche. Diese wiederum hatten den frau- und kinderlosen Herren auf dem Mühlstein bekehrt, der dann später seine Habe dem Kloster vermachte.

So bekamen und haben die sechs Höfe neben und unter seiner Burg bis zum heutigen Tag den Namen „Schottenhöfe".[31]

## TEUFEL IN DER MÄGDEKAMMER DES MÜHLSTEIN HOFES BEI NORDRACH

*Der Mühlstein ist von der Ortsmitte von Nordrach oder vom Ortsende von Unterharmersbach über die Straße zu erreichen. Über den Hansjakob Weg 2 von Zell über die Radiumquelle ebenfalls. Heute befindet sich eine Vesperstube im Hof auf dem Mühlstein.*

In jenen Jahren soll eine Magd vom Mühlstein, die vom Bauern frei bekam, sich vorgenommen haben, zum Kirchweihtanz nach

Nordrach in die „Stube" zu gehen. Da sie nicht alleine gehen wollte, fragte sie den Knecht Sepp vom Nachbarhof, ob er sie nicht zum Tanze führen wolle. Dieser verneinte. Schweren Herzen ging sie dann doch alleine, um dieses Ereignis nicht zu verpassen.

Gegen Mitternacht auf dem Heimweg durch das Schanzenbachtal hinauf zum Mühlstein ging plötzlich der Sepp neben ihr. Auf die Frage, warum er sie nicht begleiten wollte, bekam sie keine Antwort, denn schweigend lief er neben ihr her. Sie hatte auch nichts dagegen, dass er sie auf ihre Kammer begleiten wollte. Hier brach er sein Schweigen und hat sie, ihm die Stiefel auszuziehen, da es ihm schwer falle.

Doch der Schreck war groß, als die Magd sah, dass der Sepp behufte Ziegenfüße hatte, er seine Hörner unter einer Kappe versteckt hatte. Es war also nicht der Sepp sondern der leibhaftige Teufel, der sie begleitete.

Mit durchdringendem Schrei floh sie aus der Kammer, weckte Bauer und Gesinde. Das geweihte Wasser und fromme Gebete konnten den Leibhaftigen nicht vertreiben, sondern erst einem aus dem Kloster Gengenbach herbeigeholten Pater gelang es, den Teufel zu bannen.

Um endlich Ruhe zu bekommen, gelobten die damaligen Besitzer des Mühlstein-Hofes, eine Kapelle zu bauen. Da sie das Gelübde nicht mehr erfüllen konnten, verpflichteten sie ihren Hoferben, Josef Erdrich, auf dem Sterbelager, das Gelübde zu erfüllen. Dieses Versprechen wurde auch eingehalten. Südlich des mächtigen Hofes wurde die Kapelle errichtet, die 1903 geweiht wurde.[32]

## MAGDALENE VOM MÜHLSTEIN BEI NORDRACH

Die schöne und weithin bekannte, wie beliebte Tochter des mächtigen Vogtes vom Mühlstein, Magdalene Muser, hatte ihr Herz dem einfachen, aber doch frohen und sangeslustigen Hans Öhler, dem Öhlerjoken Hans, geschenkt.

Der reiche Hermesbur, Ulrich Faißt, aus dem Ortsteil Lindach hielt beim Vogt, Anton Muser, vom Mühlstein in dritter Ehe um die Hand der Magdalene an. Die beiden Alten wurden sich bald handelseinig, und die Hochzeit wurde gegen den Willen der Magdalene in der Zeller Pfarrkirche eingesegnet. „Hochzit" wurde im Hirschen in Zell gehalten. Am Abend auf dem Hermeshof angekommen, offenbarte die junge Frau dem 53-jährigen Bauer:

Du hast des Vogts Magdalene heimgeführt, aber du sollst kein Weib haben an mir. Der Vater und du haben euren Willen durchgesetzt, mich gezwungen. Eine gezwungene Ehe ist aber keine, hat der Pater gesagt, und sie soll auch keine werden. Ich werde die erste Magd auf deinem Hof sein, still und fleißig, aber nie dein Weib.

Sonntagnachmittag aber ging Ulrich Faißt zum Vater und Vogt, um zu sagen und zu klagen, was vorgegangen war. Er erhielt darauf den kurzen und harten Rat: „Hau sie einfach mal tüchtig durch, dann wird sie schon gescheit werden." Als der junge Ehemann jedoch abends auf dem Umweg über Zell, dort etwas das Glas hebend, nach Hause kam und sein junges Weib im stummen Weinen traf und keine Aufklärung bekam, schlug er sie, wie Bauern schlagen. Sie sprang hinaus in den Hausflur und flüchtete in die Kammer

▲ Heidenkirche bei Oberhamersbach

der Mägde. In der Nacht ward sie irrsinnig. Stumpf und irr blieb sie fortan.

Noch schwere Wochen lagen vor der bedauernswerten Magdalene, bis man sie schon im März 1785 auf dem Zeller Friedhof in die Erde senkte. Am Abend jenes Begräbnistages sagte der Vogt seinen Kindern voll Reue, Verzweiflung und tiefem Schuldgefühl: „Wenn ich hundert Kinder hätte, ich würde keines mehr zum Heiraten zwingen, heiratet wen ihr wollt, wenn' nur euer freier Wille ist. Mir geht es mein ganzes Leben nach, was ich am Maidle gesündigt habe ..."[33]

## HEIDENKIRCHE IM HINTEREN HARMERSBACH

*Von Zell a.H. führt die Talstraße im Harmersbachtal durch Oberharmersbach hinauf zum Löcherberg. Ca. 1 km vor dem Löcherberg zweigt scharf links eine Forststraße – der Heidenkirchenweg – ab, der nach 1,3 km zur Heidenkirche führt. Von Zell aus führt der Hansjakob Weg 2 aufwärts und in Verlängerung des Zugangswanderwegs – ebenso wie dieser aus Nordrach kommend – direkt zur „Heidenkirche" auf der Höhe zwischen dem Nordrach- und hinteren Harmersbachtal. Auch der Querweg Gengenbach-Alpirsbach führt hier durch. Der Wanderer findet einen wirren Haufen gewaltiger Findlinge als Naturdenkmal.*

Die Sage berichtet, dass Riesen den Himmel stürmen wollten und hätten so die Berge aufgebaut. Einer der großen Findlinge trägt das eingemeißelte Bild eines Menschen, d.h. Kopf und Leib. Ein Hinweis, dass in alten heidnischen Zeiten hier von den Bewohnern des Landes Menschenopfer dargebracht worden sind. Hier in der Heidenkirche mögen danach die alemannischen Trotzköpfe, die sich nicht zum Christentum bekehren wollten, wohl in Anlehnung an alte stolze Zeiten ihre stilleren und nun unblutigen Riten vollzogen und so den Anlass gegeben haben, dass die Stätte im Gegensatz zum Haus des christlichen Kults, der Kirche, nun eben „Heidenkirche" genannt wurde.

Hier oben, wo unter einem der größten Steinblöcke eine Höhle ist, und wo auch unter den anderen Findlingen künstliche Höhlen angelegt wurden, haben die aus dem Tal geflohenen Bauern gehaust. Insbesondere in der Zeit des Dreißigjährigen Krieges und danach in den vielen Raubkriegen der Franzosen bildeten die Höhlen eine Heimstatt der Flüchtlinge, um den Plünderungen zu entgehen. Hier konnten sie rechtzeitig jeweils ihre Habe unterbringen.[34]

# Wolftal

## KREUZ DES ZIERLEGEIST (OBERWOLFACH)

*Der Landstraße von Wolfach nach Bad Rippoldsau folgend, liegt
an der Grenze zwischen Oberwolfach-Obertal und Schapbach-Un-
tertal – ca. 500 m nach der Abzweigung zum Dohlenbach – links
der Zierlehof. Auch der Wolftalweg als Wander- und Radweg führt
rechts der Wolf dahin. Neben dem Hofgebäude steht ein Kruzifix,
das Zierlekreuz. Mit ihm werden Tatsachen und Legenden zur Sage
verwoben.*

Der Zierlebauer im Wolftal war zu Lebzeiten ein gottloser
Mensch und schlechter Haushalter. Deshalb ging es mit seinem
Hauswesen und Wohlstand auch stetig rückwärts. Desto fleißiger
besuchte er das Wirtshaus und musste immer wissen, wer es am
längsten aushalte. „Suffet nur", pflegte er zu sagen, wenn der eine
oder andere seiner Zechbrüder nach Hause wollte. So verleitete er
manchen braven Familienvater zum Trinken und Spielen und damit
zu unnötigen Ausgaben, während daheim die Familien darbten.

Um seinem wirtschaftlichen Niedergang und sinkenden Ansehen
wieder aufzuhelfen, verlegte sich der Zierlebauer auf heimlichen

◀ Der Hanselehof auf dem Schwarzenbruch - Oberwolfach

und ungerechten Erwerb. Schon seit undenklichen Zeiten wurde auf
der Wolf die Flößerei betrieben. Die zu Gestören zusammengebun-
denen Flöße oder das Scheiterholz, das frei den Bach herunterkam,
mussten an seinem Hof vorbei. Da aber gerade am Zierle der Bach
eine scharfe Wendung machte, wurde viel Holz beiseite getrieben,
das dann immer herrenlos auf den Matten oder dem Ufer herumlag.
Nachts, wenn die Zierlebewohner im Schlaf lagen und Bach sowie
Straße menschenleer waren, suchte der Zierlebauer von dem Strand-
holz so viel wie möglich in seinen Besitz zu bringen. Um von seinen
Taten abzulenken, vermischte er das gestohlene Holz mit eignem
und zugekauften Partien und fing zum Staunen seiner Mitbewohner
einen schwunghaften Holzhandel an, der unter diesen Umständen
erheblichen Gewinn abwarf.

Um unberufene Zeugen zu verscheuchen, verlegte er sich auf das
Gespenstern, indem er beim Herannahen von Wanderern oder Heim-
kehrern in Vermummung aus dem Wald über die Straße sprang, um
diese zu erschrecken. Er erwirkte dadurch eine solche Furcht, dass
niemand zur Geisterstunde am Zierle vorbeigehen wollte. Dadurch
konnte er noch ungehemmter sein diebisches Wesen weitertreiben.
Sein Holzhandel wurde dadurch immer lukrativer.

Eines Tages hatte der Simonswellebauer oberhalb der Dohlenbach-
einmündung ein stattliches Floß auf der Wolf gebunden. Mit meh-

reren Gestören ging es auf dem Schwellwasser die Wolf abwärts, als ihm am Zierle das Schwellwasser ausging und das Floß auf dem Trockenen lag. Bis der Stauweiher neues Schwellwasser hergab, machte der Flößer sein Floß am Ufer fest. Mit Schmunzeln sah der Zierlebauer das Pech seines Kollegen und malte sich schon aus, welchen Anteil er sich nachts da wohl sichern könne.

Es war nach Einbruch der Dunkelheit stockfinster und der Regen goss in Strömen herab, als der Zierlebauer sich daran machte das hintere Gestör loszumachen. Eben hatte er die starken Wieden durchgehauen, als das anschwellende Wasser das Floß plötzlich in Bewegung setzte. Da durch die Sperrvorrichtung das Floß nicht zu Tal fahren konnte, schoben sich die einzelnen Stämme übereinander und klemmten den Zierlebauern ein. Sein Hilfeschrei verhallte im Sturm und Regen ungehört. Als am nächsten Morgen der Simonswellebauer mit seinen Knechten das Floß wieder flott machen wollte, fanden sie zwischen den Stämmen eingeklemmt die grässlich verstümmelte Leiche des Zierlebauern. Als der Simonswellebauer die durchgeschlagenen Wieden sah und auf einem Klotze die tief eingeschlagenen Krempen des Zierlebauern bemerkte, wurde ihm manches klar. Mit bewegter Stimme sprach er zu seinen Knechten: „Hier hat Gott gerichtet!"

Ohne eine besondere Trauerkundgebung wurde die Leiche des Zierlebauern der Erde übergeben. Der Frevler konnte keine Ruhe finden. Was er im liederlichen Leben tat, nämlich die Leute zu erschrecken, musste er auch zur Strafe als ruheloser Geist tun.

Keinem späteren Besitzer mochte es auf dem Hof gefallen, denn der Zierlegeist verübte einen Schabernack um den anderen. Um vor den Plackereien dieses boshaften Kobolts endlich Ruhe zu bekommen, ließ ein späterer Hofbesitzer neben dem Hause ein großes Kruzifix bauen, das sogenannte Zierlekreuz. Damit war dem unheimlichen Treiben des Zierlegeistes für immer ein Ende bereitet, und der unsägliche Geist fand endlich seine Ruhe.[35]

## Untergegangene Stadt Benau (Oberwolfach)

*Der Landstraße von Wolfach nach Bad Rippoldsau folgend biegt kurz vor der Gemeindegrenze von Oberwolfach und Schapbach links ein enges, steiles Seitentälchen namens Dohlenbach ab. Nach zwei, drei Kilometer kommt der Wanderer oder Autofahrer aus der Enge des Tales zu einem sich schnell und hell weitenden Talkessel, dem „schwarzen Bruch" oder heute Schwarzenbruch genannt. Von Schapbach aus führt der Hansjakob Weg hinauf zum Schwarzenbruch und Hirschbach. Auch der Querweg Gengenbach-Schapbach-Alpirsbach führt vom Löcherbergwasen und der Littweger Höhe hier her.*

*Unter dem Schwarzenbruch wird in vielen, kilometerlangen Gängen der Grube „Klara" von Sachtleben AG hauptsächlich Schwer- und Flussspat abgebaut.*

Hier oben auf dem Schwarzenbruch sollen noch die Flurnamen „Moos", „Kirchhof" und „Heidenstadt" auf dem benachbarten Kupferberg auf einen großen See verweisen, der in grauer Vorzeit das Schapbacher Tal gefüllt hatte. An seinen Ufern unter dem Benauerberg, der westlich vom Gütschkopf liegt, soll die reiche Stadt Benau gelegen haben. Deren Einwohner sollen so viel Erz gefunden und

Reichtum angesammelt haben, dass sie aus Übermut ein goldenes Kalb anbeteten. Durch Gottes Strafgericht wurde die Stadt in die Tiefe des Berges versenkt. Neun Tage lang hörte man das Jammergeschrei der Versunkenen, und niemand war dem Verderben entgangen als der Pfarrer und der Messner, die zur Zeit des Unterganges anderwärts einem Sterbenden die Sterbesakramente versehen hatten.

Von der untergegangenen Stadt blieb nur die Kapelle übrig. In dieser versammelten sich die wenigen christlichen Talbewohner zum Gottesdienst, um unbehelligt von den mehrheitlichen Heiden in der Umgebung diesen ungestört zu begehen. Ein altes Weib hatte es gewagt, den heiligen Ort zu betreten und Hand an die heiligen Gefäße zu legen. Dafür musste sie als die Hexe von Benau umgehen.

Im Laufe der Jahrhunderte entstanden in den umliegenden Orten eigene Pfarrkirchen, so dass das Kirchlein auf dem Schwarzenbruch allmählich verfiel. Das Baumaterial wurde für die anderen kirchlichen Bauten verwendet. Der größte Teil kam zur Rankachkapelle. Beim Transport des Baumaterials ließ ein Fuhrmann einen gut erhaltenen Altartreppenstein verschwinden. Er nutze ihn als Schwelle für seine neue Stalltür. Aber schon am nächsten Tag brach sich der Ochse seinen Fuß, als er aus dem Stall kam. Als auch noch das Vieh krank wurde, verstand der Fuhrmann den Fingerzeig des Himmels und brachte den Altartreppenstein umgehend zur Rankachkapelle, um seinen Frieden wiederzubekommen. Was auch umgehend geschah.

Heute sind an dem Platze, auf dem sich die Stadt Benau einst erhob, stattliche Bauernhöfe zu finden, wie z.B. der Hansele-, Schrempen- und Moosbauernhof sowie noch kleinere Ansiedlungen. Wenn auch alle Spuren von Benau heute verschwunden sind, hielt

sich doch noch ein alter christlicher Brauch. Bis 1899 fand von der Kreuzauffindung bis zur Kreuzerhöhung alle Sonntagnachmittage unter Teilnahme der gesamten Bevölkerung ein feierlicher Umgang unter Vorantragung von Kreuz und Fahne um den Hanselehof statt. Vier bekränzte Mädchen trugen die geschmückte Statue der Himmelskönigin. An der Stelle, an der schon immer die Prozession hielt und mit einer Litanei beendet wurde, ließ der Hanselebauer, Johannes N. Bühler, 1894 eine neue Kapelle bauen. Noch heute ziert eine Kapelle aus den 60er Jahren das Anwesen des Hanselehofes.[36]

## Nixen vom Glaswaldsee

*Die Landstraße von Wolfach nach Bad Rippoldsau folgend, biegt nach Schapbach – Ortsteil „Vor Seebach" links der Fahrweg zum Glaswaldsee ab. Nach ca. 2 km ein Waldparkplatz, noch 500 m zum Glaswaldsee. Der Westweg führt von der Alexanderschanze nach Süden zum Glaswaldsee. Die Zugangswege vom Wolftal aus führen zum Glaswaldsee.*

*Am Ende des Seebachtales gelegen, liegt der Wildsee, wie er früher genannt wurde. Der Name Glaswaldsee wurde von einer in der Nähe stehenden Glashütte abgeleitet. Während der Flößerzeit wurde er gestaut, um mit Schwellwasser das Flößen zu ermöglichen.*

Der Seeebenhof lag nur wenig abwärts bis 1840 im Seebachtal. Der Bauer Hansjörg vom Seeebenhof war einer jener Bauernfürsten, die sogar mit dem Großherzog auf Auerhahnjagd gingen, wenn dieser zur Kur in Bad Rippoldsau weilte.

In diesen Hof kam täglich eine Nixe aus dem Wildsee, weckte das Gesinde und blieb bis zum Abend auf dem Hof, von wo sie jeweils wieder zum See zurückkehrte. Den ganzen Tag schaffte sie für den Bauern; besonders lag ihr die Pflege des Viehs ob, das dabei schöner als je gedieh. Übrigens mussten die Leute, wenn sie der Nixe eine Arbeit auftrugen, jedes Mal sagen: „Nicht zu wenig und nicht zu viel!" Sonst tat sie weniger oder zu viel. Täglich bekam die Nixe auf dem Hofgut ihr Frühstück, Mittag- und Nachtessen, das ihr aber unter die Treppe gestellt werden musste, wo sie, allein sitzend, dasselbe verzehrte. Obwohl ihr Anzug und ihr Schlapphut stark abgetragen und ihre Jacke zerrissen und das Kleid beständig feucht war, hielt sie doch stets den Seebauern ab, ihr andere Kleidungsstücke anzuschaffen. Endlich aber ließ derselbe im Winter heimlich ein neues Röcklein machen und gab dies an einem Abend der Nixe. Diese fragte aber: „Wenn man ausbezahlt wird, muss man gehen: Ich komme von Morgen an nicht mehr zu euch!" So sehr der Bauer und die Bäuerin auch versicherten, dass der Rock kein Lohn, sondern nur ein Geschenk waren, konnten sie doch die Nixe nicht von ihrem Vorsatz abbringen. Von da an kam die Nixe nicht mehr auf den Hof. Mit dem Gedeihen des Viehbestandes im Allgemeinen aber ging es von dem Zeitpunkt an rückwärts.[37)]

## WIE DER GLASWALDSEE ENTSTAND

Wo der Glaswaldsee heute seine dunklen Wasser zeigt, dort ist einst ein Schloss gestanden. Bewohnt war es vom Schlossherrn und sieben Töchtern. Sechs hatten die Eigenschaften des Vaters: sie waren grob, geizig, herrschsüchtig und schauten veräcdt-

lich auf jeden Menschen herab. Aber die siebte Tochter war wie die Mutter, die schon längst gestorben war: Sie gab den Leuten viele Almosen und ging ins Dorf hinunter zu den Armen und Kranken.

Eines Tages aber verdunkelte sich der Himmel. Blitze zuckten durch die Luft. In den Bergen hallte Donner. Die Erde fing an zu zittern, und gerade dort, wo das Schloss stand, spaltete sich der Boden, es sank hinunter in die Tiefe. Hilferufe hörte man von den unglücklichen Schlossbewohnern. Aber niemand konnte helfen. Schwarze Wasser deckten immer mehr den Boden, sie kamen aus den Untiefen. So entstand der Glaswaldsee.

Das gute Schlossfräulein war in diesen traurigen Stunden nicht daheim. Es war wieder mal im Dorf drunten bei den Armen. Und als sie zurückkam war dort, wo das Schloss einst stand, ein schwarzer See. Es rief den Vater und die Schwestern, aber keine Antwort kam. Es betete, weinte und wusste nicht, was es beginnen sollte. Da stand plötzlich ein großer Wolf neben ihm. Er schmiegte sich an das Fräulein, als ob er sagen wollte, sei nicht traurig, ich zeige dir eine Wohnung. Das Fräulein folgte, und siehe da, er führte sie zu einer großen Höhle zwischen den Felsen. Da wohnte das Fräulein, und der Wolf bewachte sie. Täglich kam ein Rabe geflogen. Der brachte immer zwei Brote. Eines gehörte dem Fräulein und eines dem Wolf. Jeden Tag ging das Fräulein an den See, gedachte der unglücklichen Familie. Dann ging es zum Gottesdienst ins Dorf, dann zur Pflege der Armen und Kranken. Aber immer war der Wolf als Begleiter mit dem Fräulein.

◀ Der Glaswaldsee

Doch eines Nachts fingen im Dorf plötzlich die Kirchenglocken an zu läuten, da wusste jedermann, das Fräulein war gestorben. Bei Tagesanbruch wollten die Dorfbewohner das Fräulein feierlich heimführen und beerdigen. Aber der liebe Gott hatte es schon getan. Die Felsen vor dem Eingang der Höhle hatten sich zusammengetan, so dass niemand mehr einen Eingang finden konnte.[38]

## JÄGERLEITER BILDSTOCK IM WOLFTAL

*An der Landstraße im Wolftal „Vor Seebach" zweigt links die Straße zum Glaswaldsee ab. Dort „Vor Seebach" am gleichnamigen Gasthaus steht kaum ein Steinwurf entfernt direkt an der Landstraße rechts der „Jägerleiter-Bildstock".*

Vor mehr als 235 Jahren soll in diesem Grenzgebiet Johannes Merck, ein wilder, unsicherer Geselle, gelebt haben, der sich ausschließlich mit Wilddieberei und Schmuggel befasste. Wer ihm auf seinen Streifzügen begegnete, wurde rücksichtslos niedergeschossen oder auf bestialische Art und Weise zu Tode gemartert. Niemand vermochte ihn zu fassen, da er einen Pakt mit dem Teufel geschlossen hatte und dadurch „hieb- und stichfest", also unverwundbar, geworden war.

Eines Tages wurden Beeren sammelnde Kinder von der hinter den dunkeln Tannen erscheinenden Gestalt des Jägerleiters, wie der Wilderer genannt wurde, erschreckt. Laut schreiend rannten sie davon. Erst blickte der Unhold ihnen höhnisch grinsend nach, besann sich aber dann, dass die Kinder ja seinen Schlupfwinkel

verraten könnten. Er eilte den flüchtenden Mädchen und Knaben nach, schlug sie zu Boden und schoss sie alle kaltblütigen Herzens nieder. Nur ein flinker Bursche war vorausgeeilt und kam unversehrt ins Tal.

Die Empörung über diese grausamen Kindermorde überstieg in der Bevölkerung sofort die Angst, und geschlossen durchstreiften alle männlichen Einwohner den Wald. Sie stellten den Jägerleiter, schlugen mit Prügeln auf ihn ein und waren überrascht, dass ihm alle Schläge nichts anhaben konnten. Gefesselt schleppten sie ihn zu Tal, und genau an der Stelle, da heute das Bildstöckle zu sehen ist, brach der Unhold zusammen und gestand, dass er eine geweihte Hostie eingenäht habe. Bevor diese nicht entfernt sei, könne er keine Ruhe finden und auch nicht sterben.

Ein beherzter Holzfäller schnitt ihm die Hostie aus dem Fleisch, und sofort sank der Jägerleiter entseelt zu Boden. Noch nächtelang war an der Stelle, an der die blutige Hostie lag, ein geheimnisvolles Licht zu sehen.[39]

## VON DER GRÜNDUNG BAD RIPPOLDSAU

*Die Landstraße führt von Wolfach durch das Wolftal nördlich nach dem Mineralbad Bad Rippoldsau. Hier teilt sich diese, gerade aus zum Kniebis und rechts ab nach Freudenstadt und zwar direkt an der Ortskirche. Der Mittelweg von Freudenstadt nach Süden führt auf der Höhe an Bad Rippoldsau vorbei. Die Zugangswege führen von dort auf die Höhe zum Westweg.*

*Die Ortskirche „Mater Dolorosa" mit den beiden Türmen wurde 1828/29 erbaut, während die teilweise nebenan noch erhaltenen Gebäude vom ehemaligen Kloster stammen. 1179 wurde erstmalig durch eine Urkunde die Existenz der St. Nikolaus Zelle nachgewiesen. 1802 wurde das Kloster säkularisiert.*

Im Schwarzwald, im wilden hinteren Wolftal, müssen vor vielen hundert Jahren andächtige Brüder in einem abgelegenen Klösterlein gehaust haben. Der frömmste und viel gelehrteste muss der Bruder Rippold gewesen sein. Tagein, tagaus saß er in seiner Zelle und forschte in der Heiligen Schrift, um alles zu erfahren, was Gott, die Welt und die Menschheit betrifft.

Er fraß die Bücher bis spät in die Nacht in sich hinein, bis der Schlaf ihm die Bücher aus der Hand nahm. Die immer gleiche Beschäftigung ließ ihn mit der Zeit kauzig werden. Schon Kleinigkeiten führten zur Einbildung von Krankheiten. Was nicht ausblieb, das Verhalten von Bruder Rippold sorgte für immer mehr Verdruss und Ärger unter den Klosterbrüdern. So sprach die Versammlung der Klosterbrüder, der Konvent, sich für den Ausschluss von Bruder Rippold aus, um den häuslichen Frieden zu retten und ein geregeltes, ruhiges Klosterleben zu gewährleisten. Mit Brevier und Brotsack ging der missverstandene Klosterbruder in die Wildnis, umgeben vom dunklen Tannenwald und wildem Getier. Völlig verstört, mit seinem Schicksal hadernd, zog er sich immer weiter in das Dickicht zurück und blies Trübsal. Denn nichts konnte ihn mehr erfreuen. So wartete er mit Verdruss auf seinen Tod.

Unter seiner Schwermut wurde er immer kränker, schrumpfte wie ein Greis und sehnte den Tod herbei. In seiner Todessehnsucht nahm er mit zitternder Hand einen Spaten und baute sich am Bach ein Grab als Totenschrein. Als er dies beendet hatte, empfahl er dem Herrn seine sündige Seele und legte sich zum Sterben in den finsteren Schacht.

Wie er so lag, um auf den Tod zu warten, vernahm er mit Erstaunen ein tiefes Grollen und Rauschen. Ein mächtiger Wasserstrahl warf den Mönch Rippold jäh in hohem Bogen aus dem Grab hinaus. Triefend nass stand er da und konnte es kaum fassen, was er verspürte: Neues Leben durchzuckte seine Glieder, als kehre die Kraft und die Jugend wieder. Munter sprudelte die Quelle weiter, und als er davon trank, schmeckte diese salzig und kohlensauer. Mehr als feuriger Edelwein durchzuckte seine Glieder, Lebensmut und Kraft kehrten in den ausgelaugten Körper zurück, je mehr er trank. Ein stärkendes Bad brachte den Appetit und dann die Kraft zurück. Anstatt Trübsal zu blasen, begab er sich auf die Jagd und durchstreifte die Wälder. Auf einer seiner Streifzüge traf er auf eine junge Hirtin, die ihre Herde Ziegen und Schafe bei der Weide beaufsichtigte. Angetan von dem hübschen und unschuldigen Aussehen der Jungfrau, überkam den Mönch Rippold die Scham, da die unzüchtigen Gedanken seinem Gelübde der Enthaltsamkeit widersprachen.

Eines Tages erfuhr er von der gefährlichen Krankheit seiner heimlich verehrten Hirtin, die elend danieder lag. Alle Zweifel und Gewissensbisse beiseite schiebend, begab er sich zur Hütte der jungen Hirtin. Er erzählte ihr von der heilenden Kraft der entdeckten Quelle. Er nahm all seinen Mut zusammen, hob sie vom Krankenlager und führte sie zum von ihm entdeckten Lebensborn. Während die junge Maid von dem heilenden Wasser genoss, hängte Mönch Rippold seine Mönchskutte an einen großen Tannenbaum.

▲ Blick ins Wolftal

Nach der Genesung seiner Hirtin wallfahrte er mit ihr zum Kloster. Er wurde dort vom Abt und seinen Brüdern in vollem Ornat empfangen. Weil er der heilenden Quelle auf die Spur gekommen war, wurde dies als Zeichen des Himmels gewertet. Er wurde von Gelübde und Zwang befreit mit der Bitte Au und Quelle zu verwalten. Er solle Herberge, Bäder, Trinkstuben und selbst Kegelbahn bauen. Zum Schluss sprach der Abt dem Paar den Segen, und sie verließen das Kloster als Mann und Frau und bauten auf das Bad Rippoldsau.[40]

## GEHEIMNIS DES KASTELSTEINS BEI BAD RIPPOLDSAU

*Von der Villa Sommerberg in Bad Rippoldsau führt der Zugangsweg zum Westweg den Sommerberg ca. 2 km hinauf zum Naturdenkmal „Kastelstein", einem mächtigen ausgewaschenen Sandsteinblock.*

Die Herzöge Konrad und Werner von Urslingen hatten ihrer Schwester Cölestine dem Pepoli von Bologna versprochen. Die schöne Cölestine freilich hatte sich längst in aller Stille mit Rudolf Marschall von Pappenheim verlobt. Konrad von Urslingen hatte den Pappenheimer als Schwager akzeptiert, nicht aber sein Bruder Werner.

Da begab es sich – um das Jahr 1330 –, dass Konrad mit Schwester Cölestine ins Wildbad Rippoldsau fuhr, herrlich zum Trinken und zum Baden. So wild die Lage von Rippoldsau auch war, so viel besucht war es von Kranken und Leidenden. Aber auch viel lockeres Leben wurde in der Badehütte geführt... Doch ist wegen des Gedränges schwer Unterkunft zu erhalten... Auch Marschall Rudolf fand sich dort ein; er hoffte, die Zustimmung zur Verlobung mit Cölestine von Konrad zu erhalten, da er alleine ohne seinen Bruder Werner hier war. Allerdings war dieser nicht zu bewegen, denn er fürchtete sich vor Werners rauer und heftiger Gemütsart. Da Konrad nicht zu bewegen war, reiste Marschall Rudolf pro forma ab. Er reiste allerdings nicht weit. Mit Cölestine war er sich einig; sie sahen sich täglich am Kastelstein, wohin sie sich mit Jutta, ihrer Jugendfreundin und Vertrauten, begab, während Bruder Konrad beim Bacchus und beim Würfelspiel saß. Dabei wurde der Handel abgekartet. Ins Vertrauen gezogen waren die Herren von Geroldseck, Konrad von Staufen, und, wie man munkelte, auch der Abt von Alpirsbach, der Freund von Rudolf Freund.

Rudolf Pappenheim überfiel Herzog Konrad mit seinem Gefolge, als er vom Bad aufbrach und nahm ihn gefangen, internierte ihn auf seiner Burg Mark bei Augsburg. Dort erzwang er sich die Zustimmung der Herzöge von Urslingen. Der Plan, der im Schutze des Kastelstein ausgeheckt worden war, brachte Cölestine und Rudolf von Pappenheim das Glück des Lebens.[41]

# Renchtal

## NUSSBACHER KIRCHE ENTSTAND DURCH GOTTESURTEIL

*Die B 28 führt von der A 5 nach Osten, umfährt Appenweier nach Oberkirch. Kurz vor Oberkirch biegt rechts die Straße nach Nussbach ab. Die örtlichen Wanderwege führen über Urloffen, Zunshofen, Nussbach zum Ortenauer Weinpfad.*

*Als einst irische Mönche im Renchtal das Christentum verkündeten, saß auf der Burg Fürsteneck bei Oberkirch ein reicher Ritter, der den christlichen Mönchen nicht hold gesonnen war.*

Damals erbauten die Mönche in Nussbach eine Kapelle. Aber in der Nacht ließ der Herr auf Fürsteneck von seinen Knechten heimlich den Bau abtragen und zerstören. Darauf bewachten die Mönche den Bau während der Nacht. Als die Kapelle beinahe fertig gestellt war, ritt der Herr von Fürsteneck mit seiner Tochter am Bauplatz vorbei.

Er beschimpfte die Mönche, sandte ihnen am nächsten Tag Handschuh und Schwert und forderte sie dadurch zum Zweikampf heraus. Die Mönche lehnten ab. Schließlich sprach die Tochter voller Hohn: „Ihr wollt morgen zum ersten Mal euer Abendgebet in der Kapelle beten. Gut, dann soll dies mein Zweikampf werden. Solange ihr betet, tanze ich, und wenn es zwei Stunden dauert. Wer dann siegt, soll das Tal meiden für immer."

Am folgenden Abend zogen die Mönche feierlich, das Kreuz voran, zur Kapelle, um sie zu weihen. Danach sangen sie das Abendgebet zum ersten Mal in der Kapelle. Draußen vor dem Gotteshaus aber war ein Zelt aufgeschlagen. In ihm spielte die Musik zum Tanze auf. Das Ritterfräulein fing an zu tanzen.

Die Tänzer wechselten sich einander ab. Schon hatte der sechste Tänzer den fünften abgelöst, aber die Jungfrau tanzte immer noch. Als der siebente Tänzer sich im Tanz drehte, da tönte das Glöcklein zum letzten Gebet. Nur wenige Minuten noch und das Fräulein hätte gewonnen. Plötzlich sank das Fräulein mit lautem Aufschrei zu Boden und verschied, noch bevor die Mönche in der Kapelle das letzte Gebet beendet hatten.

Der Herr von Oberkirch-Fürsteneck wurde dadurch auf tiefste erschüttert. Er bekehrte sich, ließ die Mönche gewähren und später für die Seelenruhe seiner Tochter die Nußbacher Kirche erbauen und verschenkte den Korker Wald.[42]

◄ Die Schauenburg über Oberkirch

# Wallfahrtsheiligtum St. Wendel bei Nussbach

*Von der B 28 Richtung Oberkirch biegt rechts vor Oberkirch die Land-straße nach Durbach ab. Nach ca. 2 km biegt rechts die St. Wendel Straße ab. Ca. 2 km durch Bottenau zur Wendelinskapelle. Der Or-tenauer Weinpfad führt nach Süden an der Wendelinskapelle vorbei.*

*Die alte Wendelinskapelle wird erstmals 1591 in einem Lehensbrief über den Fröschhof in der Nähe von Maisenbühl erwähnt. Sie war wohl eine Hofkapelle. 1714 und 1751 wurden jeweils neue Wende-linskapellen erbaut. Seit 1856 findet alljährlich am Wendelinsfest (20. Oktober) eine Prozession statt. 1945 wurde der Turm durch eine Pan-zergranate beschädigt. Anstelle dessen erhielt die Kapelle einen höl-zernen Zwiebelturm. Seit 1949 findet die alljährliche Pferdeprozession mit Segnung durch die Prämonstratenser am Wendelinstag statt.*

## Wunder des St. Wendelin

Bei der alten Wendelinskapelle stand einst ein riesiger Kastani-enbaum, wie auch heute noch auf dem Gemälde der rechten Chorapside zu sehen ist. Als 1759 das alte Kapellchen abgebrochen wurde, ließ man zur Erinnerung an die alte Kapelle den Kastanien-baum stehen.

1854 gab der Hofbauer Bernhard Huber seinen Söhnen und Knech-ten den Auftrag, den inzwischen morsch gewordenen Baum aus-zugraben. Mit der längsten vorhandenen Steigleiter kletterte der

Knecht Josef Geltreich hinauf, um oben Seile zu befestigen, denn man wollte den Baumriesen umziehen. Als der Knecht oben den Knoten knüpfte, neigte sich der Baumriese zur Seite und schmetter-te unter gewaltigem Krachen und Splittern zu Boden. Die Umste-henden vernahmen noch den Entsetzensschrei des Knechtes; sie glaubten ihn nicht wieder lebend zu sehen. Wie groß war das Er-staunen, als unter den zersplitternden Ästen der Knecht unverletzt zum Vorschein kam.

Das gewaltige Krachen des niederstürzenden Baumes war bis ins hintere Bottenau und hinüber nach Diebersbach zu hören gewe-sen. Viele Leute liefen zum Ort des Geschehens und konnten nicht fassen, dass dem Knecht bei dem Sturz nichts geschehen war. Sie schrieben es dem wunderbaren Schutz des hl. Wendelins zu, dass alles so glimpflich ausgegangen war. Der Hofbauer Bernhard Hu-ber ließ am Ort des Geschehens einen Bildstock setzen. Die darauf angebrachten Jahreszahlen 1759 und 1854 erinnern an den alten Standort der alten Wendelinskapelle, aber auch an die Errettung des Knechtes.

## Teufelstein von St. Wendel

Dem Satan und seinen Teufeln missfiel, dass viele Wallfahrer das Heiligtum des hl. Wendelins aufsuchten und seine Fürbitte erflehten. Der Satan beschloss, es zu zertrümmern. Mit Hilfe ande-rer Teufel holte er sich einen gewaltigen Stein aus dem Rappenloch und schleppte ihn hinauf auf die Schiehalde oberhalb der Kapelle. Schwitzend, lärmend und fluchend erreichte er endlich die Berg-kuppe. „So, heiliger Wendelin, jetzt ist es aus mit deiner verdammten Kapelle!", dachte der Satan voll Zorn und Wut. Da stand plötzlich ein kleines, unscheinbares Männlein vor ihm. Treuherzig fragte er den riesigen Gesellen, was er denn mit dem schweren Stein da oben wolle. „Den dreimal verfluchten Schweinestall da unten, wo ein paar alte Säue grunzen, will ich endlich zerschmettern!", entgegnete der Teufel. Das Männlein redete ihm zu, den Stein abzusetzen: „Ich helfe dir, den schweren Stein wieder aufzuheben." Der Teufel setzte den Stein ab und schnaufte sich aus; als er sich jedoch wieder umdrehte, war das Männlein verschwunden. Als der Satan erkannte, dass er genarrt worden war, schlug er seine Pranken in den Stein und biss hinein. Als er mit wilder Kraft den Stein erneut heben wollte, wurde dieser weich wie Butter. Kein anderer als der hl. Wendelin hatte sein Heiligtum vor dem Anschlag des Bösen bewahrt.

Der gewaltige Findlingsstein lag übrigens bis 1863 auf der Höhe des Fichtenbuckels. Als auf dem Fichtenbuckel Reben angepflanzt wurden, verwendete man diesen zur Anlage der Stützmauer. An der Stelle, wo er lag, baute man eine kleine Marienkapelle neben der Wendelinskapelle.

## Der Wendelinsbrunnen der Kapelle

Als Wendelin Hirte war, entrückte ihn Gott mit seiner Herde in entlegene Gegenden. So hütete er auch am Hardtwald sein Vieh. An einem heißen Sommertag fanden die Tiere nirgends Was-

▶ Die Wallfahrtskapelle St. Wendelin mit Brunnen und Teufelstein bei Nussbach

ser. Da kniete der fromme Hirte sich ins Moos und betete zu Gott. Plötzlich begann neben ihm die Erde aufzubrechen, und eine muntere Quelle spendete den lechzenden Tieren erfrischendes Wasser. Die Quelle, die noch heute unten im St. Wendelswald entspringt, hieß im Volksmund seitdem der „Wendelsbrunnen". Er lieferte dem Messnerhaus der Wendelinskapelle lange das Trinkwasser und ist der Ursprung des Nußbacher Dorfbaches. Bei Viehkrankheiten setzte man den Tieren von diesem Wasser vor. Das hölzerne Hüttlein im Walde, das sich der Hirte errichtet hatte, soll der Ursprung der Wendelinskapelle gewesen sein.[43]

## WEISSE DAME VON DER SCHAUENBURG (OBERKIRCH)

*Als Wahrzeichen der Stadt Oberkirch an der B 28 erhebt sich die Schauenburg auf einem Bergvorsprung oberhalb des Dorfes Gaisbach – nördlicher Ortsteil von Oberkirch. Die Stadtgartenstraße und Burgstraße hoch bis zur Schauenburg. Der örtliche Wanderweg führt von Oberkirch-Gaisbach nach Norden zur Ruine Schauenburg.*

*Von der Schauenburg aus konnte der Zugang zu dem wichtigsten Schwarzwaldübergang, dem Kniebispass, verwehrt werden. Erbaut von den Herzögen von Zähringen im 11. Jahrhundert, war sie in ihrer Bedeutung der Hohenbadens oder der Hohengeroldseck gleichzusetzen. Die Burg hatte im Dreißigjährigen Krieg sehr gelitten und 1689 gab ihr der französische General Vauban den Todesstoß durch seine Zerstörung.*

Einst lebte auf der Schauenburg ein stolzer Ritter, der sich sehnlichst einen Erben wünschte. Als er eines Tages von der Jagd zurückkam, erfuhr er, dass ihm eine Tochter geboren wurde. Aus Ärger darüber wollte er das Töchterlein gar nicht sehen. Aus Kummer und Bitternis darüber starb seine Gemahlin. Der Ritter von Schauenburg zog in ferne Lande und übergab das Töchterlein einer Gärtnersfrau zur Erziehung. Als er nach vielen Jahren lebensmüde zurückkehrte, erfasste ihn Reue, und er forschte nach der Frau, die mit seinem Kinde in eine andere Stadt gezogen war. Des Ritters Tochter, ihre hohe Geburt nicht ahnend, hatte sich mit einem tüchtigen Bauernburschen verheiratet. Ein Bote des Vaters überredete sie, heimlich Mann und Kind zu verlassen und dem lockendem Glanz und Reichtum zu folgen. Zu feige ihr bisheriges Eheverhältnis einzugestehen, heiratete sie auf Drängen ihrer Verwandten einen reichen Vetter. Erst am Totenbett ihres durch Zufall nach der Schauenburg kommenden ersten Mannes gestand sie ihre Schuld.

Noch im Tode findet sie keine Ruhe. Seitdem erscheint sie alle 50 Jahre bei der alten Mühle unterhalb der Schauenburg einem Wanderer und fleht ihn um Erlösung an. Wer ihre Bitte versteht und sie erfüllt, den wird sie segnen. Vor 100 Jahren soll ihr an einem schönen Frühlingsmorgen ein Hirtenbüblein begegnet sein. Einen zierlichen Schuh, den sie vom Fuße zog, bot sie ihm dar. Aber er verstand ihre Bitte nicht, dass er ihr einen Schluck Wasser aus dem Bache schöpfen sollte. Schreiend vor Angst lief er bergabwärts und starb, von Irrsinn befallen, nach drei Tagen. Ein alter Waldhüter vom Schauenburgwald will die weiße Dame vor 50 Jahren gesehen haben und hat sie erlöst. Er zeigte ihr auf ihren Wunsch hin den Fußweg nach Oberkirch. Ein seltsames Geldstück, das sie ihm zum

Dank in die Hand drückte, war, als er nach Hause kam, aus seiner Tasche verschwunden. Ihn wandelte ein Grauen an. Er aber musste nicht, wie befürchtet, nach drei Tagen sterben, sondern segnete hoch betagt als Greis das Zeitliche.[44]

## Sendelbacher Muttergottes (Lautenbach)

*Renchtal aufwärts liegt an der B 28 Lautenbach. Von der Bahnhofstraße zweigt gleich rechts die Sendelbachstrasse ab. Nach ca. 1,5 km steht beim Höllwald bergseits auf der Böschungsoberkante die Sendlacher Muttergottes. Das Denkmal stammt von 1776, die Muttergottes steht auf einer Weltkugel, die von einer Schlange mit dem Versuchungsapfel im Maul umspannt wird.*

Der Volksmund erzählt: Einst war hier ein Meierhof Allerheiligens. Der Meier war grausam und geizig. Als er einmal den Speicher voll Korn hatte, ließ er zwölf Messen nach der Meinung lesen. Der Geistliche „brachte und brachte sie net glese", denn der Meier hatte die Meinung, Gott möge ein Missjahr kommen lassen, damit er die Vorräte gut losbringe. Auf der Rückfahrt von der Kirche standen die Pferde des Wagens plötzlich „Bäumle". Eine Schlange stand im Weg, hatte den Kopf hoch erhoben und zischte die Pferde an. In seiner Angst gelobte der Meier der Muttergottes ein Bild, wenn sie ihm helfe. Da verschwand die Schlange. Das Bild der über der Schlange stehenden Gottesmutter ist in Ausführung des Versprechens am selben Platz errichtet worden.

◀ Die Sendlacher Muttergottes von Lautenbach

Im Frühjahr 1945 stürzten drei Soldaten der Besatzungstruppen mit ihrem Panzerwagen die Sendlacher Muttergottes auf die Straße. Wenige Tage später verunglückten diese drei Soldaten mit ihrem Fahrzeug tödlich.[45]

Seit einigen Jahren wird jedes Jahr am Vorabend von Maria Himmelfahrt eine Lichterprozession zur Sendelbacher Muttergottes durchgeführt, die sich steigender Beliebtheit erfreut. Bei der Bittprozession an Christi Himmelfahrt befindet sich der erste Stationsaltar bei der Sendelbacher Muttergottes.[46]

## WASSERFÄLLE VON ALLERHEILIGEN – MIT SEINEN FELSEN

*Von Oppenau an der B 28 talaufwärts im Lierbachtal werden die mächtigen Wasserfälle von Allerheiligen (auch Lierbach- oder Büttensteiner Wasserfälle genannt) erreicht. Der Zugangsweg zum Westweg führt von Oppenau durch das Lierbachtal den Treppenweg an den Wasserfällen vorbei nach Allerheiligen. Durch ein mächtiges Felstor stürzen sich die Wassermassen über Kaskaden in 7 Hauptfällen in einer Gesamthöhe von ca. 90 Meter ins Tal. Einzelne Felsen haben besondere Namen.*

Zigeunerhöhle: Die Zigeuner, die im 16. Jahrhundert für vogelfrei erklärt und verfolgt wurden, flüchteten in die Berge. So kamen auch Sippen in das Gebiet von Allerheiligen und hausten hier mit Duldung des Klosters. Dafür achteten sie stets das Eigentum des Klosters. In der Umgebung trieben sie allerdings ihre Diebes- und Wahrsagergeschäfte. In einer 15 m langen Felsenhöhle bei den damals unzugänglichen Wasserfällen hatten sie ein sicheres Versteck für ihr Diebesgut.

Studentenfelsen und Rabenschroffen: Der Jüngling Joseph von Wessenburg aus Straßburg verliebte sich in die bildhübsche Tochter eines Zigeuners und wollte diese auch heiraten, wenn sie sich taufen ließe. Der Junker schenkte dem Mädchen einen kostbaren Ring, dessen Besitzer er das große Glück brachte. Eines Abends saß Eda zwischen den Felsen und betrachtete voller Glück den Schmuck, den sie vor sich hingelegt hatte. Plötzlich näherte sich ein Rabenpaar, einer stieß herab, packte den Ring mit dem Schnabel und trug ihn auf den steilen Felsen hoch oben in das Nest. Weinend erzählte das Mädchen ihrem Geliebten von ihrem Pech. Dieser ließ sich an einem Seil den steilen Felsen hochziehen, um das kostbare Kleinod zurückzuholen. Das Nest hatte er fast erreicht, als das Seil riss und sein Körper aus schwindelnder Höhe stürzend zerschellte. Eda konnte in ihrem Unglück die Rückkehr ihres Geliebten kaum erwarten. Als dieser ausblieb, begab sie sich auf die Suche nach dem Bräutigam. Auf dem Felsen umklammerte sie einen Baumstamm mit ihren Armen, um besser spähen zu können. Dabei verlor sie die Besinnung und stürzte ebenfalls in die Tiefe. Die Felsen heißen seither Studentenfelsen oder Rabenschroffen.

Engelskanzel: Einer der Felsen, die auf einem kurzen Spaziergang von Allerheiligen aus zu erreichen sind und sich auf der Westseite hoch über den tosenden Wasserfällen erheben, ist die Engelskanzel. Eine in ihrer Unschuld bedrohte Jungfrau hatte sich einst auf der Flucht vor ihren Verfolgern auf diesen Felsen geflüchtet. Als diese näher kamen, hatte das Mädchen die Wahl zwischen entehrender

Schmach oder dem Sprung in den Tod. Die Jungfrau empfahl Gott dem Allmächtigen ihre Seele und sprang. Doch in diesem Augenblick winkte von der gegenüberliegenden Seite der Schlucht ein Engel. Statt in der grausigen Tiefe zu zerschellen, landete die Verfolgte bei einem Engel und war so auf wundersame Weise gerettet.[47]

Reitersprung: Bei den Allerheiligen Wasserfällen ragt ein steiler Felsen auf, der Reitersprung. Bis hier verfolgten im Dreißigjährigen Krieg einige österreichische Reiter einen schwedischen. Plötzlich sah der Flüchtling keinen Ausweg mehr. Aber er wollte eher alles versuchen, als sich gefangen zu geben, und spornte sein Pferd zu einem gewaltigen Sprung über den breiten, grausigen Abgrund an. Allein dem bereits erschöpften Tiere fehlte die nötige Kraft; es sprang zu kurz – und Ross und Reiter zerschellten auf den Klippen in der Tiefe.

## DER SIEBENSCHWESTERFELSEN

*Etwa in der Mitte des Lierbachtales – das übrigens oberhalb der Allerheiligen Wasserfällen Grindenbachtal heißt –, zwischen den Wasserfällen und Oppenau erhebt sich auf der linken Talseite auf einer einsamen Waldstelle ein riesiger Felsen, der beinahe die Gestalt einer halbzerfallenen Kirche hat – die Felsenkirche. Sie wird auch Siebenschwesterfelsen genannt.*

In uralten Zeiten soll hier eine der ersten christlichen Kirchen des Landes gestanden haben, die ein edler Alemanne, ein Ritter, Starkmut mit Namen, erbaute. Nach seinem Tode hinterließ er sieben Töchter, die ebenso fromm als anmutig waren, auf der väterlichen Burg miteinander in tiefer Stille und Eingezogenheit in freiwilligem, geliebtem jungfräulichem Stande lebten. Es war um die Zeit, als der Hunnenkönig Attila, die Geißel Gottes genannt, mit seinen wilden Horden an den Rhein kam, um nach Westen zu ziehen und Gallien, das heutige Frankreich, zu erobern. Zu dem Zweck ließ er eine Menge Flöße bauen, um darauf überzusetzen. Von dem Haufen, der ausgeschickt wurde, das nötige Holz im Schwarzwald zu fällen, kamen mehrere durch Zufall zur Burg, wo die sieben Schwestern hausten.

Die rohen und entmenschten Kriegsleute ehrten ebensowenig die Tugend als die Wehrlosigkeit. Die Jungfrauen sahen hier nur die Wahl zwischen Tod oder Entehrung. Sie waren augenblicklich entschlossen, den ersteren vorzuziehen. Sie hatten sich bereits vor den Unholden auf den Söller des Schlosses geflüchtet, standen eben im Begriffe, nachdem sie ihre Seelen Gott empfohlen hatten, sich von da in den Burggraben hinabzustürzen.

Ihr alter treuer Diener riet ihnen, sich gegen Abend in einen unterirdischen Gang der Kirche zu flüchten, welcher ihr Vater selbst erbaut hatte. Sie befolgten den Rat, erreichten glücklich die heilige Stätte; aber ein treuloser Knecht, der ihre Flucht bemerkt hatte, verriet den Hunnen das Asyl der Jungfrauen. Die wilden Horden stürzten wuterfüllt auf das einsam hinter einem Wäldchen versteckte Gotteshaus. Sie fanden die fußdicke, eichene Türe von innen verriegelt, fällten eine junge Tanne, um mit dem Stamm gegen die Türe Sturm zu rennen und sie aufzusprengen. Währenddessen knieten die frommen Edelfräulein in inbrünstigem Gebete vor dem Bilde der Muttergottes. Der Himmel erbarmte sich ihrer durch ein Wunder.

Als die Wüstlinge mit dem gefällten Stamme zurückkehrten, um jetzt ihr teuflisches Vorhaben auszuführen, war der Eingang der Kirche nicht zu finden und nirgends eine Spur mehr von der vorigen Pforte zu erblicken. Sogar die Fenster und andere Öffnungen waren verschwunden. Wohl stand die Kirche noch da, jedoch als mächtiger undurchdringlicher Fels, aus dessen Innern leise und erschauernd ein Psalmenchor jungfräulicher Stimmen ertönte.

Bestürzt von diesem merkwürdigen Ereignis eilten die Hunnen von dieser Stätte und erschlugen auf dem Rückwege zornentbrannt jenen treulosen Knecht, der sie nach der merkwürdigen Kirche gewiesen hatte. Noch vernimmt zuweilen der einsame Wanderer in stillen Nächten liebliche Gesänge, die aus dem Felsen zu erklingen scheinen und das Herz mit frommen Sehnen erfüllen.[48]

## KLOSTERGRÜNDUNG VON ALLERHEILIGEN (ESELSLEGENDE)

*Die Bundesstraße aus dem Renchtal führt über Oppenau, die Landstraße aus dem Achertal von Ottenhöfen hinauf nach Allerheiligen und dann weiter zum Ruhestein. Von Oberkirch und Oppenau führen die Zugangswege zum Westweg über Allerheiligen. Vom Westweg, der auf dem Schwarzwaldkamm verläuft, zweigt eine Schleife vom Ruhestein über Allerheiligen zum Schliffkopf ab.*

*Die Klostergründung in Allerheiligen, die vermutlich nach dem Tod Herzog Welfs VI im Dezember 1191 eingeleitet wurde, war im Jahre 1196 abgeschlossen. Die Gründerin war Uta von Schauenburg. Es*

*wurde als Prämonstratenser Kloster gegründet, wo sich die Bewohner zu gemeinsamem Leben ohne Privateigentum zusammenschlossen hatten und bei denen die Liturgie im Mittelpunkt ihres religiösen Lebens stand. 1803 erfolgte die Säkularisierung des Klosters und 1804 schluf der Blitz in die Klosterkirche ein. 1816 wurden die Gebäude auf Abbruch versteigert.*

Nach dem Tode ihres Gatten wollte Uta von Schauenburg die Klostergründung rasch in die Tat umsetzen. Sie war aber unschlüssig über den Ort, wo es stehen sollte. Man riet ihr die Entscheidung Gottes Fügung zu überlassen. Durch einen Traum wurde ihr die Art und Weise klar: Uta ließ einen Esel mit einem Sack Gold beladen und frei lostraben. Dort, wo das Tier diesen abwerfen würde, wollte sie das Kloster bauen.

Der Esel stieg von der Schauenburg zielstrebig aufwärts zum Sohlberg und trottete dann weiter in Richtung Grindenbach. Unterwegs wurde der Durst immer größer, und er begann schließlich mit einem Vorderhuf an einer Stelle zu scharren. Alsbald sprudelte eine Quelle hervor, an dessen Wasser sich das Tier laben konnte. Danach setzte er seinen Weg fort bis zu der heute St. Ursula genannten Wegkreuzung. Hier ließ der Esel den Sack fallen. Da die Stelle jedoch ungünstig erschien, erbaute man das Kloster entgegen des Gelöbnisses im besser geeigneten Tal des Grindenbachs.

An der Stelle, an der der Esel den Sack abgeworfen hatte, wurde zu Ehren der Tagesheiligen St. Ursula eine Kapelle gebaut. Heute erinnert nur noch ein Bildstock an sie. Die Quelle aber, die durch den Huf des Esels entsprungen sein soll, wurde gefasst und mit einem Gedenkstein versehen (Eselsbrunnen).

Nach einer anderen Erzählart rollte der Sack, den der Esel am Kapellenplatz fallen ließ, ins Tal – zum späteren Standort des Klosters hinab.

Eine weitere Variante behauptet, dass Herzogin Uta das Kloster auf dem Abwurfplatz bauen wollte. Das dorthin gebrachte Bauholz lag aber am nächsten Morgen drunten im Tal. Es wurde mühsam hochgeschafft, lag aber am nächsten Morgen wieder im Grindenbach. Ein mutiger Handwerker wollte der Sache nachgehen. Er legte sich abends auf das Bauholz. Am nächsten Morgen aber fand man es wiederum im Tal mit dem toten Handwerker daneben. Hierauf gab Uta den Plan auf, das Kloster auf dem Abwurfplatz zu bauen und stiftete an diesem Ort die nach der hl. Ursula benannte Kapelle.[49]

▶ Die Klosterruine Allerheiligen

# Achertal

## Hex vom Dasenstein (Kappelrodeck)

*Auf der Achertalstraße L 87 talaufwärts fahrend, liegt auf der rechten Talseite über Kappelrodeck unübersehbar die Burg Rodeck. Angeblich die Gründung eines Burkhard Roeder um 1200. Letztmalig durchgreifend 1880 umgebaut, wird sie heute als Schloss Rodeck geführt. Die Burg wurde nie in den vergangenen Jahrhunderten von Zerstörungen heimgesucht.*

*Auf der anderen Seite der Acher liegt im Gewann Kappelberg - zu erreichen über die Kappelbergstraße und den Dasensteinweg - ein gewaltiger Felsschroffen, bedeckt von Sträuchern und Grünzeug inmitten der Weinberge, trotzig und geheimnisvoll. Es ist der weitbekannte „Dasenstein", nicht nur der Sitz der legendären „Hex vom Dasenstein", Inspiration für die Kapplerodecker Fasnacht, sondern auch Markenzeichen und Emblem der Kappelrodecker Weine. Kappelrodeck liegt am Ortenauer Weinpfad.*

Über die „Hex von Dasenstein" berichtet die Sage: Die Tochter eines Burgherren von Rodeck verliebte sich dereinst in einen einfachen Bauernburschen vom darunter gelegenen Dorf. Der Ritter war keineswegs damit einverstanden. So stellte er seine Tochter vor die Wahl, entweder die Beziehung zu dem armen Burschen abzubrechen oder von Haus und Hof verstoßen zu werden. Als sie dennoch auf ihrer Liebe beharrte, musste sie Burg und Familie verlassen. Da aber ihr Liebster sich nicht mehr um sie kümmerte, und sie sonst auch keine Unterkunft finden konnte, stieg sie auf der anderen Talseite bergan. In einer Felsengruppe, die etwa gleichhoch wie die heimatliche Burg lag, entdeckte das verstoßene Ritterfräulein eine Höhle.

Hier hauste sie als Einsiedlerin in dieser armseligen Bleibe des „Dasensteins" und wurde immer menschenscheuer. Schon zu ihrer Lebzeit kam das ehemalige Burgfräulein in den Verruf der Zauberei und wurde nach ihrem Tod als „Hex vom Dasenstein" wegen ihrer losen Streiche in diesem Felsengebiet und darüber hinaus gefürchtet.[50]

## Edelfrauengrab (Ottenhöfen)

*An der L 87 talaufwärts liegt Ottenhöfen. Rechter Hand am Ortsausgang liegt über dem Ort die Burgruine Bosenstein. Dort endet auch das Gottschlägtal, das seine Wassermengen als Wasserfall über mehrere Kaskaden zu Tal bringt. Die Straße führt zum Kies-*

◄ Hex vom Dasenstein bei Oberkirch

*werk, das zu durchqueren ist, dann bis zum Parkplatz des Wasser-*
*falles. Hier befindet sich auch das Edelfrauengrab, die letzte Stufe*
*des Wasserfalles. Der Wanderweg nimmt die gleiche Strecke von*
*Ottenhöfen aus, über den Wasserfall, Karlsruher Grat zum Bosen-*
*stein hinauf.*

Ritter Wolf von Bosenstein war in frommer Gesinnung mit dem
kaiserlichen Heer ins Heilige Land gezogen. Unmittelbar vor
seiner Abreise hatte er das stattliche Schloss Bosenstein der Obhut
seiner Gemahlin anvertraut. Diese vergaß bald die ihr übertrage-
nen Pflichten, brach die versprochene eheliche Treue und lebte mit
ihrem Liebhaber, einem adligen Herrn von Falkenstein vom Schloss
Höllenstein im Höllental, zusammen in Saus und Braus.

Da kam während eines Festgelages eine Bettlerin mit ihren sieben
halbverhungerten Kindern an das Tor des Schlosses Bosenstein und
flehte die Schlossherrin um ein Almosen an. Diese wies jedoch die
arme Frau ab, verspottete sie noch wegen ihres Kinderreichtums
und drohte, sie mit Hunden vom Schloss zu vertreiben, falls sie sich
nicht unverzüglich entferne. Bei der Flucht aus dem Schlosshof
wurde das unglückliche Weib von wilder Verzweiflung gepackt und
sie bedachte die mitleidlose Schlossherrin mit dem Fluch: „Sieben
Kinder sollst du auf einmal zur Welt bringen, alle so elend wie die,
welche du verhöhnst."

Und der furchtbare Fluch sollte sich erfüllen. Sieben bleichen, kümmerlich aussehenden Knaben schenkte die treulose und hartherzige
Schlossherrin das Leben. Um ihre Schande zu verbergen, befahl sie

▶ Das Edelfrauengrab der Gottschläg Wasserfälle bei Ottenhöfen

einer Magd, sie solle die neugeborenen Kinder in einen Sack stecken und sie im nahe gelegenen Dickenteich ertränken. Unterwegs begegnete der Dienerin der vom Kreuzzug heimkehrende Ritter. „Weshalb erschrickst du über meinen Anblick", fragte er, „und was trägst du in dem Sack auf deiner Schulter?" „Kleine Hunde", war die angstvolle Antwort, „die Herrin befahl sie zu ertränken." „Lass sehen", rief der Ritter aus, „vielleicht gefällt mir einer von dieser Rasse!" – Der Ritter öffnete den Sack und erblickte zu seinem Schrecken statt der Hunde sieben neugeborene Kinder. Unter Tränen gestand die Magd, dass es die Kinder seiner Gemahlin seien.

Enttäuscht und zornig zugleich über die Treulosigkeit seiner Gemahlin erteilte er der Magd den Befehl, sie solle sofort ins Schloss zurückkehren und ihrer Herrin melden, alles sei wunschgemäß ausgeführt worden. Die sieben Knaben nahm er aber mit sich und ließ sie von edlen Frauen auf der Burg Hohenfels im Elsaß erziehen.

Sieben Jahre später veranstaltete der Ritter von Bosenstein auf seinem Schloss ein großes Fest. Auf dem Höhepunkt des Gelages erschienen auf seinen heimlichen Befehl die hergebrachten Knaben und baten in ärmlicher Kleidung um ein Almosen. Auf die Frage nach ihrer Herkunft sangen sie zum Klang der mitgebrachten Harfen von ihrem eigenen Schicksal, wie sie einst von ihrer hartherzigen Mutter im frühesten Kindesalter in einem Teich ertränkt hätten werden sollen.

„Was verdient wohl eine solch unmenschliche Mutter?", fragte einer der Gäste. „Die solle", erwiderte rasch die Schlossherrin von Bosenstein, „bei einem Laib Brot und einem Krug Wasser lebendig eingemauert werden". – „So sei's, du hast dein eigenes Urteil gesprochen", rief der Ritter von Bosenstein mit zorniger Stimme, „es soll an dir vollzogen werden!"

Zur Strafe für ihr zweifaches Verbrechen wurde die Edelfrau daraufhin in einer von tosenden Wassern bespülten Höhle der Wasserfälle im Gottschlägtal lebendig eingemauert. Hirtenknaben, die von ihrem Geschrei und Gejammer gerührt wurden, warfen ihr heimlich Brot durch ein kleines Loch in die Höhle, bis der Ritter von Bosenstein das Wasser des Gottschlägbaches in die Höhle hineinleiten ließ, um so seine Frau von ihren schrecklichen Qualen zu erlösen. Seither heißt diese Felsenhöhle das „Edelfrauengrab".

Der Überlieferung nach sollten die sieben Knaben, die nach der Sage die Edelfrau ertränken lassen wollte, vom Ritter der Burg Bosenstein den Beinamen „Hund" erhalten haben. Dies soll der Ursprung des Familiennamens „Hund" sein.[51]

## BERGWEIBLEIN BEI DER BURG BOSENSTEIN

*Die Landstraße im Achertal führt von Ottenhöfen nach Seebach. Am Ortsende von Ottenhöfen biegt ein Fahrweg hinauf zum Wanderheim Bosenstein und der Wanderweg zum Karlsruher Grat und weiter zum Ruhestein. Hier an der Abzweigung liegen die dürftigen Reste der Burg Bosenstein auf einer steil emporsteigenden Bergkuppe.*

*Über den Ursprung ist wenig bekannt. 1114 wird ein Walter Bosenstein mit ihr in Verbindung gebracht. 1291 wird sie erstmals urkundlich erwähnt. Zerstört wurde sie im großen Bauernkrieg 1525.*

*Weiter verwüstet wurde sie im Dreißigjährigen Krieg. Die letzten Reste wurden durch die benachbarten Bauern abgetragen.*[52]

Ritter Ullo von Bosenstein hatte eine einzige Tochter namens Ida, die bekannt war wegen ihrer Schönheit und Güte. Idas größtes Vergnügen bestand darin, im Wald spazieren zu gehen und dort zu spielen. Hin und wieder gesellte sich ein altes Weiblein zu ihr, die ihr allerlei Geschichten zu erzählen wusste.

Eines Tages brachte das Bergweiblein mehrere Goldstücke mit. „Hier will ich dir was schenken", sagte es, „solch kostbares Spielzeug besitzt wohl kaum eine Königstochter." Hocherfreut eilte Ida nach Hause, um ihrem Vater die Kostbarkeiten zu zeigen. Beim Anblick des glänzenden Goldes erwachte in dem Ritter von Bosenstein ein großes Verlangen nach dem Besitz größerer Mengen dieses Edelmetalles. Und in seinem Inneren reifte ein unseliger Entschluss.

Am folgenden Tag, als die schöne Ida wieder im Bosensteiner Wald war, und sich das Bergweiblein zu ihr gesellte, stürzten die Knechte des Burgherrn aus dem Gebüsch. Sie schleppten die alte Frau gegen ihren und Idas Willen auf die Burg Bosenstein. „Woher hast du die Goldstücke", fuhr der Ritter das Bergweiblein in barschen Ton an, „du musst doch größere Vorräte davon besitzen? Ich befehle dir, mir bis morgen zehn Körbe Gold davon zu besorgen." – „Ich bin nicht eure Dienerin, ich werde euch nicht gehorchen", entgegnete mutig das Bergweiblein. „Eine Nacht im kalten, nassen Schlossverlies wird schon euren Starrsinn brechen", spottete der Ritter. Auch die herbeieilende Ida konnte das drohende Unheil nicht verhindern. Alles Bitten und Flehen für das Bergweiblein nützte nichts gegen den habgierigen und gefühllosen Ritter.

In der folgenden Nacht tobte ein furchtbares Unwetter über der Burg, ein Blitzstrahl spaltete den Turm, die ganze Burg erbebte in ihren Grundfesten, und alle Burgbewohner lebten in großer Angst und Not. Im Morgengrauen erfuhr der Ritter voller Schrecken, dass die Gefangene aus dem Turm entwichen und auch seine heißgeliebte Tochter verschwunden sei. Das gesamte Gesinde der Burg wurde aufgeboten, die nähere und weitere Umgebung abzusuchen. Doch weder das Bergweiblein, noch die Tochter wurden aufgefunden. Endlich brachte ein Waldknecht die Nachricht, dass er auf einer unzugänglichen Felsklippe des Falkenschrofens im Gottschlägtal das Bergweiblein und Ida gesehen habe. Nachdem das Bergweiblein den Ritter von Bosenstein und sein Gefolge entdeckt hatte, nahm es schnell Ida mit sich, um ein Versteck aufzusuchen. Schon glaubte der Ritter, dass alles verloren sei, doch nachdem er sich durch dichtes Gestrüpp einen Weg gebahnt hatte, entdeckte er seine Tochter schlafend auf einer Moosbank am Felsen. Neben ihr standen zwei Körbe, die Laub bedeckt waren. In ihnen vermutete der goldgierige Ritter die geforderten Goldstücke. Als er hastig das Laub beiseite schob, entdeckte er jedoch nur Steinkohle. Auf dem beiliegenden Zettel stand geschrieben: „Dem goldgierigen Ritter Ullo von Bosenstein".

Von diesem Tag an war und blieb das Bergweiblein verschwunden.[53]

## DREIFALTIGKEITSKIRCHE IN SASBACHWALDEN

*Die Landstraße von Achern führt direkt in den bekannten Weinort Sasbachwalden. Wie auch der Ortenauer Weinpfad vom Bühlertal nach Oberkirch durch Sasbachwalden führt. Der Ortenauer Wein-pfad führt vom Bühlertal nach Kappelrodeck über Sasbachwalden.*

*In der Ortsmitte von Sasbachwalden steht die Dreifaltigkeitskir-che als Ortskirche. In dieser befindet sich ein herrlicher Barock-altar, zwei Beichtstühle und eine Kanzel. Diese stammten aus der 1709/10 erweiterten Feldkapelle, die auf der Gemarkung Sasbach auf dem „Hochfelde" stand. Sie soll 1694 errichtet worden sein und war der Heiligen Dreifaltigkeit geweiht.*[54]

Die Sage erzählt, dass ein Vöglein zu Hirtenknaben auf dem Fel-de geflogen kam und ein weißes Blatt mit einer Abbildung der Heiligen Dreifaltigkeit und der Krönung Mariens fallen ließ, das die Buben zur Verehrung an einen Baum hefteten und so den Anstoß zum Bau einer Kapelle gaben. Aus Baumästen errichteten sie eine Hütte, nannten sie Kapelle, um zu beten; nachdem die Einwohner der umliegenden Orte dies bemerkt hatten, besuchten auch diese die Kapelle und munterten die Hirtenbuben auf, diese größer und dauerhafter zu bauen. Daraus entstand eine Wallfahrt, die man der Heiligsten Dreifaltigkeit widmete.

Selbst aus weiter Ferne kamen Wallfahrer hierher; zumal sich der Ruf wunderbarer Gebetsanhörung verbreitete. So soll ein Schulmeis-ter aus dem Schuttertal ein Gelübde getan haben: Wenn mein Bub, der sein Gehör verloren hatte, es wieder erlangt, dann werden wir beide zum Dank nach Dreifaltigkeit wallfahren. Der Knabe gewann sein Gehör zurück und beide erfüllten das Gelübde. Auch soll eine Frau aus Bruchsal besessen gewesen und in der alten Notkapelle anlässlich einer Wallfahrt dorthin, zu der sie mitgenommen wurde, geheilt worden sein.

Mit Anfang des 19. Jahrhunderts erfolgte aber der Niedergang der Wallfahrt. Das Gotteshaus verwahrloste und wurde baufällig und musste geschlossen werden. Das abgebrochene Baumaterial wurde an der Abbruchstelle verkauft. Nur der Altar, die Beichtstühle und die Kanzel fanden den Weg zur Dreifaltigkeitskirche in Sasbachwal-den.[55]

## Drei Spinnschwestern (Seebach/Mummelsee)

*Auf der Straße L 87 talaufwärts von Seebach kommend, auf dem Weg zur B 500 liegt vor Hinterseebach auf der linken Seite im Seebachtal der Dreckershof. Der Fahrweg führt durch ein Säge-werk zu einem Wohngebiet. Über diesem liegt der Dreckershof. Der örtliche Wanderweg führt von Seebach zum Seibelseckle hier durch.*

Vor vielen Jahren öffnete sich die Türe der Spinnstube und drei weißgekleidete Jungfrauen traten ein, jede ein niedliches Spinnrädchen in der Hand. Sittsam begrüßten sie die Gesellschaft und eine fragte an, ob man ihnen als friedlichen Nachbarinnen wohl gestatten wolle, an der Unterhaltung in der Spinnstube teil-zunehmen? Die drei Jungfrauen sprachen freundlich und blickten mit ihren dunklen Augen so zutraulich umher, dass die anfängliche Befangenheit der Dorfbewohner sich bald verlor, und der harmlose Frohsinn der Spinnerinnen wieder zurückkehrte.

Sobald der Abend dämmerte, stellten sich die Fremden mit ihren Spinnrocken ein und plauderten gesellig mit den anderen; aber mit dem Glockenschlage elf nahmen sie Abschied und eilten fort. Da half kein Bitten. Man raunte sich nur zu, es seien die Fräulein aus dem Mummelsee. Der Sohn des Hofbauern im Deckershof hatte sogar an eine sein Herz verloren. Er war traurig, dass die drei Seejungfrauen immer so früh aufbrachen. So kam ihm der Gedanke, die hölzerne Uhr eines Abends zurückzustellen. Gedacht, getan, unter Scherz und Lachen verfloss die Zeit. Endlich schlug es elf statt der Mitternachtsstunde, die Jungfrauen nahmen ihre Rädchen und entfernten sich wie gewöhnlich.

Der Bursche aber konnte in dieser Nacht nicht richtig schlafen, denn schwere Träume quälten ihn unaufhörlich. Von böser Ahnung getrieben, eilte er hinauf zum Mummelsee, wo er aus der Tiefe ein seltsames Wimmern und Stöhnen vernahm, und auf dem Wasser schwammen drei große Blutstropfen. Da war im klar, dass seine leichtsinnige Tat der Angebeteten und deren Schwestern den Tod gebracht hatte. Von Entsetzen getrieben eilte er hinweg und ward nach drei Tagen eine Leiche. Die Seeweibchen waren aber im Tale nie wieder gesehen.[56]

## Burg Hohenrod – Brigittenschloss (Sasbachwalden)

*Mit der Landstraße von Sasbachwalden hinauf zur Schwarzwaldhochstraße B 500 wird ein gebiergisches Gebiet umfahren. Die Zugangswege zum Westweg führen von Sasbachwalden und Kappelrodeck zum Brigittenschloß. Westlich unterhalb Brandmatt liegt die Ruine Hohenrod. Es sollen hier die Römer schon einen Wachturm*

*zur besseren Kontrolle des Gebietes, wegen der weiten Rundsicht, errichtet haben.*

*So soll auch schon im 11. Jahrhundert eine Burg erbaut worden sein. Nach der Besiedlungsgeschichte konnte aber erst im 12. Jahrhundert auf dem 762 m hohen Bergkegel die Burg Hohenrod vom Geschlecht der Roeder erbaut worden sein. Aber schon im 13. Jahrhundert zogen die Adelsfamilien vom unwirtlichen Ort weg, erbauten über Kappelrodeck die Burg Rodeck. Das Mauerwerk der Ruine Hohenrod war ganz gut erhalten, bis 1815 Bauern Sprengungen vornahmen, da angeblich im Gemäuer und in der Felsengrotte – Teufelsküche – allerlei Schätze verborgen seien. 1894 und 1899 ergaben dann einschlagende Blitze die heute etwas eigentümliche Ruine.*

Ein Junker von Rodeck und ein Burgfräulein von Windeck hätten gerne geheiratet. Sie konnten sich aber einfach nicht von ihren Eltern trennen. So suchten sie einen Platz für ihr neues Heim, von dem sie jeweils ihre Heimat sehen konnten. Den fanden sie schließlich in Sasbachwalden.

*Der Name Brigittenschloß kam erst im 19. Jahrhundert auf und soll von einer bei der Burg gelegenen Kapelle herrühren, die der heiligen Brigitte geweiht gewesen sein soll.*

Über das Ende der Burg Hohenrod wird berichtet, dass nach der Sage ein Ritter von der Burg Rodeck lange Zeit hindurch vergeblich um die Gunst des Burgfräuleins Brigitte von Windeck geworben hatte. Schließlich entführte er das Burgfräulein auf Burg Hohenrode. Als die Windecker vernahmen, wo die beiden sich aufhielten, zogen sie vor die Burg Hohenrod und zerstörten sie nach heftigem Kampf. Dabei kamen der Entführer und Brigitte ums Leben und wurden unter den rauchenden Trümmern begraben.[57]

## SAGE VOM WILDSEE

*Der Westweg führt, vom Mummelsee kommend, zum Ruhestein hoch oben am Wildsee vorbei. Vom Ruhestein am Lift hoch 2 km bis zum Seeblick. Hier ist auch das Grab des bekannten Forschers Eutin. Nördlich des Wildsees, den See zu Füßen, gegenüber die Steilwand des Hochkammes, soll eine Kirche auf dem „Kapellenbuckel" gelegen haben, deren Grundmauern noch zu sehen sein sollen. Es war eine Waldkirche mit einer Einsiedelei, die sogar eine Stätte der Wallfahrt war in einem völlig unbesiedelten Gebiet. Aus der Beschreibung der Wanderung des Jesuiten Elias Gregorius Loretus aus Rom 1666 an den Wildsee geht ebenfalls ein Hinweis hervor: Am Wildsee sei ehedem eine durch Wallfahrt berühmte, nobile Kirche gestanden. Jetzt liege sie aus unbekannten Gründen versunken auf dem Grund des Sees.*

Die Sage vom Wildsee berichtet, dass ein junger Hirte seine Kühe herauf zur Weide trieb. Er schaute von den Trümmern der Wallfahrtskapelle über den See hin. Plötzlich drang eine Musik an sein Ohr, wie er sie noch nie vernommen hatte. Es waren Harfentöne. Die Herde war für ihn vergessen. Er starrte nur auf die schwarzbraunen Fluten. Da gingen von der Mitte des Seespiegels Kreise aus, die sich am Ufer brachen. Eine innere Stimme des Hirten riet ihm, von die-

▶ Der Wildsee

sem Ort zu fliehen. Aber es war schon zu spät. Im Mittelpunkt der Kreise tauchte die Nixe des Wildsees mit wallendem Haar auf, eine goldene Leier in der Hand, und kam ans Ufer geschwommen. Hier lustwandelte sie und ließ die zarten Finger über die Saiten gleiten. Dazu sang sie ein herrliches Lied. Die Vöglein im Walde hörten auf zu singen und flogen dem See zu; die Rehe kamen ebenfalls herbei. Selbst die langsame Schnecke tummelte sich an diesem Tag. Alles, was hören konnte, eilte dem See zu.

Der Hirtenknabe war verzückt. Gesang und Musik galten nur ihm, das hatte er deutlich verstanden: Das schönste Fräulein war sein

eigen, die überirdischen Töne durfte er jeden Tag vernehmen, wenn er mit in die Tiefe stieg. Die Nixe setzte sich neben ihn auf die Moosbank und umfing ihn liebkosend. Dann zog sie ihn mit sich und verschwand mit ihm in der Flut. Danach war alles still, und niemand hat den Hirten je wiedergesehen.

Als man ihn schon längst vergessen hatte, kam einmal das Töchterlein eines Harzreißers aus Buhlbach mit seinen Ziegen bis zum Wildsee. An das Alleinsein war das Mädchen gewöhnt. Es hatte gehört, dass das Wasser schlimme Geister beherberge, die bei Tag als schwarze Fische zu sehen seien.

Die Neugierde trieb sie herzu. Und richtig, dort in der Mitte schwammen drei schwarze Fische, welche die großen Augen drohend auf das Mädchen richteten. Zugleich ertönte Musik aus der Tiefe.

Das Mädchen dachte an den heiteren Spielmann, von dem in der Spinnstube erzählt wurde, und dessen Musik immer ein Unheil ankündigt. So schnell wie möglich wollte das Mädchen nun den unheimlichen Ort verlassen. Aber nach wenigen Schritten blieb es stehen, wie angewurzelt. Auf der Bergwand droben erschien ein vornehmer Herr auf prächtigem Pferd. Von der Musik bezaubert, sprengte er spornstreichs den alten, schon nicht mehr benützten Pilgerweg herab, gerade auf den See zu. Mann und Ross verschwanden in der Tiefe; nur der Federhut des Reiters schwamm noch einige Zeit auf dem Wasser. Die Hirtin wusste nicht zu sagen, wie sie nach Hause gekommen war. Niemand begriff ihre wirren Reden. Es war verständlich, dass etwas Unheimliches am Wildsee passiert sein musste, denn in der vergangenen Christnacht hatte das Glöcklein der ehemaligen Wildseekapelle geläutet.

Im Langenbachtal erzählen die alten Leute noch heute, dass dort am Wildsee ein Nonnenkloster gestanden haben soll. Die Nonnen dieses versunkenen Klosters würden nachts in weißen Gewändern am Rande des Sees sitzen und singen. Deswegen wurde der Wildsee früher auch Nonnensee genannt.[58]

## BERWIN AUS DER LEGELSAU (MUMMELSEE)

*Unterhalb des Mummelsees Richtung Kappelrodeck liegt unter dem Hohfelsen die Legelsau. Der Zugangsweg zum Westweg führt von Ottenhöfen hinauf zum Mummelsee.*

Eines Tages kam Berwin, der Sohn des alten Försters, von den Höhen der Hornisgrinde herab. Er trat aus dem Dickicht des Waldes und blieb plötzlich wie gebannt stehen, denn am anderen Ufer des Sees gewahrte er eine wunderholde Mädchengestalt, wie er noch nie nur Ähnliches gesehen hatte. Beim Anblick entschlüpfte Berwin ein Laut des Entzückens. Als die Wasserfee die Gestalt des Jägers erblickte, stürzte sie sich hinab in die schützenden Wasserwogen des Mummelsees. Nur ihr Schleier blieb, ein lichter Gruß, an dem Erikablüten hängen.

Seit dieser Stunde erglühte Berwins unsterbliche Liebe zu der holden Wasserfee, täglich stand er am Ufer des Sees. Doch sie kam nie wieder. Mit unendlichem Kummer sahen die betagten Eltern, wie der einzige, geliebte Sohn sich vor Kummer und Sehnsucht aufzehrte. In ihrer großen Not wandte sich die Mutter an den Beiförster, namens Eckhardt. Dieser fand schnell heraus, dass Berwin täglich den Mummelsee besuchte und stundenlang am Ufer saß, den Schleier krampfhaft in den Händen hielt und ihn küsste.

Eckhardt richtete es zufällig ein, im Gebirge Berwin zu begegnen und ihn in ein Gespräch zu verwickeln. In diesem gestand Berwin seine Liebe zum Seeweibchen und zeigte ihm den duftenden Schleier. Eckhardt überzeugte Berwin, dass das Seeweibchen ihn nur ins Verderben locken wolle. Am anderen Morgen nahm Eckhardt den Schleier, stieg zum See, wickelte einen Stein in den Schleier ein und schleuderte ihn weit auf den See hinaus.

Berwin dagegen konnte die ganze Nacht nicht schlafen. Mit dem anbrechenden Tag stieg er zum See hinauf, sah dort den Schleier auf dem See schwimmen. Er stürzte sich schwimmend in den See hinein, um sein Kleinod wiederzuholen. Er hatte es beinahe erreicht, da begann er unaufhaltsam zu sinken. Nie ward er wieder gesehen und verlebte jetzt, mit der Geliebten vereint, in den paradiesischen Gärten des Sees ein freudenreiches Dasein.[59]

## MUMMELSEE UND SEINE SAGENWELT

*Die B 500 führt von Baden-Baden nach Freudenstadt am Mummelsee vorbei. Der Westweg vom Kurhaus Sand nach Süden über Hornisgrinde, Mummelsee zur Alexanderschanze. Der Mummelsee ist der bekannteste der sieben Karseeen des Nordschwarzwaldes, die noch aus der letzten Eiszeit stammen. Die Einsamkeit sowie die steilen Wände, die den See umgeben unter der Hornisgrinde, und die dunklen Wälder führten zu zahlreichen Sagen. Auch von*

*solchen vom Seekönig mit seinen Seeweiblein und Nixen und deren Beziehung zu den Menschen. Es gibt zahlreiche Deutungen über die Herkunft des Namens „Mummelsee". Die häufigste ist, dass der Name von der „Mummel", volkstümliche Bezeichnung für die weiße Seerose, abgeleitet wurde.*

Zum ersten Sagenkreis zählen die vielen Sagen vom Seekönig und seinen Nixen. Wenn es Abend am See wird, und still ringsum nur die Tannenwipfel rauschen, tauchen aus dem dunklen Wasser beim Mondschein die Seejungfern auf. Tief unten ist ein herrlicher Palast und alles darin von hellem, lauteren Gold und Kristall. Auf dem goldenen Stuhle sitzt der Seekönig, eine goldene Krone auf dem Haupte; ein langer, silberweißer Bart wallt ihm bis auf die Brust herab. Er hat die Macht über die Seejungfrauen; alle müssen ihm folgen und wehe, wenn eine nicht gehorsam ist! Unten müssen sie arbeiten, das Gold blank machen und die Kristalle schleifen; doch nach der Arbeit erlaubt ihnen der alte Seekönig, in der Nacht aufzutauchen und an der Oberfläche des Sees zu verweilen. Darauf freuen sich alle. Dieses Treiben wird im Gedicht von Albert Schnetzler „Die Lilien im Mummelsee" geschildert. Es beschreibt den nächtlichen Tanz der Nixen, bis sie vom Seekönig gegen Morgen wieder in den See zurückgerufen werden. Es diente als Vorlage zum zweiten Sagenbild in der Trinkhalle zu Baden-Baden. Aber auch für das Gedicht von Eduard Mörike „Die Geister vom Mummelsee", das den Tod des Seekönigs und sein Leichenbegräbnis schildert.

Zum zweiten Sagenkreis zählen die Sagen, die von den Seeweiblein berichten, die in die benachbarten Dörfer nachts gehen, um den Bewohnern Gutes zu tun, auf die Höfe zum Spinnen kommen oder beim Dorftanz gesehen werden. Sie müssen aber immer um 23 Uhr

▲ Mummelsee mit Hotel

aufbrechen, um Schlag Mitternacht pünktlich im See zu sein. *(Siehe die Sage von den „Drei Spinnschwestern", S. 61)*

Beim dritten Sagenkreis handelt es sich dann um Sagen, die Begegnungen zwischen einer Seejungfrau und einem jungen Mann, meist einem Hirten schildern, der die Nixe beim Bad im See belauscht und sich dabei in sie verliebt. Aber auch von Jägern, Studenten und jungen Rittern werden solche Liebesbegegnungen erzählt, die alle einen tragischen Zug an sich haben, denn immer enden sie mit dem Tod der Nixe, worüber der junge Liebhaber in Wahnsinn verfällt. Der Grund für den tragischen Ausgang ist dabei immer, dass der Mann in seiner Verliebtheit ein Verbot der Nixe übertritt, sei es dass er ihr einen Kuss raubt, sie beim Namen ruft oder sonst wie versucht, in ihr Geheimnis einzudringen, oder aber seinen Liebesschwur bricht und der Nixe untreu wird. *(Siehe die Sage „Berwin aus der Legelsau", S. 64)*

Im vierten Sagenkreis gibt es aber auch Erzählungen, in denen die Seeweiblein keine Rolle spielen: So wird von einem Wilddieb erzählt, der den Förster im Streit erschießt und den Leichnam in den Mummelsee wirft. So wie aber der See bereits Wellen schlägt und ein Unwetter heraufzieht, wenn man nur einen Stein in den See wirft, beginnt er alsbald zu kochen und zu brodeln, gleichzeitig verfinstert sich der Himmel, Donner rollen, und Blitze zucken durch das Dunkel. Da versucht der Wilderer in seiner Todesangst zu fliehen, verliert jedoch das Gleichgewicht und stürzt in den See. Am nächsten Morgen aber spült der See zwei Leichen ans Ufer, die des Försters und die des Wilddiebs. Schnitzler macht daraus „Mummelsees Rache".

Ein Wassermännlein aus dem See bat eine junge Hirtin auf seine Kühe nur acht zu geben. Zum Dank gab er ihr folgenden Rat: „Es sind schlimme Zeiten, und bald werden fremde Kriegsleute in diese friedlichen Täler eindringen. Kommst du in Gefahr, so nimm einige Steine von dem Hünengrab dort und wirf sie in ungerader Zahl in den See. Ich werde dir alsbald Hilfe schicken." So kam es auch. Die bedrängte Hirtin warf drei Steine in den See, worauf ein furchtbares Unwetter heraufzog, das die Soldaten in die Flucht trieb. Daraus wurde die Sage mit dem Titel „Rettung in Kriegsnot".

Simplicissimus berichtet uns noch: Ein Jäger habe die Spur des Wildes beim See verfolgt, dabei habe er ein Wassermännlein auf einem Baumstumpf sitzen sehen, das einen ganzen Schoß voll Goldmünzen gehabt und gleichsam damit gespielt habe. Als er diesem Feuer geben wollen, hätte sich das Männlein geduckt und diese Stimme hören lassen: „Wenn du mich gebeten hättest, deiner Armut Abhilfe zu schaffen, so hätte ich dich und die Deinigen reich gemacht."[60]

Ein Fürst zu Württemberg habe, so eine weitere Erzählung von Grimmelshausen, ein Floß bauen lassen und sich mit demselben darauf hineinfahren lassen, die Tiefe des Mummelsees auszumessen. Nachdem die Vermesser aber bereits neun Zwirnnetz (ein altes Schwarzwälder Maß) mit einem Senkel hinuntergelassen und gleichwohl keinen Boden gefunden hatten, begann das Floß wider der Natur des Holzes zu sinken. Die Beteiligten, die sich auf dem Floß befanden, mussten vom Vorhaben absehen und sich in höchster Not ans Land mit den Resten des Floßes retten. Zum Angedenken dieses Ereignisses sei das fürstliche Wappen und andere Sachen mehr in Stein gehauen worden. Tatsächlich besuchte Herzog Friedrich I von Württemberg den Sagensee. Aus diesem Anlass wurde auf dem Schwarzkopf – gegenüber dem Mummelsee – um 1605 der „Herzogenstein" gesetzt.[61]

# Bühlertal

## Wallfahrtskirche Maria Linden von Ottersweier

*Die Kreisstraße führt von Bühl nach Ottersweier. Am Ortseingang von Ottersweier an der Hauptstraße zweigt links die Lindenstraße ab. An dieser liegt die Wallfahrtskirche Maria Linden. Der örtliche Wanderweg führt von Alt Windeck über Ottersweier, Lindenkirche und dann weiter nach Lauf.*

*Die Wallfahrtskirche Maria Linden wurde erstmals 1148 urkundlich erwähnt. Es muss eine Holzkirche gewesen sein, die auf ein heidnisches Baum- und Quellenheiligtum verwies. Die erste aus Holz gebaute Kapelle sollen die Zisterzienser des Klosters Herrenalb auf geweihtem Boden errichtet haben. 1484 erlaubte der Straßburger Bischof den Bau der Wallfahrtskirche „Maria zu den sieben Linden".*

Hans von Windeck hörte aus einer alten Linde lieblichen Gesang. Als er den Baum genauer betrachtete, fiel ihm eine Höhle auf, in der ein Muttergottesbild stand. Dieses war mit Rinde überwachsen. Die Mutter Gottes wollte ihm vielleicht ein Zeichen senden, dass er ihr an der Stelle ein Kirchlein bauen solle. Er ließ an jener

◄ Wallfahrtskapelle Maria Linden in Ottersweier

Stätte bei den sieben Linden der Heiligen Jungfrau eine Kapelle bauen. Das tat er dann auch, stellte ihr das Bild aus Lindenholz in die Kapelle, wo es heute noch im Hauptaltar zu sehen ist.

Andere erzählten: Einst war ein aus Lindenholz geschnitztes Muttergottesbild in einem ausgehöhlten Lindenbaum gestanden. Als kriegerische Horden das Land unsicher machten, wuchs die Rinde über das Bildnis und verdeckte es, so dass es in Vergessenheit geriet. Eines Tages, als Friede geworden war im Land, hörte eine Hirtenbub, wie es in dem Baume sang. Er erzählte von dem seltsamen Erlebnis seinem Vater. Der aber konnte es nicht glauben und legte Axt an den Baum. Doch kaum war der erste Schlag getan, da sprang die Rinde ab und siehe da, das Bildnis der Muttergottes lächelte ihn an.[62]

## Burg Alt-Windeck – der Hennengraben

*Die Landstraße führt von Ottersweier über Hub Richtung Neusatz. Kurz vor Neusatz biegt links die Burg Alt-Windecker Straße ab, über Waldmatt hinauf zur Burg, ebenso wie von Bühl. Der Ortenauer Weinpfad führt vom Bühlertal nach Süden über die Ruine Alt-Windeck nach Neusatz.*

◀ Burg Alt-Windeck, Hennengraben,
11. Bild in der Trinkhalle Baden-Baden

Die Burg liegt bei Bühl auf einem Bergvorsprung des auslaufenden Schwarzwaldes über dem Rheintal. Sie wurde wegen der heftigen Winde ursprünglich „Wind-ecke" genannt. 1212 wurden die Windecker erstmals erwähnt, doch wurde mit dem Burgenbau Ende des 12. Jahrhunderts bzw. Anfang des 13. Jahrhunderts begonnen. Zahlreiche Streitereien und familiärer Zwist führten zur Gründung von Burg Neu-Windeck. Die Windecker waren finanziell nicht mehr in der Lage, die Burg zu erhalten. In der 2. Hälfte des 16. Jahrhunderts muss die Burg schon weitgehend verfallen gewesen sein, so dass heute nur noch der Bergfried, der Wartturm und Reste der Palastmauern stehen. In der ehemaligen Vorburg stehen heute Wohnungen und ein Restaurant. Auf der Bergseite der Burg befinden sich die Überreste eines Grabens, der das Erobern der Burg erschwerte. Er führt den Namen Hennengraben.[63]

Nach dem Tod des Fürstbischofs von Straßburg stritten der Domprobst, ein Verwandter der Windecker, und der Domdechant um die Nachfolge des Fürstbischofs. Der Domprobst erbat bei einem Besuch Hilfe bei seinem Vetter Reinhard. Drei Tage später ritten die Windecker bei Nacht und Nebel gegen Straßburg und drangen durch ein kleines, verlassenes Pförtlein unbemerkt in die Stadt und in das Wohnhaus des Dechants ein.

An Widerstand war nicht zu denken, und so ritt der Dechant gegen Morgen mit den Windecker als Geisel mit auf Alt-Windeck. Die Entführung wurde gleich morgens entdeckt, nachdem der Dechant nicht zum Gottesdienst erschien, und nach kurzer Zeit wurde bekannt, wer hinter der Entführung steckte. Die Straßburger konnten diese Demütigung nicht auf sich sitzen lassen und beschlossen, gegen die Burg Alt-Windeck zu ziehen und den Dechant gewaltsam zu befreien.

Der Dechant vertrat Vaterstelle an zwei Kindern seines verstorbenen Bruders. Als diese von der Entführung erfuhren, beschlossen sie nicht zu warten, bis die Straßburger sich gerüstet hatten, sondern wollten den Dechant auf eigene Faust befreien. Nach langer Wanderung kamen sie müde und hungrig in der Nähe der Burg bei einer armseligen Hütte an. Die alte Frau versorgte die Kinder und erfuhr dabei von ihrem Vorhaben. Mit einem Brillantkreuz als Lösegeld wollten sie den Dechant freikaufen. Da dies nicht ausreichend sei, übergab sie den Kindern eine weiße Henne, die der Ritter vor dem Sonnenuntergang beim Totenkreuz niedersetzen sollte. Sie hatte nämlich die Straßburger Kundschafter belauscht, die dort die am leichtesten zu erstürmende Position der Burg ausgekundschaftet hatten.

Zaghaft gingen die Kinder zum Ritter auf die Burg und taten, wie ihnen von der alten Frau aufgetragen. So wurde auch abends die Henne ausgesetzt. Zur größten Verwunderung des Ritters umgab morgens ein breiter, tiefer Graben seine Burg. Die Straßburger ließen nicht lange auf sich warten. Der Graben aber verhinderte jeden Ansturm der Feinde. Sie wurden mit großen Verlusten zurückgeschlagen. Der Graben heißt deswegen bis heute der Hennengraben.

Nach gewonnener Schlacht wandte sich der Ritter den Kindern zu, die sich beim Dechant aufhielten. „Ich habe mit eurer Hilfe die Straßburger besiegt, und ihr habt mich besiegt", sprach Ritter Rein-

hard und verbeugte sich gegen die Schöne einer der Kinder, die ihren kleinen Bruder an der Hand hielt. „Ihr habt heute zwei Siege errungen, Herr Ritter. Empfangt meinen Segen dazu, und wann lasst ihr mich ziehen?", fragte der Dechant. Er hatte sein Nichte, Imma von Erstein, als „Lösegeld" angeboten, nachdem er die Liebe zum Ritter in ihren Augen erkannt hatte.

Noch am gleichen Tag ritt der Dechant mit seinen Pflegekindern nach Straßburg zurück. Bald erfolgte aber seine Rückkehr nach der Burg Alt-Windeck unter großem Gepränge: Irma zog als Herrin auf die Burg ein. Beim Hochzeitsmahl wurden die Alte und ihre Henne nicht vergessen. Der Domprobst wurde Bischof von Straßburg.[64]

## BURG NEU-WINDECK – DIE GEISTERHOCHZEIT ZU LAUF

*Die Landstraße führt von Achern über Sasbach nach Lauf. Im Ort biegt rechts die Schlossstraße ab, bis der Schafgartenweg rechts zum Schlossberg und Neu-Windeck (auch Laufer Schloss genannt) führt. Der Ortenauer Weinpfad führt von Neusatz durch das Lauftal auf den Schlossberg (Neu-Windeck).*

*Zu Beginn des 14. Jahrhunderts stellte sich auf der Burg Alt-Windeck ein Raummangel ein, der sich bis zur Wohnungsnot steigerte. Dazu gab es zahlreiche familiäre Streitereien. Dies hatte zur Folge, dass sich die Windecker zur Erbauung einer neuen Burg entschlossen. Sie wählten für diesen Zweck einen 326 m hohen Vorhügel des Schwarzwaldes jenseits des Neusatzer Tals oberhalb des Dorfes*

*Lauf. Er lag nur 4 km südlich von Alt-Windeck. Der Ort ermöglichte einen weiten Blick in die Rheinebene und gleichzeitig eine Verbindung mittels Signale mit der Burg Alt-Windeck. Schon im 16. Jahrhundert war die Burg Neu-Windeck bereits weitgehend zur Ruine zerfallen. Heute existiert nur noch der quadratische Bergfried und Teile der Mauer.*[65]

Die einzige Tochter des letzten Windeckers, die schöne und reiche Adelheid von Windeck, spielte mit dem Herzen der Männer ein frevelhaftes Spiel. Mancher ehrenhafte Freier, bei dem sie durch die Macht ihrer Reize Liebe entzündet hatte, ohne solche erwidern zu wollen, verließ das Laufer Schloss als gebeugter, vernichteter Mann.

Als Adelheid ihren Pagen Konrad in ihre Netze zog, um ihn höhnisch von sich zu stoßen, da er ihr seine Liebe gestand, stürzte sich der Unglückliche von einem Felsen in den Tod. Die alte Mutter des Pagen, welche ihr einziges Kind verloren hatte, verfluchte das Fräulein, dass sie einsam und elend sterben und im Grabe keine Ruhe finden solle, bis ein schöner Jüngling sich mit ihr vor dem Altar vermähle.

Der Fluch ging in Erfüllung: Bald darauf starb Adelheid, von allen gemieden, an der Pest. Im Grabe fand sie keine Ruhe, von Mitternacht bis zum Hahnenschrei wandelte sie durch die Räume des Schlosses. Eines Nachts kam ein junger Ritter, Kurt von Stein, aus fernen Landen zur Neu-Windeck. Zu seiner Überraschung fand er das völlig verlassene Schloss hell erleuchtet. Er trat ein, doch kein Mensch begegnete ihm, bis er in einem herrlichen Gemache ein schönes schwarzlockiges, aber totenblasses Fräulein an üppiger Ta-

fel antraf. Sie nannte sich Adelheid von Windeck, die Letzte ihrer Familie, verhielt sich aber sonst schweigsam. Der Jüngling entbrannte in Liebe zu der Schönen und bat ihr Herz und Hand zum Ehebund. Das gespenstische Wesen nahm den Antrag an, beide begaben sich in die Burgkapelle, wo am Altar ein aus einer Gruft sich erhebender Bischof die Trauung vollziehen sollte. Als der junge Ritter das verhängnisvolle Jawort aussprechen wollte, ergriff ihn ein jähes Entsetzen. Gleichzeitig krähte ein Hahn auf einem benachbarten Bauernhof.

Da rauschte es gespenstisch durch die Kapelle, Modergeruch durchzog die Luft, Eulen flogen umher, die Braut verwandelte sich in ein Totengerippe, das sich an den Ritter krallte. Diesem schwanden die Sinne, am Morgen wachte er im hohen Gras zwischen zerfallenen Mauern auf, neben ihm weidete sein treues Ross.[66]

## KAPELLE VOM ORTSTEIL HOF IM BÜHLERTAL

*Kurz vor dem Anstieg der Ortsstraße von Bühlertal zur B 500 biegt die Straße nach Neusatz rechts ab. Gleich links führt der Steckenwaldweg zur Kapelle Hof. Ebenso der Zugang zum Westweg führt durch Hof zum Kurhaus Sand. Hier liegt der Ortsteil Hof mit seiner Kapelle. Ihrer Entstehung soll folgende Begebenheit zu Grunde liegen:*

Der alte Weiß vom Hof war zum Kauf von Ochsen losgegangen und hatte viel Geld bei sich gehabt. Als er in Rettichs Busch kam, hatten Räuber ihm den Weg verstellt. Darauf flüchtete der erschrockene Bauer in die Büsche, die Räuber ihm nach. Er versteckte sich in einer dichten Hecke, und die Räuber suchten ihn vergeblich. In seiner großen Not und Angst versprach er, ein Kirchlein zu bauen, wenn er unbeschadet davon käme.

Die Räuber fanden ihn nicht, das Kirchlein hat er gebaut. Nur ein Glöcklein habe gefehlt. Als er bei seinem Hof den Acker bestellte und pflügte, ertönte durch die Pflugschar ein heller Ton. Als er nachgegraben hatte, fand er ein Glöckchen. Da sei darauf gestanden: „Susanna heiß ich, alle Gewitter vertreib ich."

Das Glöckchen hat er in den Turm gehängt. Wenn ein Gewitter aufzieht, wird es geläutet, und jedes Mal habe sich das Gewitter verzogen.

In der Kapelle war die Sage bildlich dargestellt.[67]

▶ Die Kapelle vom Ortsteil Hof im Bühlertal

# Oostal

## RITTER ERKEBRECHT VON DER YBURG BEI NEUWEIER

*Von der B 3 Richtung Oos zweigt bei Mührich die Landstraße nach
Neuweier ab. Im Ort führt links eine Fahrstraße zum Yberg mit seiner
Ruine Yburg auf dem Bergkegel, der einen herrlichen Ausblick bietet.*

*Die erste Erwähnung der Yburg, die über dem Weindorfe Varnhalt auf
einem steilen Porphyrkegel des Yberges liegt und von weit sichtbar
ist, stammt von 1245. Da die Entstehung im Dunkeln liegt, wurden die ersten Bewohner als die Herren von Steinbach angesehen. Im
Pfälzischen Krieg wurde die Yburg durch die Franzosen 1689 endgültig bis auf die Türme geschleift und damit zur Ruine. 1781 und 1840
zerstörten dann Blitzschläge den noch erhaltenen zweiten Turm.
1888 bis 1913 und 1977 wurde die Ruine restauriert.*

Ritter Erkebrecht war der letzte Spross der Herren von Yburg. Sein
reiches Gut hatte er in einem wüsten Leben vergeudet, so dass
er zum schmachvollen Gewerbe eines Ritters von Steigbügel griff
und Straßenräuber wurde. Doch dieses Leben dauerte nicht lange.
Seine Gattin sank ins Grab und bald folgte ihr Sohn, ein blühen-
der Knabe. Das Räuberleben brachte kein Glück, seine Spießgesellen

▲ Schlossruine Hohenbaden über Baden-Baden

verließen ihn, und bald blieb er einsam und arm auf seinem Schlosse zurück.

Da trat eines Nachts, als er jagen wollte, vor dem Tore ein Pilgersmann ihm entgegen, groß und hager; der Mond beleuchtete ein
erdfahles, von einem dunklen Bart umrahmtes Antlitz, und aus den
tiefen Augenhöhlen sandten die Augen Blicke voll düsterer Glut.
Er bat den Ritter um Aufnahme, die ihm auch trotz eines leisen
Schauders von Seiten des Burgherrens gewährt wurde. Während
des Mahles, das der Pilgersmann spendete, da in der Burg weder
Wein noch Speisen vorhanden waren, kam das Gespräch auf die Armut des Ritters, und der Gast erklärte ihm, dass er Herr über große
Reichtümer werden könne, wenn er zur Zeit des Vollmondes in das
Grabgewölbe seiner Vorfahren hinabsteige und dort Boden unter
den Särge aufgrabe. Doch müssten die Gebeine der Verstorbenen
aus den Särgen gehoben und durch das Fenster in den Burggraben
geworfen werden. Grausen und Geldgier kämpften in der Brust des
Ritters; endlich überwog die Geldgier, und die Ausführung wurde
sofort beschlossen.

Als die Mitternachtsglocke vom Kloster Fermersberg ertönte, erhoben sich beide, sie gingen über den verwahrlosten Schlosshof, öffneten die Tür zur Gruft, an welcher der Fremde zurückblieb, während der Ritter mit Hacke und Schaufel die Gräber öffnete und aus

den Särgen die vermoderten Gebeine der Vorfahren und seiner Gattin herausriss und in den Burggraben warf. Die Furcht, die ihn dabei befiel, suchte der Fremdling durch Hohngelächter zu zerstreuen. Der Wahnsinn der Hölle aber war über den in sinnloser Hast arbeitenden geldgierigen Ritter gekommen, und so war er bis zum letzten Grab, dem seines Sohnes gelangt. Bald war der Sarg aufgebrochen, und frisch wie im Leben lag der Leichnam seines Sohnes, selig lächelnd, da. Bewegungslos starrte der Ritter auf das geliebte Antlitz. Der Wahnsinn war zerstoben, eine nie gekannte Rührung überkam ihn, und Tränen der Reue rannten ihm über das Antlitz. Der höllische Geist aber in Pilgerpracht rief: „Mut Ritter von Yburg; noch ein Wurf, und das Werk ist vollendet!" Doch die Totengestalt des Knaben, vom Licht umleuchtet, erhob sich und rief mit lauter Stimme: „Weiche von hinnen, Höllenfürst; hier hat deine Macht ein Ende!" Satan entfloh, Blitze erschütterten das Gebäude, und die Mauern der Burg wankten. Am Morgen lag sie in Trümmern, und der Spuk war verschwunden.[68]

## BURKHARD KELLER VON YBURG ODER KELLERS BILD

*Von der A 5 Richtung Norden führt die B 500 durch Baden-Baden Richtung Schwarzwald. Am Stadtgebiet von Baden-Baden zweigt links die Fahrstraße zum Battert und zum Alten Schloss oder Schloss Hohenbaden über dem Oostal ab.*

◄ Burkhard Keller von der Yburg oder Kellersbild,
1. Bild in der Trinkhalle Baden-Baden

*Folgt man von der Schlossruine Hohenbaden aus dem nach Norden führenden Fußweg Richtung Balg, so trifft man nach etwa 500 m ein altes, halbverwittertes Steinkreuz, auf dem der Name Burkhard Keller zu lesen ist.*

Das Schloss Hohenbaden diente einst der Markgräfin Katharina als Witwensitz. Auf der benachbarten Yburg wohnte der Junker Burkhard Keller. Sein Herz war in Liebe entbrannt für das liebreizende Töchterlein des Burgvogtes von Alteberstein. Um seiner Geliebten näher zu kommen, bemühte er sich unter das Gefolge der Markgräfin aufgenommen zu werden, was Erfolg hatte. Unter dem Vorwand zur Jagd zu gehen, machte der Junker morgens und abends seine Spaziergänge, um seiner Geliebten näherzukommen.

Eines Abends kehrte er beim hellen Mondschein zurück, da schien es ihm, als sitze wenige Schritte vor ihm, in einen Schleier gehüllt, eine weibliche Gestalt. Er ging auf sie zu. Je näher er aber kam, desto undeutlicher wurde sie, bis sie verschwand. Ein leises Grauen überkam ihn, jedoch die Neugierde obsiegte, dass er zur gleichen Zeit am gleiche Ort sich nächtlich einfand. Und wirklich saß die Gestalt wieder am gleichen Platz, hatte aber den Schleier zurückgeschlagen. Da fasste sich der Ritter ein Herz, trat wieder auf die Erscheinung zu. Indem er die Hand ausstreckte, zerfloss sie aber in einem lichten Nebelstreif.

Am anderen Tag teilte der Junker dem Burgkastellan das Erlebte mit. Dieser warnte ihn, dass die Stelle ein ehemals heidnischer Platz mit einem Tempel gewesen sei. Deswegen wage niemand bei Nacht dort vorbei zu gehen. Dies reizte die Neugierde des Junkers noch mehr und er ließ an der Stelle nachgraben. Tatsächlich kam ein altrömischer Altar zum Vorschein. Er war der Nymphe dieses Hains geweiht. Beim Nachgraben kam eine wundervolle Marmorbüste, bei der Kopf und Nacken in vollendeter Schönheit erhalten waren, zum Vorschein.

Am Fundort ließ er Altar und Büste aufbauen. Die Schönheit der Büste hatte eine wahnsinnige Liebe in dem Jüngling entfacht, so dass er des Burgvogts Töchterlein völlig vergaß. Sehnsuchtsvoll wartete er auf den nächsten Vollmond, um die liebliche Gestalt wiederzusehen.

Tatsächlich sah er die Gestalt am Altare sitzend wieder. Beherzt schritt er auf sie zu, und die Gestalt verschwand nicht wie bisher im Nebel, sondern trat immer deutlicher hervor. In seiner Aufgeregtheit hörte er nicht auf die warnende Stimme in seinem Inneren. Ein Knecht der Burg war ihm heimlich gefolgt und hörte mit Entsetzen, dass der Junker mit der Erscheinung ein Gespräch anfing. Als der Junker die Gestalt gar umarmte, verließ er fluchtartig den Ort, um sich auf der Burg in Sicherheit zu bringen.

Als der Junker nachts nicht zur Burg kam, begann man ihn am nächsten Tag zu suchen. Tatsächlich fanden die Knechte des Junkers Leiche ganz in der Nähe des Altars. Die Marmorbüste war und blieb aber verschwunden.

Des Junkers Oheim ließ den Altar zerschlagen und an der Stelle, an der die Leiche gefunden wurde, ein Steinkreuz errichten. Heute bekannt als des „Kellers Bild". Am Tage, an dem des Junkers irdische Überreste der Gruft übergeben wurden, lag des Burgvogts Töchterlein auf der Totenbahre.[69]

# KLOSTER FREMERSBERG BEI BADEN-BADEN

*Auf dem Weg von Baden-Baden ins Rebvorland überquert man den Fremersberg. Von 1426 bis 1828 stand dort das Franziskanerkloster Fremersberg. Im Dreißigjährigen Krieg wurde das Kloster verwüstet und brannte 1689 ab. Wieder aufgebaut, wurde es bis zur Säkularisierung von dem Franziskanerorden geführt. Nach der Säkularisierung blieben noch einige Mönche. 1826 ging das Kloster ein und wurde abgerissen. Nur das kleine Osttor blieb erhalten. 1830 ließ Großherzog Leopold auf dem einstigen Klosterfriedhof einen Obelisken errichten.*

*Das Kreuz steht heute im Innenhof der Klosterreste – heute Villa Benckiser – Klostergut.*

Noch bevor Markgraf Jakob 1431 die Regierung übernahm, soll er das Franziskanerkloster Fremersberg gegründet haben: In der Trinkhalle in Baden-Baden erzählt eines der Sagenbilder davon. Markgraf Jakob, ein leidenschaftlicher Jägersmann, habe sich auf einer Jagd im Fremersberger Wald verirrt und sei in schreckliches Gewitter gekommen. Als er schließlich den Klang eines Glöckchens hörte, stieß er nochmals in sein Jagdhorn. Zwei Mönche, die in der Nähe lebten, führten ihn zu einer Einsiedlerklause. Dort fand er gastfreundliche Aufnahme, wurde bewirtet, und man bat ihm ein Nachtlager an. Aus Dankbarkeit habe er die ärmliche Hütte 1426 in ein Kloster am Südwesthang des Fremersbergs umbauen lassen.[70]

▲ Kreuz im ehemaligen Kloster auf dem Fremersberg

## Dreieichenkapelle (Baden-Baden)

*Von der Autobahn kommend die B 500 Richtung Baden-Baden, links ab in die Murgstraße und weiter Richtung Rheinstraße/ Dreieichenstraße. Linker Hand liegt die Dreieichenkapelle.*

Gegen Ende des 15. Jahrhunderts zog die Pest mit ihren Schrecknissen verheerend durch ganz Deutschland. Auch in der Umgebung von Baden herrschte sie und war im entferntesten Hause von Badenscheuern gegen Oos ausgebrochen. In der Stadt Baden hatte man die Tore geschlossen und die warmen Quellen geöffnet. Das heiße Wasser floss jetzt qualmend und dampfend über die Straßen. Die Pest verschonte Baden. In Badenscheuern hörte der Nachbar des Hauses, in welchem die Seuche schon ausgebrochen war und ihre Opfer gefordert hatte, während des nächtlichen Gebetes der Mutter Gottes seltsames Tönen und Klingen. Es schien ihm, als komme der Schall aus der alten Eiche, die bei seinem Hause stand. Eine Laterne in der Hand ging er mit seinem Sohne hinaus, um die Sache zu untersuchen. Er hatte sich nicht getäuscht. Mit einer Axt wurde die Rinde an der Stelle des Baumes weggehauen, wo der Ton am deutlichsten zu vernehmen war. Bald sprang ein großes Stück Rinde heraus, und sie erblickten jetzt beim Schein ihrer Lampe in dem Baum eine Blende, darin ein Marienbild mit dem Jesusknaben. Beim Anblick diese Bildes stieg in dem Manne unwillkürlich der Gedanke auf, der Himmel habe durch dieses Wunder ein Zeichen geben wollen, dass an dieser Stelle die Pest ein Ende erreicht habe.

Bald verbreitete sich das Gerücht von dem wunderbaren Gnadengebilde in dem Dorfe und bis in die Stadt. Zur gleichen Zeit kam aus den umliegenden Ortschaften die Nachricht, dass die Pest überall plötzlich nachgelassen habe. Das Volk hielt das Marienbild in der Eichenblende für die Ursache und wallfahrte in Scharen zu dem Bilde, das man jetzt „Marientrost" hieß. Die Eiche, woran das Bild angebracht war, starb ab. Im Jahre 1650 ließ die damalige Markgräfin Maria Magdalena die Baumkrone und die Äste abnehmen und über dem Baumstumpf eine Kapelle erbauen. Diese erhielt den Namen „Dreieichenkapelle", von den drei Eichen, die daneben gepflanzt wurden. Der Baumstumpf ist heute noch in der 1893 erbauten Kapelle zu sehen.[71]

## Baden-Badener Heilquellen

*Baden-Baden besitzt viele Quellen und jede trägt ihren eigenen Namen: die Römerquelle; die Büttquelle, der alten Badherberge zum Baldreit; die Murquelle mit der höchsten Radioaktivität; die Freibadquelle, die das mittelalterlich „freye Bad" speiste; die Fettquelle, deren Wasser einen fettigen Beigeschmack hat; die Judenquelle im einstigen Getto; die Brühquelle, in deren Wasser die Einwohner Schweine und Hühner brühten; die Höllquelle; die Ungemachquelle der markgräflichen Badherberge - Zum Ungemach; die Klosterquelle zum hl. Grab; die Friedrichquelle, die zu Ehren des Großherzogs benannt wurde; und die Kühlquelle, die nur 56,5 °C hat, während die übrigen Quellen 68,8 °C aufweisen.[72]*

Um das Jahr 600 n. Chr. regierte der König Dagobert 1 über den östlichen Teil des Frankenreiches. Dazu gehörten auch der Oosgau mit der Stadt Baden (Baden-Baden). Diese lag damals größtenteils in Trümmern. Außer der Kirche und den Bädern war wenig mehr vorhanden als die königliche Pfalz. Dagobert war ein eifriger Jäger. Deshalb kam er öfters auf die Jagd nach Baden. In dessen Umgebung gab es damals noch Auerochsen, Bären und Wölfe. Während einer solchen Anwesenheit in Baden wurde Dagobert plötzlich von Gicht befallen. Er musste das Bett hüten und große Schmerzen ausstehen. Verschiedene Ärzte wurden zu Rate gezogen; allein sie konnten ihm nicht helfen. Da ließ sich eines Morgens ein Mönch aus dem Kloster Weißenburg, der in Baden Gottesdienst besorgte, bei dem kranken König melden. Er sprach zum König: „Du suchst Heilung von schwerem Leiden in der Ferne durch weit hergeholte Kunst, und doch liegt das Heilmittel ganz in Deiner Nähe. Siehst Du drüben bei der Kirche den Dampf aufsteigen von den heißen Quellen? In diese hat der Schöpfer wunderbare Heilquellen gelegt. Die heidnischen Römer vor uns kannten schon diese Kräfte recht wohl und haben deshalb hier eine Stadt gebaut mit Bädern zur Heilung. Lass Dich hinabtragen zu diesen heißen Brunnen und bade Dich darin wiederholt." Der König in seiner Not befolgte den Rat des Mönches. Schon nach dem ersten Bad verspürte er Besserung und in acht Tagen war er wieder ganz gesund. Aus Dankbarkeit machte der König nun den Mönch zu seinem Beichtvater und schenkte dem Kloster Weißenburg die warmen Quellen in Baden. Von dieser Zeit an erlangten diese einen großen Ruf.[73]

## SCHLOSSRUINE HOHENBADEN ÜBER BADEN-BADEN

*Aus dem Zentrum von Baden-Baden führt die Rotenbachtalstraße hinauf und links ab nach Ebersteinburg. Im Ort biegt links ein*

*Fahrweg ca. 2,3 km zum Alten Schloss ab. Aber auch mehrere Wanderwege führen hinauf zum Schloss Hohenbaden, wie es auch genannt wurde.*

*Die Schlossruine Hohenbaden oder das Alte Schloss erhebt sich auf einem einzeln stehenden Felsen am südwestlichen Abhang des Battert über Baden-Baden. Sie wird über die Fahrstraße aus dem Zentrum von Baden-Baden erreicht. Die Burg wurde vermutlich um 1100 mit dem Hermannsbau erbaut, um 1400 um den Bernhardsbau erweitert und 1450 mit dem Jakobsbau beendet. Über die genaue Zerstörung finden wir keinen Hinweis. Es muss Anfang des 16. Jahrhunderts durch Brand erfolgt sein.*

Zu Ende des 15. Jahrhunderts wurde Deutschland und mit ihm auch die Stadt Baden-Baden durch die schreckliche Seuche der Pest heimgesucht. Furchtbar waren die Verheerungen, welche die Krankheit unter den Menschen anrichtete. Auch der Markgraf Karl I. von Baden fiel der Pest in Pforzheim, wo er sich zu Regierungsgeschäften aufhielt, zum Opfer. Seine hinterlassene Gemahlin flüchtete mit ihren beiden noch jungen Kindern Friedrich und Margareta auf das Schloss Hohenbaden. Dort verlebte sie in tiefer Trauer um den hinterlassenen Gatten und in steter Furcht vor der noch immer wütenden Seuche die trübsten und sorgenvollsten Tage. Sie bezog mit ihren Kindern das oberste Gemach im höchsten Turm der Burg. Hierher hatte kein menschliches Wesen Zutritt. Nur ein alter Diener erschien jeden Morgen am Fuße der Treppe und brachte die notwendigen Nahrungsmittel. Die Markgräfin glaubte, bei der Reinheit der Luft und der Absperrung gegen jede Berührung von außen seien sie und ihre Kinder hinlänglich gegen die Pest geschützt.

Eines Abends waren die Kinder sanft auf einem Teppich in der Ecke eingeschlafen. Da kniete die Witwe zum Gebet nieder und flehte die Gottesmutter an, ihre Kleinen auch weiterhin zu beschützen. Da zeigte sich eine wundervolle Erscheinung. Von strahlender Glorie umflossen, schwebte die Himmelskönigin vor ihr. Die Wolken zu beiden Seiten gestalteten sich zu Bildern, welches das Kloster Lichtental und die heißen Quellen in Baden darstellten.

Die Gottesmutter neigte mild das Haupt, zeigte mit der rechten Hand zuerst auf die schlafenden Kinder und dann auf die Klosterkirche in Lichtental. Mit der linken Hand aber deutete sie auf die heißen Quellen, die jetzt plötzlich hoch aufsprudelten und dampfend die nächste Umgebung zu überfluten schienen. Dann verschwand die geheimnisvolle Erscheinung. Letztere deutete die gläubige Fürstin in ihrem frommen Sinne: Wenn die Seuche die beiden Kinder verschone, solle sie sich dem Dienste des Herren widmen, und die heißen Quellen der Stadt böten das Mittel zur Vertreibung der Pest.

Am anderen Morgen ließ die Markgräfin die heißen Quellen der Stadt öffnen. Diese flossen dampfend durch die Straßen, und ein dichter Qualm umhüllte die ganze Gegend. Die Pest verschwand bald darauf, und die Bevölkerung atmete auf.

Die markgräflichen Kinder gediehen fröhlich unter der frommen Obhut ihrer Mutter. Die Prinzessin Margareta trat später in das Kloster Lichtental ein, wo sie Vorsteherin wurde. Prinz Friedrich wählte den geistlichen Stand und starb als Bischof von Utrecht. Sein Grabmahl befindet sich in der Stiftskirche zu Baden-Baden, rechts vom Hochaltar.[74]

# Engels- und Teufelskanzel über Baden-Baden

*An der Rotenbachtalstraße von Baden-Baden nach Gaggenau liegen sich kurz vor der Abzweigung nach Ebersteinburg zwei gewaltige Felsengruppen im Wald gegenüber. An der Abzweigung links nach Ebersteinburg ist links ein Parkplatz. Von diesem führt wenige Meter entfernt ein Wanderweg zur Engelskanzel. Gegenüber führt der Wanderweg zur Teufelskanzel. Der Wanderweg führt vom Alten Schloss über den Battert zur Engels- und Teufelskanzel. Am Felsen der Teufelskanzel erinnert eine Inschrift an die Aufenthalte von Kaiser Wilhelm I. Auf der Engelskanzel ließ seine Tochter ein Marmorkreuz errichten.*

*Die Sage symbolisiert den Religionskrieg zwischen alemannischen Heiden und fränkischen Christen, den Kampf zwischen Teufel und Engel, zwischen alter und neuer Zeit. Die Grenze verlief zwischen Battert, Merkur und Badener Höhe.*[75]

Die Sage erzählt uns hierzu: Zu der Zeit, als die ersten christlichen Priester in den Schwarzwald kamen, um das Christentum zu verkünden, stieg der Teufel aus den heißen Quellen in Baden-Baden zur Oberwelt empor. Es verdross ihn gewaltig, dass er durch die Verbreitung des Christentums so viele von seinen Anhängern verlor. Er bestieg nun die Teufelskanzel und hielt eine gewaltige Rede. Durch diese wollte er die Abtrünnigen wieder für sich gewinnen. In verlockenden Worten schilderte er den Glanz und die Herrlichkeit seines Reiches und die Glückseligkeit, welche die Seinen zu erwarten hätten. Schon hatte er die meisten Zuhörer soweit betört, dass sie vom Christentum wieder ablassen wollten.

Da erschien auf der Engelskanzel ein Engel des Himmels in strahlendem Gewande mit einer Palme in der Hand. Mit milder, zu Herzen dringender Stimme sprach er von der Allmacht und Güte Gottes und von der unvergänglichen Seligkeit des Himmlischen Reiches. Seine Rede drang tief in die Seelen der betörten Zuhörer des Teufels. Einer nach dem anderen fiel reuevoll vom Höllenfürsten ab und wandte sich dem himmlischen Boten zu. Bald sah sich der Teufel von der ganzen Menge verlassen und er fuhr in ohnmächtiger Wut wieder in die Tiefe zurück.[76]

## BELAGERUNG DER BURG ALT-EBERSTEIN

*Von Baden-Baden Zentrum führt die Rotenbachtalstraße auf die Höhe und links nach Ebersteinburg. Im Ort zweigen rechts die Antoniusgasse und Rosenstraße ab und führen hinauf nach Alt-Eberstein. Über diesem Dorf hängt die Ruine Alt-Ebersteinburg wie ein Adlernest an den steilen Höhen eines Felsenkegels. Vom Battert führt der Wanderweg durchs Dorf zur Burg Alt-Eberstein.*

*Die Ruine Eberstein wurde wohl auf einer römischen Festung angelegt. Eine erste Urkunde erwähnt sie 1197. Im 13. Jahrhundert hieß sie Alt-Ebersteinburg, da die Grafen von Eberstein nach Schloss Ebersteinburg (Neu-Ebersteinburg) bei Gernsbach übersiedelten. Im 15. Jahrhundert wurde die Burg als Wohnsitz aufgegeben, da es bequemer war in der Stadt zu wohnen. So verfiel die Burg, bis im 19. Jahrhundert um ihre Erhaltung gekämpft wurde.*

◄ Erstürmung von Alt Eberstein, 6. Bild in der Trinkhalle Baden-Baden

Kaiser Otto der Große bekämpfte im Jahr 938 den Herzog Gieselbert von Lothringen und eroberte die Stadt Straßburg. Hierauf ließ er durch seinen Obristen die Burg Eberstein belagern, weil die Grafen von Eberstein den Herzog unterstützt hatten. Während einheinhalb Jahren lagen die Kaiserlichen Truppen vor der Burg, ohne sie einnehmen zu können. Es wurde dem Kaiser geraten, in Speyer ein Turnier abzuhalten, zu dem sich die Grafen von Eberstein, die als tapfere Ritter weiterhin bekannt waren, gewiss einfinden würden. Während ihrer Abwesenheit sollte dann die Burg eingenommen werden. Die drei Grafen von Eberstein erschienen auch wirklich neben den anderen Fürsten und Herren in Speyer, während sie die Verteidigung der Burg ihren Dienstmannen anvertrauten.

Am Abend des ersten Turniertages wurde in der kaiserlichen Pfalz in Speyer ein glänzendes Fest abgehalten, und der jüngste der Ebersteiner Ritter wurde beauftragt, den Reigen mit der Schwester des Kaisers zu eröffnen. Während des Tanzes verriet das Edelfräulein dem Ritter den Anschlag auf seine Burg. Er teilte seine Brüdern mit, was er erfahren hatte, und sie beschlossen, Speyer heimlich zu verlassen und auf ihre Burg zurückzukehren. Damit kein Verdacht und Argwohn auf sie falle, kehrten sie wieder zum Tanze zurück und gaben bekannt, sie wollten am kommenden Tage einen Kampf mit den Rittern wagen. Der Sieger solle 1000 Goldgulden erhalten, die sie bei dem Edelfräulein hinterlegen wollten. In der Nacht aber verließen sie heimlich die Stadt und begaben sich eilends auf ihre Burg, gegen welche die Kaiserlichen vergebens Sturm liefen. Als am folgenden Tag das Turnier wieder begann, warteten der Kaiser und die Ritter vergebens auf die Ebersteiner. Der Obrist aber ließ dem Kaiser melden, dass sie beim Sturm auf die Burg Eberstein starken Widerstand gefunden und unter großen Verlusten abgeschlagen worden seien.[77]

Eine andere Version erzählt, dass das Edelfräulein nicht die Schwester des Kaisers, sondern das Töchterlein gewesen sei. Der Kaiser habe nach dem fehlgeschlagenen Sturm auf die Burg Eberstein während des Turniers mit den Ebersteiner verhandelt. Die Ebersteiner setzten List gegen List: Sie zeigten den Herren des Kaisers in der Burg die gefüllten Weinfässer, die Vorratskammern mit Truhen voll Getreide und Mehl. Alles im Überfluss vorhanden – „für dritthalb Jahre" berichteten die enttäuschten und getäuschten Gesandten seiner Majestät. Indessen die Fässer und Kisten hatten doppelten Boden.

So versuchte der Kaiser die Methode des Mittelalters: Er gab sein Töchterlein dem jüngsten Erbersteiner zur Gemahlin. Liebe und Politik waren glücklich vereint. So hatte er seinem Reich eine starke Burg und sich selber drei treu ergebene Lehensmänner gewonnen.[78]

## GRÜNDUNGSSAGE DES FRAUENKLOSTERS LICHTENTAL (BADEN-BADEN)

*Die B 500 führt an Baden-Baden mit Umgehungstunnel Richtung Schwarzwald am Zentrum vorbei. Am Tunnelende Übergang in Maximilianstraße, nach rechts führt die Eckbergstraße zum Kloster. Aus dem Zentrum: Lichtentaler Straße, Hauptstraße von Lichtental, führt direkt zum Kloster.*

*Das Cistercienzerkloster Lichtental ist eine Stiftung der Markgräfin-Witwe Irmengard und ihrer Söhne. Um 1245 wurde der Bau begonnen. Bis 1372 war das Kloster Grablege der badischen Markgrafen.*

*Kloster Lichtental hat alle Stürme der Zeiten überstanden. Weder Reformation und Bauernkriege, noch der Dreißigjährige Krieg und die Franzosenkriege haben seinen Bestand in Frage gestellt; auch die Säkularisierung hat es nicht aufgehoben.*

Als Markgräfin Irmengards Entschluss feststand, sie wolle ein Frauenkloster gründen, galt es zuerst einen geeigneten Platz zu finden. Es war um das Jahr 1146, als ein hagerer Mönch, von Speyer kommend, die badischen Lande durchzog. Es war St. Bernhard, der große Gottesmann, der Abt des Kloster Clairvaux in Burgund. Auf seiner Wanderung hat er im Tal der Oos am Fuße des Leiserbergs kurz Rast gehalten. „Diese Plätzchen gefällt mir", sprach er mit prophetischem Munde, „hier wird mein Orden ein Kloster bauen." Zur Bestätigung dessen habe der Mönch seinen Stab in die Erde gesteckt, der alsbald zu grünen begonnen habe. Es war die Stelle, wo heute der Hochaltar der Kirche steht. Diese Voraussagung des heiligen Ordensvaters sollte durch die Stiftung Irmengards ihre Erfüllung finden.[79]

Doch nicht allein ihren Besitz wollte die fromme Markgräfin Irmengard dem Dienst Gottes opfern; ihr ganzes fernes Leben sollte ausschließlich dem Herrn geweiht sein. Diesen ihren Entschluss tat sie jetzt den Anwesenden kund. Irmengard aber löste mit fester Hand die edelsteingeschmückte Spange des Fürstenmantels und ließ den kostbaren Hermelin achtlos zu Boden gleiten; sie legte von sich das funkelnde Diadem und die sonstigen Anzeichen ihrer hohen Würde ab. Dann warf sie sich demütig nieder vor der Vorsteherin der gottgeweihten Genossenschaft und bat diese, sie unter die Zahl ihrer geistlichen Töchter aufzunehmen, damit sie lebe und sterbe im Hause Gottes. Tiefgerührt hob die Äbtissin die Kniende auf mit der

Erklärung, dass sie und das ganze Kloster zur Verfügung der Stifterin, der ersten und größten Wohltäterin des Hauses, ständen.

Aber das war nicht nach Markgräfin Irmengards Sinn! Demütig und schlicht, wie die letzte der Nonnen, verlangte sie im Schatten des Heiligtums zu leben, sich beugend dem Joche des Gehorsams und der klösterlichen Zucht – „Ich will die Letzte sein im Hause meines Gottes!"

Nur eine Ausnahme von der klösterlichen Ordnung behielt die Neueintretende sich vor: Ihre weltliche Kleidung wollte sie nicht mit dem Ordensgewand vertauschen, um so für immer sich zu sichern gegen die Würde und Bürde einer Äbtissin, der sie schwerlich entgangen wäre.[80]

## ERRETTUNG DES KLOSTERS LICHTENTALS

Es war im Frühling 1525. Im Dorfe ging heimlich Raunen von Mund zu Mund, eine seltsame Mär, die der Volksmund erzählt.

Die Äbtissin Rosula habe in dunkler Nacht mit ihren Nonnen das Gotteshaus verlassen, um sich und die ihr Anvertrauten zu bergen vor den wilden Horden, deren Ansturm täglich drohte; aber dennoch sei das Heiligtum nicht ohne Hüter. Jeweils zur Mitternachtsstunde leuchtete ein Licht auf dem veröteten Chore, und eine himmlische Stimme singe das Lob Gottes, wie sonst die frommen Klosterfrauen getan. Ein beherzter Mann habe die Leiter ans Kirchenfenster gelegt, um hineinschauen zu können; da habe er eine leuchtende weiße Gestalt durch die hohen Hallen schweben sehen. Die Alten erklärten: Das sei die weiße Frau vom Himmel, der Schutzgeist des Klosters.

Im Laufe des verflossenen Tages hatte ein Bote die Nachricht gebracht, die Bauern seien im Anzug und würden wohl in Bälde das Tal überschwemmen. Und wirklich – noch nicht lange war der Schlag der zwölften Stunde verhallt, da unterbrach plötzlich wilder Lärm aus der Ferne her die nächtliche Stille. Tobend und schreiend wälzten sich die wütenden Bauernrotten durch den Talgrund dem Frauenstifte entgegen. Reiche Beute hofften sie zu finden hinter den Klostermauern, Gold und Silber, Kostbarkeiten und Kleinodien, nicht zu vergessen die edlen Weine, nach denen schon die trockenen Kehlen lechzten.

Nun waren sie am Klostertore angekommen. Fackelglanz beleuchtete gespensterhaft die hohen Mauern, die blitzenden Waffen, die Gesichter der rasenden Angreifer. Drei Schläge dröhnten gegen die eichenen Torflügel, Einlass begehrend für die Schar der freien Bauern. Aber nichts regte sich.

„Drauf!", tönte der Befehl des Anführers. Unter wuchtigen Axthieben brach die erste Schranke zusammen und gab den Weg in den Klosterhof frei. Die innere Tür wurde auf gleiche Weise gesprengt, und hinein in die heiligen Räume ergoss sich die zügellose Rotte. Aber wohin sie kamen – überall dasselbe grabesähnliche Schweigen, in den langen Gängen, den öden Zellen, den weiten Sälen.

▶ Kloster Lichtental, Fürstenkapelle, Baden-Baden

„Zur Kirche!", rief einer. „Dort werden wir die Nönnlein finden!"

Richtig, ein Lichtstrahl leuchtete ihnen von dort entgegen, und mit wildem Geschrei stürzten sie hinein ins Heiligtum, die gottesschänderischen Gesellen.

Aber – was war das? – Erschreckt taumelten die Vorderen zurück. „Dort – seht ihr sie nicht – die hohe Gestalt im wallenden weißen Gewande?" Oben stand sie am Altare, geisterhaft umstrahlt vom Lichte der ewigen Lampe. Drohend hielt ihre Hand den Anstürmenden das Kreuz entgegen, das Zeichen des Sieges, vor dem selbst die Mächte der Finsternis erzitterten.

„Zurück, ihr Frevler!", tönte es von den Lippen der hehren Erscheinung. „Zurück! Wage es keiner, Hand anzulegen an das Heiligtum des Herrn, oder die Blitzstrahlen des erzürnten Gottes werden herniederfahren, euch zu vernichten!"

Wie ein Donnerschlag trafen diese Worte die wilden, aber doch feigen und abergläubischen Angreifer. In heilloser Furcht drängte alles dem Ausgang zu. Und nicht eher hielten sie inne, bis eine weite Strecke zwischen ihnen und dem von Geistern behüteten Heiligtum lag. Vom Frauenchor hernieder aber tönte es wieder klar in die lautlose Mitternachtsstunde: „Ehre sei dem Vater und dem Sohne und dem heiligen Geiste, wie es war im Anfang, jetzt und immerdar und in alle Ewigkeit. Amen."

◀ Errettung des Klosters Lichtental,
14. Bild in der Trinkhalle Baden-Baden

Die Gefahr war vorüber, das Gotteshaus gerettet. Sie aber, die mit Gottes Hilfe das schwere Werk vollbracht hatte, schritt einsam durch die verwaisten Hallen. Irmengardis war es, des hl. Bernhards gottgeweihter Tochter. Sie allein war zurückgeblieben in dem bedrohten Heiligtum, als alle anderen es flüchtend verließen. Sie sang das Lob Gottes in dem veröteten Chore.

Im Volksmund lebte noch lange Zeit hindurch die Sage von „der weißen Frau von Lichtental".

Es war mitten in den Wirren des Dreißigjährigen Krieges. Ganz Deutschland war von fremden Kriegsvölkern überschwemmt. Auch die Nonnen hinter Lichtentals geweihten Mauern hatten davon vernommen. In banger Sorge beschlossen sie, als man vom Herannahen des Feindes hörte, ihr Heil in der Flucht zu suchen. Nur das Notwendigste raffte man zusammen, um für einige Tage kümmerlich das Dasein fristen zu können.

Ehe man aber das teure Heiligtum verließ, versammelte man sich noch einmal in der Kirche und flehte den Herren und seine gebenedeite Mutter an um Schutz für sich selbst und für die heilige, von Verwüstung bedrohte Stätte.

Plötzlich erhob sich wie auf höhere Eingebung die Äbtissin, trat auf das Marienbild am Seitenaltare zu und hing diesem die Schlüssel des Hauses über den Arm, so gleichsam der himmlischen Schutzherrin Lichtentals feierlich die Behütung des Heiligtums übertragend. Kaum war dies geschehen, da nahte auch schon in wilder Flucht eine Anzahl Talbewohner, die in atemlosem Entsetzen verkündete, dass die Raubhorden sich bereits dem Kloster näherten. Von Schre-

cken und Angst gejagt, stürzte alles hinaus und eilte dem nahen Walde zu, um im tiefsten Dickicht und in versteckten Höhlen sich zu verbergen.

Und es war keine Stunde zu früh; denn bald danach brach unter wütenden Angriffen das große Hoftor krachend zusammen, und beutegierig stürmten die wilden Söldner gegen die Pforte des Klosters. Aber – o Entsetzen!

Da öffneten sich langsam, wie von Geisterhänden bewegt, die beiden Flügel des Kirchenportals, und aus dem Halbdunkel hervor schwebte lichtumstrahlt die Gestalt einer königlichen Frau in goldschimmerndem Gewande. Die eine Hand hielt die Schlüssel, während die andere drohend zum Ausgang wies. Da wagte keiner zu widerstehen; Furcht und Grauen fasste den Verwegensten und trieb ihn zu angstvoller Flucht. Marias Heiligtum war gerettet.

Unversehrt fanden die zurückkehrenden Nonnen die treue Heimstätte. Das wundertätige Bild aber wurde in hohen Ehren gehalten. Noch heutigen Tages zeigt man im Kloster ein sehr altes Madonnenbild, das am Arm zwei große rostige Schlüssel trägt, eine stetige Erinnerung an diese Sage.

Noch ein drittes Mal soll, der Sage nach, der Schutz des Himmels wunderbar über Lichtental gewaltet haben, indem der heilige Mauritius, der besonders verehrte Helfer in Kriegsgefahren, mit einer glänzenden Heerschar über dem hinter dem Kloster gelegenen Leisberg erschien und die einbrechenden Schweden zurücktrieb. Noch heute wird das Fest des Heiligen (22. September) in besonderer Weise im Stift gefeiert.[81]

# Murgtal

## REICHE KAST AUS HÖRDEN

*Bei Rastatt zweigt von der A 5 die B 462 ins Murgtal ab und führt an Gaggenau vorbei. Bei Hörden – heute ein Ortsteil von Gaggenau talaufwärts liegend – links ab in die Landstraße 43. Von Hörden führen die örtlichen Wanderwege über Loffenau zur Teufelsmühle.*

Die großen, stattlichen Wälder im Murgtal sowie im nördlichen Schwarzwald waren seit Jahrhunderten hauptsächlich in Besitz oder Nutznießung der Murgschifferstadt. Der Holzhandel sowie die Flößerei brachten großen Reichtum ein. Die alten Murgtäler Familien Kast und Katz verdankten beides ihrem Aufstieg. In Hörden steht heute noch das Haus eines der reichsten und bekanntesten Murgschiffer, des Jakob Karst.

Über dem Torbogen steht die Inschrift: Gott forchten ist die Weisheit, die reich macht und bringt, alles Gut's mit sich – 1594. In Gernsbach ließ er sich ein palastartiges Wohnhaus bauen, dessen Vollendung (1617) er nicht mehr erlebte und das bis 1935 als Rathaus diente.

▶ Ehemaliges Wohnhaus von Flößer Kast und Rathaus von Gernsbach
◀ Schloss Eberstein über Gernsbach

Jakob Kast soll so reich gewesen sein, dass bei seinem Tode soviel bares Geld vorhanden gewesen sei, dass seine Erben es korbweise verteilt haben sollen, da das Zählen zuviel Arbeit machte. Angeblich wollte er sein Haus statt mit Stroh mit Silbertaler decken. Da sei ihm im Traum ein Engel mit der Botschaft erschienen, er solle Gott nicht versuchen, sondern lieber an die vielen Armen denken. Und Jakob Kast ließ von seinem Plan ab, die Silberstücke verwendete er zur Almosenstiftung für die Ortsarmen von Hörden und Gernsbach und bewirkte damit viel Gutes.[82]

## KLINGELKAPELLE BEI GERNSBACH

*Von Gernsbach führt die Bundestraße nach Obertsrot. Auf dem gegenüber liegenden Murgufer liegt die Klingelkapelle. In Gernsbach über die Murgbrücke, nach den ersten Häusern links abbiegen und der Murg entlang bis zur Klingel Kapelle folgen. Der Murgtalwanderweg führt von Gernsbach nach Obertsrot an ihr vorbei.*

*Die Erwähnung der Kapelle erfolgte 1479 in Zusammenhang mit dem Ablasshandel. Bis in unser Jahrhundert galt die Kapelle als Wallfahrtsort. 1623 wurde die Kapelle wegen Baufälligkeit geschlossen und 1706 wieder durch den Graf Eberstein errichtet. Die heutige Form stammt aus dem Jahre 1851/53, gebaut von Großherzog Leopold.[83]*

An der Stelle der heutigen Kapelle baute ein Einsiedler seine Klause, und neben seiner Hütte errichtete er ein Kreuz, bei dem er täglich seine Andacht verrichtete. Eines Nachts hörte er vor seiner Türe eine klagende Stimme. Er stand von seinem Lager auf und ging mit einer Lampe hinaus. Da erblickte er unter einem Baume ein junges, schönes Weib, das ein dünnes Gewand trug. „Die Nacht ist kalt und unfreundlich, und es beginnt zu regnen", sagte sie, „gib mir Schutz und Obdach in deiner Hütte." Der Einsiedler wollte ihr die Bitte erfüllen. Aber sie weigerte sich, ihm zu folgen, nicht ehe er das Kreuz am Eingange der Klause hinweggebracht hätte.

Der fromme Mann entsetzte sich anfänglich ob dieses seltsamen Verlangens. Aber die reizende Erscheinung wirkte so bezaubernd auf ihn, dass er einige Augenblicke wankte, ihrem Wunsche zu entsprechen. Aber er sprach ein leises Gebet zur hl. Jungfrau. Plötzlich ertönte der Schall eines Glöckleins, und die fremde Frauengestalt war in diesem Augenblick verschwunden. Der Eremit ging dem Schall des Glöckleins nach und fand im Gebüsch an einem Zweige ein silbernes Glöcklein, das klingelte.

Aus Dankbarkeit baute nun der Einsiedler neben seiner Klause eine Kapelle aus Baumrinde und hing das Glöcklein hinein. Andächtige Pilgerscharen besuchten von nun an die Kapelle, und von dem Klange des wundervollen Glöckleins erhielt sie den Namen „Der Klingel" oder „Klingelkapelle".[84]

*Oder:* In der Zimmerschen Chronik heißt die Klingel „Zu unserer Frau Eiche". Dort steht zu lesen: Wo Eberstein in dem Murgtal auf einem hohen Felsen liegt, hat es unten im Tal allernächst an der Murg eine Kapelle am Weg, heißt die Klingel. Dabei ist eine kleine Behausung, darin viele Jahre eine Klausnerin oder sonst eine alte ehrbare Frau gewohnt, so die Kapelle Tags geöffnet und Nachts beschlossen hat. Die Kapelle, sagt man, hat ein Graf von Eberstein erbauet, ist vor viel Jahr geschehen. Die Ursache aber war, dass zur selbigen Zeit und davor ein großes Gewürm und viel Ungeziefer um Eberstein und im Murgtal sich aufhielt, insbesondere ein großer Drache oder Wurm, dass es dem Grafen und der ganzen Landschaft eine Beschwerde war. Da hatte man dem Grafen geraten, er solle eine Kapelle bauen; das ist geschehen, und die Bürger von Gernsbach samt den meisten Einwohnern des Tales haben ihre Hilfe und Handreichung dazugetan. Bald darnach ist das Gewürm verstrichen. Es haben die alten Grafen von Eberstein und ihre Weiber viel Andacht und gute Meinung dahin gehabt und ist nun die Kapelle nur „Zu unserer Frau Eiche" genannt worden, da das Marienbildnis in den Eichbaum geschnitten war. Jetzt wird die Kapelle zur Klingel geheißen.

*Oder:* Im 19. Jahrhundert spricht man von der „Finsteren Klingel", und der Volksmund erzählt: Aus dem Wald unterhalb der Burg Eberstein vernahm ein Mann des öfteren einen wunderschönen Gesang; auch herbeigerufene Leute hörten das. Wie man nun der Sache nachforschte, fand man in einer hohlen Eiche ein hölzernes Vesperbild, von dem ging der Gesang aus. Man brachte es auf die Burg Neueberstein, doch am anderen Tag stand es wieder in dem Baum. Nun setzte man es in einen in der Nähe errichten Bildstock, doch es zog so lange schwere Wetter herbei, bis es wieder in die Eiche gestellt war. Dabei siedelte sich bald ein Klausner an, und die Wallfahrten zu dem Bild mehrten sich so, dass aus den Opfern eine Kapelle über dem Baum gebaut werden konnte. Von dem singenden Bild erhielt die Kapelle ihren Namen Klingel.[85]

▶ Die Klingelkapelle in Gernsbach

## Schloss Eberstein bei Gernsbach

*Von der B 462 führt in Gernsbach talaufwärts eine Brücke über die Murg. Nach den ersten Häusern zweigt links die Landstraße nach Baden-Baden ab. Diese führt in ca. 4 km zur Burg Eberstein über Gernsbach. Der Ortenauer Weinpfad führt von Gernsbach über Schloss Eberstein hinüber nach Baden-Baden.*

*Schloss Eberstein – wie auch Neu-Eberstein genannt wird – gehört zu dem heimeligen Bild des Städtchens und liegt oberhalb Gernsbach. Es liegt an der Landstraße, die von Gernsbach nach Baden-Baden führt. Die Bauzeit des Schlosses ist in den Zeitraum von 1220 und 1250 zu verlegen. Bauherr war Otto I von Eberstein. 1660 starben die Ebersteiner aus und so diente die Burganlage immer wieder als Zufluchtsort bei der französischen Belagerung Baden-Badens. Der Markgraf Karl Friedrich von Baden schenkte die Burg seinem zweiten Sohne, der sie zum Schloss ausbaute. Bis heute ist das Schloss im Besitz des Markgrafen von Baden und wird von diesem auch teilweise bewohnt.*

Bekannt wurde Schloss Eberstein durch seine Lage über dem Murgtal und dem „berüchtigten" Grafensprung. Ein Graf zu Neu-Eberstein bestritt einst gegen zwei Ritter, dass es einen Gott gebe. Um den Streit zu entscheiden, beschlossen sie, den steilen Berghang vom Schloss zur Murg dreimal miteinander hinab und hinaufzureiten, und wer dies glücklich vollbringe, der habe den wahren Glauben. Zweimal ritten sie ohne Schaden hinunter und hinauf, aber beim dritten Hinabreiten stürzte des Grafen Pferd in die Tiefe und wurde mit ihm zerschmettert; die Ritter dagegen gelangten

glücklich ins Tal und wieder aufs Schloss. Seit dieser Begebenheit heißt der Abhang Grafenries oder Grafensprung, und ein Felsen daneben, von dem der Teufel dem Ritter zugesehen hat, heißt Teufelkanzel. Da, wo der Graf geritten ist, wächst kein Gras mehr, und in den heiligen Nächten muss er dort in feuriger Gestalt umgehen.

*Oder:* Es hausten auf Neu-Eberstein einmal drei Brüder, die über die Teilung ihrer Güter lange nicht einig werden konnten. Schließlich kamen sie überein, dass der alles erhalten solle, der dreimal den steilen Abhang hinunter und wieder hinaufreite. Der Jüngste versuchte es, beim dritten Ritt aber stürzte er mit seinem Pferd in die Tiefe und brach sich das Genick. Die beiden Brüder waren dadurch nun so erschreckt, dass sie sich gütlich vertrugen. In ihr Wappen aber nahmen sie zur dauernden Erinnerung drei Männer auf, von denen einer ohne Kopf ist.

*Oder:* Graf Wolf von Eberstein soll sich auf seinem Schlosse Zechens halber mit einigen seiner Getreuen aufgehalten haben. Nachdem bereits Maß auf Maß getrunken worden sei, rief der Graf in die Schar der fröhlichen Zecher: „Wagt's einer, das Ross hinunter an die Murg zu reiten?" Niemand hielt ein solches Wagnis für durchführbar. Da ließ der Graf seinen Schimmel satteln und ritt mit ihm Schritt für Schritt den steilen Hang hinab. Alle jubelten ihm Beifall zu. Nur der von der Windeck gab sich mit dem Reiterkunststück noch nicht ganz zufrieden, sondern rief übermütig ins Tal hinunter: „Nun aber den gleichen Weg wieder heraufreiten, dann bist du ein ganzer Held." Graf Wolf ließ sich das nicht zweimal sagen, ritt langsam und behände die steile Wand wieder hinauf und war schon fast am Ziel, als sich das Pferd überschlug und mitsamt seinem Reiter in die Tiefe stürzte. Die zuschauenden Ritter überlief es grausig.

Sie eilten hinunter an die Murg. Da aber lagen Ross und Reiter zerschmettert am Boden.[86]

Das Wappen der Ebersteiner zeigt eine fünfblättrige Rose mit blauem Samen auf einem Silberschild. Die Farben des Banners sind rot-weiß. Wie die Ebersteiner zu ihrem Stammwappen gekommen sind, will uns eine Sage erzählen:

Einmal hatte der Kaiser dem Papst in Rom eine wichtige Nachricht zu überbringen. Keiner seiner vielen Lehensmänner hielt er dazu mehr berufen als Graf Otto I von Eberstein. Dieser überbrachte die Botschaft dem Papste, welcher anlässlich einer Prozession durch die Ewige Stadt zog und eine rote Rose in der Hand hielt. Graf Otto entledigte sich geschickt seines Auftrages und wurde vom Papst mit einer Rose beschenkt. Diese überbrachte der Graf dem Kaiser, welcher sie ihm mit den Worten zurückgab: „Wohlan, diese Rose soll fürderhin dein und deiner Nachkommen Wappenbild sein."

Aus der kinderreichen, gräflich ebersteinischen Familie holte sich der Zimmersche Graf Froben sein Eheweib, die sich damals schon als trinkfest erwies, wie uns die Sage berichtete: die kleine, dicke Kunigunde von Eberstein.

Etliche Tage vor der Hochzeit machten sich die Herren von Zimmern auf, ritten in stattlicher Begleitung über den Schwarzwald hinein ins Murgtal, wo zu Gernsbach die Trauung und zu Eberstein die weltliche Feier abgehalten wurde. Das Unglück wollte es, dass der Tross mit des Bräutigams Hochzeitskleidern irgendwo an einer Wegherberge hängengeblieben war, und sich die Knechte derartig volltrunken hatten, dass sie weder den Weg fanden, noch zur rechten Zeit

auf Eberstein ankamen. Der Hochzeiter musste im zerschlissenen Wams zum Altar schreiten. Das war aber zu Eberstein gar nicht aufgefallen. Viel wichtiger galt das Gelage.

Und da war die Braut Kunigunde von Ebersein eine ungewöhnliche kleine Frau. Wenn die hohen Weinschalen und Humpen kreisten, musste die kleine Dicke allemal vom Stuhl aufstehen, um das Gefäß halten zu können. Als die Reihe gar zu oft an sie gekommen war, wurde sie immer trinkfester. Der Domdekan zu Straßburg, als guter Trinker bekannt, bot der Dicken eine Wette an: Wer am meisten trinken könne, ohne unter den Tisch zu fallen.

Nach etlichen Runden rief der Domdekan aus: „Nun habe ich einen Pörzel (Schwips)." Dann verschwand er. Die anderen, darunter die kleine Kunigunde, tranken tapfer weiter, bis einer nach dem anderen den Pörzel ansagen musste. Kunigunde schrie zuletzt: „Der Teufel hol die versoffenen Mannsleut!", trank darauf ihren neunzehnten Humpen und schwankte singend aus dem Saal.[87]

## TEUFELSMÜHLE (BEI LOFFENAU)

*Die Landstraße führt links ab nach Loffenau und weiter nach Bad Herrenalb. 1 km vor dem Käppele zweigt scharf rechts eine Fahrstraße 4,5 km zur Teufelsmühle ab mit herrlichem Blick ins Murg- und Rheintal. Dem Wanderweg von Gernsbach der alten Weinstraße und dem Zugangswanderweg zum Westweg folgend, erhebt sich ein gewaltiger Berg, „Die Teufelsmühle". Über den Namen gibt es folgende Sage:*

Einst hatte sich ein Müller, der ein störrischer, eigensinniger Mann war, am Ufer der Murg eine Mühle gebaut. Aber er hatte eine unpassende Stelle gewählt. So oft nämlich der Fluss stark anschwoll, trat das Wasser aus und hemmte den Gang der Mühle. Dies verdross den Müller sehr. Als einst das Wasser von allen Seiten in seine Mühle eingedrungen war, rief der Müller voller Zorn: „Ich wollte, dass mir der Teufel eine Mühle auf dem Steinberge erbaute, die nicht zu viel, noch zu wenig Wasser hätte." Kaum hatte er diese Worte gesprochen, stand schon der Teufel vor ihm. Dieser erklärte sich bereit, ihm seinen Wunsch zu erfüllen, wenn er ihm seine Seele verschreibe. Dazu konnte sich der Müller aber lange nicht verstehen.

Doch endlich willigte er ein unter der Bedingung, dass ihm der Teufel vierzig sorgenfreie Lebensjahre und den Bau einer fehlerfreien Mühle auf dem Steinberg zusichere, die aber in der ersten Nacht vor dem Hahnenschrei fertig sein müsste. Der Teufel hielt sein Wort und holte den Müller nach Mitternacht ab, die neue Mühle in Augenschein zu nehmen. Der Müller fand alles in Ordnung. Das Gebäude war fest gebaut und zweckmäßig errichtet, und ein starker Waldbach trieb ein oberschlächtiges Rad für sechs Mahlgänge. Zuletzt bemerkte aber der Müller doch, dass ein unentbehrlicher Stein fehle. Er machte den Teufel aufmerksam, der auch alsbald forteilte, um den Stein herbeizuholen.

Schon schwebte er mit demselben in den Lüften, gerade über der Mühle, als der Hahn im nahen Dorf Loffenau krähte. Ergrimmt hierüber, schleuderte er den Stein auf die Mühle herab, stürzte ihm

◄ Die Teufelsmühle über Loffenau

nach und riss brüllend die Mühle auseinander. So blieb nichts übrig als ein Trümmerhaufen, der zum Teil noch jetzt den Steinberg bedeckt, der davon den Namen „Teufelsmühle" erhalten hatte. Noch heute sieht der Wanderer auf diesem Berge Felsblöcke und Steinhaufen in wilder Unordnung herumliegen.[88]

*Oder:* Einst erhielt der Teufel von Gott die Erlaubnis, auf dem wasserlosen Gipfel des Streitberges eine Sägmühle zu bauen und so lange darin jeden Tag einen Menschen zu zersägen, als er täglich aus dem Tale drei Säcke Wasser zum Treiben des Mühlrades glücklich hinaufbrächte. Nachdem der Bau fertig, füllte der Böse am Krummwiesenbrunnen einen ledernen Sack mit Wasser und trug ihn zur Mühle.

Ebenso machte er es nochmals; aber beim dritten Hinaufgehen sprang ihm ein Hase über den Weg und erschreckte ihn so, dass er stolperte und hinfiel. Da zerplatzte der Sack, das Wasser lief aus, und der Teufel musste das Menschenzerschneiden aufgeben. Dafür zersägte er nun im Zorne Felsenstücke, von denen manche noch auf dem Gipfel liegen, und eines mit einem tiefen Einschnitt Teufelsblock genannt wird.

Von der Mühle, die dem Berg auch den Namen Teufelsmühle verschafft hat, ist nichts mehr zu sehen, wohl aber der hufeisenförmige Platz, worauf sie gestanden, welcher Teufels-Rosseisen heißt. Ferner sieht man an den Abhängen die Teufelskammern (sieben Höhlen), den Teufelskeller (ein Loch, worin der Böse seine Nahrungsmittel aufbewahrte, jetzt „Großes Loch" oder „Teufelsloch" genannt) und das Teufelsbett (einen Felsen, von einem anderen überdacht, auf welchem der Teufel zu liegen pflegte und dadurch seine Gestalt darin abdrückte).[89]

## HUFTRITT AUF DER „HOHEN WENG" IM MURGTAL

*Die B 462 führt weiter Murgtal aufwärts – von Hilpertsau nach Weisenbach. Gegenüber der früheren Bahnhofsstation von Reichental erhebt sich die „Hohe Weng"( Hohe Wand), eine Steilwand, über deren felsigen Grund vor vielen Jahren der einzig gangbare Weg ins hintere Murgtal führte. Ebenso führt der Murgtal Wanderweg von Obertsrot nach Weisenbach darüber. An der höchsten Stelle des Saumpfades schiebt sich ein mächtiger Felsblock in den Weg, auf dem der Abdruck eines Pferdehufes zu erkennen ist.*

An einem herrlichen Sommertag war's, als der Talwind Kühlung ins Tal fächelte. Im „Grünen Baum" in Weisenbach saßen Holzhauer, Floßknechte und Säger am runden Ofentisch. Plötzlich ging die Stubentür auf und ein Fremder trat herein. Er fragte nach einer guten Stube, in der er übernachten könne, koste es, was es wolle. Ein großes Abendessen sollte den Fremdling für den langen Ritt entschädigen. Nach der Mahlzeit bestellte er mehrere Kannen Wein und lud alle anwesenden Gäste ein. Erst als der neue Tag anbrach, wankten die Weisenbacher schief geladen nach Hause. Am folgenden Abend ging es wieder in den „Grünen Baum" in der Hoffnung, wieder eingeladen zu werden. Die Hoffnung trog nicht, es gab Wein in Hülle und Fülle, und wieder zahlte alles der Fremde.

Es begann ein tolles Leben, dem Karten- und Würfelspiel wurde gefrönt und natürlich spielte auch der Fremde mit – und gewann. Mit höhnenden Worten wusste er dabei des Taglöhners letzten Kreuzer herauszulocken. Ein oder zwei Wochen gingen so dahin. Jeden Abend das gleiche Bild. Doch dann verbreitete sich die Kunde, dass der Fremde niemand anders als der leibhaftige Teufel sei. Man solle nur unter den Tisch schauen, dann könne man unschwer den Pferdefuß erkennen. Auch das Hinken am linken Fuße sei offensichtlich.

Die Weisenbacher Weibersleut waren aufgebracht über diesen Müßiggang und überlegten sich, wie sie den Fremden vertreiben könnten, um den Müßiggang ihrer Männer zu beenden. Eines Morgens umzingelten sie, mit Dreschflegeln, Sensen und Äxten bewaffnet, den „Grünen Baum", um den Unruhestifter gefangen zu nehmen und dem Gernsbacher Vogtgericht zu übergeben. Als der Fremde merkte, dass es Ernst wurde, bat er um Gewährung einer kurzen Frist, um sich auf sein Ross zu setzen und davonzureiten. Dies wurde ihm auch gestattet. Tatsächlich sattelte er sein Ross und ritt zum Dorf hinaus in Richtung „Hohe Weng". Sicherheitshalber folgten die Weiber, ob der Fremde auch tatsächlich Weisenbach verlasse.

Oben auf der Weng verabschiedete sich der Fremde. Unterdessen zog unten ein Floß vorbei, und den Augenblick nutzte der Fremde, um den Weisenbacher Weiber noch eine Überraschung zu bieten. Er gab seinem Ross die Sporen und gleichzeitig ertönte ein furchtbares Donnern und Krachen. Feuer sprühte auf, so als wäre die Hölle los. Die erschrockenen Weisenbacher verkrochen sich hinter Sträucher und Hecken, und als sie sich nach einer Weile blicken ließen, war der Fremde verschwunden. Dafür war die Luft voller Schwefeldampf.

Einer der Anwesenden entdeckte in der Felswand den Abdruck eines Pferdehufes, an dem ein jeder den linken Fuß des Reiters erkennen konnte. Ein Taglöhner aus der Pulvermühle hatte deutlich den Abflug des Fremden gesehen und auch das Schwänzlein erblickt, das niemand anderem eigen war als dem Teufel. Nun wussten sie es

alle, in Weisenbach war der Teufel zu Gast gewesen, und die Bürger hatten tagelang mit ihm gezecht.

So sagt man den Weisenbacher heute noch nach, dass sie die Schuld trügen, wenn der Teufel immer noch in der Hölle weilt. Sie hätten ihn ja fangen können.[90]

## SEEFRAUEN VOM HERRENWIESER SEE

*Von Forbach den Westweg wandernd, führt dieser um den Herrenwieser See zur Badener Höhe.*

Einen Forbacher Holzhauer, der beim Herrenwieser See beschäftigt war, brachte ein Weiblein aus diesem See monatelang das Mittagessen. Er sollte aber, wie sie ihm aber gleich zu Anfang gesagt hatte, es niemanden offenbaren. Seiner Frau fiel endlich auf, dass er das ihm mitgegebene Essen meistens wieder zurückbrachte. Deshalb fragte sie ihn so lange, bis er ihr es endlich offenbarte.

Als er am anderen Tag wieder beim See arbeitete, kam die Seefrau mit zwei Bündeln Stroh. Sie sagte ihm, dass sie ihm nun kein Essen mehr bringe, weil er die Sache ausgeplaudert habe. Zum Abschied schenkte sie ihm zwei Bündel Stroh, die er sorgsam aufbewahren solle. Hierauf kehrte sie zum See zurück. Trotz ihrer Ermahnung warf der Mann auf dem Heimweg das Stroh weg. Ein Hälmlein blieb an seinem Ärmel hängen, das er zu Hause in Gold verwandelt fand. Eilig begab er sich zu dem Platz zurück, wo er das Stroh hingeworfen hatte. Allein da war nichts mehr zu finden.

*Oder:* An hohen Festtagen pflegten Seejungfrauen nach Forbach in die Kirche und ins Wirtshaus „Zum Löwen" zum Tanze zu kommen. Sie waren zart und schön, wie aus Milch und Blut, hatten die Tracht der Schwarzwälderinnen und Röslein auf den Strohhüten. Um zehn Uhr nachts mussten sie stets wieder zu Hause sein. Deshalb gingen sie immer frühzeitig vom Tanzboden weg. Einmal verspätete sich eine von ihnen, welche eine Liebschaft mit einem Forbacher Burschen hatte.

Als er sie zum See heimbegleitete, bat sie ihn, am Ufer zu warten, wenn sie ins Wasser gestiegen sei. Werde dies milchweiß, so habe sie kein Leid erfahren; werde das Wasser aber blutig, so sei sie wegen der Verspätung umgebracht worden. Im letzteren Falle sollte er eiligst entfliehen, weil es ihm sonst auch das Leben koste. Nicht lange hatte der Bursche gewartet, so sah er im See Blut aufsteigen, und er ergriff schleunigst die Flucht. Nachher sind keine Seejungfrauen mehr nach Forbach hinuntergekommen.[91]

## Seenixen vom Huzenbacher See

*Von Huzenbach, dem Schlossberg oder Schönmünzach kommend, führen die Verbindungswege zum Westweg hin zum Huzenbacher See.*

Es kamen öfters ein Seemännlein und sein Seeweiblein aus dem See nach Huzenbach, so dass man sich ganz daran gewöhnte. Ihre zwei Töchter wollten nun einmal an einer Hochzeit in Schwarzenberg teilnehmen. Die Burschen verliebten sich in sie und hielten sie bis über Mitternacht auf. Als die Burschen sie heimbegleiteten, waren sie sehr ängstlich geworden. Die ältere Schwester sagte zur jüngeren: „Hörst du die Alten zanken?" – „Ach, wohl höre ich nichts!", war die Antwort. Die Burschen konnten aber nichts vernehmen. Beim See nahm man herzlich Abschied, und die Burschen baten die Mädchen bald wiederzukommen.

Aber diese seufzten und sagten: „Wartet einige Zeit am See! Bleibt das Wasser ruhig, so werden wir wiederkommen; doch wenn es sich mit Blut färbt, so wisst ihr, dass es uns schlimm ergangen ist!" Der eine der Burschen blieb. Da, nach längerer Zeit, wurde das Wasser unruhig und wallte rot über. Voller Schrecken verließ der Bursche den See und erzählte seinem Kameraden, was er gesehen hatte. Lange Jahre blieben beide ganz verstört. Die Mädchen hatten ihr langes Ausbleiben mit dem Tod gebüßt.

*Oder:* Das Seemännle vom Huzenbacher See holte einst eine Hebamme aus Huzenbach, damit sie seiner Frau in ihrer Kindsnot beistehe. Als sie zum See kamen, schlug das Männlein mit einer Rute hinein. Das Wasser teilte sich und eine Treppe erschien, auf der sie trocken hinabsteigen konnten. Drunten lag das Seeweiblein in ihren Schmerzen in einem schönen Gemach. Mit Hilfe der Hebamme wurde es glücklich entbunden. Die Hebamme aber wollte nichts dafür nehmen. Darauf wurde sie von dem Männlein ganz mit Stroh umflochten und ließ das ruhig geschehen. Als sie aber auf dem Heimweg war, war ihr das Zeug lästig, machte sie alles wieder los und warf es fort. Nur ein einziger Halm blieb an ihr hängen. Als sie heimkam, entdeckte sie ihn und sah im Licht, dass er in pures Gold verwandelt war. Sie suchte eilends nach dem weggeworfenen Stroh, aber vergebens.[92]

# Sagen von Baiersbronn und oberem Murgtal

## Die Entstehung des Namens Baiersbronn

*Die Landstraße vom Ruhestein, B 500, führt hinter ins Murgtal und zu den Ortsteilen von Baiersbronn. An der Einmündung der Straße in die B 462 liegt Baiersbronn.*

Längst vor der Reformation hatten die Baiersbronner an einem heißen Sommertag mit einer feindlichen Rotte bayerischen Militärs nahe der Kirche einen harten Kampf, wobei auf beiden Seiten Leute erschossen wurden. Nachdem die Bayern aber den Sieg davongetragen hatten, waren sie wegen dem frischen Quellwasser zum Ortsbrunnen, dem sogenannten „Bronnenhäusle" (unterhalb der Kirche), gezogen. Dort labten sie sich am frischen Wasser und wuschen ihre Wunden aus. So erhielt der Brunnen den Namen „Bayers-Bronnen" und ist so dann auch zum Ortsnamen „Baiersbronn" geworden.

## Wie die Baiersbronner zu ihrer Gemarkung kamen

*Baiersbronn wurde erstmal im Jahre 1292 erwähnt und gehörte einst als äußerster Vorposten zum uralten Waldgeding (Waldgenossenschaft), die im heutigen Dorf Aach lag.*

Vor 1000 und mehr Jahren regierte in Deutschland ein Kaiser namens Karl der Dicke, ein Nachfahre Karls des Großen, der ein Reich bestehend aus Frankreich und Deutschland regierte. Er war aber mangels seines Geistes und Tatkraft seiner großen Aufgabe nicht gewachsen. Gegen Eindringlinge wie die Normannen und Abtrünnige wie die Burgunder flüchtete er immer wieder in das Innere seines Landes. Auf irgendeiner Flucht nun ist er auch in den Schwarzwald und in das Baiersbronner Tal gekommen.

Kaiser Karl der Dicke übernachtete mit einigen Getreuen in einer einfachen Hütte. Die Bewohner nahmen ihn bereitwillig auf und bewirteten ihn mit Forellen und Hirschbraten. Anderen Tags erwachte der Kaiser erst, als die Sonne schon hoch am Himmel stand. Nach dem Morgenessen führten der Hausvater und seine Freunde den hohen Gast durch einsame Waldwege seinem Ziele, der Stadt Straßburg, zu. Es ging durch das Tonbachtal an den Wildsee. Hier trafen sie einen alten Einsiedler, der vor seiner Klause einen großen Klotz spalten wollte. Seine Arbeit wollte ihm nicht recht gelingen. Der Alte war nicht wenig erstaunt, als er die Männer im Waffenkleid erblickte und die Worte hörte: „Gib mir die Axt, ich will dir helfen!" Und schon schwang der Kaiser mit kräftiger Hand die Axt, der Klotz sprang klaffend entzwei. „Wenn du vergelten willst, was ich tat, so magst du für mich beten. Nimm dieses Wollkleid als Andenken an deinen Kaiser!", sprach er zum Klausner. Bei diesen Worten verklärte sich das Gesicht des Alten. Aus seinem zahnlosen Mund kamen die Worte: „Du, der Kaiser? Habe Dank, dass ich dich in meinen alten Tagen noch schauen darf. Ich bin zu schwach mit euch zu ziehen; doch ich will für euch beten." Der Kaiser drückte gerührt die welke Hand und winkte dem Gefolge zum Weitergehen.

Der Baiersbronner Führer nahm den Weg über den Ruhestein hinauf auf den Kamm des Gebirges, von wo der Kaiser das Ziel seiner Reise, die Stadt Straßburg, erblickte. Am Steinmäuerle verließ der Talbewohner den Kaiser und seine Mannen. Dieser aber dankte ihm für seine Treue und sprach: „So weit das Auge reicht, wenn man von hier nach Osten sieht, soll das Land zu eurer Gemarkung gehören. Keine Gemarkung im Reich soll an Größe der von Baiersbronn gleichkommen." [93)]

In alten Zeiten, als im Murgtal bei Baiersbronn, Mitteltal und Obertal nur zerstreute Höfe lagen, kamen oftmals über den Ruhestein wilde, große Männer ins Rote Murgtal; die waren noch Heiden, gingen barfuß und hatten rote Mäntel um. Daher nannte man sie „Rotmäntel". Außerdem trugen sie an einer Kette ein Messer an der Seite. Das konnten sie weit werfen und verwundeten so oft Leute, die ihnen nicht das Geringste getan hatten. Ein Ruck an der Kette – und das Messer war wieder zurück. Ein Teil dieser Rotmäntel hatte auch Gewehre und konnte schießen. Viele Jahre lang beunruhigten sie das Murgtal, stahlen und mordeten, was ihnen vorkam, ohne dass man sich ihrer hätte erwehren können. Sie redeten auch eine fremde Sprache; nur der Lindenwirt in Baiersbronn, der „Lateinisch" verstand, konnte mit ihnen verhandeln und musste oft den Unterhändler machen.

Sobald man die Rotmäntel auf der Höhe erblickte, gab man mit Glocken ein Zeichen und bot das ganze Tal auf, um ihnen entgegenzuziehen und sie zurückzutreiben. Sie wählten gern den Sonntag für ihre Überfälle und kamen meist in kleinen Haufen, oft nur zwanzig Mann stark. Eines Sonntags erschienen sie in großer Zahl; es waren wenigstens drei- bis vierhundert Mann. Das ganze Murgtal wurde schleunigst aufgeboten; man zog ihnen entgegen, umzingelte sie und begann zu schießen. Aber auf beiden Seiten wollte niemand fallen; denn man hatte sich verwahrt und kugelfest gemacht,

so dass man die Kugeln wie Brotkrummen aus den Ärmeln und Blusen schütteln konnte. Da holten die Murgtäler endlich ein kleines buckliges Bauernmännle von einem Hofe, das konnte mehr als Brot essen, und machte die Zauberei der Rotmäntel alsbald zunichte. Er sagte, man solle ihn erst einmal alleine schießen lassen, und sobald er es getan habe, möchten auch die übrigen alle schießen, soviel sie könnten.

Da schoss das Männlein, und seine Kugel streckte den ersten Räuber nieder; darauf schossen auch die anderen, und jede Kugel traf ihren Mann, also, dass die Rotmäntel sämtlich totgeschossen wurden bis auf ihren Hauptmann „Schlotki". Den nahm man gefangen, konnte ihn aber auf keine Weise umbringen, weil er stich- und kugelfest war. Da warf man ihn endlich in die Murg, deckte viel Holz auf ihn und wälzte Steine und Fels darauf.

Das setzte man mehrere Tage fort, weil er immer wieder den Versuch machte, sich loszuwinden. Schlotki bot den Leuten ungeheure Summen, wenn sie ihn am Leben lassen wollten; aber es war alles umsonst. Da sagte er endlich: Obwohl sie ihn lebendig in die Murg „beschwert" hätten, so dass er nicht fort könne, so werde er dennoch nicht sterben, möge aber auf diese elende Weise auch nicht länger leben. Deshalb gab er ihnen selbst an, wie sie ihn töten könnten. Er sagte, sie sollten nur drei Hostien, die in seiner linken Hand am Daumen, und zwar in der Maus, eingelegt und verwachsen wären, herausschneiden, alsbald werde er sterben können.

Das taten sie denn auch, worauf er verblutete und starb. Die Murg aber floss drei Tage lang blutrot und hat seitdem immer eine rötliche Farbe und trägt den Namen „die rote Murg".[93)]

## BÄRENSCHLÖSSLE IN CHRISTOPHSTAL

*Die Bundesstraße biegt in Baiersbronn links ab über Christophstal Freudenstadt. Von dort Richtung Kniebis biegt sofort eine Straße nach Christophstal hinunter. Dort führt die Christophstraße zum Bärenschlössle. Der Verbindungsweg vom Kniebis über die Sankenbach Wasserfälle führt direkt zum Bärenschlössle.*

*Erbaut wurde es nach Hinweis am Giebel 1627. Es wurde auch „Herzogschlössle" genannt, in der Annahme, es sei das Jagdschloss von Herzog Christoph gewesen. Es war aber nie Jagd- oder Lustschloss, sondern wurde von Peter Stein als Hofgut erbaut und betrieben. Insofern hieß es um 1800 immer noch „Hofbauerngut". Der Name „Bärenschlössle" tauchte erst 1840 auf.*

Vor langer, langer Zeit einmal ist kurz vor dem Fest der heilige Nikolas aus dem tiefen Schwarzwald, wo er doch wohnen soll, herausgestapft gekommen, gegen Freudenstadt zu. Weil aber damals die Freudenstädter schon brave Leut' waren wie heute, so war der Sack des Niklas zum Bersten voll und darum hat er kurz vor der Stadt ein Loch bekommen, und zwei kleine Häuslein sind herausgefallen, ein Scheuerle und ein Schlössle.

Auf dem Rückweg hat's der Niklas stehen sehen und hat sich einen Augenblick besonnen, ob er's nicht wieder mitnehmen will. Aber die Häuslein standen halt an einem so schönen Hang und passten so gut an diesen Platz, dass er sie stehen ließ, hatte er doch selber seine helle Freude daran. Und des Niklas Nachbarin und treue Gehilfin, die Frau Holle, legt dem Schlössle alljährlich am Abend dieses Tags vor dem Fest einen glitzernden weißen Mantel um. Dann steht es drüben am Hang wie eine feine Braut, und auch das Tannengefolge ringsum steht mit duftigem Schleier geschmückt. Das alte Scheuerle aber schaut unverwandt auf die schöne weiße Braut und passt auf wie ein treuer Knecht, dass ihr nichts zustößt.

Und am Morgen nach diesem Jahrestag drücken sich die Freudenstädter Kinder die Näslein an den Fenstern platt, schauen hinüber nach dem Schlössle und fragen die Mutter, ob es wirklich wahr sei, dass der Niklas einst das Bärenschlössle aus seinem Sack verloren habe.[94]

## EISERNE HAND IM LANGENWALD (FREUDENSTADT)

*Die Landstraße führt von Freudenstadt zum Zwieselberg und weiter nach Bad Rippoldsau. Nach 2 km zweigt links die Landstraße nach Schömberg ab. Vom Wanderparkplatz an der Kreuzung beginnt auf der anderen Seite der Straße zum Zwieselberg der Salzleckerweg, eine Forststraße, die bis zum Kniebis führt. Nach ca. 1,5 km an der Kreuzung mit dem Mittelweg und Beginn des Pfitznerweges liegt einige Meter zurückgesetzt im Wald das Denkmal der „eisernen Hand". Von der Agneshütte 600 m dem Mittelweg folgend, liegt sie links zurückgesetzt vor der Kreuzung mit dem Salzleckerweg.*

*Hier steht ein schlichter Gedenkstein mit kurzer Inschrift „Eiserne Hand 22. Juni 1614". Von ihm geht die Sage aus:*

◄ Das Bärenschlössle in Christophstal

Es fällen im Walde heut Vater und Sohn
Die Tanne; sie wackelt, sie stürzt schon.
Schnell werden die Äste vom Stamm gehackt,
Nun liegt sie am Boden so hilflos nackt.
Im Holz knirscht die Säge hin und zurück,
Löst Klotz ab um Klotz, legt Stück neben Stück.
Und sie da, wie die Axt aufs neue aufblitzt;
Dem Klotz da wird jetzt auch der Leib noch zerschlitzt.
Ein Hieb jedoch spaltet ihn ganz nicht entzwei
„Rasch hole, mein Sohn, noch den Keil herbei".
Und während der Vater den Keil einschlägt,
Hat der Sohn seine Hand in den Riß gelegt.
Die Axt weicht im Spalt, der Riß klappt zu,
Und eingeklemmt ist die Hand im Nu.
Ein entsetzlicher Schmerz, ein erschütternder Schrei:
„O Gott, wer macht meine Hand wieder frei!"-
Kein Zerren half, wie er sich Mühe auch gab;
Da hieb mit dem Beile die Hand er sich ab.
Und von dem Ersatz, den er selber erfand,
Hieß er seither „Der Mann mit der eisernen Hand".[95]

## SAGEN AUS FREUDENSTADT

*Freudenstadt liegt an der Kreuzung der B 294, B462 und der Land-
straße aus dem Wolftal, Ausgangspunkt der B 500, sowie am Mittelweg und Ostweg auf dem Weg von Nord nach Süd.*

◄ Die eiserne Hand im Langenwald bei Freudenstadt

Der eigentliche Anlass zur Gründung einer Stadt beim Bergwerk St. Christophstal ist dieses Bergwerk gewesen. Herzog Friedrich von Württemberg wollte eine Stadt mit ca. 3000 Einwohnern gründen. Gekommen sind dann die Evangelisten aus den Alpenländern – bis hinunter nach Kärnten. So wurde Freudenstadt vorwiegend eine Flüchtlings- und Bergwerksstadt. Die Stadt, die anfänglich St. Christophstal heißen sollte, soll von den bedrängten und heimatlosen Flüchtlingen aus Freude und Dankbarkeit „Freudenstadt" genannt worden sein.[96]

## Der Bau der Stadtkirche zu Freudenstadt

*In den meisten Städten bildet die Kirche den baulichen Mittelpunkt. Da auf dem großen Marktplatz von Freudenstadt das herzogliche Schloss gebaut werden sollte, entschied man sich, die Kirche ans Eck des Marktplatzes zu bauen und zwar nahe den herrschaftlichen Werken im Tal (Christophstal). Sie wurde auch nicht wie üblich mit Turm, Schiff und Chor gebaut, sondern übers Eck – in Winkelhakenform. 1601 war Baubeginn, 1608 die Einweihung. Nach der völligen Zerstörung des Stadtkerns im Zweiten Weltkrieg war die Stadtkirche schon 1950 wieder aufgebaut.[97]*

Herzog Friedrich von Württemberg war 1592 bei der Überfahrt nach England in Seenot geraten. Es sollten ihm die Insignien des Hosenbandordens verliehen werden. In der Not der Überfahrt in schwerer See gelobte Friedrich bei gesunder Heimkehr, die Kirchen in Mömpelgard, Etobon und Freudenstadt zu erbauen.[98]

▶ Stadtkirche von Freudenstadt

# Albtal

## Kapelle der St. Barbara (Langensteinbach)

*Von der A8 Karlsruhe Richtung Stuttgart zweigt rechts die Land-straße nach Karlsbad in Richtung Langensteinbach ab. Am Ortsende Richtung Ittersbach liegt rechts ein Seniorenheim. Nach wenigen Metern ein Waldparkplatz. Von dort 200 m zur St. Barbarakapelle. Der Schwarzwälder Nordrandweg führt von Ettlingen über Langen-steinbach nach Pforzheim. Bei Langensteinbach führt er zu der Rui-ne der ehemaligen Barbarakapelle.*

*Sie wurde wahrscheinlich im 14. Jahrhundert von den Herrenal-ber Mönchen gebaut. Um 1707 zerstörten französische Truppen die Barbarakapelle, die dann als Ruine langsam verfiel.*

Unter der heutigen Ruine der Barbarakapelle auf dem Barbara-berg soll eine Höhle gewesen sein, in welcher St. Barbara, die Tochter eines alemannischen Herzogs, die christlich geworden war, Zuflucht vor den von ihrem Vater gegen sie ausgesandten Verfolgern gefunden haben soll. Der Vater habe sie einem heidnischen Fürsten versprochen gehabt, ihr Sinn aber sei ihr nicht nach Glanz

▶ Die Kapelle der St. Barbara in Langensteinbach
◀ Die Klosterruine Frauenalb

und fürstlichem Leben gestanden. Unter dem Schutz zweier Klaus-ner habe sie vielmehr vorgehabt, im oberen Bocksbach ein beschau-liches und frommes Dasein zu führen. Durch Verrat aber sei der Herzog auf ihre Spur gekommen und habe sie in eigener Person wieder zurückholen wollen. Sie aber habe sich gegen den Zwang gesträubt, da sei von des erzürnten Vaters einzigem Schwerthieb ihr

Haupt in den Wiesengrund zu Füßen des Berges gefallen. Dort aber, wo das Blut der heiligen Jungfrau das Gras benetzte, sei unverzüglich ein heilbringender Quell entsprungen, eben der Quell, der nach Jahrhunderten gefasst, so berühmte Heilwirkungen erzeugt hat.

Mit dem Aufblühen der Wallfahrt wurden die Sagen ausgebaut: Der abgeschlagene Kopf der Barbara rollte nach der Enthauptung nicht den Berg hinunter, sondern sie hob ihr abgeschlagenes Haupt auf, nahm es unter den Arm und schritt, als wenn nichts geschehen wäre, zu Tal und entschlief erst dort, wo heute die Quelle entspringt, eines sanften Todes. St. Barbara sei nach ihrem Hinscheiden von dem nun zum Christentum bekehrten Vater und ihrem Verlobten unter Beihilfe des durch das herrliche Wunder ebenfalls bekehrten Volkes wieder den Berg hinaufgetragen worden, um dort beigesetzt zu werden. Aus der Kapelle, die der heiligen Barbara geweiht war, wurde nun ihre letzte Ruhestätte, woraus sich erklärt, dass die Barbarawallfahrt so einen gewaltigen Umfang annahm.

Auch eine weiße Frau hat St. Barbara, die in hellen Nächten da oben noch umgehen soll. Vor vielen Jahrhunderten habe ein Ritter von Eberstein die Kirche zu bauen angefangen, da sei er vom Herrn des Reiches, dem Kaiser, zu einem Heerzug in ferne Lande aufgeboten worden. Um die Kapelle aber nicht unvollendet liegen lassen zu müssen, habe er seiner zurückgelassenen Tochter befohlen, am Gotteshaus nach seinen vorliegenden Plänen weiterzubauen. Das leichtsinnige Mädchen aber habe den Befehl des Vaters nur unvollkommen beachtet und habe mehr Fenster als vorgesehen einbauen lassen. Hier kann die Erheblichkeit der Fensterzahl wohl ursprünglich mit dem Wehrcharakter der Anlage in Zusammenhang gebracht werden. Auf jeden Fall habe der nach Jahren zurückgekehrte Vater,

als er den Ungehorsam der Tochter entdeckte, sie in die Kapelle verwunschen, und dort gehe sie nun seit ihrem bald darauf erfolgtem Tode um, behüte die in der Kapelle vergrabenen Schätze und zeige sie manchmal als ein weißes Gespenst, wenn Sonntags- und Fronfastenkinder nächtlicherweise auf den Barbaraberg hinaufsteigen.[99]

## GRÜNDUNGEN DER KLÖSTER FRAUENALB UND HERRENALB

*Östlich von Ettlingen führt das Albtal nach Süden. An dessen Ende im Schwarzwald liegen Frauenalb und Bad Herrenalb. Ebenfalls führt der Graf-Rhena-Weg von Ettlingen aus dem Albtal entlang dorthin.*

*Das früher adelige Benediktinerinnenkloster Frauenalb wurde von Graf Bertold III gegründet. Er gelobte 1138 ein Kloster zu gründen. Das Benediktinerfreiadelstift Frauenalb wurde 1180 gegründet, 1802 säkularisiert, als Fabrik verpachtet und brannte 1853 ab. Das Zisterzienserkloster Herrenalb wurde 1148 gegründet. Es wechselte mehrfach die Glaubensrichtung, blieb – da zu Württemberg gehörend – evangelisch und wurde 1553 aufgehoben und wurde 1643 beim Abzug schwedischer Soldaten in Brand gesetzt.[100]*

Albrecht von Zimmern kam des Öfteren zu seinem Herrn, Friedrich von Schwaben, bei dem er aufgewachsen war. Als er wieder einmal für einige Zeit bei Herzog Friedrich weilte, beschloss dieser, mit seinen adeligen Gästen einen Ausflug zu Graf Erchinger nach Monheim im Zabergäu zu veranstalten. Nahe bei dem Schloss dieses Grafen befand sich ein großer Wald, Stromberg genannt, in dem bereits vor längerer Zeit ein außergewöhnlich großer Hirsch gesehen worden war, den zu fangen damals nicht gelungen war.

Als nun Herzog Friedrich mit seinem Gefolge anwesend war, wurde der Hirsch von neuem gesehen, zur großen Freude der Jagdgesellschaft. Alsbald ritt die ganze Jagdgesellschaft hinaus in den Wald, um dieses prächtige Tier zu jagen. Unter ihnen war auch Albrecht von Zimmern, der, als er einmal etwas abseits ritt, einen großen, schönen Hirsch entdeckte, dem er sogleich nachsetzte. Aber er verirrte sich im Wald und fand nicht mehr heraus. Da begegnete ihm ein furchterregender Mann. Obwohl Albrecht von Natur aus nicht ängstlich war, erschrak er über den Anblick dieses Fremden und bekreuzigte sich, worauf der Mann zu reden anfing. Er sagte zu Albrecht, dass er sich nicht zu fürchten brauchte, denn er sei von Gott angewiesen, ihm etwas zu zeigen. Zu diesem Zweck solle er mit ihm reiten, es würde ihm nichts geschehen. Als Albrecht von Gott reden hörte, willigte er ein und folgte dem Unbekannten, bis sie zu einem stattlichen Schloss mit vielen Türmen gelangten. Hier wurden sie von schweigenden Knechten und Dienern empfangen. Albrechts Begleiter erklärte ihm, er solle mit niemanden reden außer mit ihm und solle seinen Anweisungen folgen. Darauf führte er ihn zu einem großen Saal, in dem ein Herr zusammen mit seinem Hofgesinde an einem Tisch saß. Sobald Albrecht eingetreten war, standen die Anwesenden von ihren Plätzen auf, neigten ihre Häupter zur Begrüßung und setzten sich wieder. Stillschweigend aßen sie von ihrem reichgedeckten Tisch.

Nachdem Albrecht dieser schweigenden Gesellschaft eine Zeit lang verwundert zugesehen, sein Schwert einsatzbereit in den Händen gehalten hatte, sagte sein Begleiter, er solle vor dem Herren und seinem Gesinde das Haupt verneigen, damit sie gehen könnten. Das

tat Albrecht, und wieder standen alle auf und verneigten sich gegen ihn. Darauf führte ihn sein Begleiter aus dem Schloss heraus und nahm den gleichen Weg wieder in den Wald zurück. Hier erklärte der Fremde die seltsame Geschichte: „Der Herr, den du gesehen hast, ist deines Vaters Bruder gewesen, Friedrich von Zimmern, ein christlicher, frommer Herr, der tatkräftig gegen die Ungläubigen vorgegangen ist. Die Pein aber muss er erdulden, weil er die armen Leute um den letzten Pfennig gebracht hat, zum Teil gewaltsam, um diese unrechtmäßig zusammengebrachten Mittel gegen die Ungläubigen einzusetzen. Dieses solltest du wissen, damit du dich vor solchen Sünden hütest und dein Leben besserst."

Nachdem ihm der Begleiter noch den Heimweg beschrieben hatte, empfahl er, sich nochmals umzublicken, um zu sehen, wie schnell sich Pracht und Herrlichkeit in Kummer und Elend verwandeln könne. Dann verschwand er. Herr Albrecht sah sich um. Tatsächlich hatte sich das prachtvolle Schloss in loderndes Feuer verwandelt. Dazu ertönte das kläglichste Geschrei und Gewimmer. Entsetzt machte sich Albrecht auf den Heimweg. In kurzer Zeit erreichte er Herzog Friedrich und sein Gefolge. Sie konnten ihn fast nicht mehr erkennen, so sehr hatte er sich verändert: Seine Haare und sein Bart waren ganz weiß geworden. Ehrfürchtig bat Albrecht auf Grund des Geschehenen, hier eine Kirche bauen zu dürfen. So entstand das Frauenkloster in Monheim. Graf Berthold von Eberstein, der ebenfalls bei der Jagdgesellschaft war, nahm sich auch diese Begebenheit so zu Herzen, als wäre sie ihm selbst widerfahren. Deshalb gründete er im Albtal gleichfalls ein Nonnenkloster, das Frauenalb genannt wurde.

Als etliche Jahr später Kaiser Barbarossa nach Asien zog, war Graf Berthold von Eberstein unter seinem Gefolge. Nachdem der Kaiser zum großem Bedauern der ganzen Christenheit in Armenien gestorben war, kehrte Graf Berthold wieder in deutsche Lande zurück. Zum Dank an seine gesunde Rückkehr baute er ein weiteres Mönchskloster, Herrenalb genannt. Nach dem Tod seiner Frau verbrachte er den Rest seines Lebens in Herrenalb. [101]

## WIE DAS GAISTAL (BAD HERRENALB) ZU SEINEM NAMEN KAM

*Südlich von Bad Herrenalb führt die Gaistalstraße um den Wurstberg herum in das Gaistal. Auch der Zugangswanderweg zum Westweg führt seitlich am Wurstberg oberhalb des Gaistales durch.*

Am Eingang vor dem Gaistal stand vor langer Zeit eine Mühle. Marie, die hübsche Tochter des Müllers, war verliebt in den Franz, den Jäger vom Albtal. Gerne hätten sie geheiratet, aber der alte Müller war ein Geizkragen, der von Franz das ganze Tal bis zum Rosskopf verlangte. Eines Tages saß er wie so oft auf einem Felsen, und aus dem Schatten trat der leibhaftige Teufel hervor. „Ich kenne deinen Kummer", sagte der Teufel, „ich will dir helfen. Du brauchst mir nur diesen Vertrag mit deinem Herzblut zu unterschreiben. Hier in dieser Einöde hat noch nie ein Tier geweidet. Bringst du auch nur eine Geiß hierauf, die, ob der neuen Weide freudig meckert, so ist das Tal euer und trotzdem deine Seele frei."

Nach kurzem Überlegen willigte der Jäger hintergründig lächelnd ein und war bereit den Pakt zu unterschreiben. Hohnlachend verschwand der Teufel mit der Urkunde in der Hand, eine stinkende

Wolke hinter sich lassend. Am anderen Tag stieg der Franz, nachdem er sich mit Marie besprochen hatte, kurz vor Mitternacht hinauf in die Einöde. Der Teufel wartete schon siegessicher hinter einem Felsen. Der schlaue Jäger zeigte mit der Hand nach unten und sagte: „Schaut hinter euch, was seht ihr dort?"

Da kam die mutige Marie mit Rosalinde, ihrer Geiß, den Berg herauf. Als sie dicht vor dem Teufel stand, gab sie der Geiß einen derben Schlag mit der Rute. Die Geiß, die Behandlung nicht gewohnt, zuckte zusammen und meckerte dreimal kräftig. Erstaunt starrte der Teufel die meckernde Geiß an und erkannte, dass der pfiffige Schwarzwälder ihn geprellt hatte. Er stieß einen fürchterlichen Fluch aus, dessen Groll man bis hinüber zur Teufelsmühle hören konnte und verschwand mit einem Donnerschlag. Franz aber war Herr über seine Seele; das Tal war sein. Er heiratete seine Marie, und beide waren glücklich bis ans Lebensende. Das Tal aber nannte er „Geißtal", woraus dann später „Gaistal" wurde. [102]

## ENTSTEHUNG DER MOOSBRONNER WALLFAHRT

*Von Bad Herrenalb führt die Straße über Bernbach hinauf nach Moosbronn ins Moosalbtal. An der Ortsstraße liegt die Kirche „Maria Hilf". Der Saumweg und der Graf-Rhena-Weg als Wanderwege führen nach Moosbronn.*

*Im heutigen Althof soll eine Betkapelle für Mönche gestanden haben. Im 16. Jahrhundert soll es durch die Ebersteiner eine Schlosskapelle gegeben haben. 1683 zur Zeit des Türkenkrieges wurde*

*aber durch Jakob Buhlinger eine Betkapelle erbaut, die entweder als „Maria Hilf"-Kapelle oder nach anderen Quellen als „Maria Heimsuchung"-Kapelle benefiziert wurde.*

*Durch die ansteigende Anzahl der Wallfahrer, die in großer Zahl von weit herkamen, wurde die heutige Wallfahrtskirche „Maria Hilf" gebaut, um der bedeutenden Wallfahrt gerecht zu werden. Die sogenannte Buhlinger Kapelle wurde 1749 abgerissen. Die heutige „Maria Hilf" Wallfahrtskirche wurde 1889 grundlegend renoviert.*

Von dort wird die Sage berichtet: Ein Knecht sei für seinen Herren in einen der nahen Wälder von Moosbronn gefahren, um Holz zu holen. Bei der Herunterfahrt vom Berge sei jedoch der Wagen auf einmal so stark ins Laufen gekommen, dass der Untergang der Pferde und des Wagens unvermeidlich gewesen sei. Im Schrecken und in der Angst habe der Knecht vertrauensvoll Maria um Hilfe angerufen, worauf der Wagen mitten im Laufen stehen geblieben sei. Bei der Ankunft zu Hause habe der Knecht seinen Herren die wunderbare Errettung vor dem Verderben mitgeteilt, welcher dann sofort zum Danke die Gnadenkapelle habe erbauen lassen.

*Oder:* Als die Schweden das Moosalbtal heraufzogen und mordend und feuerlegend hier einfielen, sollen sich die Einwohner in die Kapelle gerettet haben. Der Feind stürmte daran vorbei, da er das kleine Heiligtum nicht gesehen hatte. Die Gottesmutter soll ihren weiten Mantel darüber ausgebreitet haben, was wie ein Nebelschleier aussah. [103]

▶ Die Wallfahrtskirche „Maria Hilf" in Moosbronn

# Enztal

## MARGARETHEN-SAGE – PFORZHEIM

*Von der Autobahn A 8 Karlsruhe-Ettlingen zweigen die Ausfahrten nach Pforzheim ab. In der Stadtmitte auf dem Schlossberg liegt die ehemalige Schlosskirche St. Michael. Pforzheim ist der Ausgangspunkt der Schwarzwaldwanderwege: Westweg Richtung Enztal, Mittelweg Richtung Nagoldtal, Ostweg Richtung Würmtal.*

*Auf der Gemarkung Pforzheim vereinen sich beim „Kupferhammer" die Flüsse Würm und Nagold kaum einen Kilometer abwärts, in der Stadtmitte fließt die Nagold in die Enz. Pforzheim war schon eine römische Siedlung namens Portus nördlich und südlich der Enz, während die mittelalterliche „Alte Stadt" dem Markgraf von Baden gehörte, und die „Neue Stadt" eine Neugründung des 13. Jahrhunderts war. Beide Teile Pforzheims lagen nur nördlich der Enz.*

Die Bevölkerung war im Mittelalter praktisch zu 100 Prozent christlich, die Juden nur eine winzige Minorität. Im Mainzer Landfrieden von 1103 bedrohte jede Verletzung von Leben und Vermögen der Juden die Todesstrafe. Die Geschichte von der kleinen

◄ Die Margarethenkapelle der Schlosskirche Pforzheim

Margaretha, die angeblich 1267 in Pforzheim von Juden ermordet wurde, verwob Tatsachen und Legendenbildung zur Sage.

Nördlich am Langhaus der Schlosskirche von Pforzheim wurde im 13. Jahrhundert die Margarethenkapelle angebaut, an deren Äußerem, Symbol für die Widmung dieser Kapelle, ein Judenkopf zu sehen ist.

Ein gewinnsüchtiges altes Weib soll ein siebenjähriges Mädchen mit Namen Margaretha an die Juden in Pforzheim verkauft haben. Diese hätten sie getötet und ihr Blut aufgefangen. Darauf sollen die Juden den Leichnam des Kindes, mit Steinen beschwert, unterhalb des Schleiftors in die Enz geworfen haben. Nach einigen Tagen sei die Hand oberhalb der Wasserfläche von den „Schiffern" gesehen worden. Nachdem man das Kind an Land gebracht hatte, habe sich das Kind aufgerichtet, dem Markgrafen die Hand gereicht und ihn zur Rache aufgefordert, worauf es tot zurückgesunken sei. Sofort erhob sich der Verdacht gegen die Juden, man holte diese herbei: Bei Annäherung der Juden an den Leichnam begannen die Wunden zu bluten, darauf gestanden die Juden und das alte Weib die Greueltaten, worauf die Juden gerädert oder gehängt wurden. Den Schiffsleuten (Flößern) verlieh der Markgraf die Wachtfreiheit in der Stadt Pforzheim und das Recht zum Aufzug von 24 Mann alljährlich mit klingendem Spiel beim Frühjahrsmarkt, bei welcher Gele-

genheit sie für die Sicherheit des Marktes sorgen durften. So weit die Sage.

Das Volk betrachtete das Kind als Märtyrerin, die Leiche kam in den Steinsarg, der in der Schlosskirche aufgestellt wurde. Nach einer Aufzeichnung im Heiligenbuch des Pforzheimer Dominikanerinnenkloster fand sich der Leichnam des Kindes bei Öffnung des Sarges im Jahr 1507 ganz unverwest. [104]

## ENZJUNGFRAU AUS NEUENBÜRG

*Neuenbürg liegt talaufwärts der B 294 von Pforzheim folgend an der Enzschleife. Der Westweg von Pforzheim nach Süden führt über den Schlossberg. Ebenso der Schwarzwald Nordrandweg.*

*Auf dem Neuenbürger Schlossberg, erreichbar Richtung Stadtmitte und über die Hintere Schlosssteige, befinden sich das Neue und Alte Schloss, dessen Anfänge im Dunkeln liegen. Seit 1540 wurde es als Fruchtkasten für Korn und Wein verwendet. Gegen Ende des 17. Jahrhunderts wurde das Gebäude zum Abbruch verkauft*

◄ Das alte Schloss von Neuenbürg

*und seither steht es als Ruine auf dem Berg. Gegenüber auf dem anderen Ufer der Enz liegt Ruine Waldenburg.*

Die Sage berichtet, dass von der einen Burg zur anderen vor Zeiten ein unterirdischer Gang führte, dessen Türen jetzt verschüttet sind. In ihm lag ein Schatz, den ein schneeweißes Fräulein, die Enzjungfrau, hütete. Zuweilen sah man sie abends von der Waldenburg über die Schlössleinsbrücke auf das Alte Schloss gehen, wo ein mitternächtliches Licht umwandelte und bis an die Enz herabkam. In dieser sah einst ein Birkenfelder Mann einen Schwan herabschwimmen und warf ihm drei Brocken Brot zu.

Da verwandelte sich der Schwan in die Enzjungfrau, die in einem Schifflein von lauterem Golde saß und zu dem Manne sagte, er
solle bei der nächsten Nacht um zwölf Uhr auf das Alte Schloss kommen, dort den Stein, welchen sie ihm beschrieb, beiseite schieben und in das Gemach darunter steigen. Dort werde er einen guten Fund tun.

Zur bestimmten Zeit war der Mann auf der Burg, wälzte den Stein weg und öffnete dadurch den Zugang zu einer langen Treppe, die in das Gemach hinabführte. Darin brannte ein Licht, an der Wand stand ein Menschengerippe mit einem Halseisen angekettet, und dabei auf dem Boden ein Topf, worin drei Kirschkerne lagen. Weiter konnte der Mann nichts entdecken und ging deshalb unzufrieden nach Hause, wo er

▶ Das neue Tor von Schloss Neuenbürg

seinem Nachbarn alles erzählte. Von diesem ward ihm aber geraten, die Kirschkerne, welche wahrscheinlich Gold seien, zu holen. Aber als er es in der nächsten Nacht tun wollte, konnte er weder den Stein noch den Eingang finden. [105]

## BAD WILDBAD UND DER ÜBERFALL IM WILDBAD

*Dem Enztal von Pforzheim der B 294 folgend, biegt rechts die Landstraße bei Calmbach in das Kleine Enztal nach Bad Wildbad ab. Der Mittelweg führt von Schömberg nach Bad Wildbad auf seinem Weg nach Süden.*

*Bad Wildbad ist seit 1345 urkundlich nachgewiesen. Die Thermalquellen machten Wildbad zum württembergischen Staatsbad und zum heutigen Kurort „Bad Wildbad".*

Die warmen Quellen von Wildbad im Schwarzwald sollen ursprünglich aus einem See stammen. Ein verletzter Eber zog sich ins schützende Dickicht zurück, um sich die Wunden im warmen See zu waschen und Heilung in den heißen Quellen zu finden.

Der Jäger folgte mit seiner Meute der Spur des verletzten Ebers und kam so zu den warmen Quellen. Er nannte diese „thermae ferinae" übersetzt „Bad des Wildes". Und so sei der Name Wildbad entstanden. [106]

*Auf der linken Enzseite zwischen Enz- und Rotenbachtal nahe bei Dennach auf einer vorspringenden Kuppe sind die spärlichen Reste*

*der ehemaligen Burg Straubenhardt zu erkennen. Von einer Ruine mag man kaum sprechen. Die Erbauung mag um 1100 gelegen haben. An der Grenze der Markgrafschaft von Baden und der Grafschaft Württemberg gelegen, hatte die Burg wohl eine wichtige militärische Rolle gespielt, so dass 1381 beide Herrscher ein Abkommen unterzeichneten, dass die Burg nie wieder aufgebaut werden dürfte. Insofern hatten dann Bauern und Dorfbewohner die Ruine als Steinbruch für Baumaterialien genutzt.* [107]

Eines Tages verbündeten sich die Straubenhardter mit anderen unzufriedenen Landadeligen gegen den Graf Eberhard, den Greiner (Württemberg). Sie wurden Mitglied des Schleglerbundes oder der Martinsvögel, die sich 1366 an Martini gefunden hatten.

Von der abgelegenen Burg Straubenhardt wurden die anderen Mitglieder des Bundes, die Bernecker, Ebersteiner, Enzberger, Heimsheimer, Neuenbürger, Steinegger und Wunnensteiner informiert, dass der Greiner mit seiner Familie in Wildbad weile.

Die Versammelten ließen an dem württembergischen „Gräflein" ihre aufgestaute Wut aus und beschlossen, ihn in Wildbad auszuheben und ihn so lange in Gefangenschaft zu halten, bis eine hohe Lösegeldsumme bezahlt sei.

Einzig die Staubenhardter verlangten eine ehrenhafte Behandlung, indem sie nach Recht und Sitte die Fehde ansagen wollten und im offenen Feld den Kampf vorschlugen. Ihre Mahnungen gingen aber in einer aufgeheizten Stimmung unter. Am Gedächtnistag der Märtyrer Petri und Paul würde der Fang gemacht, lautete der Beschluss, der durch manchen geleerten Becher bestätigt wurde.

Am Vorabend des vereinbarten Termins trafen sich die Beteiligten im Schlosshof der Straubenhardter Burg, um sich mit manchem Becher wiederum zu stärken und vor Mitternacht nach Wildbad mit dem gesamten Tross aufzubrechen, um den Beschluss endlich in die Tat umzusetzen. Jedoch am kommenden Tag traf einer der Verbündeten ein und berichtete, dass der Greiner von dem Anschlag erfahren haben müsse, denn der Vogel sei ausgeflogen.

Auf der Höhe des Bergrückens zwischen der großen und kleinen Enz, da wo die Wanderer den Riesenstein bewundern, wohnte die Witwe des Hirten Caspar mit ihren zwei erwachsenen Töchtern und ihrem 21-jährigen Sohn, Jakob, in einer Waldhütte. Dieser wollte den Feiertag bei einer Tante in Schwann verleben und ging schon am Vorabend dahin. Der Weg dahin führte ihn an der Burg Straubenhardt vorbei, und hier und in Schwann erfuhr er den Grund für den kriegerischen Aufzug. Ohne sich lange zu besinnen, eilte er auf dem nächsten Weg nach Wildbad, störte die Nachtruhe des Grafen und seiner Familie.

Zugleich stellte er eine sichere Rettung in Aussicht, wenn man ihm folgen werde. Eiligst rafften die Gefährdeten das Nötigste zusammen, und Caspar führte sie an der steilen Bergwand entlang zur Hütte seiner Mutter. Erschreckt öffnete die Mutter im Kerzenschein dem fremden Trupp die Tür, zwei Männer und einigen Frauen. Zugleich bat er Mutter und Schwestern, schnell Erfrischungen zu reichen und für die Damen ein Lager zu richten.

Kaum hatten sich die gräflichen Herrschaften, Graf Eberhard der Greiner und sein Sohn Ulrich, gestärkt, folgte der Aufbruch. Es ging hinab ins Tal der kleinen Enz, wo sie auf dem Enzhof den Enzmaier weckten und ihn von der baldigen Ankunft der gräflichen Damen informierten. Er solle sie gut verpflegen, bis sie abgeholt werden würden. Dann geleitete Jakob die beiden Grafen weiter durch die ausgedehnten Wälder über Rötenbach nach der Burg Zavelstein, die über dem Teinachtal gelegen ist.

Nachmittags hielt vor der Wohnung des Enzmaiers ein mit vier Rossen bespannter Wagen. Jakob und der junge Graf trafen die beiden Gräfinnen sowie ihre Zofen und brachten sie ebenfalls auf Burg Zavelstein.

Für den Überfall und die teilweise Zerstörung Wildbads durch Feuer rächte sich der Greiner bald. Berneck ereilte das gleiche Schicksal wie kurz zuvor der Badeort im Enztal. Und dann kam Straubenhardt an die Reihe. Wohl war dem Grafen Eberhardt zu Ohren gekommen, dass die Herren von Straubenhardt den Zug nach Wildbad nicht billigten und ihm fern blieben, aber die Mitbesitzer der Burg, die Herren von Schmalenstein, waren dabei und auf Straubenhardt hatten man den Überfall vorbereitet.

Die Strafe bestand in der teilweisen Zerstörung der Burg, auch mussten die Straubenhardter schwören, nie wieder die Waffen gegen die Württemberger zu erheben. Der Burgherr achtete seinen Eid peinlichst, jedoch der Sohn Gerhard und die Schmalensteiner führten immer wieder Übergriffe auf württembergisches Gebiet aus. Dadurch reizten sie den alten Greiner derart, dass er Straubenhardt 1381 gründlich zerstörte. Nur wenige Mauerreste inmitten des dunklen Tannenwaldes geben noch Kunde von der einst stolzen Burg.[108]

## Gründung von Enzklösterle

*Die Landstraße im Tal der Kleinen Enz aufwärts folgend, liegt nach Bad Wildbad Enzklösterle. Der Verbindungsweg führt von Enzklösterle nach Kaltenbronn zum Mittelweg und dann weiter zum Westweg.*

Zu der Zeit, als der Herrgott noch auf Erden ging, führte ihn der Weg auch einmal in den „hinteren Wald". Mühsam bahnte er sich einen Weg durch die fast undurchdringliche Waldwildnis. Dabei streifte er sich unbemerkt eine Perle von seiner Krone ab. Erst als er wieder im weiten Himmelsaal im Kreise seiner Engelscharen war, bemerkte ein Englein den Verlust. Ein Suchen nach dem verlorenen Kleinod schien zwecklos, darum sprach der Herr: „Der Ort, an welchem das Heiligtum den Erdboden berührte, ist eine geweihte Stätte; fromme Menschen werden mir dermaleinst dort eine Hütte bauen, zum Lob und Ruhm meines Namens."

Lange noch wagte sich keines Menschen Fuß in den dichten Urwald. Bären und Wölfe führten ein ungestörtes Dasein im Tal der Enz. Im Jahr 1145 wurde von den Herren von Hornberg bei Zwerenberg an dem geheiligten Ort das „Klösterlein ze de entz" gegründet und von Hermann, Bischof von Konstanz, die Kirche geweiht. Damit war für durchreisende Ritter ein günstiger Rastort geschaffen.

Die Zucht im Klösterlein ließ sehr zu wünschen übrig. Auch die Unterstellung dem Kloster Herrenalb erfüllte nicht die Erwartungen. Immer größere Verweltlichung machte sich in den „heiligen Hallen"

breit, an welcher wohl auch die im Klösterlein rastenden Ritter zu einem großen Teil mitschuldig waren. An Gebäuden, Besitzungen und Einkünften war das Klösterlein kärglich bestellt, so dass neben dem sittlichen Verfall auch der ökonomische Zerfall eintrat. In den Jahren 1413 bis 1415 ging es vollends ein. Die Kapelle wurde bis 1700 noch von frommen Wallfahrern aufgesucht. Auf ihre Erhaltung wurde kein Wert gelegt. Heute weiß niemand genau, wo die Kapelle gestanden haben soll. Der ehemalige Klosterbau ist Privatbesitz und führt zum Andenken an seine stolze Vergangenheit den Namen „Krone".[109]

## Hannikel aus der Gegend um Seewald

*Die B 294 führt aus dem Enztal heraus über Seewald nach Freudenstadt. Auch die Landstraße von Enzklösterle mündet kurz vor Seewald in die B 294. Der Mittelweg führt auf seinem Weg nach Süden von Kaltenbronn über Seewald. Seewald besteht aus den Ortsteilen Besenfeld, Urnagold, Eisenbach, Göttelfingen und Erzgrube.*

Den Inbegriff aller Räubereien und Grausamkeiten bildet in der Gegend um Seewald der Name Hannikel, der eine gefürchtete Bande anführte. Er soll ein Zigeuner gewesen sein, der in den Wäldern hauste, wilderte und von dort aus bei Nacht in die Ortschaften einbrach. An der Grenze von Seewald und Besenfeld soll sich seine Höhle befunden haben. Der „Hannikelgraben" im Waldstück bei Vöhrbach (liegt im Waldachtal bei Pfalzgrafenweiler) unterhalb der Mantelburg weist noch auf den damaligen Aufenthaltsort Hannikels hin.

Doch sind Personen und Taten schon mit einem sagenhaften Schleier umwoben und der Wirklichkeit entkleidet.[110]

Als Räuberhauptmann soll er noch nach dem Zigeunergesetz Recht gesprochen, Gericht gehalten und Streitigkeiten der Zigeuner untereinander geschlichtet haben. Dies war oft noch von Nöten, da unter den Zigeunern noch Blutrache herrschte. Toni, ein ebenfalls gebürtiger Zigeuner, gelernter Schuster von bürgerlichem Beruf, entführte, als sein Zigeunerblut mit ihm durchging, die schöne Mantua, des Hannikels Stiefbruders Eheweib. Damit verfiel er der Blutrache, er hatte das „Totenhemd an".

Um sich zu schützen, trat er als herzoglicher Grenadier zu Ross in württembergische Dienste ein. Nach einigen Jahren wurde er Mantuas überdrüssig und versuchte sein Glück mit Hannikels Stieftochter „Urschel". Diese ließ sich aber nur zum Schein mit dem Toni ein, so konnte ihm die Räubersippe habhaft werden. Diese prügelten ihn nach den Gesetzen der Blutrache zu Tode, doch als der vom Tode Gezeichnete konnte er die Namen der Täter noch weitergeben.

Hannikel floh daraufhin mit seiner Bande in die Schweiz. Dort wurde er aber gefasst und am 17. Juli 1787 in Sulz durch den Strang hingerichtet.[111]

► Hannikel im Gefängnis, Ölgemälde, 1786/87, aus der Wanderausstellung: „Im Spitzbubenland – Räuberbanden um 1800 in Schwaben" im Wasserschloss Glatt

# Nagoldtal – Würmtal

## BILDSTOCK AN DER NAGOLD IN DILLWEISSENSTEIN

*Die B 463 führt von Pforzheim ins Nagoldtal. Im Ortsteil Dillwei-
ßenstein – davon in Weißenstein – steht vor Erreichen der steinernen Brücke die alte Volksschule rechts. Hinter dieser führt der
heutige Schulsteg auf die andere Flussseite. West- und Mittelweg
führen von der Stadtmitte Pforzheim hier durch, bevor der Westweg ins Enztal abzweigt. Dort steht an der Nagold auf einem großen
Sandsteinfelsen ein Bildstöckchen. In seiner Nische ist der Erlöser
am Kreuz zwischen Maria und Johannes zu sehen mit der Jahreszahl 1491.*

Gegen Ende des 15. Jahrhunderts lebte auf Burg Weißenstein
der Ritter Christoph von Ehingen. Er hatte eine tugendhafte
Tochter. Um sie warb der Junker der benachbarten Burg Liebeneck.
Er wurde aber wegen seines wüsten Lebenswandels von Vater und
Tochter abgewiesen. Da beschloss der Junker, das Mädchen zu rauben. Zusammen mit zwei Knechten überwältigte er das Edelfräulein,
als es seinen Abendspaziergang entlang der Nagold machte.

◀ Burg Liebenzell          ▶ Der Bildstock in Dillweißenstein

Als die Räuber mit ihrer Beute über den Steg unterhalb der Mühle ritten, brach dieser zusammen. In den hochgehenden Fluten der Nagold ertrank der Junker. Das Mädchen wurde von herbeieilenden Knechten errettet, starb aber infolge des ausgestandenen Schreckens bald danach. Der trauernde Vater ließ an der Unglücksstelle den Bildstock errichten und ging als Mönch ins Kloster Hirsau.[112]

## RIESE ERKINGER – BAD LIEBENZELL

*Nagoldtal aufwärts die B 463 folgend, biegt unterhalb der Burg in Bad Liebenzell die Straße nach Unterlegenhardt rechts ab. Nach ca. 2 km biegt rechts der Fahrweg zur Burg ab. Von Unterlegenhardt führt auch der Zugangsweg zum Ostweg über die Burg.*

*Die Burgruine von Bad Liebenzell darf wohl zu den schönsten in Württemberg gezählt werden. Bemerkenswert sind vor allem der stattliche 34 m hohe Turm und die 2,5 m dicke, aus mächtigen Buckelquadern erbaute Schildmauer. Die Bauherren dieser Burg waren die Grafen von Eberstein Mitte des 12. Jahrhunderts zur Sicherung ihres Gebietes. Im Laufe des 16. Jahrhunderts wurde es den Beherrschern zu ungemütlich auf der Burg und sie zogen hinunter ins Tal in die Stadt. Die Burg wurde dem natürlichen Verfall überlassen und schon vor dem Dreißigjährigen Krieg eine Ruine. 1953 wurde die Ruine wieder aufgebaut.[113]*

Im alten Liebenzell hat es zwei Burgen gegeben, die eine, die stolz über der Stadt auf dem Schlossberg stand und teilweise neu rekonstruiert wurde. Die andere Burg, „das alte Schloss", ihr gegen-

über auf dem Finkenberg nahe dem Ortsteil Beinberg. Der Lengenbach war Jahrhunderte die Grenze zwischen dem Ebersteinischen und dem Calwer Besitz. Die Calwer Grafen bauten südlich auf dem Finkenberg ihre Burg, während die Ebersteiner eine stattliche Burg mit Schildmauer und festem Turm auf dem heutigen Schlossberg genannten Bergvorsprung bauten. Im 14. Jahrhundert wurde die Burg auf dem Finkenberg restlos zerstört, und nur noch einige Trümmer blieben übrig. Übrig blieb die Sage vom Riesen Erkinger. Da aber von der Burg auf dem Finkenberg nichts mehr vorhanden war, rankte sich diese Sage im Laufe der Zeit um die Burg auf dem Schlossberg, deren mächtiger Turm und Mauerreste geradezu zu solchen Sagen herausforderten.[114]

Vor vielen Jahren lebte im Nagoldtale ein gewaltiger Riese namens Erkinger. Der war ein böser Räuber und Menschenfresser. In Liebenzell ließ er sich einen starken Turm bauen, und dabei mussten die Maurer den Speis mit Wein anmachen, damit die gewaltigen Quadersteine umso fester aneinander gekittet würden. Hier in seiner Burg hauste nun Erkinger mit zwei Gesellen und brachte Furcht und Schrecken über die ganze Umgegend; denn mit besonderer Vorliebe raubte er den Bauern, wenn sie gerade Hochzeit hielten, ihre Bräute weg, schleppte diese mit sich fort in seinen Turm und fraß sie auf. Die Gebeine der Menschen, die er verzehrte, warf er stets zum obersten Fenster hinaus. Sie fielen gut eine Viertelstunde von der Burg entfernt immer auf derselben Stelle nieder, und mit der Zeit entstand ein ganzer Berg, den man heute Beinberg nennt. So nennt sich auch der Ortsteil Beinberg, der auf der Höhe liegt.

Wegen der Greuel, die der Erkinger weit und breit verübte, versuchten manche ihn zu töten. Aber kein Mensch konnte dem Gewaltigen widerstehen, denn er war über vier Meter groß, so dass jeder andere ihm gegenüber ein Zwerg war. Als Waffe trug er eine gewaltige Stange, mit der er jeden niederschmetterte, der ihm zu nahe trat, und in seiner wilden Kraft konnte er sogar Bäume mitsamt der Wurzel ausreißen und damit auf die Leute losschlagen. Gegen Verwundung durch Geschosse schützte ein ledernes Kleid, das statt Knöpfe eiserne Ringe hatte. Von seiner Burg herab warf er nach seinen Feinden mit dicken Steinkugeln, von denen man heutzutage noch manche bei Liebenzell finden kann.

In ihrer großen Not wandten sich endlich die Bewohner an den Markgrafen von Baden und flehten um Hilfe. Dieser verbündete sich mit dem Pfalzgrafen Rupprecht, zog mit einem großen Heer vor die Burg des Riesen und belagerte sie. Den Eingang zum Turm, in den sich der Riese zurückgezogen hatte, ließ der Markgraf über Nacht zumauern. Weil der Erkinger sich weder ergeben, noch verhungern wollte, machte er seinem Leben selbst ein Ende, in dem er sich von dem hohen Turme herabstürzte. Noch lange Zeit bewahrte man das Kleid, einen Hosenträger und einen Schuh des Riesen in einer Kapelle auf, welche die „Riesenkapelle" hieß und in Hirsau stand.[115]

## Gründung von Kloster Hirsau

*Der B 463 im Nagoldtal weiter talaufwärts folgend, wird Hirsau erreicht. Auch der Ostweg führt, dem Nagoldtal südlich folgend, nach Hirsau. Heute Luftkurort, im Mittelalter eines der bedeutendsten Benediktinerklöster des Schwarzwaldes.*

*Die Wurzeln der Entstehung des Klosters Hirsau liegen um 830. Durch Papst Leo IX kam es bei seinem Besuch 1049 in Hirsau zur Neugründung des Klosters. Die Arbeiten begannen 1059. Im Jahr 1519 wurden durch Herzog Ulrich die Benediktinerklöster aufgehoben. Mehrmals wechselten die Konfessionen, bis 1648 endgültig mit dem Friedensvertrag von Münster und Osnabrück die Säkularisierung der Klöster festgeschrieben wurde. Im Pfälzischen Erbfolgekrieg wurde das Kloster von den Franzosen 1692 zerstört und blieb bis heute als Ruine erhalten.[116]*

Die Legende berichtete nun dass Bischof Noting, der die Gebeine des heiligen Aurelius ins Nagoldtal von Italien bringen wollte, dies nicht ohne Einwilligung des Heiligen tun wollte. Noting rief deswegen den heiligen Aurelius um Rat an und schlief hierüber bei seinem Grabe ein. Da erschien ihm der Heilige im Traum und sprach: „Noting, Du Diener Gottes, ich bin bereit, mit meiner sterblichen Hülle in Deine Heimat zu reisen. Aber ich stelle eine Bedingung: Du und die Deinen müssen an der Stelle, wo mich ein Blinder anruft, und ich diesen Blinden sehend mache, ein Kloster bauen, das auf meinen Namen geweiht sein soll."

In derselben Nacht öffnete Noting den Sarg des Heiligen, trug dessen Gebeine in seine Kammer aus dem Mausoleum. Sodann machte er die nötigsten Anstalten zu einer Reise, legte die Reliquien auf sein Saumross und brachte sie über die Alpen nach Deutschland. Er beriet, wo er die Gebeine des heiligen Aurelius verwahren sollte. Der Vater schlug ihm die Kapelle des heiligen Nazarius vor, nicht weit von Calw. Als sie dort ankamen, am rechten Ufer der Nagold, da begegnete ihnen unter einer Menge herbeigelaufenen Volkes ein Blinder, welcher rief: „Hilf mir, heiliger Aurelius, Du Verehrer Gottes, und

schenke mir das Licht der Welt wieder. Du bist mir im Traume erschienen und hast mich an diesen Ort führen lassen." Und er wurde auf der Stelle sehend. „Hier", sagte Noting zu seinem Vater, „wollen wir das Kloster bauen." Der Vater, Erlafrid, fand sich sogleich bereit, ein Kloster an dieser Stelle zu bauen, machte 830 einen Anfang damit und vollendete es nach acht Jahren.[117]

*Oder:* Im Jahre 645 lebte eine reiche Witwe, namens Helizena, aus dem Stamme der Edelknechte zu Calw. Als sie einige Jahre in der Witwenschaft zugebracht hatte, wünschte sie Gott alleine anzugehören und betete eifrig und täglich, er möchte ihr offenbaren, wie sie, da ihr keine Kinder beschert seien, ihre Güter auf Gott wohlgefällige Weise verwenden könne. Da glaubte sie nachts eine Stimme zu hören: „Helizena, siehe, Gott hat dein Gebet erhört, und zum Zeichen siehe hier dieses ebene Feld, auf welchem drei schöne, aus einem Stamm gewachsene Fichten stehen. Da sollst du zu Ehre Gottes eine Kirche bauen, damit sein Name geehrt und sein Ruhm vermehrt werde."

Des anderen Tages ging sie auf den Berg und erblickte hier von ferne die Ebene, die sie im Traum gesehen hatte, traf auf die Fichten aus einem Stamm, warf sich unter Tränen nieder. Sogleich ließ jetzt Helizena ihr Festkleid, Ringe und Kostbarkeiten in die St. Nikolaus Kapelle bringen und machte Gott das Gelübde, keinen weltlichen Schmuck und Kleinodien mehr zu tragen.

Helizena begann mit dem Bau einer Kirche, vollendete sie in drei Jahren und bat dann Gott aufs neue, er möge sich dieser Kirche fer-

◀ Das Kloster Hirsau, Marienkapelle und Kreuzgang

nerhin in Gnaden annehmen. Hierauf gab ihr Gott im Traume abermals eine Weisung, sie solle zu dieser Kirche auch Leute bestellen, welche hier auch den Namen Gottes verherrlichten. Darauf ließ sie an der Kirche ein anderes Haus erbauen und bestimmte es für vier Personen, die der Welt entrückt, ohne Nahrungssorgen, nur dem Lobe Gottes sich widmen sollten. Ihre Einrichtung wurde durch die kirchliche und weltliche Obrigkeit bestätigt, die Kirche aber von einer Menge Volks täglich in großer Andacht besucht. Die Kirche war noch nicht geweiht, da berief sie Gott von dieser Welt ab, und sie wurde zu Tübingen begraben.[118]

## Wiedergründung von Kloster Hirsau

Ab 990 blieb Kloster Hirsau 60 Jahre leer stehen. Da machte Papst Leo IX, ein Vetter des Calwer Grafen, auf einer Reise durch Deutschland einen Besuch bei seinem Verwandten Albert in Calw um 1050. Als er von dem Schicksal des Klosters erfuhr, befahl er dem Grafen seine Wiederherstellung, die dieser auch kniefällig versprach. Aus dieser Zeit berichtet die Sage:

Graf Luitpold von Calw hatte den Landfrieden gebrochen und floh vor der Strafe Kaiser Conrads II in die Wälder. Der Kaiser jagte in der Gegend, kehrte in der Nacht in einer einsamen Mühle ein. Es war dieselbe, in welcher der flüchtige Graf samt seinem Weibe versteckt lebte. Diese gebar in der Nacht ein Knäblein. Das Schreien desselben mischte sich in einen Traum des Kaisers ein, in dem dieser dreimal

► Das Kloster Hirsau, Schlossruine

eine Stimme sich zurufen hörte: Dieser Knabe wird dein Nachfolger und Erbe werden.

Zürnend gab der Kaiser Befehl, das Kind zu töten. Allein die mitleidigen Diener setzten es unter einen Baum und brachten dem Kaiser das Herz eines Hasen. Ein Herzog stieß auf das verlassene Kind, nahm es zu sich und erzog es als sein eigenes. Wie es herangewachsen war und im Gefolge des Kaisers erschien, fasste dieser den Verdacht und sendete den schönen Jüngling mit einem Schreiben an die Kaiserin. Im Schreiben war der Befehl enthalten, den Jüngling sofort töten zu lassen.

Unterwegs kehrte der Jüngling bei einem Klausner ein, der öffnete fürwitzig das Schreiben, erschrak über den schlimmen Befehl, setzte an die Stelle desselben die Worte: Du sollst ihm Deine Tochter zur Gemahlin geben. Er schob dem Schlafenden den Brief wieder zu, den dieser auch sofort überlieferte. Zu seiner glücklichen Überraschung befolgte die Kaiserin den Befehl ihres Gatten. Der Kaiser aber erkannte Gottes Führung an, förderte seinen Schwiegersohn als Heinrich III zum Reiche, 1039. Kaiser Heinrich soll das Kloster Hirsau genau an dem Ort gestiftet haben, wo die Mühle stand, in der er geboren wurde.[119]

# CALWER BURG

*Calw als Große Kreisstadt liegt talaufwärts an der B 463 im Nagoldtal. Auch der Ostweg nach Süden führt hier durch. Der Schlossberg liegt in der Stadt über dem Zentrum.*

*Die alte Calwer Grafenburg, von der leider keine eingehende Beschreibung überliefert ist, war, wenn auch teilweise baufällig, bis um 1600 erhalten. Herzog Friedrich I ließ sie vollends abreißen, um ein neues großartiges Schloss zu bauen. Aber er starb. 1878 ließ die Militärverwaltung auf dem Schlossberg ein massives Dienstgebäude erbauen. Die alte Calwer Grafenburg hatte einen Kesselturm, der sogenannte „Pfaffenturm". Dieser diente als Arrestlokal für widerspenstische Mönche und andere Geistliche.*

Die Legende berichtet vom Eigentümer der Burg, Graf Konrad von Calw, der neben zwei Söhnen eine Tochter namens Elisabeth hatte. Sie war so schön und liebenswert, dass sich viele vornehmen Grafen und Ritter um ihre Gunst bewarben. Ihr Vater wünschte sich, sie solle den mächtigen Grafen von Hohenberg heiraten. Sie schenkte aber ihre ganze Liebe dem jungen Edelknappen Gottfried von Waldeck, der sich auf der väterlichen Burg befand, und versprach ihm ihre Hand. Der alte Graf kam hinter das Geheimnis der Liebenden und ließ den Waldeck in den Turm sperren, wo er verhungern sollte. Bevor er nach Hohenberg reiste, gab er seiner Tochter die Schlüssel zu Waldecks Gefängnis mit der Weisung, sie dürfe ihn weder befreien noch ihm Speis und Trank reichen. Die Jungfrau musste dies durch einen Eid vor dem Burgpfarrer bekräftigen.

Als der Graf nach acht Tagen zurückkehrte, fand er Elisabeth in Gottfrieds Armen tot im Turm liegen. Verzweiflung ergriff und bewog ihn, zur Förderung des Seelenheils der Ermordeten ein Kloster bauen zu lassen, welches „Elisabetherinnen Kloster" benannt und mit reichen Gütern und Stiftungen begabt werden sollte. Tatsächlich stand nahe der Stadtmauer, beim Obertor, in früherer Zeit ein

Nonnenkloster, von dem heute noch eine Gasse den Namen „Nonnengasse" führt. Noch im 16. Jahrhundert wurde im Nonnengässlein ein Beguinenhaus angeführt.[120]

# RUINE ZAVELSTEIN

*Beim Bahnhof Bad Teinach im Nagoldtal biegt rechts die Straße ab ins Teinachtal und führt hoch zum über dem Tal liegenden Ort Zavelstein. Der Ostweg führt von Calw über Zavelstein nach Bad Teinach.*

*Das Bergstädtchen Zavelstein liegt auf einer steil ansteigenden Landzunge, die über dem Teinach- und Rötenbachtal liegt. Erbaut wurde die Burg sehr wahrscheinlich in der Zeit der Hohenstaufen um die Mitte des 13. Jahrhunderts. Die Burg taucht erstmals 1284 auf, wobei ein Richard von Zavelstein als Insasse erwähnt wurde. Die Bauart des gewaltigen Schlossturmes weist auf die Zeit der Hohenstaufen Kaiser hin. 1620 bis 1630 wurde das baufällige Schloss wieder hergestellt und mit einer Wasserleitung versehen. Im Dreißigjährigen Krieg wurde die Burg von kaiserlichen Soldaten wegen ihres Weinvorrates geplündert und zerstört. Was übrig geblieben war, wurde von den französischen Truppen 1692 angezündet.[121]*

Einst lebte ein wilder Ritter auf der Feste Zavelstein. Er war ein kühner Jäger, dem vor Wölfen und Bären nicht bangte. Bei Tag und Nacht schweifte er durch den Wald und selten kehrte er ohne Beute zurück. Einmal traf er tief im Schorchenwald eine Jungfrau, die Tochter

▶ Burg Zavelstein

eines einfachen Waldbauern, an. Weit und breit konnte man kaum eine schönere, sonnigere Maid finden als Agnes. Das Herz des Junkers entbrannte in Liebe zu derselben, und eh er sich von ihr trennte, schwor er ihr ewige Treue. Aber des Ritters leichter Sinn vergaß die holde Jungfrau, die sich aus Sehnsucht nach dem Ungetreuen im Schmerz verzehrte und mit ihrem verwaisten Kind in Armut und Elend lebte.

Ein naher Verwandter der Jungfrau rächte dieselbe, indem er dem Zavelsteiner auflauerte, als er wieder durch den Wald pirschte. Bei den Heidengräbern, an derselben Stelle, wo der Ritter einst dem Waldmädchen Treue gelobt hatte, traf diesen das tödliche Geschoss. Unter großem Gepränge wurde sein Leichnam im Schloss zu Altburg bestattet. An der Stelle, wo der Junker in seinem Blute aufgefunden worden war, wurde ihm ein Denkmal errichtet, Degenbild genannt: ein hölzernes Bildnis, den grünen Jägerhut auf dem Kopf und den Degen in der Hand.

Viele Jahre waren vergangen, nur die ältesten Leute im Walde wussten um die Bedeutung des Degenbildes. Da erschien zur Sommerzeit in später Stunde ein altes, gebrechliches Weiblein im Schorchenwald. Es schleppte sich zum Denkmal des Ritters, wo es die ganze Nacht unter Klagen, Weinen und Stöhnen verbrachte. Mit Tagesgrauen hinkte die Alte von dannen nach dem Dickicht des Waldes. So trieb's die Alte täglich bis in den Herbst hinein. Eines Morgens fand man den dürren Leib am Degenbild erhängt, das abgehärmte, fahle Gesicht noch von Tränen benetzt. Agnes – denn die unglückliche Alte war niemand anders als die einst blühende Maid – wurde in der Abenddämmerstunde im Kirchhofeck ihres Walddörfchens verscharrt, von niemandem beweint. Sie soll heute noch als Gespenst im Schorchenwald umgehen.[122]

## SCHLOSSRUINE WALDECK IM NAGOLDTAL

*Zwischen dem Bahnhof von Bad Teinach und dem Dorf Kohlerstal liegt an der B 463 im Nagoldtal an einer scharfen Flussbiegung um den Schlossberg herum die Schlossruine Waldeck. Die Zugangswege führen von der Schlossruine Waldeck jeweils über Neubulach oder Bad Teinach zum Ostweg.*

Auf dieser und noch vier anderen Burgen saßen in jener Zeit Lehensleute der Grafen von Calw, die Waldecker. Sie trieben als Raubritter ihr Unwesen. Durch seine Raubzüge und Erpressungen brachte es der Waldecker zu einem unermesslichen Reichtum. Seine Schätze verbarg er im Turm. Zu seinem Leidwesen zog Kaiser Rudolf 1284 durch die deutschen Lande und brach die Burgen der Raubritter, und manch hochadeliger Räuber starb am nächsten Baum eines unrühmlichen Todes. Dem Waldecker ging es auch nicht besser, seine Burg wurde erobert und in Asche gelegt. Allerdings bauten in der Folgezeit die Hohenberger die zerstörte Feste wieder auf. Zu Beginn des 16. Jahrhunderts verfiel die Burg, da das Geschlecht ausgestorben war. Die Sage berichtet, dass des Ritters Tochter Krimhilde dabei den Tod in den Flammen gefunden habe, und als die Zerstörer der Burg im Abziehen noch einmal zurückgeschaut hätten, um sich am Anblick der fallenden Türme zu weiden, da sei aus lodernden Flammen eine silberne Schlange mit glühender Krone aufgestiegen. Seither hütet Krimhilde in der Gestalt einer Schlange oder einer Jungfrau mit goldenen Haaren den unermesslichen Schatz des Schlosses. Wer es wagt in der Christnacht Krimhilde zu erlösen, bekommt zum Lohne die verborgenen Reichtümer. Des Talmüllers dreijähriges Töchterlein kam einmal in die Nähe der alten Burg. Es setzte sich mitten auf den Fußweg zur Schlange und streichelte sie. Das Tier tat dem Kinde nichts zuleide und huschte bald hernach ins Gebüsch. Etliche glänzende Schuppen waren der Schlange ausgefallen. Das Mägdlein hob sie auf und trug sie frohgemut nach Hause. Als das Kind ins Bett ging, legte die Talmüllerin die Schuppen in ein Schächtelchen, damit das Kind des anderen Tages wieder damit spielen könne. Über Nacht waren aber die Schuppen in lauter schwere Goldstücke verwandelt.[123]

# Burg Hohennagold über Nagold

*Die B 463 führt weiter talaufwärts nach Nagold. Das Nagoldtal umrundet den Schlossberg. Der Gäuwanderweg führt von Sulz nach Westen durch Nagold über den Schlossberg mit der Burg Hohennagold.*

*Die ehemalige Burg Hohennagold thronte einst auf steiler Bergeshöhe über der Nagold, die in einer Schleife den Schlossberg von Nagold umfließt. Gegründet vermutlich im 13. Jahrhundert war sie der Sitz der Hohenberger. Mit dem Aufkommen der Feuerwaffen wurde sie verstärkt, erlitt aber im Jahr 1643 durch Beschießung großen Schaden, dass ihr Abbruch beschlossen wurde. Beim Abbruch verbrannte der Rest, so dass heute nur noch Trümmer von der Vergangenheit erzählen.*

## Die Magd und der Graf von Hohennagold

Einst wohnte auch ein reicher und mächtiger Graf auf der Burg. Der drückte die Städter gar sehr mit Abgaben, Fronen und dergleichen. Damals hauchte mancher Bürger im engen, dumpfen Raum des Burgverließes seinen Geist aus. Dieser Graf hatte nun ein schönes, blühendes Kind. Einst kam es auch an den Turm, in dem der Wasser- oder Galgenbrunnen war.

Neugierig trat es durch die offene Tür ein, da stürzte es in den tiefen Brunnen hinab. Glücklicherweise blieb es aber an einem aus der Mauer hervorgewachsenen Gesträuch hängen. Zufällig hörte jemand das Schreien des unglücklichen Kindes. Wer wollte aber wagen, es aus dieser gefährlichen Tiefe herauszuholen?

Zuletzt erbot sich eine Magd dazu. Sie ließ sich in einem Kübel hinunterhaspeln und glücklich kam sie mit dem Kind im Arm wieder herauf. Hocherfreut machte ihr der Graf den Vorschlag, sich etwas zu wünschen. Da erbat sie um die Befreiung ihres im Burgverließ schmachtenden Vaters, der seine Steuern nicht hatte bezahlen können. Entrüstet schlug der Graf diese Bitte ab und wies die Magd von sich. Mit hellen Tränen ging sie davon. Nicht lange danach aber wurde die Burg belagert und erobert, hauptsächlich durch die Beihilfe der Städter, die bisher von dem Grafen so sehr geplagt worden waren. Der Graf wurde von den Bürgern getötet, der Vater der edlen Magd befreit.

## Von der wüsten Urschel von der Burg Hohennagold

Wieder einmal regierte ein Graf auf der Burg Hohennagold, der sehr vornehm und weithin berühmt, aber auch sehr eitel war. Den verdross es gar sehr und die Gräfin nicht weniger, dass ihr einziges Kind von der Natur gar stiefmütterlich ausgestattet wor-

den war und kein so schönes, kluges Gesicht hatte, wie sie wohl wünschten. Von Vater und Mutter verachtet, vom Gesinde verspottet, wurde sie, die in der Taufe den Namen Ursula bekommen hatte, allenthalben nur „die wüschte Urschel" genannt. Allein, ob sie schon ein blödes Gesicht hatte, so hatte sie doch ein gutes treues Herz. Still trug sie all die Kränkungen und Betrübnis. Ja sie ließ sich so wenig verbittern, dass sie sich vielmehr der Notleidenden in der Stadt annahm und in den Hütten der Armen manche Not stillte oder abwendete. Am meisten aber liebte sie die Einsamkeit. Täglich ging sie in den Wald, ihm ihr Leid zu klagen. Ihr Lieblingsweg führte sie über den oberen Schlossberg und das Härle, einen Wald am oberen Talhang, hinab an die Nagold. Dort fand man sie eines Tages tot unter einem Felsen. War ihr Geist umnachtet, dass sie sich selbst den Tod gab? Man weiß es nicht. Das aber weiß man, dass die Armen und Notleidenden der Stadt lange um sie getrauert haben. Und von Stund an bis heute hieß der Ort, da wo sie gefunden wurde, die „wüste Urschel". Ihr Standbild ist heute noch auf dem Marktbrunnen neben dem Rathaus zu sehen.[124)]

## DIE UNGLEICHEN BRÜDER VON HOHENBERG (ALTENSTEIG)

*Die B 28 führt weiter talaufwärts im Nagoldtal nach Altensteig. Der Ostweg von Neubulach kommend, führt über Altensteig nach Pfalzgrafenweiler. Auf dem westlich der Stadt rechts über der Nagold gelegenen Teil des „Hellesberges" stand in der Nähe des jetzi-*

◄ Die Burg Hohennagold

*gen Gefallenendenkmales am Schlossberg eine Burg, „Zum Thurn" genannt. Diese war das Schloss Altensteig, Sitz der Hohenberger. Die auf den Schlossberg führende Steige wird noch die Turnersteige (Turmsteige) genannt.*[125)]

*Auf das 12. Jahrhundert geht der Ursprung zurück, ab 1240 werden die Altensteiger genannt, die Gefolgsleute der Hohenberger waren. Im Konflikt zwischen den Waldeckern und den Hohenbergern wurde das Schloss teilweise zerstört und 1388 wieder aufgebaut. Im Verlaufe des 17. Jahrhunderts wurde das „Alte Schloss" als Wohnplatz aufgegeben und fortan als Speicher benutzt.*[126)]

Einst saßen zwei Brüder Hohenberger Geschlechts auf dem Schloss Altensteig. Sie waren ungleich an Körper und Geist, der eine Riese, der andere Zwerg, verwachsen und buckelig; der eine gutmütigen Herzens, der andere geizig und hart. Als nun der Kaiser all seine Ritter zu einem Kreuzzug ins ferne Land aufbot, da wappnete der Riese sein Ross und zog von dannen. Der Buckelige blieb daheim. Von ihm raunte man sich heimlich zu, dass er des Nachts gar oft den schmalen, steilen Pfad zum Fluß hinabsteige und beim ersten Hahnenschrei mit einem schweren Sack auf dem Rücken zur Burg zurückkehre. Bei Tag aber wollte man aus einer unterirdischen Kammer, ein Hämmern und Klopfen hören, als ob die Steine zerschlagen würden. Hernach aber fange der Kamin des Hauses an zu rauchen, als läge darunter die Hölle. Gegen Bettler war er ganz unbarmherzig.

Eines Tages wagte ein Bettler, um eine milde Gabe vorzusprechen. Das war ein alter gebrechlicher Mann, der von Unterlegenhardt herkam. Seine Kleider waren zerrissen, seine Haare grau und struppig, fasst konnte er nicht mehr stehen vor Hunger und Müdigkeit. Kaum sah ihn der Zwerg, hieß er das Gesinde an, ihn hinauszuwerfen. Als der Greis nicht abzuweisen war, sondern händeringend um ein Stückchen Brot flehte, da ließ der Wüterich dessen Bart und Haupthaar verbrennen und die Kleider versengen. Taumelnd verließ der Bettler das Schloss, schleppte sich die halbe Steige hinab und setzte sich ermattet auf einen Stein.

Da kam auf einem hohen Ross ein Reitersmann des Weges daher. Der fragte ihn freundlich, was ihm denn fehle, dass er so weine. Da erzählte ihm der Alte, was ihm geschehen war. Der Ritter bekleidete aber ihn mit seinem Mantel, setzte den Zitternden, der nicht mehr gehen konnte, auf sein Pferd und führte es den Berg empor. Es war schon dunkel und keiner war mehr zu erkennen. Der Ritter pochte ans Tor, das schon geschlossen war, und bat um Herberge für sich und den Alten. Der Diener riet ihm, sie sollten weiterziehen, damit ihnen kein Unheil widerfahre. Der Ritter wünschte aber den Schlossherrn zu sprechen. Der kam und fragte barsch nach dem Begehr. „Wir suchen Herberg für eine Nacht", war die Antwort. Da schrie der Zwerg: „Marsch fort, elendes Bettlervolk, oder ich hetze die Hunde auf euch!" Jetzt erkannte der Ritter, wie wahr der Bettler gesprochen hatte. Heißer Zorn übermannte ihn, er packte den Höckerigen, band ihm Hände und Füße und henkte ihn auf am Sattelknopf seines Pferdes. Da ist der Zwerg, fluchend und zappelnd, eines elenden Todes gestorben. Die Diener aber, die ihren Herrn beschützen wollten und von des Ritters Schwert zurückgescheucht worden waren, standen starr vor Entsetzen. Da trat dieser in den Schein der Fackel und gab sich als Bruder des Toten zu erkennen.

Noch am selben Abend stieg der neue Schlossherr zum Keller hinab. Da fand er einen Haufen Gold, das der habgierige Zwerg aus dem Gestein und Sand des Flusses ausgeschmolzen hatte. „Ha", rief der Riese, „führt dieser Fluss Gold mit sich, soll er ‚Nagold' heißen. Den Schatz wollen wir aber Gott weihen, damit er geheiligt werde. So will ich ein Kirchlein davon stiften an der Stelle der Steige, da ich den Bettler gefunden habe. Eine Zuflucht soll sie sein für jeden Pilger, und eine Gabe soll liegen im Gotteskasten für jeden Bedürftigen. Freies Kirchspielgericht gelobe ich den Bürgern der Stadt." – So war die Kirche gebaut, die in alter Zeit unterhalb des Schlosses gestanden hatte. Ein schauerlicher Gesang aus der Tiefe aber sei später noch manchmal gehört worden, immer wenn schweres Unglück, Krieg, Pest oder Hungersnot die deutschen Lande bedrohte.[127]

## KIRCHE IN URNAGOLD

*In Altensteig biegt rechts die Landstraße ab und führt talaufwärts im Nagoldtal weiter über Erzgrube nach Besenfeld. Hier stößt die Landstraße auf die B 294, und diese führt rechts 2 km bis Urnagold. Der Mittelweg führt auf seinem Weg nach Süden von Kaltenbronn nach Freudenstadt durch Besenfeld. Dort kommt auch die alte Weinstraße von Gernsbach über den Schwarzwald an. Die Zugangswege führen nach Urnagold. Urnagold soll auf das Jahr 1208 zurückgehen und hieß früher Inner Nagold. Die Kirche zum Heiligen Johannes war Mutterkirche von Besenfeld, Göttelfingen und Hochdorf.*

Einst erging sich die Tochter des Grafen von Nagold durch Wiesenauen. Weiter und weiter führte der Weg, zuletzt in den Wald. Bald waren nur noch Pfade. Der Wald wurde dunkler und dichter. Doch weiter ging es über Wurzeln, Baumstämme und Rinnsale. Bei einbrechender Nacht befand sich die Grafentochter in tiefer Wildnis. Sie achtete nicht der zerfetzten Kleider und der zerschundenen Arme und Beine. Auf ihre Hilferufe kam keine Antwort. Die Angst trieb sie immer weiter. Erschöpft kniete sie sich nieder und gelobte: „Dort, wo ich den erstbesten Menschen treffe, der mir hilft und der mir den Weg zurück zu Vater und Mutter weist, dort soll zum Dank eine Kirche erbaut werden."

Beim Morgengrauen vernahm die Verirrte einen Hahnenschrei. In der Richtung, aus welcher der Hahnenschrei ertönte, mussten Menschen wohnen. Erleichtert atmete sie auf, als sich der Wald lichtete, als sie aufsteigenden Rauch sah und ein Bächlein rauschen hörte. Mit letzter Kraft schleppte sie sich zu der Köhlerhütte. Hilfsbereit reichte ihr der Köhler Speise und Trank. Ja, der gutherzige Köhler brachte die überglückliche Grafentochter auf geheimen Pfaden zurück auf die elterliche Burg. Der Graf lohnte den Großmut seines getreuen Untertans mit Gold, und zum Dank für die Rettung seiner Tochter ließ er, getreu jenem Gelöbnis, dort ein mächtiges Gotteshaus errichten, wo der Köhler seine Wohnstatt und seinen Kohlenmeiler hatte. Und das war im „Inneren Nagelt", das später Urnagold genannt wurde.[128]

## Burg Liebeneck im Würmtal

*Die Landstraße L 572 führt von Pforzheim nach Weil der Stadt und verläuft durch das Würmtal. 3 km nach Würm wird in einem scharfen Bogen die Ruine Liebeneck umfahren. Der Ostweg führt von Pforzheim über die Ruine Liebeneck nach Bad Liebenzell ins Nagoldtal. Die Erbauung der Burg Liebeneck liegt im Dunkeln. Zwischen 950 und 1100 liegen die Vermutungen. Sie wird 1263 erstmals urkundlich erwähnt und wurde im Pfälzischen Erbfolgekrieg (1688-1697) wie Pforzheim von französischen Truppen zerstört. Die Burg gehörte dem Markgrafen von Baden. Die wohlhabende Familie Leutrum hatte sich in Pforzheim angesiedelt und stellte dort den Obervogt. Nach der Zerstörung von Pforzheim bewohnten die Leutrums Burg Liebeneck.*

In der Familie Leutrum existiert folgende Sage: Der Markgraf von Baden lud zur Jagd im Hagenschieß – einem großen Waldgebiet zwischen Tiefenbronn und Pforzheim – ein. Der Markgraf von Baden und Freiherr Leutrum ließen sich unter einer großen Eiche des Hagenschieß nach der Jagd nieder, um sich beim Becherklang von den Strapazen auszuruhen und am Würfelspiel sich zu erfreuen. Schließlich gerieten sie im Spieleifer auf den Einfall, den Leutrumschen und Markgräflichen Anteil des Waldes gegeneinander auf einen Wurf zu setzen. Als die Würfel gefallen waren, hatte der Freiherr verloren. Damit sollte der geringe Waldbesitz der vermögenden Leutrummer im Hagenschieß erklärt werden.[129]

Der berüchtigte uralte Riesenbaum, „die Spieleiche", sei 1840 gefällt worden. Im gleichen Waldrevier steht an der Tiefenbronner Straße (an der Fahrstraße von Pforzheim-Buckenberg über Seehaus direkt zur Spieleiche) wieder eine alte Eiche. Man bezeichnet diese, um die Erinnerung an die ältere wach zu halten, ebenfalls als „Spieleiche".[130]

Nach einer anderen Quelle soll der Markgraf sogar seine Tochter gegen den Waldanteil des Leutrumers gesetzt haben.

# Glatt-, Waldach-, Eschachtal

## KLOSTER ENGELTAL ZU HALLWANGEN

*Die Bundesstraße B 28 von Freudenstadt nach Altensteig umfährt Hallwangen. Nach der Abzweigung Dornstetten führt links die Straße nach Hallwangen. Im Ort links führt die Straße nach Untermusbach. Gleich rechts auf der nordwestlich erstreckenden Bergzunge lag die ehemalige Burg Hoheburg. Der Zugangsweg von Dornstetten führt nach Norden zum Ostweg, der ebenfalls Hallwangen westlich umgeht.*

Auf der Burg lebte ein Ritterfräulein. Das hatte einen einfachen Bürgersohn so lieb, dass es nicht von ihm lassen wollte. Der Vater versuchte seine Tochter auf mancherlei Weise von dem Burschen abwendig zu machen. Doch ohne Erfolg; sie erklärte, lieber sterben zu wollen, als ihrem Burschen untreu zu werden. Da verstieß sie der Vater ohne Gnade und Barmherzigkeit von der Burg.

Sie floh mit ihrem Herzliebsten weit fort. Aber der Himmel selbst schien ihnen zu zürnen. Während sie im Wald gingen, brach ein heftiges Gewitter los, und plötzlich fuhr ein Blitzstrahl nieder und streckte den Geliebten tot zur Erde. Das Edelfräulein war untröst-

◄ Die Eschach

lich. Nun stand es allein. So ging es in ein Kloster, um dort ein Leben unter Gebet und Bußübungen zu verbringen.

Der Vater daheim hatte die Tochter, an der er früher sehr gehangen hatte, nicht vergessen können. Als ihm sein einziger Sohn in der Schlacht gefallen war, hätte er gern seine Tochter wieder nach Hause gerufen. Da erschien ihm nachts im Traum ein Engel, der nannte ihm den Ort, wo die Tochter sich aufhielt. Der Engel aber trug Gesicht und Gewand der Tochter als Nonne. Sofort gelobte er, wenn er seine Tochter glücklich wieder nach Hause bringe, wolle er ein Kloster in Hallwangen stiften. Er fand sie wirklich, und so ließ er das Nonnenklösterlein unter seiner Burg erbauen. Zum Andenken an den hilfreichen Engel des Traums erhielt es den Namen „Engeltal". Die Tochter wurde die erste Vorsteherin des Stifts.[131]

Von dem 1535 aufgelösten Dominikanerinnenkloster Engeltal ist neben dem Kirchlein noch ein Portalsbogen in Hallwangen erhalten.[132]

## WALLFAHRTSKIRCHE ZU HEILIGENBRONN

*Die B 28 führt von Freudenstadt nach Altensteig. Nach der Abfahrt Hallwangen zweigt rechts die Straße über Herzogenweiler, Lützen-*

*hardt nach Heiligenbronn ab. Heiligenbronn gehörte zur Pfarrei Salzstetten. Salzstetten ist heute ebenfalls ein Ortsteil von Waldachtal. Der Gäurandweg führt von Haiterbach nach Süden durch Salzstetten.*

*Heiligenbronn, dessen Name von der Quelle kommt, die neben der heutigen Kirche hervorquillt, wird erstmals im Bebenhäuser Lagerbuch 1356 genannt. Der Quelle wurde eine Heilwirkung bereits damals zugeschrieben. Woher das Heiligenbronner Gnadenbild der Schmerzensmutter kommt, ist nicht bekannt.*

Die Legende erzählt, dass zwei Hirtenbuben es bei der Quelle gefunden hätten. Es sei wieder an den früheren Platz, der nicht bekannt ist, zurückgebracht worden, sei danach aber wieder in der Quelle gelegen. Es wurde ein Bildstöckchen und später eine Kapelle gebaut. Ein Einsiedler ließ sich dabei nieder und empfing die reichlich kommenden Wallfahrer.

Der Bau der jetzigen Wallfahrtskirche „Zur Schmerzhaften Muttergottes" soll durch ein Gelübde angeregt worden sein, das der damalige Pfarrer von Salzstetten, Johann Heinrich Schertlin, abgelegt haben soll. Er wurde von der Räuberbande des Hannikels überfallen. Als er die Banditen im Hause hörte und um sein Leben bangen musste, machte er das Gelübde, in Heiligenbronn eine Kirche zu bauen, wenn er gerettet würde.

Die Rettung brachte der Mesner, der in den landwirtschaftlichen Gebäuden wohnte und den Überfall bemerkt hatte. Er lief zur Kirche

◄ **Die Quelle der Wallfahrtskirche Heiligenbronn**

und läutete Sturm. Darauf erfasste die Räuber Angst und sie flohen. Hannickel wurde später in Sulz gehängt und soll vor der Hinrichtung ein Marienlied gesungen haben.
*(Siehe: Sagen aus dem Enztal „Räuberhauptmann Hannikel aus der Gegend um Seewald", S. 116)*[133]

## WEIBERZAHNSAGE (KÖNIGSFELD-BURGBERG)

*In Erdmannsweiler führt die Straße nach Norden zum Ortsteil Burgberg. Der Querweg Lahr-Rottweil führt von Königsfeld durch das Glasbachtal nach Fischbach. Dabei durchquert es den Königsfelder Ortsteil Burgberg. Von der Burgstraße -Rathaus- rechts in den Professor Domagk-Weg. Zwischen der Nr. 17 und 19 ist der Weiberzahn gut und nah zu sehen. Im Jahre 1429 ist urkundlich von der „Feste Burgberg mit dem Vorhof" die Rede.*

Um das Gemäuer auf dem Däplisberg rankt sich eine alte Sage. Dabei erzählt der Volksmund, dass, als das Geschlecht der Herren von Burgberg noch auf der Burg wohnten, ein schweres Unwetter aus Richtung Nägelesee herangezogen kam. Vom nahen Schlosswald humpelte in der Abenddämmerung eine alte Frau mit ihrem Stock zum Burgtor, wo sie beim Pförtner Einlass begehrte und um ein Nachtlager bat. Der Himmel war inzwischen pechschwarz geworden, Blitze zuckten herab, unterbrochen von ohrenbetäubendem Grollen des Donners, und es goss in „Sturzbächen".

Der Pförtner konnte sie nicht ohne Einverständnis seines Herren, des Ritters von Burgberg, übernachten lassen. Noch ehe er Rücksprache

halten konnte, erschien der Burgherr selbst am Tor. Seine Hartherzigkeit ließ eine Gewährung ihrer flehentlichen Bitte nicht zu. Er wies sie mit groben Worten ab, verspottete und verhöhnte sie wegen ihres hässlichen Aussehens und besonders wegen ihres einzigen, weit hervorstehenden Zahnes. Dem Pförtner befahl er, sie hinauszuwerfen.

So stand sie nun draußen, dem verheerenden Unwetter preisgegeben. In kochendem Zorn stieß sie mit drohend erhobenem Stock einen Fluch aus mit den Worten: „Verflucht sollt ihr und euer ganzes Geschlecht sein! Eure Burg soll verfallen bis auf ein kleines Gemäuer, das so aussehen soll, wie mein Zahn, um dessentwillen ihr mich verspottet habt!"

Tatsächlich starb das Geschlecht aus, und von der einst so stolzen Ritterburg kündet heute nur noch ein kümmerlicher Rest.[134]

## SEEDORFER HECHTE

*Die Landstraße führt von Dunningen nach Fluorn-Winzeln durch Seedorf.*

Im Zeitalter der Reformation standen die Bettelorden in keinem besonderen Ansehen, und Graf Johann Werner der Jüngere ließ die Predigermönche einmal beim Schnor-

◄ Die Weiberzahn-Ruine, Königsfeld-Burgberg

ren voll auf Grund laufen. Das ging so zu: Als der Graf während des Bauernkrieges (1525) in Rottweil wohnte und dort mit seinen Freunden manch lustigen Abend verbrachte, wurde als Spaßvogel jedes Mal der Mönch Zimmerle zugezogen. Dieser begehrte nun vom Grafen etliche Hechte aus dem Seedorfer Schlossweiher, denn gebratene Hechte waren eine Delikatesse. Johann Werner willigte ein, wenn das Kloster sie selbst holen lasse. Heimlich befahl er jedoch „.... seinem alten Amtmann zu Seedorf, wenn der Mönch nach den Hechten schicken ließ, solle er den Boten mit guten Worten abweisen und ihm das Fässlein mit Fröschen füllen lassen." Das geschah, und der Amtmann ließ dem Boten eine Erfrischung kredenzen. Währenddessen füllte er das Fässchen mit Fröschen und tat Stroh darauf. Als Täuschung stellte er einen Zuber mit einigen guten Hechten daneben. Dem Boten befahl er, während der Fahrt das

Fässchen nicht zu öffnen, sondern Wasser durch das Stroh nachzufüllen. Als er nun gegen Rottweil kam und die vermeintlichen Hechte ins Kloster brachte, war der Mönch Zimmerle da. Er zeigte seinen Mitbrüdern an, was er Gutes für sie mit den Hechten getan habe. Die Mönche waren sehr geschäftig, trugen Wasser herbei. Als das Fass unter großer Aufmerksamkeit geöffnet wurde, da kamen statt der erwarteten Delikatessen nur quakende, warzige, klebrige Frösche heraus, die im Kloster herumsprangen.

Der stolze Zimmerle fiel förmlich in sich zusammen, so sehr schämte er sich. Alle Mitbürger und die Leute auf der Straße fragten ihn hämisch, wie denn die Seedorfer Hechte geschmeckt hätten. So nannte man die Frösche aus dem Seedorfer Fischweiher in Rottweil „zimbrische Hechte".[135]

# Gutachtal

## VOM BAU DER GUTACHER KIRCHE UND DEM RAPPENSTEINGEIST

*Die B 33 führt von Hausach durch Gutach nach Triberg. In der Ortsmitte von Gutach führt links die Straße über die Gutach zur Dorfkirche. Auf dem Weg dahin liegt das berühmte Kriegerdenkmal von Liebich beim Gasthaus Linde. Der Zugangsweg zum Mittelweg führt von Gutach an der Kirche vorbei unterhalb des Rappensteins zur Schondelhöhe und zum Mittelweg.*

Eines Tages ließ einer der ersten Herren von Alt-Hornberg, die ihre Burg in der Nähe des Rappenfelsens (oberhalb Gremmelsbach) hatten, seinen Wagen anspannen. Er jagte das Fuhrwerk los und bestimmte, dass dort, wo das Gespann zum Halten käme, eine Kirche erbaut werden solle. Dies soll an der Stelle gewesen sein, wo die heutige Peterskirche steht. Dass die Kirche geostet ist, das heißt Chor und Altar nach Osten weisen, erinnert ebenfalls an das hohe Alter der Kirche, die erstmals 1275 im Zehntbuch der Konstanzer Geistlichkeit erwähnt wird. Es ist unbekannt, wie die alte Kirche ausgesehen hat. 1504 wurde eine neue Kirche gebaut, von der heute noch der Chor steht. 1743 wurde das baufällige Langhaus abgerissen und neu gebaut.[136/137]

◄ Schloss Hornberg          ► Peterskirche in Gutach

Der Rappensteingeist soll ein verwunschener Graf gewesen sein, der zu Lebzeiten seinen Wohnsitz auf dem Rappensteinfelsen an der Kirnbacher Grenze hatte. Nach dem Tod konnte er keine Ruhe finden und wurde häufig in der näheren Umgebung gesehen. Er besaß einen Wagen, zwanzig Ziegenböcke als Zugtiere und nochmals zwanzig Ziegenböcke als Begleiter. Wenn er mit leerem Wagen den Berg herabkam, konnten die Ziegenböcke die Last kaum ziehen, weil sie zu schwer war. Er fuhr jedes Mal herunter bis zum Gasthaus Linde und kehrte dort wieder im Angesicht der Dorfkirche um. Bergauf setzte er die zwanzig ihn begleitenden Ziegenböcke in den Wagen, und die Zugtiere stoben nun mit der Last schnell und mühelos den Berg hinauf. Jeder hütete sich, dem unheimlichen Fuhrwerk zu nahe zu kommen, und so wurde auch nie eine Erklärung für diese seltsame Begebenheit gefunden.[136]

# HORNBERGER SCHIESSEN

*Weiter talaufwärts führt die B 33 nach Hornberg. In Hornberg durch den Ort fahrend, erblickt man rechts gegen Ortsende und über dem Ort liegend die Burg von Hornberg. Nach Duravit rechts über die Brücke, danach führt rechts eine Straße ins Offenbachtal. Nach ca. 500 m biegt rechts die Fahrstraße hoch zur Burg ab. Der Querweg Lahr-Rottweil führt vom Ort über das Schloss zum Westweg.*

Die Burg von Hornberg entstand mit dem jetzigen Bau Ende des 12. Jahrhunderts. Im selben Jahr 1564, als sich das peinliche Hornberger Schießen ereignete, wurde auf dem Gelände der Burg ein neuer Schlossbau errichtet. 1643 gab es einen Brand, bis 1823 dienten die Gebäude als Kaserne. 1900 wurde neben der Ruine das Schlosshotel erbaut.

Es war das Jahr 1564. Da hatte der in Württemberg regierende Herzog plötzlich das Verlangen, den gesamten Westteil seines Landes mit der Amtsstadt Hornberg zu besichtigen. Der durch seine Entschlüsse bekannte Landesfürst jagte schon nach drei Tagen seine Kuriere hinaus, um überall das Kommen des allergnädigsten Landesfürsten zu vermelden. Wie in einem aufgestöberten Wespennest mag es in Hornberg ausgesehen haben, nachdem die überraschende Kunde eingetroffen war. Es herrschte eine erfreuliche Einmütigkeit darüber, dass man den Herzog gebührend empfangen müsse. Ein Fest sollte gefeiert werden, dass es nur so krachte. Und wenn es krachen sollte, musste geschossen werden, natürlich und als besondere Feierlichkeit mit den Kanonen der Festung. Um zugleich die wackere vaterländische Wehrhaftigkeit der Hornberger zu zeigen, sollte die Feier mit einem richtigen Schützenfest verbunden werden, wozu die Hornberger eilends alle Schützengilden im Umkreis einer Tagesreise in die Runde einluden.

Die alten Kanonen wurden alsbald aus dem Zeughaus hervorgeholt und auf Hochglanz geputzt, dann in Stellung gebracht, weil man sicherheitshalber ein paar Probeschüsse lösen wollte. Bald krachte und knallte es vom Schlossberg herunter, dass das ganze Tal widerhallte. Damit waren sie sicher, dass der Herzog sich über den Empfangssalut herzlich erfreuen würde. Schon am nächsten Tag sollte der Herzog eintreffen. Alle Bürger waren zum Empfang gerichtet. Auf dem Schlossturm stand ein Wächter mit dem Auftrag, ja sofort durch ein Hornsignal zu melden, wenn der Herzog im Gutachtal erscheine.

Es war ein heißer Sommertag, die Kehlen ausgetrocknet und nach einem kühlen Trunk lechzend, dass es nicht weiter verwunderlich war, dass der Wächter öfter als nötig ins Horn blies, um bald zu einer Erfrischung zu kommen.

Eine Staubwolke, die aber in Wirklichkeit eine Rindviehherde verdeckte, hielt er in der Aufregung für den Herzog und blies schnell in sein Horn. Sofort schossen die wackeren Kanoniere ihren Salut, bis sich der Irrtum herausstellte. Genauso war es bei den nachfolgenden Staubwolken, die sich zuerst als eine Postkutsche und beim dritten Mal als ein Krämerkarren entpuppten. Jedes Mal zögerten die Männer an den Kanonen nicht sofort loszuböllern.

Als nun schließlich der Herzog mit seinem Gefolge sich wirklich näherte, war das Pulver restlos verschossen. Bei dieser Meldung kratze sich der Bürgermeister hinter dem Ohr und verfluchte die verdammte Knallerei. Endlich schien er einen Ausweg gefunden zu haben. Es war sicherlich ein Ding der Unmöglichkeit, in der kurzen Zeit, die noch blieb, neues Pulver zu beschaffen. Da rief er kurz entschlossen die Ratsherren zusammen und erklärte ihnen, dass es beim Eintreffen des Herzogs ihre Pflicht sei, bum-bum und puff-paff zu schreien, so laut und kräftig es ihnen möglich sei. Pflichtgetreu übernahmen die Räte diesen Auftrag in der Überzeugung, der Bürgermeister werde schon das Rechte gewusst haben. Als nun der Herzog herankam, schrien die Väter der Stadt aus Leibeskräften ihr Bum-bum. Der Landesfürst stutzte und nahm das Ganze höchst ungnädig auf. Ein solcher Spaß schien ihm äußerst unpassend zu sein, und er verschrieb den wie verrückt schreienden „Hornberger Kanonen" je einen Tag Loch, dem Bürgermeister aber drei Tage, soll ihnen indes nachher verziehen haben.[138/139]

## TEUFELSRITT VON HORNBERG

*Hornberg liegt an der B 33 von Hausach nach Triberg. Von der Ortsmitte führt der Zugangsweg zum Mittelweg gleich oberhalb über die Markgrafenschanze.*

Vor vielen hundert Jahren sahen die Hornberger Bürger eines Nachts ein Feuer auf den Felsklippen, die später Markgrafenschanze hießen. Aber es war niemand anderes als der grimmige Teufel selbst, der in dieser Nacht hier auf den Felsen seinen Thron aufgeschlagen hatte, schnaubend dunkle Rauchwolken über den Abhang blies, wobei ab und zu ein Feuerschein aus den roten Nüstern zuckte. Mit seinem Höllenblick stierte er auf die am jenseitigen Berghang aufragende Burg.

Dort hatte der verschwenderische Junker Hans seine Freunde im Rittersaal versammelt, wobei sie bei Singen und Trinken das bisschen Hab und Gut des Junkers noch vollends vertaten. Die Hornberger hatten sich geweigert, dem verschuldeten Junker nochmals mit Geld zu helfen. Missmutig wollte der Junker seinen weinschweren Kopf im Schlosshof etwas abkühlen. Als er von dort die Stadthäuser sah, überkam ihn ein heftiger Zorn über seine Bürger, die er allesamt zum Teufel wünschte. Doch schon stand die finstere Gestalt des Bösen, der dort droben nur auf so etwas gewartet hatte, neben ihm. „Dein Wunsch kann in Erfüllung gehen", sprach der Teufel, „ich verschaffe dir 200 Pfund Silber, wofür du mir die Bürger da unten überlässt!" Rasch überlegte der Ritter, wie er zu Geld kommen, zugleich aber dem Teufel einen Streich spielen könnte. Also fragte er nach den Bedingungen des Vertrages. „Um die nächste Mitternacht, aber in gehöriger Entfernung von der Kirche, deren Nähe ich nicht gut vertragen kann, nämlich droben auf dem Felsen über den Reben, die dort am Abhang wachsen, soll der Vertrag geschlossen werden. Da ich immer einen höllischen Durst habe, musst du als Kauftrunk noch ein Fass Wein stellen!" Als das der Junker hörte, kam ihm ein rettender Gedanke. Also stellte er seinerseits Bedingungen, dass der durstige Weinteufel das ganze Fass allein auf einen Zug austrinken müsse. Der Teufel lachte dazu und meinte, das sei für ihn eine Kleinigkeit.

Mit dem Wein, den der Junker zu stellen gedachte, hatte es seine besondere Bewandtnis. Es war jene Zeit, als auf dem Rebberggelände Weinreben wuchsen. Wenn es überhaupt einen Ertrag gab, war der Wein sauer wie Essig. Damals sagte man spottend zu den Rebesitzern, dass ihre Hausfrauen schon mit einigen Tropfen dieses edlen Weines leicht die größten Löcher in den Strümpfen stopfen könnten, da einem dieser Wein sogar den Mund ganz zusammenziehe. Wenn man den Wein trinke, müsse man um Mitternacht eine Kirchenglocke läuten, um die Weintrinker zu wecken. Sie müssten sich dann flugs auf die andere Seite legen, damit ihnen der Wein kein Loch in den Magen fraß. Auf diese herrliche Eigenschaft des Weines baute der Junker seinen Plan. Er ließ ein großes Fass „Rebberger" zu den Schanzenfelsen hinaufschaffen, ohne den Leuten zu sagen zu welchem Zweck. Um die Geisterstunde sauste er wirklich heran, der schwarze Teufel war da. Der Vertrag wurde abgeschlossen, und alsbald lag ein Sack mit dem so ersehnten gemünzten Silber neben dem Ritter. Nun packte aber auch der Teufel das Fass, riss den Spund heraus, hob das Fass in die Höhe, setzte an, und nun floss der Wein hinunter in den unersättlichen Schlund. Aber bald fing der Teufel an zu stöhnen, der kalte Schweiß floss an ihm herunter. Nach seiner Gewohnheit gab er jedoch nicht auf, bis das

Fass leer war. Dann warf er es über den Felsen hinunter, fauchte den listigen Junker wütend an und wollte sich auf seine armen bürgerlichen Opfer im Tale stürzen. Er holte zum Sprung aus, stürzte aber unter entsetzlichem Getöse und mit einem lauten Knall auf die nächste, tiefer liegende Felsenklippe ab. So tat der Rebberger auch beim Teufel seine Wirkung. Zugleich begann im Städtele die Mitternachtsglocke zu läuten, und verschwunden war der ganze Höllenspuk. Ritter Hans wollte schnell noch seinen Geldsack packen, doch war leider dieser auch verschwunden. Der Junker blieb auch weiterhin ein armer Schlucker.

Trotz dieses Ärgers konnte er jedoch das Erlebnis nicht ganz für sich behalten, gackerte es beim Trunke aus, und bald war sein nächtliches Unternehmen auch im Städtlein ruchbar geworden. Jedermann stieg auf jene felsenreiche Höhe und fand dort tatsächlich die Spur des Teufelsfuß in den Felsen. Von da bürgerte sich für jene Felsen der Name „Teufelsritt" ein, bis in unsere Tage.[140]

## Schlossgeist Käther auf Alt-Hornberg

*Die B 33 führt talaufwärts an Niederwasser vorbei. Nach ca. 3 km liegt links die Steinbissäge. Von dort links nach Gremmelsbach, nach 1 km links nach Leutschenbach hinauf auf die Höhe von dort hinunter nach Althornberg. Am letzten Hof 500 m zu Fuß links, haltend zum Schlossfelsen. Der Verbindungsweg zwischen den Höhenwegen führt auf der Höhe, von der Steinbis Säge im Gutachtal kommend, südlich von Gremmelsbach zum Schlossfelsen mit seiner herrlichen Aussicht. Vom Querweg Lahr-Rottweil, von Hornberg aus östlich*

gelegen, zweigt ein Wanderweg beim Feierabendfelsen ab und führt über den Schlossfelsen wieder zum Querweg. Von dem Schloss Alt-Hornberg, dem Stammsitz der Herren von Hornberg, ist nur wenig bekannt. Von der Burg ist so gut wie nichts mehr erhalten, nur ein Schacht von ungefähr 1 m Breite, der in den Schlossfelsen eingehauen ist. Die Burg muss um 1100 entstanden sein. Vorhandene Unterlagen sind beim Hornberger Stadtbrand vernichtet worden, so dass der genaue Zeitpunkt der Zerstörung im Dunkeln liegt.

Auf dem Schloss Alt-Hornberg ging es zuweilen recht übermütig zu. Die Herren bauten eine lederne Brücke vom Schlossfelsen über das weite Gutachtal hinweg auf den gegenüberliegenden Schanzenberg. Über diese Lederbrücke ritten sie dann mit ihren gepanzerten Gäulen. Ganz toll trieb es ein Schlossherr mit seinem Gesinde einmal am Heiligen Abend vor der Christnacht. Er hielt für seine Leute einen Ball. Alle mussten tanzen, aber ohne Kleider und ohne Schuhe, statt deren man ausgehöhlte Batzenwecken an den Füßen trug. Die Geiger musizierten lustig drauf los. Da stieg ein „Wetter" am Himmel herauf. Eine Stallmagd, Käther genannt, stürzte warnend in den Tanzsaal hinein. Man solle doch aufhören mit dem Tanzen; es stehe ein Wetter am Himmel, und man höre es schon „dundere". In frevligem Übermut meinte darauf der Schlossherr: Das sei gerade recht. Unser Herrgott musiziere nun selber, jetzt wollten sie erst recht tanzen. Der Tanz ging also unentwegt weiter.

Da auf einmal krachte es auf dem Schlossfelsen: Der Blitz hatte in den trockenen Holzbau eingeschlagen. Es war ein „heißer Streich". In wenigen Minuten stand das Schloss in Flammen, und alle kamen

◄ Der Schlossbergfelsen über Althornberg

darin um, ausgenommen die fromme Stallmagd Katharine. Sie blieb
am Leben, musste aber wehklagend durch die Wälder bei den Trümmern geistern, bis ein Jüngling sie durch drei Küsse erlösen würde.

Nach elf Uhr nachts kommt sie aus den Höhlen des Burgfelsens hervor und eilt dann durch die „Alt-Hormet", an der steilen Talwand
oder an der „Burghalde" hinab an den „Großen Bach". Dort unter
der Brücke des „Vierten Bauern" wächst und strählt sie sich und
putzt sich heraus, wie wenn sie zum Tanze ginge. Denn sie möchte
auf dem Heimweg gern einem Jungmann begegnen, der ihr drei
Küsse gibt und sie dadurch erlösen könnte. Vor hundert Jahren traf
sie einmal einen solchen. Er erbarmte sich über die jammernde Gestalt und gab ihr zwei Küsse. Schon glaubte sie, sie sei erlöst. Als er
ihr aber den dritten „Schmatz" geben wollte, schauderte es ihn vor
der Geistergestalt dermaßen, dass er eilig davonlief. Die Schloss-
käther jammerte nun laut, dass man es über Berg und Tal hören
konnte, wie das Böllerschießen am Herrgottstag. „Ach Gott, wann
werde ich erlöst werden? Nur ein Mensch kann mich erlösen. Ich
weiß aber nicht, ob er schon geboren ist!"[141/142]

*Siehe auch: Die Sage vom Schloss, das dort gestanden haben soll,*
*wo heute die Laubwaldkapelle steht, S. 149.*

## FELSENFRÄULEIN VON HORNBERG

*Am Ortsausgang von Hornberg nach der Duravit führt eine Brücke*
*über die Gutach. Links führt die Straße Richtung Frombachtal ab.*
*Nach der Brauerei Ketterer vor dem Taleingang liegt rechts ein ei-*

gentümlich geformter, vor tannendunkler Bergwand sich abhebender Fels, der als Granitmasse kegelförmig emporsteigt und in einer wulstartigen Spitze endet: Es ist das Felsenfräulein. Der Rad- und Wanderweg führt von Hornberg nach Niederwasser am Felsenfräulein vorbei.

Die Sage berichtet, dass einst ein Ritter auf der Hornburg lebte und eine schöne aber hartherzige und selbstsüchtige Tochter hatte, die nur am Schmerz und an den Leiden Anderer Freude fand. Des Sonntags pflegte sie, statt die Kirche zu besuchen, in Wald und Fels auf flüchtigem Renner, über die Äcker der Bauern hinweg, dem Waidwerk obzuliegen. Die Klagen der Landleute bei ihrem Vater wegen vernichteter Ernten erwiderte sie damit, dass sie den betreffenden Bauern auflauerte und dieselben vom steilen Felsen hinab in die Tiefe stürzte.

Einstmals jagte sie wieder im Walde, als ein Greis mit weißem, wallendem Bart und Haupthaar ihr entgegentrat und sie um eine Gabe bat. Diese Bitte schroff und höhnisch zurückweisend, versuchte sie den Alten, indem sie ihn an den Schultern packte, in die Tiefe des wild brausenden Grießbachs zu stürzen.

Da wuchs der Greis plötzlich zu riesenhafter Größe an, berührte mit seinem Stab ihr Herz und rief mit furchtbarer Stimme: „Du willst dein Herz für dich allein haben. Dein Wille geschehe, für alle Zeiten schlage es dir allein." Von dieser Stunde an war sie in den Felsen verwandelt, und dieser wird seitdem das Felsenfräulein genannt.[143]

◄ Das Felsenfräulein bei Hornberg

## HOHNENKAPELLE BEI TRIBERG

Die B 33 führt an Triberg vorbei nach Villingen. Am Ortseingang zweigt die B 500 rechts ab, die zur Innenstadt führt. Gegenüber links zweigt nach rechts die Hohnenstraße nach Hohnen ab, die bei Nussbach Vordertal wieder auf die B 33 trifft. Nach 1,4 km liegt rechts die Hohnenkapelle.

Der Zugangsweg von Triberg über Gremmelsbach zum Mittelweg führt bei Oberhohnen an der Hohnenkapelle vorbei. Sie ist dem heiligen Wendelin geweiht. Sie wurde 1685 gebaut. Den rechten Türpfosten ziert noch das Wappen der Stadt Triberg. Bis zum Jahre 1788 diente sie als Gotteshaus für einen Teil der Bevölkerung von Gremmelsbach und Nussbach.

Der Volksmund berichtet davon: Dem Teufel war die Kapelle ein Dorn im Auge. Er wollte sie wegführen und zertrümmern. Doch Christus, in der Schwäche eines alten Männchens, hinderte den Kapellenfeind an seinem verwerflichen Vorhaben. Voll Wut schlug der Teufel auf einen Felsen ein, ja biss noch mit seinen Zähnen ein Stück von ihm ab. Der so zugerichtete Felsen, ein „Schalenstein", erhielt den Namen Teufelsfelsen.

Andere wussten es anders. Der Teufel trug den Felsen auf den Berg, um damit die Kapelle zu zerschmettern. Als er zum Wurf ausholte, begann das Glöckchen zu läuten und nahm dem Bösen alle Macht. Nein, sagen wieder andere, der Erzengel Gabriel überraschte den Teufel und ließ den Stein in seinen Klauen schmelzen.[144/145]

## TRIBERGER WASSERFALL

*Die B 33 führt von Hausach nach Triberg. Die lange Ortsdurch-*
*fahrt führt am Markplatz vorbei. In der Biegung endet geradeaus*
*der Wasserfall. Die Höhenstraße B 500 führt weiter in mehreren*
*Serpentinen auf den Schwarzwald hinauf. Oben vor Schönwald an-*
*gekommen, stürzt sich im Loch die junge Gutach in die Hölle, dann*
*über riesige Felsen in sieben einzelnen Fällen 170 m tief hinab nach*
*Triberg. Auch der Zugangsweg zum Westweg führt von Triberg die*
*Wasserfälle hoch.*

Vor vielen hunderten von Jahren, als hier noch alles undurchdringlicher Wald war, herrschte auf einem Felsenschlosse eine
schöne, kalte und unendlich stolze Fürstin: Gutta von Triberg.

Einstmals verirrte sich die stolze Fürstin im Walde und, obwohl es ihr
schwer fiel, rief sie in Angst um Hilfe. Ein junger, kühner und stolzer
Jägersmann, der auf der Pirsch war, hörte ihre Hilferufe. Ein wunder-
schönes Weib mit blondem langem Haar und enzianblauen Augen
stand nach einer kurzen Suche vor ihm: Es war die kaltherzige Fürstin
Gutta von Triberg, die Felsenkönigin. Da die Nacht bald hereinbrach,
führte er sie in die heimatliche Hütte seiner Mutter, um sie am nächsten Morgen auf das Felsenschloss zurückzuführen. Mit stolzem Hoch-
mut wurde er entlassen. Sein erhofftes Glück ward bitter enttäuscht.
Der verliebte Jäger fand aber keine Ruhe, die lockenden blauen Augen der Fürstin fesselten ihn Tag und Nacht. Den Rat der Mutter, die
den bösen Sinn der hartherzigen Gutta spürte, achtete er nicht. Die

▶ Die Wasserfälle von Triberg

Sehnsucht nach ihr verzehrte ihn. Immer und immer wieder schlich er in der Nähe des Schlosses umher, in der Hoffnung, einen Blick von der Fürstin zu erhaschen. Doch eines Tages brachten die Schlossknechte den verliebten Jägersmann vor ihre Herrin; die erkannte ihren Retter und nahm ihn freundlich auf. Er fand den Mut, seine Liebe zu offenbaren und Gutta zu bitten, ihn zum Ehemann anzunehmen. Bevor jedoch die kaltherzige Fürstin eingewilligt hatte, stellte sie grausam die Aufgabe, er solle von einem Zacken des Schlossfelsens auf einen entfernten Felsen springen. Viele ritterliche Freier hatten den Sprung schon getan und mit ihrem Leben bezahlt. Der Jägersmann blind vor Liebe wagte den Sprung. Jedoch wurde, wie den anderen auch, die Schlucht sein Grab; zerschmettert lag er in der Tiefe.

Klagend suchte die alte Mutter ihren Sohn, ließ sich auch von den Knechten des Felsenschlosses nicht aufhalten. So kam sie auch zur Fürstin und verfluchte das herzlose Weib: „Zum Stein sollst du werden und ewig weinen sollst du über deine Freveltaten." Eh' Gutta wusste, wie ihr geschah, war das Schloss eingestürzt und sie zum Felsen verwandelt. Aus dem Felsen rinnt ein dünnes Wasserbächlein, das sich aber zum tosenden Wildbach entwickelt. So wurden aus Guttas Tränen ein wilder Bach, der Gutach genannt wurde.[146]

## URSPRUNG DER TRIBERGER WALLFAHRT

*Von Triberg führt die B 500 auf den Schwarzwald hinauf. Kurz vor der Abzweigung nach Schonach liegt linker Hand über dem Autofahrer die stolze Wallfahrtskirche von Triberg. Der Zugangsweg zum Westweg über Schonach führt an der Wallfahrtskirche vorbei.*

*Wenn wir heute diese heilige Gnadenstätte betreten, so erinnert sie an längst vergangene Zeiten, als Triberg noch vorderösterreichischer Herrschaftsbesitz war. Die Gegend um die heutige Wallfahrtskirche war, durch raue Wälder vom Städtchen getrennt, der einzige Fahrweg dorthin und zog sich am jenseitigen Faulberg entlang nach Schonach.*

Zur Zeit des Dreißigjährigen Krieges grünte in dieser Wildeinsamkeit ein Tannenbaum mit großen, herabhängenden und zottigen Ästen. Nahe dabei führte vom Städtchen her durch Gestrüpp und Felsblöcke ein Fußweg, an dessen linker Seite ein starker Brunnenquell hervorbrach. Dieser Baum und die Quelle luden den Vorübergehenden zu einer kurzen Rast ein, zumal an einer Tanne ein Pergamentbildchen, die unbefleckte Jungfrau darstellend, angebracht war. Manch armer Wanderer mag davor den Hut gezogen und ein frommes Gebet verrichtet haben.

Mit der Zeit weichten Regen und Wind das Bildchen auf, so dass es eines Tages herabfiel. Ein siebenjähriges Kind, Barbara Franz, fand das Bildchen am Boden liegend und hob es auf. Inständig bat sie ihre Mutter, es mit nach Hause nehmen zu dürfen. Voller Freude zeigte Barbara allen Hausgenossen, was sie gefunden hatte, und heftete das Bildchen unter dem Kreuz in der Wohnstube fest. Nach kaum drei Tagen wurde allerdings die Freude der kleinen Babara durch ein schmerzliches Augenleiden getrübt, das sich nach kurzer Zeit so verschlimmerte, dass das Mädchen in Gefahr kam, das Augenlicht völlig zu verlieren. Die Eltern machten ein Gelübde und opferten Almosen, wenn nur der Herrgott ihrem Kinde wieder gesunde Augen schenkte. Und siehe da, Barbara wurde wieder ruhiger und fiel in einen erquickenden Schlaf, nachdem die Schmerzen schon etwas nachgelassen hatten. Als sie erwachte, erzählte sie munter den Eltern von einem wundersamen Traum: „Es kam mir vor, als wenn jemand ganz deutlich zu mir spräche: Wirst du das Pergamentbildlein wieder zur Tanne tragen an seinen Ort, so wird die Krankheit völlig von deinen Augen weichen." Gleich am nächsten Tag gingen die Eltern vertrauensvoll zur Tanne und setzten das Bildchen wieder an seinen ursprünglichen Ort. Sie knieten andächtig nieder, empfahlen sich der Gottesmutter und kehrten getröstet wieder nach Hause zurück. Nach zwei Tagen hörten die Augenschmerzen auf, so dass Barbara auch nicht die Spur davon merkte. Diese Ereignis erregte überall großes Aufsehen, und die Verehrung des Marienbildes nahm allgemein zu.

Barbara Franz war geboren am 21. Februar 1637. Später heiratete sie den Amtsschreiber Johann Ketterer und lebte mit ihm 54 Jahre lang in glücklicher Ehe. 1717 starb sie, ohne dass sie jemals wieder von einem Augenübel befallen worden wäre, was eidlich beurkundet wurde.

*Oder:* Nach einer wundersamen Heilung wurde am Muttergottesbild für die Wallfahrer ein Dächlein und Opferstock angebracht. Da dieser öfters aufgebrochen wurde, wurde es in der Pfarrkirche untergebracht. Deswegen wucherte die Höhlung, in der die Muttergottes-Statue gestanden hatte, zu. Durchziehende Tiroler Soldaten, die dem Quartier auf dem Rohrhardsberg zustrebten, hörten den seltsamen himmlischen Lobgesang. Im Lager angekommen, hörten sie von einem Alten, der ihnen von der wundersamen, früher oft besuchten Bildtanne erzählte. Tatsächlich fanden sie am nächsten Tag eine große Tanne, die ein beinahe mit Baumrinde und Spinnweben zugewachsenes Loch aufwies. Nach Reinigung des Loches erblickten

sie das Bild der Himmelskönigin mit dem Kinde. Ehrfurchtsvoll fielen sie auf die Knie und beteten.

Tage später sammelten sie Geld von ihrem Sold, richteten den Platz um die Tanne her und ließen für das Gnadenbild ein rotes Röcklein machen, ein gläsernes Vorfenster, ebenso ein Sturtzdach und eine Inschrift: „Sancta Maria, Patrona, ora pro nobis" (Heilige Maria, Patronen der Soldaten, bitte für uns). Das war der Ursprung der Soldatenwallfahrt.[147]

## Von der Laubwaldkapelle bei Schonach

*Von Schonach die Grubstraße 1 km, am Waldrand links, immer Richtung Holz oder Holzbauernhof und durch das Gelände des Holzbauernhofs fahren. 700 m kurz vor dem letzten Hof das Fahrzeug abstellen. Rechts 300 m am Waldrand entlang nach unten gehen. Dort liegt versteckt die Laubwaldkapelle. Der örtliche Wanderweg führt den gleichen Weg zur Kapelle und weiter zum Westweg.*

*Beim Schonacher Lehnbauer liegt eine kleine Kapelle mit einem alten Uhrwerk für die Turmuhr. Sie wird auch Holzkapelle oder Holz-Jogeleskapelle genannt. In ihr wurden kleine Andachten abgehalten. Im Wald, nicht weit davon, entspringt eine Quelle, die wegen des weidenden Viehs eingefasst war und in die Nähe der Kapelle geleitet wurde.*

Das Wasser dieser Quelle wurde als heilkräftig angesehen. Hier wurde ein Brunnenstock in Kreuzform, mit fünf Röhren, in Figuren die fünf Wunden Jesu darstellend, errichtet. Diesen Brunnen hat die Schonacherin namens Slomäa Schondelmaier einem Gelübde zufolge gestiftet. Diese Frau war zweimal hoffnungslos krank und schrieb ihre Heilung dem Gebrauch dieses Wassers zu. Der Ort wurde von da an oft von Leuten besucht, und viele erhielten dort Wohltaten und Hilfe in allerlei Anliegen. So kam es, dass entgegen dem Willen der Obrigkeit, dieser Ort zu einer Art Wallfahrt gedieh. Die Obrigkeit jedoch meinte, die wahre Wallfahrt sei die Triberger zur Maria in der Tanne und man bräuchte keine andere. So wurde schließlich die Wallfahrt zur Laubwaldkapelle von der kirchlichen Obrigkeit verboten. Die Opfergelder mussten abgeliefert und der Brunnen samt Kreuz entfernt werden. Das Wasser wurde sogar als Heilwasser ins Ausland gebracht. Trotz des Verbotes und der Strafandrohung starb die Wallfahrt dorthin nicht aus, so dass die Kapelle 1870 vergrößert und von Pfarrverweser Döbele von Schonach eingeweiht wurde. Die Erlaubnis, Messe in der Kapelle zu lesen, wurde jedoch nicht erteilt.[148/149/150]

## Vom Schloss, das dort gestanden haben soll, wo heute die Laubwaldkapelle steht

*Die B 33 führt von Hornberg nach Triberg. Rechts über der Gutach liegt die Gemeinde Niederwasser. Die Fahrstraße, die rechts von der Bundesstraße abgeht, führt hinauf auf den Schwarzwald. Die Fahrstraße umschließt den Schanzenberg. Gegenüber auf der anderen Seite liegt der Schlossfelsen von Althornberg. Der örtliche Wanderweg führt von Niederwasser hoch über den Schanzenberg, an der Laubwaldkapelle vorbei nach Schonach.*

Einst stand auf der Stelle, wo heute eine friedliche Kapelle die Pilger aufnimmt, ein stattliches Schloss. Lange Jahre hatten die Inhaber in treuer Sorge für ihre Untertanen gewacht, für sie gekämpft und die Herrschaft gut verwaltet. Der aber mit der Zeit immer größer werdende Wohlstand und schließlich der Luxus hatten nach und nach den Schlossbewohnern die edle Gesinnung genommen, und die zuletzt dort ansässige Generation kannte nur noch den Taumel des Vergnügens und der Wohlsucht.

Um mit ihren Zechgenossen auf Althornberg jenseits der Gutach stets gute Verbindung zu haben, ließ man zwischen dem Felsen auf dem Althornberg und dem gegenüberliegenden Schanzenberg diesseits des Tales eine lederne Brücke spannen, wozu die Bauern aus der Umgebung eine Unmenge von Rinderfellen zu liefern hatten.

Festliche Gelage, Jagden und Gestüte, die von den Untertanen unerschöpfliche Lasten an Abgaben erforderten, lösten sich fortwährend ab. Selbst die religiösen Feste arteten bei den übermütigen Hausbewohnern in wüste Zechgelage aus. Einst in einer Christnacht trieben sie es besonders toll. Mit ausgehöhlten Wecken an den Füßen, die als Tanzschuhe dienen sollten, führten Herrschaftsleute und Hausgesinde unbekleidet Tänze auf. Die Zecherei, das Gejohle und wüste Geschrei gellten in die Winternacht hinaus. Alles huldigte dem lasterhaften Treiben, nur eine fromme Dienstmagd hielt sich davon fern. Wiederholt schon hatte sie an dem Abend die Hausmitbewohner vor des Himmels Strafgericht gewarnt und das Gewitter am winterlichen Himmel als Drohung Gottes gedeutet. Hohn und Spott waren die Antwort, die ihr zu Teil wurde. Immer toller wurde das Treiben, immer greller zuckten die Blitze und heftiger wurde der krachende Donner in der Winternacht. Vom Schauer erfasst und Gottes rächende Hand für die sodomitische Stunde fürchtend, verließ die treue Schlossmagd endlich das Haus. Kaum aber hatte sie die Hoftüre hinter sich verschlossen, als ein greller Blitzschlag in das Schloss fuhr, das alsbald lichterloh in Flammen stand. Was nicht verbrannte, versank im Sumpf und Boden. Von den Hausbewohnern konnte sich niemand mehr retten, auch die Schlossmagd hat seit dem Tage niemand mehr gesehen. Kein Stein und kein Balken verriet bald mehr die Stelle, wo einst dem Laster gefrönt wurde. Auch die Schlosskapelle war verschwunden. Ihre Glocken aber will man noch wie aus einem unterirdischen Gewölbe in der Christnacht läuten gehört haben. Wenn auf dem gegenüberliegenden Jungbauernhof ein Hahn sieben Jahre alt wurde, sollte er die Spitze des Kirchleins wieder aus dem Boden scharren. Wiederholt schon und fest behauptet wurde, dass noch jeder Hahn auf dem Jungbauernhof eingegangen war, ehe er das Alter von 7 vollen Jahren erreicht hatte.

Häufig will man die Schlossmagd mit einem Schlüsselbund am Gürtel zur Adventszeit und an den Vorabenden vor Marienfesten am Bach im Sägloch gesehen haben. Dort kämmt sie ihre Haare und rüstet sich zur bevorstehenden Feier. Ihr Gang ist überaus schön und anziehend. Wer sie aber nach Namen und Grund ihres Aufenthaltes fragt, dem verschwindet sie unter Wehklagen aus den Blicken.

Ein Hirtenmädchen beim Holzbauer hat sie oft angetroffen und kam dann immer spät mit dem Vieh nach Hause von der Weide. Befragt wegen ihres langen Ausbleibens erzählte sie von dem schönen Fräulein, die so herrlich singen konnte. Oft brannte in der Laubwaldkapelle abends noch ein Licht, wenn längst die Türe verschlossen war. Engelsharmonien drangen aus dem Marienheiligtum. Wer aber neugierig die Türe öffnete, dem wehte aus dem dunklen Gemäuer nur ein kalter Luftzug entgegen.[151]
*(Siehe auch: Der Schlossgeist Käther auf Althornberg, S. 142)*

## WOHER DER WOLFSBAUERNHOF BEI SCHONACH SEINEN NAMEN HAT

*Von der Ortsmitte Schonach führt ein Fahrweg ins Turntal direkt zum Wolfbauernhof. Der Westweg führt von Schonach nach Süden oberhalb des Turntals kurz bevor er das Naturschutzgebiet des Blindensees erreicht direkt am Wolfsbauernhof vorbei.*

Vor etwa 400 Jahren, als noch Bären und Wölfe im Schwarzwald heimisch waren, peitschte ein eisiger Nachtsturm Schnee über das Strohdach des uralten Heidenhofes. Nur Zenta, die große, etwas struppige Wolfshündin, umlief heulend den Hof und suchte ihre Jungen, die ihr der Bauer genommen hatte.

Doch plötzlich, was war das? Zentas fletschte ihre Zähne, und ihre Haare sträubten sich. Gellende Warnlaute ertönten in der eisigen Sturmnacht. Das angstvolle Brüllen des Viehs und das Klirren der Ketten im Stall ließen auch den Bauern und die Knechte aufhorchen. Der Blutgeruch eines gerissenen Rindes schlug Zenta entgegen, als sie in den Stall stürzte, und zwei grüne Wolfslichter glühten aus dem Dunkel. Die starke Hündin sprang die halbverhungerte Wölfin an, die ihre Raubzähne in die struppige Brust der Hündin grub. Aber Zenta gab nicht nach und biss der Wölfin die Gurgel durch.

Zenta leckte ihre Bisswunden neben der toten Wölfin, die vor wenigen Stunden noch die Welpen gesäugt hatte. Ihrem mütterlichen Instinkt folgend, lief Zenta hinaus in die stürmische Nacht und fand auf der Höhe unter einem Busch vier hungrige kleine Wölfe, die das Blut der Mutter rochen und daher gierig bei der Hündin tranken. Als der Bauer frühmorgens nach Zenta schaute, knurrten vier kleine Wölfe hinter ihrem Rücken. Treu und bettelnd blickte der Hund seinen Herrn an, damit dieser nicht zum zweiten Male die Kinder fortnehme. Als er die Axt schwang, um die Welpen zu töten, blickte das treue Tier entsetzt auf seinen Herrn. „Platz Zenta", rief der Bauer. Geduckt legte sie sich schützend vor ihre angenommenen Kinder. Der Bauer schlug zu, und schon sprang Zenta ihm an die Kehle, sodass der Bauer röchelnd niederstürzte und den Schnee wie ein weißglitzerndes Leichentuch mit seinem Blut färbte. Die Axt noch in der starren Faust, so fanden ihn die Knechte. Von Zenta und ihren vier Wolfskindern sah kein Menschenauge je wieder eine Spur.[152]

# BLINDENSEE BEI SCHONACH

*Am Ortsende von Triberg zweigt von der B 500 die Landstraße nach Schonach ab. Von der Ortsmitte führt ein Fahrweg von der Ortskirche über den Wolfsbauernhof in die Nähe des Blindensees. Der Westweg, von Schonach kommend, nach Schönwald führt durch das Naturschutzgebiet, in dem der Blindensee liegt.*

Zwei Bauernhöfe, deren Inhaber streitbare Nachbarn waren, sollen einst an der Hochfläche des heutigen Blindensees gestanden haben. Ein Blitz vernichtete beide Höfe, und die dadurch entstandene Bodensenkung füllte sich allmählich mit Wasser.

Vor langer Zeit drohte der Blindensee einmal auszubrechen und das Tal zu überschwemmen. Da kam die Mutter Gottes und spannte ein Netz von Fäden vor die Öffnung, wodurch das Wasser wie durch einen Damm zurückgehalten ward. Jedes Jahr aber verfault ein Faden, und wenn endlich alle verwest sind, dann bricht der See heraus und überflutet das ganze Tal. Das geschieht am Bartholomäustag, wenn in Triberg Jahrmarkt ist.[153]

*Oder:* Die Namensgeschichte des Blindensees ist nicht auf das blinde Gewässer ausgerichtet, sondern auf den Blindenhof. In unmittelbarer Nähe, und zwar auf der Schönwälder Seite, stand einst der Blindenhof und war im Besitz des Blindenhofbauern. Der Blindenhof soll zu seinem Namen gekommen sein durch den Fluch des Besitzers. Als er noch keinen Hoferben hatte, nur Mädchen, beschwor er Gott und den Teufel, ihm einen Buben zu schenken, selbst wenn er mit Blindheit geschlagen zur Welt käme. Sein Wunsch erfüllte sich, und auf dem Hof wurde ein blinder Knabe, der den Hof zu übernehmen hatte, geboren.

Der Bauer soll gesagt haben: „Du hast so viel Hab und Gut, dass du genügend Knechte und Mägde auf den Hof nehmen kannst: Regieren kann auch ein Blinder." Dass dem nicht so war, zeigte sich, denn Grund und Boden gingen verloren durch Spekulationen und frevelhafte Machenschaften der Sehenden. Vom Blindenhof ist nicht mehr viel zu sehen. Auch nicht vom Blindenhüsli, dem Taglöhnerhaus in unmittelbarer Nähe, das im letzten Krieg niedergebrannt wurde.[154]

# Schuttertal – Eschbachtal

## BRUDERTALKAPELLE BEI KUHBACH

*Die B 415 führt von Lahr über Kuhbach nach Biberach. An der Dorfkirche von Kuhbach zweigt das Brudertal ab. Auf dem Holzabfuhrweg werden bergauf bald die ersten Kreuzwegstationen sichtbar. Nach der Gemarkungsgrenze von Friesenheim liegt in einer Schleife oben in den Bergen die Brudertalkapelle. Der Zugangsweg zum Kandelhöhenweg beim Bildstöckle umgeht beim Rauhhörnle oberhalb die Brudertalkapelle.*

*Vermutlich wurde die erste Kapelle 1024 gebaut. Nach dem Westfälischen Frieden wurde sie 1648 wieder hergerichtet, da sie schwer verfallen war.*

Vor der Kapelle entspringt eine Quelle, die zu einem Brunnen gefasst wurde. Ein katholischer Knecht in Lahr, der an einer Augenkrankheit litt, hörte von der Heilkraft dieser Quelle. Er sagte dies seinem Herren, einem lutherischen Kaufmann, und bat ihn um Erlaubnis, in das Brudertal wallfahren zu dürfen. Dieser erwiderte spottend: „Gehe hin, du Tor, und wasche daselbst nicht nur deine Augen, sondern auch die meines blinden Schimmels, den du mit-

nehmen kannst." Dadurch nicht irre gemacht, ging der Knecht am selben Tage mit dem Pferde an den Gnadenort, wo ihm eine arme Frau die Quelle zeigte. Mit dem frischen Wasser wusch er nun unter Anrufung der barmherzigen Fürbitte Marias bei Gott dreimal seine und seines Schimmels Augen und bat zuletzt die arme Frau, sich dieser Pilgerfahrt mit Gebet und Betrachtung des schmerzhaften Rosenkranzes für ihn, der durch seinen Dienst keine Zeit habe, noch zweimal zu unterziehen, was sie auch gegen ein kleines Almosen übernahm. Auf dem Rückweg war das Pferd sehend. Als dies der Knecht daheim voll Freude meldete, sprach sein Herr: „Ja, ja, der Schimmel sieht, ich aber bin blind!" Er hatte zur Strafe für seinen Spott plötzlich und auf immer das Augenlicht verloren. Als die arme Frau die zwei Wallfahrten für den Knecht getan hatte, war derselbe von seinem Übel befreit.

*Oder:* Ende des 18. Jahrhunderts wurde die Wallfahrt im Brudertal unterdrückt. Das Gnadenbild Marias brachte man nach Kuhbach, wo es im Speicher eines Wohnhauses aufbewahrt wurde. Aber es wollte daselbst nicht bleiben und gab es dadurch zu erkennen, dass es jeden Morgen auf der Treppe stand.

Nachdem der Pfarrer von Schuttern auf obrigkeitlichen Befehl hin die Wallfahrt im Brudertal eingestellt hatte, verfiel er in eine langwierige Krankheit, die kein Arzt zu erkennen vermochte. Er machte

◄ Die Burgruine Hohengeroldseck

Die Bruderkapelle bei Kubach

das Versprechen, entgegen aller obrigkeitlichen Wallfahrtsbekämpfungen, die Andacht im Brudertal wieder zu befördern. Er ließ die Überbleibsel der Muttergotteskapelle mit einem hölzernen Dache versehen und übergab sie dem Schutze des Waldhüters. Da ward er von Stunde an besser und endlich wieder vollkommen gesund.

Schnell wuchs die Andacht und Wallfahrt wieder. Man wollte, um die Andacht zu heben, die Kapelle an die Straße verlegen. Die Überreste wurden abgebrochen, Holz und Steinmaterial auf den neuen Bauplatz geführt. Aber dreimal trugen es zur Nachtzeit die Engel an die vorherige Stätte zurück, wo alsdann die Kapelle wieder errichtet und eine Statue mit dem Jesuskind im Arme aufgestellt wurde.[155]

# Burg Hohengeroldseck

*Die B 415, auch Ludwigstraße genannt und von Oberst Tulla gebaut, führt vom Schutter-, Steinbächletal unterhalb des Schönbergs mit seiner mächtigen Ruine, der Burg Hohengeroldseck, weiter ins Kinzigtal nach Biberach. Von der Anhöhe zweigt links der Fahrweg um den Berg 1,3 km bis zum Waldparkplatz. Von Reichenbach führt der Zugangsweg zum Westweg zur Burg Hohengeroldseck.*

*Als Fabel kann abgetan werden, dass Gerold, ein römischer Senator, 798 die Burg seinem zweiten Sohn wieder aufgebaut und ihr den Namen Hohengeroldseck gegeben habe. Urkundlich kann bestätigt werden, dass 1139 von einer Burg Geroldseck der vierte Teil dem Kloster*

*Gengenbach gehörte. Dies ist aber voraussichtlich eine Burg auf dem Raukasten, nur unweit nördlich, von der nur noch Reste vorhanden sind. Sicher ist, dass die Burg Hohengeroldseck in der ersten Hälfte des 13. Jahrhunderts gebaut wurde, als die mächtigen Geroldsecker die Ortenau beherrschten. Sie wurde, obwohl im Dezember 1688 an die französischen Soldaten übergeben, Anfang Januar von diesen mutwillig angezündet und damit zur Ruine verwüstet.*

*Nicht weit, aber südwestlich liegt die Ruine Lützelhardt auf einem Kegel im Schuttertal über der Gemeinde Seelbach. Die Ausgrabungen berichten von drei Bauphasen, aber die wirkliche Entstehung liegt im Dunkeln. Die Zerstörung erfolgte der Sage nach durch die Geroldsecker. Die Ausgrabungen berichten auch, dass die Burg ausgeraubt und dann gegen 1255 wohl zerstört wurde.*

**Über die Burg Hohengeroldseck gibt es drei Sagenvariationen:**

Herzog'sche Sage: Die Geroldseckischen Chroniken vermelden, es habe ein Verwandter der Geroldsecker auf der Burg Lützenhardt gewohnt. Dieser sei seinem Verwandten auf der Hohengeroldseck „heimlich neidig und auffetzig gewesen". Auf der Jagd wurde der Hohengeroldsecker heimlich gefangen und etliche Tage und Nächte mit verbundenen Augen im Wald hin und her geführt. Die Nächte verbrachten sie in verborgenen Höhlen. So wurde der Eindruck erweckt, dass er außer Landes geführt worden sei. Denn der Hohengeroldsecker wurde auch mit verbundenen Augen auf die Burg Lützenhardt geführt und im Turm eingesperrt.

Zwei Jahre musste der Geroldsecker im Turm bei Brot und Wasser zubringen. Eines Tages war im oberen Turm eine Öffnung auf, um den Gestank abziehen zu lassen. Deswegen hörte der Gefangene ein Horn blasen, das ihm bekannt vorkam. Er fragte den Knecht, der ihm das Essen brachte, woher der Hornton käme, der ihm bekannt wäre. Durch Ausfragen erfuhr der Hohengeroldsecker, dass der Knecht aus dem Litschental käme und dies Geroldsecker Land sei. Da erkannte der Hohengeroldsecker, wo er gefangen lag und gab sich dem Knecht gegenüber als sein Landesherr zu erkennen. Diesem wurde klar, dass er unwissend seinen eigenen Landesvater bewacht hatte.

Rublin, so hieß der Knecht, sagte ihm zu, sofort zu helfen. Am ersten hohen Festtag, am dem der Lützelhardter in Seelbach zur Kirche ging, befreite er den Hohengeroldsecker und floh mit diesem auf seine Burg.

Dort lebten seine vier Söhne. Ihnen gab er sich zu erkennen. Da er sich aber in den zwei Jahren stark verändert hatte, glaubten sie ihm nicht, weil sie davon ausgingen, dass er tot sei. Auch die Ehefrau erkannte ihn nicht von seinem Aussehen her. Als er ihr aber viele „heimliche Wahrzeichen" nennen konnte, fiel sie ihm vor Freude um den Hals. Die Freude über die Heimkehr des Vaters war groß. Als Strafaktion gegen den Lützelhardter zogen die Geroldsecker vor seine Burg und zerstörten sie.[156]

Himmelsbachsche Chronik: Sie unterscheidet sich nur wenig von der ersten Fassung. Allerdings werden nun von den Beteiligten Namen genannt: Walther von Geroldseck und Ritter Diebold, genannt der Geroldsecker, aus einer Nebenlinie auf Burg Lützelhardt. Anlass der Entführung ist hier, dass Walther den Lützelhardter bei einem Kampfspiel vom Pferd gestoßen und später als Richter an einer „ungerechten Sache" ein Urteil gegen ihn gesprochen habe. Wie in der ersten Version befand sich Walther auf der Jagd, als er von den Schergen Diebolds gestellt wurde. Diese töteten seinen Jagdhund, bestrichen Walthers Gewand mit Blut, das sie hier zurückließen. So musste seine Frau, die Hedwig hieß, glauben, er sei getötet worden. Walther wurde zwei Jahre in einem Turm gefangen, wie in der ersten Version. Der Festtag seiner Befreiung wurde hier näher mit Pfingsten genannt. Diesmal dauerte der Heimweg nach der Befreiung durch seinen Wächter, der nun Rubin heißt, länger und führte „durch die wildesten Gegenden und unwegsamen Dickungen".

Auch die Söhne erkannten den heimkehrenden Vater nicht, seine Frau Hedwig erkannte ihn an der Miene, nicht jedoch an seinem Äußeren. Wieder nannte der Geroldsecker bestimmte Ereignisse der Vergangenheit, erinnerte sie an die erste Nacht, als er ihr Halskoller löste und eine Erdbeere auf ihrer Brust entdeckte.

Nach einigen Tagen zogen auch hier die Geroldsecker mit 200 Mann gegen die Lützelhardter Burg und belagerten sie. Diebold wehrte sich anfänglich mit dem Mut der Verzweiflung, doch als die Lebensmittel ausgingen, floh er durch einen unterirdischen Gang, seine Gefolgsleute übergaben die Burg, die darauf zerstört wurde. Was aus Diebold wurde, verschweigt die Sage, doch Rubin, der ehemalige Wächter, wurde mit seinem ganzen Geschlecht von der Leibeigenschaft los gesprochen und mit reichlichen Gütern beschenkt.

Löglersche Version (Augustinermönch): Diese Sage hat die Form eines vieraktigen Dramas und ist reichlich ausgeschmückt. Hier beginnt die Sage viel früher. Diepold von Lützelhardt war hier ein Vasall Walthers von Hohengeroldseck und hatte von einer Gräfin Mathilde einen Korb bekommen. Das gleiche Schicksal erlitt Hugo von Staufenberg, denn Mathilde heiratete den Ritter Albrecht von Ortenberg. Diebold sann auf Rache und entführte die mittlerweile schwangere Mathilde. Um den Verdacht auf Hugo von Staufenberg zu lenken, hatte er einige von dessen Knechten gedungen, von denen prompt auch zwei bei dem Überfall getötet wurden. Den Schleier Mathildes tränkte er mit dem Blut der Getöteten und warf ihn auf der Flucht weg.

Albrecht nahm die Verfolgung auf, fand den Schleier und glaubte, Mathilde sei ermordet worden. Wie geplant, fiel der Verdacht auf Hugo von Staufenberg, der darauf geächtet wurde, floh und sich einem Kreuzzug anschloss. Albrecht von Ortenberg aber zog sich in eine einsame Hütte an der Straße von Steinbach nach Schönberg zurück und lebte als Einsiedler unter dem Namen Bruder Gotthard.

Auf der Flucht mit Mathilde war Diebold aber von Walther von Hohengeroldseck gesehen worden. Diesen Zeugen wollte er sofort unschädlich machen. Doch geschah es, dass zur gleichen Zeit der Bruder Walthers, Gangolf, den Benediktinerprior des Klosters von Schuttern tötete und daher zusammen mit Walther, den man für den Anstifter hielt, mit dem Bannfluch belegt wurde. Gangolf wurde später erschlagen, während sich auch Walther dem Kreuzzug anschloss und in Palästina mit Hugo von Staufenberg zusammentraf. Von Walther erfuhr Hugo, wer der wahre Täter war. Beide wurden aber nach einiger Zeit getrennt und verloren sich aus den Augen.

Mathilde wurde, nachdem sie den Anträgen Diepolds nicht nachgab, ins Gefängnis geworfen, wo sie einen Sohn gebar. Darauf befahl

Diebold seinem Burgvogt Hermann, dem Sohn eines Pförtners von Kloster Schuttern und einer Nonne aus dem Kloster Wonnenthal, Mutter und Sohn zu töten. Die Frau Hermanns hatte aber in der gleichen Nacht ebenfalls einen Sohn geboren, allerdings tot. Und da auch Mathilde an der Geburt starb, ihrem Sohn jedoch noch ein Bild an einer goldenen Kette um den Hals gehängt hatte, nahm der Burgvogt diesen Knaben als Sohn an und beerdigte Mathilde mit seinem eigenen Kind im Burgverlies.

Sechzehn Jahre später kehrte Walther aus Palästina zurück, Mathildes Sohn Siegmund war inzwischen herangewachsen und nur wenig jünger als Walthers Sohn Rudolph. Nun nimmt die Sage den gleichen Verlauf wie die beiden anderen Versionen, da der lästige Zeuge beseitigt werden musste. Entführung und Gefangennahme spielten sich ab.

Nach zwei Jahren allerdings kehrte erst einmal Hugo von Staufenberg aus Palästina zurück, traf auf dem Weg zur Hohengeroldseck den Einsiedler Gotthard, also Albrecht von Ortenberg. Er gab sich diesem zu erkennen, der sich nach seinem Abgang vor Gott als Mörder seiner Frau anklagte.

Dies hörten Siegmund und Rudolph, die inzwischen eng befreundet waren. Rudolph schwor, Hugo zum Zweikampf zu fordern. Bei seiner Rückkehr auf Hohengeroldseck fand er dort Hugo von Staufenberg als Gast seiner Mutter, die hier Adelheid heißt. Nach einigen Verwicklungen erklärte Hugo, dass er nicht der Mörder Mathildes sei, Walther hätte ihm in Palästina den Namen des wahren Täters genannt. Doch könne er sich daran nicht mehr erinnern, da ihm jenes Geschlecht nicht bekannt gewesen sei.

Im Verlies auf Lützelhardt geht die Handlung weiter wie bei den anderen Versionen. Rubin verhalf seinem Herren zur Flucht am Franziskusfest in Seelbach. Siegmund entdeckte aber die heruntergelassene Strickleiter und meldete dies seinem Pflegevater Hermann. Hermann erzählte daraufhin Siegmund die ganze Wahrheit und beide flohen von der Burg. Bei der Rückkehr wurde auch Walther auf der Hohengeroldseck nicht von seinem Sohn Rudolph erkannt. Doch glaubte ihm dieser, dass er Nachricht vom tot geglaubten Vater bringe, und war bereit Burg und alle Güter zu verkaufen, um den Vater auszulösen.

Die herbeigerufene Adelheid erkannte ihren Mann nicht auf den ersten Blick, doch sie schaute ihm „tief und tiefer in die Augen", und als er sich zu erkennen gab, glaubte sie ihm sofort. Hugo dagegen erkannte Walther sofort. Nach den üblichen Freudesbekundungen erzählte Walther die ganze Geschichte. Am nächsten Tag zogen alle zu Bruder Gotthard, um ihm die Wahrheit zu berichten, worauf sich Albrecht von Ortenberg und Hugo von Staufenberg versöhnten. Alle zogen nach Hohengeroldseck, wo sie unterwegs auf den Burgvogt Hermann und Siegmund stießen. Auch Hermann klärte nun die Herkunft Siegmunds auf, zeigte als Beweis das Bild Mathildes.

Albrecht schloss seinen wiedergefundenen Sohn in die Arme, Hermann floh zurück zur Burg Lützelhardt, wo er später wahnsinnig auf dem Grab Mathildes gefunden wurde. Der Sturm auf Lützelhardt begann, auch in dieser Version versuchte Diebold durch einen unterirdischen Gang zu entkommen. Dabei fiel er jedoch Siegmund in die Hände, der ihn nach kurzer Gegenwehr tötete. Die Geschichte endete mit diesem Tod, die Burg wurde hier nicht mehr zerstört.[157]

## Hofkapelle des Vogtbenedikthofs in Wittelbach

*Nach Reichenbach zweigt rechts die Landstraße ab weiter ins Schuttertal. Sie führt im Schuttertal von Seelbach nach Schuttertal. In Wittelbach im Ort zweigt links eine Spielstraße entlang dem Michelbronnbächle ab bis hoch zum Vogtbenedikthof. Über ihn führt auch der Querweg Lahr-Rottweil von Seelbach hinauf zum Bergkamm.*

*Die Hofkapelle dürfte ursprünglich schon im 15. oder 16. Jahrhundert erstellt worden sein. Im Jahre 1810 und 1967 wurde sie jeweils neu erbaut. Im Inneren befindet sich ein Barockaltar von 1734.*

Nach mündlicher Überlieferung auf dem Hof sollen einst drei Burschen vorgehabt haben, dem Vogt und Hofbesitzer, mit dem sie Ärger gehabt haben, den Hof niederzubrennen. Während zwei der dunklen Gestalten im Wald oberhalb des Gehöfts zurückblieben, wollte der dritte den Hof anzünden gehen.

Als nach längerem Warten immer noch keine Flamme zu sehen war, begaben sich die Zurückgebliebenen ebenfalls zum Hof hinunter. Wenige Meter entfernt vom Vogtbenedikthof fanden sie den Gesuchten gelähmt und des Sprechens unfähig am Boden liegen. Kaum hatten die beiden mit dem Gelähmten die Hofgrenze überschritten, konnte er wieder laufen und sprechen.

Jahre später, von dem seltsamen Erlebnis bewegt, erzählten die drei Bösewichte ihr damaliges Vorhaben und dessen denkwürdigen Ausgang dem Hofbesitzer. Dieser baute dann zum Dank dafür, dass er und seine Familie von dem großen Unglück verschont geblieben waren, an die Stelle, wo der Gelähmte aufgefunden worden war, die Kapelle.[158]

## Rosskapelle über dem Schuttertal auf dem Hinteren Geisberg

*Von der B 33 biegt am Ortsende rechts die Landstraße nach Welschensteinach ab und führt hinauf zum Höhenkamm. Ca. 1 km vor dem Höhenkamm zweigt rechts ein Fahrweg mit Schild „Hinterer Geisberg" ab. Dieser führt ca. 400 m zur Rosskapelle, die weit sichtbar auf der Anhöhe liegt. Der Kandelhöhenweg führt vom Naturschutzgebiet „Hohen Geisberg" zur Hohengeroldseck nach Norden. Schon bald am Hinteren Geisberg führt der Weg an der „Rosskapelle" durch, die als Hofkapelle vom Robertsbauernhof dient. Im Volksmund wird die Kapelle nur „Roberts Kapellele" oder „Rosskapelle" genannt.*

Der Name soll daher rühren, dass sich ein Pferd in die Kapelle verlaufen, die Tür zugeschlagen habe und dann verendet sei.

*Oder:* Der Hintere Geisberg sei einst von einer Pferdeseuche heimgesucht worden. Noch heute heißt ein Gewann in der Nähe der Kapelle „Schinderwasen". Dort sollen die verendeten Pferde vergraben worden sein. Um weitere Seuchen zu verhüten, hätten die Bewohner des Hinteren Geisberg versprochen, beim Bau der Kapelle mitzuhelfen. In Erfüllung des Gelübdes wurde dann 1713 auf dem Gelände des alten Singlerhofes, der nach dem Brand von 1842 in den heutigen Robertshof und den Singlerseppenhof aufgeteilt wurde, eine Kapelle erbaut.

1941 hat das Erzbischöfliche Ordinariat dem Hofbauern die Genehmigung erteilt, dass in der „Hinteren-Geisberg-Kapelle" viermal im Jahr an einem Werktag eine hl. Messe gelesen werden darf.[159]

## KNIESTEINKAPELLE BEI SCHWEIGHAUSEN

*Die Talstraße im Schuttertal führt am Ende über Schweighausen nach Steinach. Der Kniesteinweg führt in Schweighausen an der Kapelle am Ortsende rechts zum Pfingstberg. Nach ca. 1,2 km befindet sich die Kniesteinkapelle. Der örtliche Wanderweg und Radweg von Schweighausen treffen sich an der Kniesteinkapelle.*

Nach der Überlieferung soll man einst auf der Lichtung des „Heubergs", am Fuße des Hühnersedels zeitweise ein geheimnisvolles, liebliches Singen vernommen haben. Auf den wunderbaren Gesang auf der Anhöhe aufmerksam geworden, begannen die Leute der umliegenden Taglohngüter und Bauernhöfe den wundersamen Ort zum Gebet aufzusuchen.

Zu der geheimnisvollen Stelle hingezogen wurden die Gläubigen vor allem durch einen Stein, einen Findling mit zwei Vertiefungen, in die man sich bequem hineinknien konnte. Nachdem immer mehr

▶ Die Kniesteinkapelle bei Schweighausen mit dem Kniestein

Menschen zu dem „Kniestein" wallfahrten, soll hinter dem Stein ein Holzkreuz erstellt worden sein. Später habe man dieses Kreuz dann mit Hilfe von Spenden der Bürger durch die heutige Kniesteinkapelle ersetzt. Der Sandstein liegt vor der Kapelle.

*Oder:* Ein Einsiedler soll hier oben gelebt haben, der auf dem Stein kniend vor dem Holzkreuz seine Gebete verrichtete. Durch das Knien sollen in dem Stein zwei Einbuchtungen entstanden sein, die heute noch zu sehen sind. In späterer Zeit soll zweimal versucht worden sein, diesen Stein ins Dorf Schweighausen zur Anna-Kapelle zu bringen. Doch jedes Mal lag der Stein am Morgen wieder an der alten Stelle, wo er heute noch an der Kapelle seinen Platz hat.

Nach einem Chronisten des Kloster Ettenheims hat die erste große Prozession und Wallfahrt zum „Kniestein" 1784 stattgefunden. Als die „Steinwallfahrt" in den folgenden Jahren stetig an Beliebtheit zunahm, beschlossen die Gemeinden Dörlinbach und Schweighausen, mit Hilfe von Spenden auf dem Gelände des Zehnlehofbauern Roman Göppert eine Kapelle zum Schutz der Wallfahrer zu bauen. Die Kniesteinkapelle wurde 1871 „zum allerseligsten gekreuzten Erlöser und zu seiner schmerzvollen Mutter" benefiziert.[160]

## HEILIGE LANDOLIN IM ETTENBACH

*An der Landstraße von Ettenheim über Münchweier – der Münstertalstraße – biegt im Untertal eine Straße ab ins Lautenbachtal. Der Zugangsweg zum Westweg führt an Münchweier vorbei zur Mündung des Lautenbachs in Ettenheimmünster. An dieser Einmündung steht heute die Wallfahrtskirche St. Landelin direkt an der Straße. Die Quelle, heute umbaut, liegt direkt vor der Wallfahrtskirche.*

*Das Benediktinerkloster Ettenheimmünster wurde 763 von Etto, Bischof von Straßburg, mit Einwilligung von König Pippin gegründet. Um das Wasser der Landelinusquelle für Bäder nützen zu können, erbaute das Kloster ein Badhaus. 1718 bis 1731 ließ der Baumeister Peter Thumb den Klosterbau in neuer Pracht erstehen. 1803 wurde das Kloster säkularisiert. 1811 wurde aus dem Klostergebäude eine Tabakfabrik. Von 1828 bis 1866 fielen die Gebäude Spitzhacke und Brecheisen zum Opfer.*

Der heilige Landolin war ein irischer Mönch und brachte in unsere Gegend das Christentum. Er kam viel ins Münstertal. In Altdorf fand er bei einem christlichen Manne Unterkunft. Eine der Töchter war blind. Bald machte er sich auf, um in der Einsamkeit zu leben. Er versprach seinen Gastfreunden bald wiederzukehren. Dort baute er sich am Einfluss des Lautenbachs in den Ettenbach eine Kapelle und hielt sich dort viel auf.

Bald bekamen auch die Tiere des Waldes Zutrauen zu dem frommen Manne. Sie kamen zu ihm, und er fütterte sie. Dies beobachtete der Jäger von der nahen Gysenburg. Als er ihn wieder einmal bei seinen Tieren antraf, zog er sein Schwert und hieb ihm den Kopf ab.

An der Stelle, wo sein Blut hinfloss, entsprangen vier Quellen, eine am Kopfende, eine am Fußende, eine jeweils unter der rechten und linken Hand, die heute noch laufen. Sie sollen besondere Heilkraft für kranke Augen haben. Da die Rückkehr des Eremiten zur Gastfamilie in Altdorf auf sich warten ließ, machten sie sich auf die Suche

▶ Das Deckengemälde der Sage des Kloster St. Landolin
in Ettenheimmünster

und fanden den Leichnam. Während die Mutter und eine Tochter
Holz für eine Tragbare zusammensuchten, bewachte die Blinde den
Leichnam. Das blinde Mädchen tastete den Leichnam ab und fühlte
das Blut. Einer Eingebung folgend, benetzte sie sich die Augen und
wurde plötzlich sehend.

Die heilenden Quellen wurden gefasst und zogen viele fromme
Pilger an, die Heilung von Lähmungen, Taubheit, Augenleiden,
Schlaganfällen und Frauenleiden suchten. Auch die Markgräfin Au-
gusta von Baden wurde 1711 von schwerem Leiden geheilt.

Die Sage wurde in den Deckengemälden festgehalten.

Der heilige Landolin wurde nach seinem Tode in Münchweier heer-
digt, da der Leichnam so schwer wurde. Dies wurde als Zeichen des
Himmels angesehen. Über seinem Grabe baute man die Kirche von
Münchweier. Viele Wallfahrer besuchten jährlich die Todesstätte in
Ettenheimmünster. Allmählich aber wanderten die Wallfahrer auch
nach Münchweier, um dort den Leichnam zu verehren. Im Laufe der
Zeit feierte man dort das Landolinsfest (21. September), und Etten-
heim kam in Gefahr, seine Bedeutung als Wallfahrtsort zu verlieren.
Man bedauerte sehr, keine Reliquie zu besitzen, die man dort vereh-
ren konnte.

Die Sage berichtet nun, dass die Münstertäler den Leichnam in
Münchweier rauben wollten. Es sei ihnen aber nur gelungen, den
Kopf des Heiligen nach Ettenheimmünster zu bringen, der sich bis

auf den heutigen Tag dort befindet. So wurde später das Landolinsfest, da nun Ettenheimmünster auch eine Reliquie besaß, ganz nach
Ettenheimmünster verlegt. Das Haupt wird heute noch am Tag des
Heiligen in einem gläsernen Schrein gezeigt. Der Körper ruht aber
immer noch in seinem ursprünglichen Grabe in Münchweier.[161/162/163)

# Elztal

## HOCHBURG BEI EMMENDINGEN

*Die Landstraße führt aus Emmendingen in Richtung Waldkirch. Im Ortsteil Kollmarsreute führt die Fahrstraße an Windenreute vorbei zur Hochburg und hinab ins Brettenbachtal. Vom Parkplatz führt der Weg ca. 400 m bis zur mächtigen Ruine. Der Tuniberg-Ostweg führt von Waldkirch über Sexau direkt zur Hochburg über Emmendingen.*

*„Hochburg" wird die Anlage erst im 15. Jahrhundert, ursprünglich jedoch „Hachberg" genannt, was sich vom Namen der Gründer, den Herren von Hachberg herleitet. Die Gründung erfolgte wohl im frühen 13. Jahrhundert als erster Ausbau des ursprünglich kleinen Felsennestes „Habichtsburg". Die Ruinierung der Hochburg, eine der größten und bedeutendsten Burgen in Baden, wurde durch die Kapitulation gegenüber den Kaiserlichen 1636 eingeleitet und wurde besiegelt mit einer großen Sprengung 1688.*

Nach der Sage erbaute ein Ritter mit dem Namen Hacho, der zur Zeit Karls des Großen gelebt haben soll, die Hochburg. Dessen Geist erschien zu gewissen Zeiten zwischen den Trümmern

◄ Die Burgruine Hochburg bei Emmendingen

des Schlosses, und einige Besucher, die daselbst von der Dunkelheit überrascht wurden, wollten ihn gesehen haben. Sogar am hellen Tag sei es nicht rätlich den Namen Hacho laut mit Namen zu rufen. Auf dem oberen Schloss befindet sich ein verschütteter Brunnen, in dessen Tiefe ein goldenes Kegelspiel verborgen liegt. Ein Nachkomme des Hacho soll es, als er schleunigst aus der Burg flüchten musste, in den Brunnen geworfen haben.

Im Schloss muss zur Strafe auf Hachos Befehl eine Jungfrau unglücklich geistern. Das kam so: Einst folgte dem sich zeigenden Fräulein ein beherzter Bursche bis zur Burg. Am Eingang schaute sie heraus und winkte ihm mit freundlicher Miene, ihm zu folgen. Er tat es zögernd, bis sie ein schmales Gewölbe betrat, welches von einer Lampe matt erleuchtet war. Schon wollte er, ihrem wiederholten Winken folgend, rasch hindurcheilen, als er zwei Männer erblickte, die beschäftigt waren, mit Hebeisen die Schlusssteine des Gewölbes auszubrechen, so dass dasselbe jeden Augenblick zusammenzustürzen drohte. Vom plötzlichen Schrecken ergriffen, wendete er sich rasch um und flüchtete aus der Burg, während hinter ihm ein durchdringender Schrei der Verzweiflung ertönte. Acht Tage später war der Bursch eine Leiche.

*Oder:* Ein Hirtenknabe vom Meierhof unterhalb der Hochburg kam eines Sonntags auf das Schloss und gewahrte durch die Maueröffnung einen großen Saal, der ganz mit rotem Teppich ausgeschlagen war. Drinnen saßen an einer Tafel zwölf Männer, deren Kleider von Gold und Silber schimmerten. Vor jedem stand ein goldener Becher, in der Mitte der Tafel eine große prachtvolle Kanne und um sie herum eine Menge Speisen in kostbaren Geschirren. Ohne Zagen ging der Junge hinein und ließ auf die stillschweigende Einladung der Männer es sich trefflich schmecken. Alsdann holten sie zwei schwere goldene Kugeln und neun solcher Kegel herbei, winkten dem Buben aufzusetzen und fingen an zu kegeln.

Als sie eine Zeit lang gespielt hatten, gab einer von ihnen, ohne zu sprechen, dem Jungen vier Goldstücke als Lohn. Den Augenblick darauf war der Saal mit den Männern, der Tafel und dem Kegelspiel verschwunden, und der Bube war vor der Burg im Freien. Eilig begab er sich in den Meierhof, erzählte das Vorgefallene, in dem er die Goldstücke zeigte, und erfuhr mit Erstaunen, dass er drei Tage auf dem Schloss gewesen war. Nun musste er zwar mit den Leuten wieder dahin, aber alles Suchen nach dem Saale war vergebens.

Die zwölf Männer in der Burg sind verwünscht. Aber sie kommen, wenn Deutschland in der größten Not ist, wieder heraus und befreien es von seinen Feinden.

*Oder:* Ein Bauer aus Windenreute, der in der Mühle einen Sack Mehl holen sollte, hatte sich auf dem nächtlichen Heimweg verspätet. Plötzlich kam ihm die weiße Jungfrau entgegen und sprach ihn an: „Komm mit mir auf die Hochburg", bat sie, „ich will dir den Schatz zeigen! Du darfst davon soviel nehmen, wie du tragen kannst, ohne die Last abzusetzen, ehedem du daheim bist!"

Der Bauer stellte seinen Mehlsack beiseite und folgte der Jungfrau hinauf auf die Burg. Durch die vielen Türen und Gänge führte sie ihn in ein Gewölbe. Mitten im Raum stand eine eiserne Kiste, auf der saß ein schwarzer Pudel.

Die Jungfrau scheuchte ihn fort und öffnete die Truhe. Im Licht der Laterne blinkten goldene Ketten und Reife, funkelten Edelsteine, leuchteten Perlen. Gierig griff der Bauer zu und füllte einen Sack, den er bei sich trug, bis zum Rand.

„Lade dir nicht zu viel auf!", mahnte das Fräulein. „Und komm wieder, so oft du kannst! Denn wisse: Wenn die Truhe leer ist, hast du mich erlöst. Misslingt es dir jedoch, dann muss ich abermals warten, bis das Holz zur Wiege des Kindes, das mir helfen kann, gewachsen ist." Doch der Bauer dachte bei sich: „Wer weiß, ob ich wieder an den Schatz komme", lud sich den Sack auf die Schultern und machte sich auf den Heimweg.

In der Freude über das Glück, das ihm widerfahren war, schritt er anfangs rüstig aus, doch allmählich wurde die Last auf seinem Rücken schwerer und schwerer. Schon sah er die Lichter seines Hauses und hörte die Hunde bellen, da fürchtete er, unter der Bürde zusammenzubrechen, und setzte den Sack ab, um auszuruhen. Plötzlich fasste ihn eine Hand und stieß ihn zu Boden, dass er die Besinnung verlor.

Als er wieder zu sich kam, war der Sack mit dem Schatz verschwunden. Ganz verstört schleppte er sich nach Hause und erzählte, was ihm zugestoßen war. So elend war ihm, dass er zu Bett gehen musste. Drei Tage später holte ihn der Tod. [164/165]

## Suggental

*Von der B 294 nach Süden zweigt gleich nach Waldkirch die alte
Landstraße ab, parallel zur Bundestraße am Suggenbad vorbei ins
Suggental. Am Ausgang des Elztales aus den Schwarzwaldbergen
führen die Wanderwege ostwärts in das kleine Suggental.*

In diesem Tal befanden sich vor Zeiten viele reiche Silbergruben,
worin bis fünfzehnhundert Bergleute arbeiteten. Es war so voll
von Häusern, dass die Katzen von der Elz bis zum obersten Hof
im Tal auf den Dachfirsten spazieren konnten. Auf der heutigen
Schlossmatte stand ein stattliches Grafenschloss. Darin, wie auch im
ganzen Orte, herrschte großer Reichtum, zugleich aber ungemeine
Hoffart und Üppigkeit. Die Gräfin hatte eine einzige, wunderschöne Tochter, um die sich viele reiche, vornehme Herren bewarben.
Allein dieselbe wollte nur demjenigen ihre Hand reichen, welcher
im Schloss einen gläsernen Weiher mit lebendigem Wasser anle-
gen würde, sodass sie von ihrem Bette aus die Fische darin umher schwimmen sehen könne. So schwer diese Bedingung auch zu
erfüllen war, so ließ doch der Oberhauptmann der Bergleute, der in
die junge Gräfin verliebt war, sich davon nicht abschrecken, sondern
führte mit unsäglicher Mühe eine drei Stunden lange Wasserleitung
von der Platte bis zum Schlosse, wo er selbst den Weiher, das Bett
desselben aus gegossenem Glase, ganz nach des Fräuleins Verlangen
endlich glücklich zu Stande brachte.

Daraufhin schenkte die geschmeichelte Gräfin ihm wirklich die
Hand. Die Hochzeit ward im Schloss und ganzen Ort aufs üppigste
gefeiert. Der Übermut war dabei so groß, dass die Gäste das Weiche

des Weißbrotes herausschnitten und in den hohlen Krusten herum-
tanzten, als wären es Schuhe. Währenddessen ging der Pfarrer mit
dem Hochwürdigsten am Schlosse vorüber zu einem Kranken in der
Nachbarschaft. Der voranwandelnde Messner schellte dabei in üb-
licher Weise. Da wollten zwar einige mit dem Tanz einhalten und
niederknien, aber die Gräfin rief ihnen zu: „Was fragt ihr nach der
Schelle! Jede meiner Kühe hat auch eine solche am Halse!" Und es
ging aufs Neue fort mit Spielen, Lärmen und Tanzen.

Auf dem obersten Talhof bei dem Kranken, der ein frommer christlicher alter Mann war, angekommen, versah ihn der Pfarrer mit den
heiligen Sakramenten und entfernte sich darauf wieder in Begleitung des Messners. Nicht lange danach schickte der Alte seinen
sechzehnjährigen Sohn, welcher allein bei ihm war, an das Fenster, um nachzusehen, ob am Himmel keine Wolke sei? Die Antwort
lautete, es komme ein Wölkchen, doch nicht größer als ein Hut,
über den Schwarzenberg. Noch zweimal musste der Sohn nach der
Wolke schauen. Das erste Mal hinterbrachte derselbe, sie sei bereits
so groß wie eine Badewanne, und das zweite Mal, jetzt habe sie die
Größe eines Scheunentors. Da befahl ihm sein Vater, ihn geschwind
auf den Luserberg zu tragen, so wie auch ihre besten Habseligkei-
ten hinauf zu flüchten, denn Gottes Gericht breche jetzt über das
Tal herein.

Nachdem sie oben auf dem Berg angelangt waren, setzten sie sich
nieder und sahen zu, wie sich das kohlschwarze Gewitter, welches
sich inzwischen über dem Tale zusammengezogen hatte, nun mit
schrecklichen Blitzen und Donnerschlägen und einem ungeheuren
Wolkenbruch entlud. Alle Gebäude im ganzen Tale, die Kirche und
der oberste Hof, der dem Kranken gehörte, ausgenommen, wur-

den vom Wasser weggerissen, sämtliche Bergwerke zerstört. Von der ganzen Einwohnerschaft blieben nur der alte Mann mit seinem Sohn und ein kleines Kind am Leben. Diese Kind, ein Knäblein, schwamm in seiner Wiege mitten in der Flut und bei ihm befand sich eine Katze. So oft die Wiege sich zur Seite neigte, sprang die Katze auf die entgegengesetzte Seite und brachte die Wiege so stets wieder ins Gleichgewicht. Auf diese Weise gelangte die Wiege glücklich bis unterhalb Buchholz, wo sie im Dold (Wipfel) einer hohen Eiche hängen blieb. Als der Baum wieder zugänglich geworden war, holte man die Wiege herunter und fand Kind und Katze lebend und unverletzt darin. Da niemand wusste, wer des Knäbleins Eltern gewesen waren, so benannte man das Kind nach dem Wipfel des Baumes: Dold. Dieser Name wird von seinen Abkömmlingen noch heute geführt.

Das ganze Tal, welches bisher Reichental gehießen hatte, erhielt nun den Namen Sunkental, woraus in der Folge Suckental wurde.[166]

## RITTER VON BURG SCHWARZENBERG BEI WALDKIRCH

*Von der Ortsmitte von Waldkirch führt ein Fahrweg nach Osten über den Umgehungstunnel bis unterhalb der Ruine Schwarzenberg. Der Wanderweg von Waldkirch über den Hugenwald zum Kandel hoch führt ebenfalls unterhalb der Ruine Schwarzenberg durch.*

*Die Burg Schwarzenberg, erbaut von den Schwarzenbergern, wurde um 1139 erstmals erwähnt. Die Schwarzenberger Linie starb schon*

*1347 aus. Dies führte zur Wiedervereinigung mit der Kastelberger Linie, deren Angehörige um 1260 gegenüber, über Waldkirch, ihre Burg erbauten. Die Burg war nicht allein am Innenbau, sondern auch an den Ring- und Hauptmauern sehr baufällig. Erzherzog Ferdinand wollte 1578 keine weiteren Baukosten aufwenden und gab die Burg zum Abtragen frei.*

Der alte Kaspar hatte schon früh seine Hütte verlassen, um auf einigen ihm gehörenden Bäumen Kirschen zu brechen. Er war früher Knecht des Herren von Schwarzenberg gewesen und hatte sich ein Stückchen Feld von ihm erbeten, das er urbar machte und worauf er sich eine Hütte erbaute. Selbst ein Leibeigener, hatte er die brave Tochter eines anderen Leibeigenen geheiratet und von ihr drei bildschöne Kinder erhalten. Das älteste war ein Mädchen, die zwei jüngeren waren Knaben. Der Vater war mit seinen Söhnen zum Kirschen brechen aufgebrochen, während später die Tochter das Morgenessen brachte. Es war ein schöner Junimorgen, von der Stadt Waldkirch klangen die Glocken herauf; nur die Schwarzenburg schaute von ihrem steil hervorspringenden Felsen finster und traurig herunter. Der Vater sah mit Freude auf seine gesunden Kinder, denn er malte sich im Stillen aus, sich eines Tages loszukaufen. Im Gegensatz dazu der Burgherr, der barsch und hochmütig keinen Widerspruch duldete. Alle mieden den Umgang mit dem Ritter, und so saßen sie in der Runde singender Weise nach dem Morgenessen zusammen.

Plötzlich gab es ein Geräusch hinter ihnen, und der gefürchtete Ritter mit unterschlagenen Armen trat aus dem Gebüsch hervor. Sein Gesicht hatte nicht nur, wie gewöhnlich, den Ausdruck der Wildheit und Härte, sondern es lag zugleich ein Hohn darin, welcher für den armen Leibeigenen Alles besorgen ließ. Erschrocken sprang dieser auf und nahm ehrerbietig seine Mütze ab, während die Kinder sich ängstlich an ihn schmiegten. Lang sah der Ritter mit finsterem Schweigen auf die eingeschüchterte Gruppe, dann fuhr er plötzlich den alten Kaspar an: „Wie ich höre, hat dein schickes Töchterlein da schon Lust, über's Jahr den Hochzeitsreigen anzutreten. Gut, doch bis dahin soll sie die Ehre haben, meine Dienstmagd zu sein. Morgen früh bringst du sie zu mir auf mein Schloss!" Vergebens fiel der arme Vater mit den Kindern dem grausamen Herren zu Füßen, vergebens bot er ihm sein ganzes Vermögen an, um nur seine Tochter behalten zu dürfen. Höhnisch lachte der Ritter, dass ihm sein Knecht antrage, was ohnehin sein eigen sei, und weidete sich am Jammergeschrei der Unglücklichen. „Doch damit du siehst, dass ich auch deinen Kopf gelten lassen will, merke dir: Du weißt, ich esse gerne Kirschen und heute Abend habe ich große Gesellschaft. Bringst du mir nun diesen Kirschbaum hier, so wie er dasteht, noch vor Mitternacht in den Saal, sodass ich und meine Gäste die Früchte davon brechen können, so bleibt nicht nur allein deine Tochter bei dir, sondern du sollst auch nebst den Deinigen frei sein. Aber merke dir: Noch ehe die Turmuhr zwölf geschlagen hat, muss der Baum in meinem Saale stehen!" Mit diesen Worten entfernte sich der Ritter mit einem dumpfen Lachen.

Der gute Kaspar war der Verzweiflung nahe. Er wusste um seine elendigliche Lage. Die Flucht zu ergreifen war unmöglich, genauso wie die hartherzigen Bedingungen zu erfüllen, unter der seine Tochter zu retten war. Denn war sie einmal auf dem Schlosse drinnen beim Ritter, war sie verloren! Da fiel die Tochter auf die Knie nieder und betete recht inbrünstig, dass doch der Himmel sie nicht verlassen möge. Und siehe da, als sie so zu Gott flehte und die An-

deren weinten, zuckte es plötzlich wie ein Blitz am heiteren Himmel, die Erde bebte, ein Windstoß fuhr durch das Gebüsch und aus der Tiefe der Erde ließ sich eine Stimme vernehmen: „Wehe, wehe! Seine Stunde hat geschlagen; dreimal wehe!" Sie wusste nun gewiss, dass der Himmel sie nicht verlassen und der Bosheit ihres Herren preisgeben würde.

Der Tag ging ohne ein merkwürdiges Ereignis vorüber, nur fühlte man, dass die Luft immer schwüler wurde und wirklich ein Gewitter im Anzuge war. So rückte der Abend heran, und mit ihm fand sich auch die Gesellschaft des Burgherren ein, die von der Jagd zurückgekehrt war, von Hörnerschall und Hundegebell begleitet. Nie war eine Jagd so grausam und wild gewesen wie heute. Hirsche und Hündinnen, Rehböcke und Gaisen waren zusammengeschossen und die Felder der Bauern schonungslos zertreten worden. Da die Ritter nun ihre Jagdlust befriedet hatten, setzten sie sich im Schlosse zum Gelage nieder, nun wurde gesotten und gebraten und aufgetragen, was Küche und Keller nur vermochten und auf dem Tisch Platz hatte. Spielleute wurden herbeigeschafft, großer Jubel war auf der Burg.

Nicht nur die Herren zechten übermäßig und trieben ihr Spiel mit Buhldirnen, auch die Knappen folgten ihrem Beispiel. Darum ward auch niemand von der Gesellschaft gewahr, dass das Gewitter vom Rheine her immer näher und näher zog. Besonders erregte es großes Gelächter, als der Burgherr die Geschichte vom Kirschbaum erzählte und mit lebendigen Farben die Seelenangst und das Entsetzen des armen Kaspars schilderte. Einige meinten, man solle nachsehen lassen, ob er schon angespannt habe, um den Nachtisch heraufzuführen. Eine fürwitzige Dirne wollte sogar den Kopf zu einem Fenster hinausstrecken, aber da fasste der Wind den Flügel des Fensters und schlug ihn mit solcher Heftigkeit zu, dass die Glasscherben im ganzen Saal umherflogen. Jetzt begann es einigen unheimlich zu werden, und alle waren wie gelähmt und gebannt.

Plötzlich fing der Turmwart aus allen Kräften an, Sturm zu blasen, und ein Knecht stürzte mit verstörtem Angesicht und der Nachricht herein, man höre vom Walde herauf Pferdegetrappel und sehe viele Lichter sich dort hin und her bewegen. Schon wollte der Burgherr voll Zorn über eine solche Störung lostoben, als ein Windstoß alle Fenster auf einmal aufriss und alle Lichter mit einem Schlage ausgelöscht wurden. Blitze gingen unaufhörlich in alle Richtungen nieder, der Donner rollte, als bräche das Weltgericht herein, und der heftige Sturm schien den ganzen Wald entwurzeln zu wollen. Das Grausigste war aber, was die Gesellschaft auf dem Acker des armen Kaspar sah: Dort stampften vier rabenschwarze Rosse ungeduldig vor einem großen Wagen, und hunderte Riesenarme, die aus der Erde hervorkamen, schienen damit beschäftigt, einen Baum auf den Wagen zu heben. Die Früchte des Baumes waren ganz feurig, wie Karfunkel, und nicht zu zählen. Übrigens sahen sie ganz den Kirschen gleich.

Endlich gelang es den vielen Riesenarmen den Baum samt den Wurzeln auf den Wagen zu bringen, und nun schwang sich ein Kutscher, wie der arme Kaspar gekleidet, auf den Bock, und voran ging's den Berg herauf in raschem Galopp. Der Wagen schien den Boden nicht zu berühren, sondern über die Wipfel der Bäume zu streifen und eine Flammenstraße hinter sich zu lassen. So flog er immer näher, während es immer schrecklicher donnerte und blitzte, an die Burg heran, wo ihm das wohlverwahrte Tor keinen Widerstand zu leisten vermochte. Wie Papierblätter fielen die Torflügel

auseinander, und die Mauer rollte wie ein Haufen Sand in den Graben. So brauste der Wagen endlich durch die weitgähnende Wand in den Saal und mitten unter die vor Entsetzen halbtoten Gäste. Da stand der Baum wie ein großer Christbaum mit Früchten und Lichtern, aber keiner wollte etwas davon nehmen. Der Kutscher rief aber mit donnernder Stimme: „Was zögert ihr denn? Greift zu!" Und die Riesenarme drangen jetzt aus den Wänden des Saales hervor und nötigten die Herren und Damen zuzugreifen.

Sobald aber jemand eine der funkelnden Kirschen zum Munde führte, verwandelte sich diese zu einer Flamme, die nicht mehr zu löschen war. Endlich riss der Kutscher selbst den Burgherrn zu sich auf den Bock hinauf, das Feuer bemächtigte sich des Gebälks und des Dachsparrens des Schlosses, der Boden öffnete sich mit einem weiten Loch, und Pferde, Wagen, Ritter und Gäste sanken in eine schwarze, bodenlose Tiefe hinab.

Als sich des anderen Tages die Talbewohner von den Schrecknissen der Nacht erholten und ihre Blicke zur Burg richteten, sahen sie weder Türme noch Zinnen, sondern bloß schwarze Mauerblöcke, aus welchen bisweilen noch bläuliche Flammen mit Schwefeldampf emporschlugen. Auf dem Felde des alten Kaspars hingegen fand man an der Stelle, wo der schöne Kirschbaum gestanden hatte, eine tiefe schwarze Grube und daneben Spuren von Rädern und Pferdehufen. Sie besprengten deshalb die Stätte mit geweihtem Wasser und ließen ein steinernes Kreuz setzen. Der alte Kaspar mit seiner Familie war jetzt natürlich die Leibeigenschaft los, und die Tochter blieb so lange zu Hause, bis ein wackerer junger Nachbar sie als seine Hausfrau heimführte. Noch heute sind die Reste des uralten Kreuzes und die Trümmer der Burg zu sehen. [167/168]

## Hirtenknabe am Kandel

*Von der Waldkircher Ortsmitte führt die Landstraße nach St. Peter über den 1200 m hohen Kandel. Der Kandel-Höhenweg, der J. Seger-Weg und der Präsident-Thoma-Weg führen alle von Waldkirch auf den Hausberg von Waldkirch.*

Ein unschuldiger Hirtenknabe führte täglich an den wiesenreichen Hängen des hohen Kandels, dessen innerste Tiefen aus einem grundlosen See bestehen sollen, der, wenn er einmal hervorbräche, das ganze Land unter Wasser setzen würde, das Vieh seines gestrengen Herren auf die Weide. Er dachte dann gewöhnlich bei sich selbst. „Warum habe ich doch nicht einen reichen Mann als Vater? Ich hätte es dann nicht nötig mich in Lumpen zu kleiden, mit den schlechtesten Bissen mich zu begnügen und den ganzen Tag über auf dem Berg herumzuklettern, um das Vieh zusammenzutreiben. Meine Eltern waren Bettelleute und sind gestorben. Mein Herr schimpft und schlägt mich unaufhörlich, und wenn ich den Tag todmüde geworden bin, so muss ich nachts mit dem Streu im Stall vorlieb nehmen. Ich bin doch recht unglücklich!"

So dachte der Knabe und weinte still vor sich hin. Der böse Feind musste aufmerksam auf ihn geworden sein, denn er verwandelte sich schnell in einen Jäger und ging, einen schwarzen zottigen Hund an der Seite, mit starken Schritten auf den Knaben zu. Dieser wischte sich alsbald die Tränen aus den Augen und versuchte fröhlich auszusehen, aber es gelang ihm nicht. „Warum hängst du den Kopf, Bürschlein?", hub der Jäger an zu fragen. „Siehst du nicht, wie die Burschen dort unten im Tal so lustig sind und sich ihres Lebens freu-

en?" Aber die kleinen Pferdefüße desselben ward der Knabe nicht gewahr, denn sonst wäre ihm das Weinen nicht noch stärker angekommen. Da der Jäger sah, dass schon die erste Versuchung so gut ausgefallen war, ward er noch zutraulicher, setzte sich neben den Knaben nieder und ermunterte ihn, ihm zu gestehen, was er eigentlich auf dem Herzen habe. Nach einer Weile gab der Knabe, immer noch schluchzend, zur Antwort: „Ach, ich bin gar zu arm und habe weder Vater noch Mutter mehr!" – „Ist es nur dies?", tröstete der Jäger, „so ist dir bald geholfen. Es steht nur bei mir, dich reich zu machen und an Kindesstatt anzunehmen." – „Ei, könnt und wollt ihr das?", rief jetzt der Knabe voll freudiger Überraschung, sprang auf und hob seine blauen Augen recht bittend und zutraulich zu dem grünen Mann empor. Aber dieser bekam plötzlich ein heftiges Zucken im Gesichte, wie man es gewöhnlich bekommt, wenn man unversehens in die helle Sonne hineinblickt. Denn hinter dem Knaben stand in blendendem Lichterglanze sein Schutzengel und drohte dem Bösen mit dem Finger. Der Knabe aber bemerkte den Schutzengel nicht, sondern nur die Gesichtsverzerrungen des Jägers.

Darum fuhr er voll Schrecken zurück und wusste sich kaum zu helfen. Allein der Jäger, in solchen Fällen schon geübt, drehte geschwind den Kopf auf die Seite und rief dem Knaben zu: „Setze dich nur wieder ruhig neben mich hin. Es ist mir eine Schnake ins rechte Auge geflogen. Ich muss es mir nur eine Weile zuhalten." – „Das Mittel dich reich zu machen", nahm der Jäger wieder das Wort, jedoch noch immer mit abgewandtem Gesichte, „ist ganz einfach. Hier in dem Berge befinden sich ungeheurer Schätze, welche von einem alten Ritter darin vergraben worden sind und die du leicht heben kannst. Du brauchst nur morgen in aller Frühe mit einem Zug Ochsen vor den Felsen da unten zu kommen, so wirst du mich antreffen, wir werden dann den Felsblock wegfahren und uns schnell der Schätze bemächtigen. Ich nehme dich hierauf als meinen Sohn an, dann sagst du deinem Herren Lebwohl auf immer und wirst ein schmucker und reicher Junge, wie kaum einer in der Stadt ist. Aber versprechen musst du mir, niemanden von der Sache zu erzählen und morgen früh an gar nichts anderes zu denken, als an unsere Schätze." Gern gab der Knabe sein Wort darauf und sprang wie außer sich vor Freude herum, als der Jäger seinem Hunde einen Wink gab, dass dieser unter das weidende Vieh hineinfuhr und es auseinandertrieb. Während der Knabe hinzueilte, um es wieder zusammenzubringen, waren Jäger und Hund verschwunden.

Voll Ungeduld trieb nun der Knabe seine Herde nach Hause, wo eh' der Abend recht eingebrochen war, weshalb ihn sein Herr neuerdings mit Schelte empfing. Aber der Geplagte, der sonst augenblicklich in Tränen ausbrach, machte sich nichts daraus, da er ja den glücklichen Wechsel seines Schicksals so nahe vor sich wusste. Auch beim Nachtessen war er so zerstreut und geistesabwesend, dass ihn eine alte Kindsmagd beiseite nahm und ihm zusprach, ihr doch mitzuteilen, was mit ihm vorgegangen sei. Der Knabe blieb aber verschwiegen und eilte so bald als möglich auf sein raues Strohlager, nur um ungestört seinen freudigen Gedanken nachhängen zu können. Auch während des Schlafes ließen ihn diese nicht ruhen, denn er träumte nun die herrlichsten Sachen von seinem künftigen Glücke. Der anbrechende Tag weckte und ermahnte ihn, nicht länger zu zögern. Das bisher nie versäumte Morgengebet vergessend, flog er rasch vom Lager empor, und der Schutzengel des verblendeten Knabens wendete sich betrübt von ihm ab. Was aber wundersam war: Die Pferde und Stiere, die sonst auf jeden Wink willig waren, wollten ihm jetzt durchaus nicht gehorchen, und er brachte sie nur mit viel Mühe in das Joch und aus dem Stalle,

während noch alles auf dem Hofe in tiefem Schlummer lag. Doch kam er noch zur rechten Zeit, ganz wie es der Jäger gewünscht hatte, an den bewussten Felsen, und der Böse lachte schon im Stillen, dass ihm die Beute so ganz nach dem Willen ins Netz gehe.

Kaum stand der unbesonnene Knabe mit seinem Vierergespann vor dem Felsen, so streckte auch schon der Jäger aus dem Gebüsch den Kopf hervor. Aber unglücklicher- oder vielmehr glücklicherweise war diesmal der Hut in den Zweigen hängen geblieben und die zwei Hörnchen auf seiner Stirne, welche der Böse nie ganz zurücktreten kann, blieben dem Knaben nicht unbemerkt. Doch entschuldigte sich der Jäger damit, er habe vor einigen Augenblicken den Kopf gewaltig an einem Felsen angeschlagen und dadurch die großen Beulen bekommen. Hierauf trieb er den Knaben an, seinen Zug an den eisernen Ring anzuspannen, welchen er bereits in die Felsenwand getrieben hatte. Allein dem Knaben war noch von dem Schrecken über die zwei Hörnchen her nicht mehr ganz wohl zu Mute. Trotzdem spannte der Junge mit schweren Herzen sein Vieh an den Ring, schwang die Geisel und rief nach alter Gewohnheit: „Voran denn in Gottes Namen!" Kaum waren diese Worte aus seinem Munde, als sich plötzlich der Himmel verdunkelte, der Donner rollte, die Blitze vor den Tieren niederschlugen, die Erde zitterte und aus dem Inneren des Berges ein Rauschen und Toben sich erhob, als ob der Sturm ein ganzes Meer aufwühlte. Im Nu war der Jäger verschwunden und aus dem Gebüsch reckte sich der schwarze, mit langen, spitzen Zähnen besetzte Rachen eines Ungeheuers mit furchtbarem Gebrüll dem Knaben entgegen. Dieser sank bewusstlos zu Boden. Die vier Stiere rissen sich los und gingen durch.

Als der Knabe wieder zu sich kam und sich mit angstverstörtem Blicke umsah, fand er alles in der Runde wieder ganz ruhig. Die Morgensonne glitzerte durch das Gebüsch, die verschüchterten Vögel kehrten zu ihren Nestern zurück und fingen wieder an zu singen. Was aber das Sonderbarste war: Ein helles Bächlein rieselte durch das Gestein dahin, was an dieser Stelle nie zuvor sichtbar gewesen war. Der Knabe wusste nicht, ob er wachte oder träumte. Er blickte jedoch schüchtern und verstohlen zur Seite hinüber, wo das schreckliche Untier auf ihn zugefahren war. Aber jetzt regte sich kein Blättchen, nur ein betäubender Schwefelgeruch wehte herüber. Wie staunte jedoch der Knabe, als er endlich zum Felsen selbst hinauf blickte und dort aus der nackten, verbrannten Wand eine Quelle hervorsprudelte, so stark, als wenn zwanzig Brunnenröhren zusammen ihr Wasser hervortrieben.

Wie groß war aber erst die Freude, als der Vogt des Dorfes Sienbach zufällig heraufkam, vor Entzücken die Hände über dem Kopf zusammenschlug, ihm um den Hals fiel und sagte, dass jetzt der höchste Wunsch seines Dorfes erfüllt sei, indem es jetzt, was es bisher schwer entbehren hatte müssen, eine gesunde, frische Quelle sowohl zum Trinken als zum Bewässern der Wiese besäße. Zugleich machte ihn der Alte, nachdem ihm der Knabe sein schreckliches Abenteuer mit dem Jäger berichtet hatte, auf die entsetzliche Gefahr aufmerksam, in den sein Leichtsinn sowohl ihn selbst als das ganze Tal hätte stürzen können. „Hättest du, als du dein Vierergespann mit der Geisel antreiben wolltest, um den Felsen hier hinwegzuziehen, nicht dabei gerufen: ‚In Gottes Namen denn', so wäre dieser Block, der nichts anderes ist als das Eingangstor zu dem unterirdischen See dort im Kandel, herausgefahren, die wilde Flut hervorgebrochen und damit wäre das ganze Tal mitsamt seinen Einwohnern von ihr verschlungen worden." Der Knabe wurde vom Vogte in das Dorf geführt, in dem seine Botschaft den lautesten Ju-

bel erregte. Der gute alte Mann, der Mitleid mit dem armen Waisen fühlte, nahm ihn an Sohnes statt an und gab ihm später seine einzige Tochter nebst einer schönen Aussteuer zu Ehre.[169]

## WALLFAHRT ZUM HÖRNLEBERG ÜBER DEM ELZTAL

*Ein Fahrweg führt von Oberwinden am Rathaus 4 km den Erzenbach hoch bis zum Waldparkplatz. Dort noch 1,4 km den Stationenweg zur Wallfahrtskapelle. Der Wanderweg von Bleibach zum Rohrhardsberg führt 6,5 km zum Hörnleberg mit seiner Wallfahrtskirche „Unsere Liebe Frau vom Hörnleberg". Die Kapelle wurde vielfach durch Blitzschlag zerstört. Die jetzige Kapelle wurde 1858 erbaut, das Langhaus 1888.*

*In der Geschichte des Elztals hat die Wallfahrt auf den Hörnleberg ihren besonderen Stellenwert. Sie hat im Leben der gläubigen Bevölkerung des Tales einen festen Platz. Sie wurde 1469 erstmals erwähnt. Aber die Pilger kamen auch aus dem Breisgau und dem Oberelsass. Bleibach mit seinen Bewohnern und die Wallfahrt auf den Hörnleberg waren so eng miteinander verbunden, dass das Dorf ohne den Berg mit der Kapelle im Rücken gar nicht zu denken ist. Die Bergkuppe mit der jetzt von Bäumen verdeckten Kirche ist von weit her zu sehen. Das mag zur Sagenbildung beigetragen haben.*

Die Sage will nun wissen, dass dort, in 907 Meter Höhe, in grauer Vorzeit – man spricht im zweiten Jahrtausend vor Christus – die Harelungen bei einer Quelle die Sonne verehrt haben. Als nun

▲ Die Wallfahrtskapelle auf dem Hörnleberg

das Volk zum Christentum bekehrt war, soll der Sonnentempel in ein Muttergottesheiligtum umgewandelt worden sein. Einige Wallfahrtsbilder erinnern an die Frühzeit der Wallfahrt. Wir lernen darauf das Gnadenbild kennen. Ein Andachtsbild aus dem Jahre 1492 zeigt eine stehende gotische Madonna mit Kind, darunter zwischen einem betenden Ehepaar in spanischer Tracht ein verschlungenes Schriftband mit den Worten „S. Maria ora pro nobis". Dahinter befindet sich ein Gehöft. Auf dem steilen Weg auf den Berg verweilt ein Pilger vor einem Bildstock, ehe er zum Heiligtum weiterschreitet. Oben steht die Wallfahrtskirche mit Chor und Langhaus und über der Giebelmauer ein Dachreiter mit Glocke. Neben der Kirche das Bruderhaus, in dem der Eremit mit für die Unterhaltung des Gotteshauses und das leibliche Wohl der ankommenden Pilger zu sorgen hatte.[170/171]

*Oder:* Ein Kranker gelobte, nach seiner Genesung eine Kapelle zu bauen. Mehrmals sah er in der aufgehenden Sonne über dem Hörnleberg die Mutter Gottes mit dem Kind. Er wollte unterhalb des Gipfels die Kapelle bauen, doch immer wieder wurde das Baumaterial nachts auf den Gipfel getragen, so dass die Kapelle hier oben erbaut wurde.[172]

## SCHIMMELREITER VOM TAFELBÜHL

*Von Bleibach führt der Zugang zum Westweg über den Hörnleberg, Tafelbühl, unterhalb des Braunshörnle zum Rohrhardsberg. Der Tafelbühl riegelt den Rauchengrund ab, der als Seitental des Hinteren Zinkens ein Seitental des Yachtales ist.*

Von hier wird folgende Sage erzählt: Ein Bauer aus dem Rauchengrund stieg den Hang hinauf zum Tafelbühl, um zur Hörnlebergkapelle zu wallfahren. Um sich vor dem Gottesdienst zu stärken und etwas zu erholen, kehrte er nun in das Wirtshaus ein, das sich damals dort befunden hatte. Bei Speis und Trank war der Zweck der Wallfahrt nur zu schnell vergessen. Karten kamen auf den Tisch, und bald war ein flottes Spiel im Gange. Stunde um Stunde verrann. Als nun nachts doch die Trennungsstunde schlug, musste man mit leeren Beuteln und schwerem Kopf den Heimweg antreten. So ging nun unser Wallfahrer mutterseelenallein den Weg zurück. Am Tafelbühl, wo er sonst sein Pferd bestieg, erwartete ihn eine Überraschung. Da stand ein Schimmel, der dem seinen ganz ähnlich war. Voll Freude, nicht mehr zu Fuß weiterwandern zu müssen, bestieg er ihn. In Windesschnelle ging es den Rauchgrund hinab, er hatte Mühe, sich auf dem Tier zu halten. Vor der weit vorspringenden Dachtraufe machte der Schimmel halt. Er war so unruhig, dass der Reiter nicht einmal absteigen konnte. In seiner Not rief der Bedrängte seine Frau, damit sie ihm helfe. Ganz verwundert fragte diese, wie er zu dem Schimmel komme, da der ihre ja im Stall stehe. Jetzt wurde es dem Bauern immer merkwürdiger zu Mute. Um endlich Klarheit über den Spuk zu bekommen, holte die Frau aus der Kammer Weihwasser. Sie war jedoch kaum unter der Türe erschienen, als das Ross blitzschnell kehrt machte und mit seinem Reiter im nahen Walde verschwand. Nachdem der Bauer auf dem Tafelbühl abgesetzt worden war, konnte keine Spur des Tieres mehr festgestellt werden. Der geplagte Mann musste nun doch zu Fuß nach Hause wandern. Er soll seitdem nie mehr beim Kartenspiel gesessen oder auf einem fremden Pferd geritten sein.

Zum Gedächtnis wurde auf dem Tafelbühl eine Tafel angebracht, die auch dem Wanderer von dieser Begebenheit erzählt.[173]

# Wagensteintal – Eschbachtal – Ibental – Tal der Wilden Gutach

## SCHLANGENKAPELLE ÜBER DEM WITTENTAL

*Die B 31 führt von Freiburg nach Hinterzarten. Hinter Ebnet gabelt sich die Landstraße nach Stegen von der B 31 ab. Beim Breitehof führt ein Fahrweg ins Attental, das sich bis hinauf zum Kandel-Höhenweg erstreckt. Leichter zu erreichen, beim Baldenweger Hof ins Wittental bis zum Talabschluss beim Recklehof durch den Hof gehen und rechts 20 Minuten zu Fuß auf die Höhe wandern. Die Schlangenkapelle ist ausgeschildert.*

*Auf der bewaldeten Höhe zwischen Attental und Wittental liegt die Schlangenkapelle unweit des alten Henslehof und dem Waseck. 1780 wurde die Schlangenkapelle schon erwähnt. 1857 bis 1924 wurde dann eine massive Kapelle erbaut. 1953 und 1978 wurde sie nochmals renoviert.*

Das Tal mit seiner Bauernschaft muss vor langer Zeit von unzähligen Schlangen heimgesucht worden sein. Eine Inschrift erinnert an der Kapelle immer noch an die sagenhafte Entstehung: „Hier erbauten gläubige Vorfahren im frommen Sinn eine Kapelle zu Ehren unserer lieben Frau, um von einer argen Schlangenplage erlöst zu werden."

Die Schlangen verschwanden nach der Sage erst, als man der Jungfrau Maria eine Kapelle gelobte, um von der Schlangenplage befreit zu werden. Wirklich blieben seit der Erbauung der Votivkapelle die Schlangen bis heute weg. Im vergitterten Altarraum befindet sich ein Bildnis einer Madonna mit Kind, die auf einer Weltkugel steht, die von einer Schlange umwunden ist, deren Kopf von der Madonna zertreten wird. Auf der Vorderseite des Altars windet sich eine Schlange.

Jedes Jahr an Lichtmess (2. Februar) beteten die Hofleute nach dem Mittagessen drei Rosenkränze. Nachher musste ein Kind dreimal eine Kette ums Haus ziehen, um die Schlangen abzuhalten. An diesem Brauch wird bis heute festgehalten.[174]

◀ Blick ins Wittental

▲ Die Schlangenkapelle über dem Wittental

## SCHWÄRZELEHOFKAPELLE ÜBER ESCHBACH

*Von Stegen führt die Landstraße nach St. Peter. In Eschbach-Obertal biegt am Ortsschild rechts eine Fahrstraße und gleich wieder rechts 1 km hoch zum Schwärzlehof ab. Oberhalb des Hofes entlang laufen, 100 m rechts am Wald steht die Schwärzlehofkapelle. Auf dem Wanderweg von Stegen über Rechtenbach auf den Lindenberg und weiter nach St. Peter trifft der Wanderer ca. 1 km vor dem Lindenberg beim Schwärzlehof auf die Weidbergkapelle.*

Im Jahr 1796 brach eine furchtbare Viehseuche in der Region aus. Wie der Abt Spekle berichtet, sei die Krankheit eine Art Ruhr, Gallenguss, Gallenfieber, auch Verhärtung der Moruiafalter gewesen. Ganze Höfe verloren ihren Viehbestand. Selbst die Trennung des gesunden vom kranken Viehbestand half nichts. Auch das Kloster wurde betroffen. Die Gemeinden wurden angehalten, Betstunden und Bittgänge zu halten, wobei die meisten einen Bittgang auf den Lindenberg veranstalten wollten, der ihnen aber nicht gestattet wurde. Seitdem jene Kirche auf dem Lindenberg abgebrochen und das Marienbild nach Eschbach übersetzt worden war, erhielt sich noch immer das Zutrauen des Volkes an jenen Ort. In Mengen fuhren sie dahin und verrichteten ihr Gebet bei den Ruinen der Kirche und behaupteten, der Ort wäre der Gnadenort, das Bild wäre ein mirakulöses Bild gewesen.

Auch der Schwärzlehofbauer zitterte um sein Vieh, das ringsum der Seuche zum Opfer fiel. Damit ihre Gebete und Bitten erhört werden sollten, erbauten sie auf der Höhe ihres Weidberges die kleine Kapelle, deren 200jähriges Jubiläum 1997 festlich begangen wurde.

Zum Dank für das Erlöschen der Viehseuche unternimmt die Pfarrgemeinde St. Peter noch alljährlich eine Pfarrwallfahrt zum Lindenberg, am „Hirschmändig", dem Montag nach dem „Schiibesunndig", das ist der Montag nach dem ersten Fastensonntag.[175]

## SAGEN VOM LINDENBERG BEI ST. PETER

### Bildstöckle auf dem Lindenberg

*Die Landstraße führt von Ebnet über Stegen in das Eschbachtal bis nach St. Peter hoch. Ein Fahrweg, die Lindenbergstraße, führt von der Ortsmitte 2 km zum Lindenberg. Von Stegen führt der Zugang zum Kandel-Höhenweg über den Lindenberg nach St. Peter.*

*Das Bildstöckle auf dem Lindenberg ist Ausdruck der Dankbarkeit für die Heilung der Viehseuche und auch der Beginn der Wallfahrt auf den Lindenberg um 1500.*

Pantaleon Mayer, ein begüterter Bauer vom Gallihof im Unteribental, hatte vielfaches Unglück mit seinem Vieh. Er wandte alle erdenklichen Mittel an, um den großen Schaden von seinem Hof abzuwenden. Doch umsonst. Endlich flehte er um Hilfe zum Himmel. Gedemütigt durch so auffallendes Unglück, erkannte er in demselben eine gerechte Züchtigung für seine Sünden und dachte darüber nach, durch welches gute Werk er die göttliche Gerechtigkeit versöhnen könnte. Unter solchen Gedanken schlief er einmal ein. Da kam es ihm vor, als höre er eine Stimme, die ihn aufforderte, zum Lob und Preis der allerseligsten Jungfrau auf seinem Gute

eine Bildsäule zu errichten. Beim Erwachen fasste Pantaleon Mayer sofort den Entschluss, falls sein Vieh von der Seuche befreit werde, ein Denkmal zur Erinnerung an diese durch Mariens Fürbitte erwirkte Wohltat errichten zu lassen. Wirklich erlosch bald die Seuche im Stall, ohne eine Spur zurückzulassen.

Sofort ging der Bauer an die Erfüllung seines Gelübdes und schloss mit einem Zimmermann einen Akkord über den zu errichtenden Bildstock. Der Handwerksmann aber verschob unter allerhand Vorwänden die Ausführung der Arbeit. Als eines Tages sein Haus ein Raub der Flammen wurde, sah er in dem Unglück eine Strafe des Himmels für seine Zögerung, der Ehre Muttergottes zu dienen. Er nahm sofort mit allem Eifer die Arbeit, zu der er sich längst verpflichtet hatte, in Angriff, vollendete sie aufs sorgfältigste und setzte den Bildstock an den Platz, der ihm hierfür bezeichnet wurde. Von der Stunde an verspürte der Hofbauer Pantaleon Mayer in allen Geschäften gar deutlich Gottes Segen.

### Marienerscheinung am Frauenbrunnen

Pantaleon Mayer hatte einen Hirtenbuben. Dieser hütete eines Tages in der Nähe der Quelle das Vieh. Auf dem Boden sitzend, machte er sich daran, einige Haselnüsse aufzuschlagen. Zu seiner Enttäuschung waren die meisten entweder taub oder von Würmern zerfressen. Ärgerlich darüber brach er in Fluchen und Schwören aus und wollte die leeren Schalen zornig wegwerfen. Beim Ausholen mit dem Arme hatte er das Gefühl, als berühre er mit der Hand einen Menschen. Erschrocken wandte er sich um und erblickte eine Frau von wunderbarer Schönheit, die ihn liebevoll anredete: „Gegrüßt sei's du, Jüngling!" Die Majestät der Frau, die so unverhofft erschien, sowie das böse Gewissen versetzten den Hirten in solchen Schrecken, dass er kein Wort hervorzubringen vermochte. Die erhabene Frau, ohne Zweifel die jungfräuliche Großmutter Maria, verwies ihm darauf in eindringlichem Ernste sein sündhaftes Fluchen über leblose Geschöpfe und sagte: „Wie du nichts auf diese Nüsse hältst, so bist auch du selbst nichts wert." Nach und nach erholte sich der Erschrockene und erwiderte ehrfurchtsvoll den Gruß der himmlischen Erscheinung: „Seid auch ihr gegrüßt!" Die heilige Jungfrau antwortete ihm: „Du hast recht getan, dass du mich gegrüßt hast. Gehe hin und sage deinem Meister, es sei mein Wille, dass er mir eine Kapelle erbaue." Der Angeredete wollte sich der Erfüllung diese Auftrages entziehen und entschuldigte sich mit den Worten: „Wie wird mein Meister ohne ein gewisses Zeichen an einen solchen Befehl glauben?" Die himmlische Jungfrau schnitt sofort diesen Vorwand ab mit der Erklärung: „Du hättest um deines Fluchens willen sterben sollen, ehe drei Tage um sind, jedoch will Gott dich verschonen. Aber die drei reichsten Einwohner des Tales werden vor Ablauf des Jahres sterben." Darauf verschwand die himmlische Erscheinung.

Ihre Ankündigung aber erfüllte sich buchstäblich. Pantaleon Mayer zweifelte daraufhin nicht länger an der Wahrheit der übernatürlichen Erscheinung und am Willen der allerseligsten Jungfrau, eine Kapelle erbaut zu sehen. Er ließ deshalb vermutlich an dem Ort, wo bisher das Bildstöckchen stand, eine hölzerne Kapelle bauen. Zur Erinnerung an die Marienerscheinung stellte er das Bildstöck-

▶ Die Wallfahrtskirche auf dem Lindenberg

chen bei der Quelle unterhalb des Lindenberges auf, die noch heute „Frauenbrunnen" heißt.

## Marienerscheinung auf dem Lindenberg

Eines Tages kam auch der alte Bauer Hans Zähringer vom Unteribental, insgeheim der „Blind Hans" genannt, auf den Lindenberg. Er wurde von der Frau seines Sohnes und deren Kindern übel behandelt. In seiner seelischen Not hoffte er von der Trösterin der Betrübten Hilfe zu erlangen. Nachdem er seine Andacht im Kirchlein verrichtet und sein trauervolles Herz vor der Himmelsmutter ausgeschüttet hatte, setzte er sich draußen im Freien auf die dort herumliegenden Zimmerspäne, um sich vor dem Heimgang auszuruhen. Bald schlief er vor Müdigkeit nein.

Da erschien ihm eine wunderschöne Frau, ohne Zweifel die Mutter der Barmherzigkeit, weckte den Schlummernden durch sanfte Berührung, versicherte ihm ihres mütterlichen Mitleides und tröstete ihn durch die erwünschte Botschaft, sein Gebet sei von Gott erhört worden. Er werde von Gott und Maria nie verlassen werden, was immer auch für Widrigkeiten über ihn kommen mögen, sofern er ihnen zu Ehren täglich zehn Vaterunser und „Gegrüßet seist du, Maria" beten werde, solange er noch lebte.

Danach nahm ihm die „überirdische Matron" zwei Späne von dem herumliegenden Holze, um sie mit einem Gertlein zu einem Kreuz zusammenzubinden. Als der Alte dies sah, reichte er aus Besorgnis, das Gertlein möchte brechen, und in Ermangelung eines Besseren, ein Stück von seinem Hosenband. Die Frau nahm dies, band damit

das Kreuz zusammen und sprach: „Nimm dieses Kreuz und bringe es Pantaleon Mayer. Sage ihm, er solle zu Ehren Mutter Gottes die Kapelle erweitern und in vollkommenen Stand setzen." Darauf verschwand sie und ward fernerhin nicht mehr gesehen.

Hans Zähringer indes säumte nicht, seinen Auftrag auszurichten, und brachte dem Pantaleon Mayer dieses von der Mutter Gottes gefertigte Kreuz. Dieser freute sich über die Gabe und die Botschaft und erfüllte mit Freuden den Wunsch der allerseligsten Jungfrau, die Kapelle zu erweitern und in vollkommenen Stand zu setzen. Das geschah wahrscheinlich um 1525, und vermutlich wurde damals der Ort zum Bauplatz gewählt, wo heute die Kapelle steht.

Diese Begebenheit ließ Ph. J. Steyer durch den Maler Göser an der Chorwand der Kirche in Eschbach abbilden. Das Kreuz können alle andächtigen Pilger nach Verlangen sehen und verehren. Es hängt um den Hals des Jesuskindes an der Wallfahrtsmadonna in der Maria Lindenberg Kapelle.[76]

## Abriss der Kapelle von Maria Lindenberg

Kaiserin Maria Theresia starb 1780 in Wien, zu deren Herrschaftsgebiet der Breisgau damals gehörte. Ihr Sohn Joseph II. führte im Sinne der damaligen Aufklärung auf kirchlichem Gebiet weitreichende Reformen ein: Aufhebung aller Orden, die bloß ein beschauliches Leben führten und zum Besten des Nächsten und der bürgerlichen Gesellschaft nichts Sichtbares beitrügen. Nach den Klöstern wurden die Bruderschaften und die Wallfahrten abgeschafft. Dem Kloster St. Peter wurde auferlegt, in Eschbach eine Pfarrkirche zu bauen mit dem Material, das durch den Abruch der Wallfahrtskirche auf dem Lindenberg gewonnen werde. Um den Abt mit der Entscheidung zu versüßen, wurde ihm „ewiger Bestand für sein Kloster" zugesichert. Dies dauerte allerdings nur 20 Jahre, da die Säkularisierung alles veränderte.

Das Wallfahrtsbild wurde in feierlicher Prozession in die Pfarrkirche übertragen. Hier steht es bis zum heutigen Tage. Die Hoffnung, dass die Wallfahrer, die bisher auf den Lindenberg gekommen sind, nun nach Eschbach zur neuen Pfarrkirche pilgern würden, erwies sich als Irrtum. Das gläubige Volk pilgerte weiter auf den Lindenberg. Die Gläubigen ließen die Sache auch nicht ruhen. Am 9. August 1800 teilte der Vogt und ein Bauer dem Abt mit, die Gemeinde Ibental habe das Gelübde gemacht, die Kapelle gegen den Willen der weltlichen Obrigkeit wieder aufzubauen. Was auch unter größten Widerständen gelang. Sie wurde erst 1845 endgültig fertiggestellt.

Was macht nun der Volksmund daraus: Die Ibentäler hatten auf den himmlischen Hinweis hin die Kapelle auf dem Lindenberg gebaut. Aber aus Sparsamkeitsgründen hatten sie keine Geistlichen für die Kapelle eingestellt. Wegen dieses Mangels musste der Gottesdienst von St. Peter aus versehen werden. Auf Grund dieser Unannehmlichkeiten ging der Besuch der Kapelle zurück. Die Kapelle wurde deswegen abgebrochen, und das Gerät mit dem Gnadenbild der Muttergottes verkauft. Die Folge waren Seuchen, die Tiere hinwegrafften. Schließlich nahmen verheerende Brände überhand, eine Menge taubstummer und krüppelhafter Kinder kamen zur Welt, und ansteckende Krankheiten wüteten so heftig, dass viele Häuser gänzlich ausstarben. Wegen dieser Trübsal be-

kam die Gegend den Namen Übeltal. Die meisten Bewohner zogen nach Eschbach. Auf Rat ihres Pfarrers in Eschbach bauten die Bewohner das Kirchlein Maria-Linden wieder auf und gaben alles gekaufte wieder zurück. Da hörten die Leiden Eschbachs und des Übeltales mit einmal auf, und der Name des Tales wurde in Ibental abgeändert.[177/178]

## LAUBISHOFKAPELLE IN BURG AM WALD

*Von Kirchzarten führt die Landstraße von der B 31 ins Ibental. In Burg am Wald talaufwärts nach dem Ortsschild links in die Mühlenstraße abbiegen, über den Ibenbach rechts fahren. Vor dem Bauernhof liegt die bekannte Laubishofkapelle. Eine Besonderheit sind die zwei Stockwerke der Kapelle, das obere Stockwerk diente als Speicher.*

Der Volksmund erzählt, dass während des Dreißigjährigen Krieges die Schweden marodierend und plündernd durch das Dreisamtal zogen. Der damalige Laubishofbauer habe sich vor den marodierenden Soldeska im Heustock versteckt. Das mussten die Schweden erfahren haben, denn sie sollen das Heu mit ihren Lanzen durchstochen haben, unter welchem der Laubishofbauer jetzt in Todesnot das Gelöbnis machte, eine Kapelle zu bauen, wenn er heil davon käme.

Tatsächlich! So löste er sein Versprechen ein und ließ auch zur Erinnerung daran einen Schwedenkopf als Konsole über dem Türbogen anbringen. Die Kapelle selber ist der heiligen Mutter Gottes Maria geweiht.[79]

# GNADENBILD VON ST. MÄRGEN

*Von der B 500 zweigt auf dem Thurner die Landstraße nach St. Märgen und St. Peter ab. Der Zugangsweg führt von St. Peter über St. Märgen zum Mittelweg.*

*In einer gewissen Rivalität wurde um 1118, also 25 Jahre nach Gründung des Klosters St. Peter das Augustinerkloster St. Märgen gegründet. Die Augustiner-Chorherren kamen aus dem Gebiet Luneville und hatten zur Gründung des Klosters eine romanische Sitzmadonna mitgebracht, die dem Kloster den Namen gab: „Cella Sanctae Mariae in silva nigra", zu deutsch „St. Marienzelle auf dem Schwarzwald". Dieser Name verkleinerte sich im Laufe der Jahrhunderte von St. Marienzelle bis zum heutigen St. Märgen.*

*Neben dem „Herz Jesus Altar" der Klosterkirche schließt sich auf der einen Seite die Josefkapelle und gegenüber die Muttergottes- oder Gnadenkapelle an. Im Mittelpunkt steht das aus dem 11. Jahrhundert stammende Gnadenbild. Die sitzende Madonna trägt das Jesuskind auf dem Arm. Mit der rechten Hand reicht sie einen Apfel. Für ungefähr 250 Jahre wurde das Gnadenbild in Freiburg aufbewahrt und 1723 wieder feierlich zurück überführt.*

Ein Mann, in Waldau wohnhaft, war von einem Wolf übel gebissen worden, dass für sein Leben keine Hoffnung mehr war. Er verlobte sich nach Maria Zell zu unseren Lieben Frauen (St. Märgen) mit dem Versprechen, wenn ihm die Mutter Gottes die Gesundheit und das Leben wieder friste, wollten er und seine Kinder dem Gotteshaus Maria Zell auf alle Zeit leibeigen sein. Danach war er alsbald gesundet und mithin dieser Prälatur als Leibeigener zugezählt worden.

Anno 1677 am Fasttag Allerheiligen erzählte der Augustiner P. Georg Conrad der Freiburger Kirche Allerheiligen in seiner Predigt von der wunderbaren Schutzkraft des Marienbildes aus St. Märgen, das man seit 1430 hier aufbewahrte: Da der Schwede Freiburg genommen und das Gotteshaus Allerheiligen sprengen wollte, hätten sowohl die anwesenden Katholischen und Unkatholischen eine Stimme gehört, die sagte: „Lasst ab, denn diese Kirche lasset sich weder sprengen noch verbrennen."

Ein französischer Minierer der Artillerie habe unter Zeugen deponiert: In der Kirche zu Allerheiligen in Freiburg sei miniert, zweimal das Pulver untersetzt und abgebrannt worden, es habe aber nichts ausgerichtet. Erneut habe sich dieses Wunder bekräftigt, als die Franzosen 1678 durch Minieren die Kirche sprengen wollten: Das in die Minen gelegte Pulver ging jedesmal los, die Kirchenmauern setzten sich immer wieder in das alte Fundament.[180/181]

# RAPPENFELSEN IM BRENNERSLOCH BEI NEUKIRCH

*Die Landstraße der Wilden Gutach weiter aufwärts fahren. Bevor die Landstraße nach Gütenbach aufsteigt, zweigt eine schmale Straße weiter im Tal der Wilden Gutach nach Dreistegen ab. Dort links abbiegen. Nach ca. 1 km Richtung im Hexenloch zweigt links beim Behahof ein schmaler Fahrweg über Brennersloch hinauf nach Neukirch ab. Nach ca. 250 m liegt an der Engstelle links ein mächtiger*

36 m hoher Felsblock, der Rappenfelsen. Der Zugang zum Westweg von Altglashütten zum Neueck bei Furtwangen führt ebenfalls durch das Brennerloch.

In einer Nische an der Nordseite des Felsens befindet sich eine hölzerne gemalte Barock-Bildtafel. Das Bild stellt die Krönung Mariens dar. Auf der Tafel liest man eine Jahreszahl 1725, die Buchstaben A und B und darunter:
Ehr sei Got Vater und dem Sohn und
Dem Hl. Geist als er war im Anfang
Jez und alweg zu ewig Zeiten Amen.

Früher war noch ein Kruzifix mit Maria und Johannes bei der Tafel angebracht. Die Figuren sollen aus der Zeit um 1680 stammen. Etwa 1966 wurden die Bildwerke restauriert.

Die Sage erzählt, dass während der Kriegszeit einmal ein Mädchen oder eine Frau von einem Reiter verfolgt wurde. Sie lief über den Berggrat hinaus und als sie keinen Ausweg mehr sah, sprang sie seitlich vom Felsen hinab. Dabei blieb sie mit den Kleidern im Geäst hängen und kam mit dem Schrecken davon. Der Reiter, er ritt einen Rappen, konnte nicht mehr anhalten und stürzte in die Tiefe. Deshalb soll der Felsen „Rappenfelsen" heißen.

Für die Errettung aus der Not soll später die Tafel angebracht worden sein. Noch um die Mitte des letzten Jahrhunderts wallfahrten Leute zu der Tafel am Rappenfelsen, um dort für Hilfe und Schutz ihrer gefährdeten Töchter und Frauen zu bitten.[182]

◀ Der Rappenfelsen mit dem Votivbild in Brennersloch

## Brennersloch

*Vor Erfindung des Sodas wurde durch Verbrennen des Holzes Pottasche gewonnen. Diese wurde benötigt, um den Schmelzpunkt des Quarzsandes – die Grundsubstanz für Glas - von 1500 °C auf 850 °C zu senken. Der Holzbedarf für die Glashütte war 3 % zum Heizen der Schmelzöfen, 97 % wurde für die Gewinnung der Pottasche benötigt.*

Als die Abtei St. Peter in Glashütten die Glasindustrie betrieb, wurde dort ein großer Holzhieb gemacht. Wegen der Zahlung der Arbeitslöhne entstanden Zwistigkeiten zwischen Arbeitern und Unternehmern. Als die Tiroler Holzhauer ihre Forderungen nicht bewilligt bekamen, zündeten sie aus Wut das aufgeschichtete Holz an. In Neukirch aber sollen sie dann gesagt haben: „Es brennt im Loch", wonach dieses enge Tal heute noch Brennersloch genannt wird.[183]

## Balzer Herrgott über der Wilden Gutach

*Von Bleibach im Elztal führt die L 173 durch das Simonswälder Tal hinauf nach Gütenbach. Ein Fahr- und Wanderberg zweigt in einer Rechtskurve in Gütenbach talaufwärts rechts ab. Die Fahrstraße führt 1,1 km auf die Höhe, dann 900 m zum Fallengrund und Wanderparkplatz. Von dort 1 km zum Balzer Herrgott. Von Dreistegen führen die Zugangswege zum Querweg Schwarzwald-Kaiserstuhl-Rhein über den Rastplatz mit dem Balzer Herrgott.*

Auf einer Waldlichtung hoch über dem Tal der Wilden Gutach steht eine große alte Buche mit dem mit Rinde umschlossenen Balzer Herrgott. Das Sagenumwobene an diesem prächtigem Baum ist aber nicht die Form oder das Alter, sondern eine eingewachsene Christusfigur, von der nur noch der Kopf zu sehen ist. Die Entstehung ist voller Rätsel und Widersprüche.

Es kann ein Hofkreuz gewesen sein, ein Wetterkreuz oder ein Kreuz, das an einen Unglücksfall erinnert hat. Die Christusfigur hing nämlich an einem schmiedeeisernen Kreuz, das im Laufe der Jahre beschädigt wurde.

Dann starb der Ersteller, und die Familie zog fort. Somit bestand keine Beziehung mehr zu den Lebenden, dann zerfiel oftmals das Kreuz oder das Bildstöckle, da sich keiner darum kümmerte. Ein Jäger soll aus Zorn über seine entgangene Beute sogar auf die Christusfigur geschossen haben, sodass mehrere Gliedmaßen abfielen.

Ein Hirte vermutlich lehnte das Kreuz voll Ehrfurcht an eine junge Buche und zwar an die vom Wetter abgekehrte Seite. Die Buche umschlang zuerst mit ihrer Rinde und dann nach und nach mit ihrem Holz das beschädigte Kreuz mit der Christusfigur. Die hervorstehenden Eisenstäbe wurden im Auftrag des Forstamtes aus Furtwangen abgesägt. Die verbleibenden Eisenteile verschwanden im Baum. Die aus der Zeit von 1750 stammende Figur wuchs mit dem Baum in die Höhe, sodass aus der über 250 Jahre alten Buche nur noch das geneigte Haupt des Christus freigegeben ist.

Der Dominikanerpater Benedikt Momme Nissen verfasste den Spruch, der früher am Baum befestigt war:

▲ Der Balzer Herrgott bei Gütenbach

Der Buchenstamm umklammert dieses Bild von Stein,
nie mehr lässt er den leidenden Heiland los.
So umfasse auch du ihn mit der Seele dein,
damit er dich aufnimmt in seinen Schoß.

Heute ist noch der vom St. Märgener Forstmeister Fritz Hockenjos verfasste Spruch angebracht:

Doch sieh, der Baum umfangen hält,
das viel verachtete Bild aus Stein
und nimmt ihn ganz in sich hinein,
den Schmerzenmann, den Herrn der Welt.

Erfreulicherweise steht der Balzer Herrgott seit 1959 unter Denkmalschutz.[184]

Kein Schwarzwälder Bauer, auch wenn er nicht so fromm gewesen sei, hätte sein Hofkreuz verlottern lassen, berichtet uns Oswald Scherzinger.

Am 24. Februar 1844 geschah das fürchterliche Lawinenunglück, dem der Königenhof zum Opfer fiel. Menschen und Vieh kamen zu Tode und auch das Hofkreuz des Königenhofes wurde zerschlagen. Man weiß nicht, wie lange diese Teile dort lagen. Eines Tages müssen zwei junge Bauernburschen aus der Nähe, wahrscheinlich aus dem Fallengrund, diese Teile mitgenommen haben. Der Hof wurde ja nicht mehr aufgebaut.

Sie schleppten den Korpus Richtung Fallengrund, bis er wohl in der Nähe der heutigen Buche liegen blieb. Zwei Gütenbacher, Karl Kiefer und Gerhard Schmidt, beides Uhrmacher, sollen bei einem Sonntagsspaziergang den Christuskörper im Wald liegen gesehen haben. Sie fertigten ein Gestell an, schraubten den Christuskörper drauf und befestigten alles an der Buche. Ende des 19. Jahrhunderts muss es gewesen sein.[185]

# Dreisamtal – Bruggatal

## URSPRUNG DER HERZÖGE VON ZÄHRINGEN

*Im Freiburger Ortsteil Zähringen zweigt Richtung Ortsausgang
rechts eine Fahrstraße ab. Sie führt ca. 3 km bergaufwärts bis zum
Waldparkplatz. Von dort sind es ca. 400 m linker Hand bis zur im
Wald gelegenen Burg der Zähringer. Der Tuniberg Ostweg führt von
Freiburg Herden ins Glottertal an der Ruine Zähringen vorbei.*

*Durch eine urkundliche Erwähnung wurde die Gründung der Burg
Zähringen am Ende des 11. Jahrhunderts angenommen und zwar
auf dem Boden einer alemannischen Bebauung. Als Gründer wird
Bertold II angesehen. Beschädigt wurde die Burg im Bauernkrieg
1525. Im Dreißigjährigen Krieg wurde sie vollends zerstört. Übrig
geblieben ist heute nur noch der Turm aus dem 13. Jahrhundert.*

Die Herzöge von Zähringen seien vor Zeiten Köhler gewesen,
hatten ihre Wohnung im Gebirge und dort Kohlen gebrannt.
Nun hatte es sich ergeben, dass ein solcher Köhler im Walde Holz
geschlagen, den Kohlenhaufen mit Grund und Boden bedeckt und
solchen ausgebrannt hatte. Als er nun die Kohlen wegräumte, fand

er am Boden eine schwere geschmolzene Masse. Als er sie näher betrachtete, war es pures Silber gewesen. Also hatte er danach immer
am gleichen Ort Kohlen gebrannt, diese mit derselben Erde bedeckt
und abermals Silber gefunden, woraus er angenommen, dass es vom
Berg herkommen musste. Das Silber hatte er aufbewahrt und mit
der Zeit einen großen Silberschatz zusammenbekommen.

Nun hatte es sich mit der Zeit begeben, dass ein Kaiser vom Throne gestürzt ward, der auf den Berg im Breisgau, von ihm genannt
„Kaiserstuhl", mit Weib und Kindern und all seinem Gesinde geflohen war und daselbst viel Not mit den Seinigen litt. Da ließ er
ausrufen, wer bereit wäre ihm zu helfen, dass er wieder zu seinem
Reiche kommen könne, dem würde er zu Ehe seine Tochter geben
und ihn zum Herzog machen. Als der Köhler solches vernahm,
fügte er sich mit etlichen Burden Silber zu dem Kaiser und begehrte, dass er ihm die Tochter gebe und dazu die Gegend umher;
so wolle er ihm einen solchen Schatz von Silber geben, dass er damit sein Reich wieder gewinne. Der Kaiser willigte also gleich ein,
nahm den Köhler zum Sohne an und gab ihm seine Tochter nebst
dem Lande. Nun hob dieser erst recht an, Erz zu schmelzen, baute
vor dem Gute Schloss und Dorf Zähringen, und sein Schwiegerva-
ter machte ihn zum Herzog von Zähringen. Danach baute er die
Stadt Freiburg.

◀ Die Wallfahrtskirche St. Ottilien bei Freiburg

Da jedoch der Köhler also mächtig ward und an Gut, Ehre und Gewalt zunahm, erhob er sich gar sehr und wurde zu einem großen Tyrannen. So geschah es denn, dass er seinem Koch gebot, ihm einen Knaben zu braten und anzurichten, denn er wolle versuchen, wie gut Menschenfleisch zu essen wäre. Da führte der Koch den Willen seines Herren aus. Als er aber den Knaben gebraten auf den Tisch brachte, und der Herr ihn vor sich stehen sah, befiel ihn Schrecken, Furcht, Reue und Leid, dass er ob so großer Sünde zwei Klöster bauen ließ, das eine mit Namen St. Trudpert im Münstertal, das andere St. Peter auf dem Schwarzwalde.

Und als ihn der Tod endlich aufs Sterbelager geworfen hatte, befahl er einigen Vertrauten, alle seine Schätze in einen Klumpen zusammenzuschmelzen, damit die Erben sich darüber blutig schlagen würden. Für soviel Freveltat blieb die Strafe nicht aus. Der Herzog wurde in einen Berg am Meere verbannt, wo er heute noch für seine Sünden büßt. Die Silbergruben aber am Zähringer Schloss sind für immer verschwunden.

Nach einer anderen Version erzählt die Gründungssage, dass der Köhler nicht Silber, sondern Gold findet, und es ist nicht ein König ist, mit dem er seinen Handel macht, sondern der Kaiser persönlich kam in Mönchskleidern auf seiner Flucht zu dem Köhler. Dieser gab ihm aus Treue das Gold. Der Kaiser nahm an und gab ihm zum Dank die Tochter sowie das Land des Breisgaus als Herzogtum.[186/187]

*Oder:* Angeblich hätten die alten Herzöge aus Sicherheit und Bequemlichkeit vom Schloss herab zum Münster einen unterirdischen Gang graben lassen. Sie stiegen dann, ungesehen vom Feinde, oder wenn es kalt war an hohen Festtagen, aus dem Hahnenturme her-

auf und setzten sich in ihren Chorstuhl. Rechts vom Gang liegt das Gewölbe, wo die uralten Münsterbriefe aufbewahrt wurden. Der Gang ist aber vom Berg herunter verschüttet.[188]

## Totenkopf vom Alten Gottesackerkreuz in Freiburg

*An der Parallelstraße zur Habsburgerstraße liegt die Karl Straße. Weg vom Zentrum liegt linker Hand der alte Friedhof. Am Eingang steht das Gottesackerkreuz direkt vor der Kapelle.*

*Der Besucher des alten Friedhofes erblickt am Fuß des Kreuzes, das vor der Michaels-Kapelle steht, einen Totenkopf. Die Kapelle ist bekannt wegen ihres Totentanzes. Die gähnenden Öffnungen der rechtsseitigen Augen-, Nasen- und Mundhöhlen des Totenkopfes stechen seltsam ab von dem geschlossenen linken Auge. Dessen Lid ruht über dem eingetrockneten Augapfel. Um die grauenhafte Wirkung zu steigern, fällt ein Lockenbündel in die Stirn herein. Das Ganze gewährt den Eindruck eines Totenkopfes, der wenige Jahre in der Erde ruhte und aus irgendeiner Ursache vom Totengräber wieder ans Tageslicht befördert wurde. Von diesem Totenkopf geht folgende Sage aus:*

In der Stadt wohnte ein Schmiedemeister mit seiner Frau. Die lebten miteinander wie Hund und Katze. Anstatt dass die Meisterin in gehöriger Weise für ihren schwer arbeitenden Mann sorgte, waren ihre Gedanken den ganzen Tag bei dem jungen Schmiedgesellen, dem auch die köstlichsten Bissen bereitet wurden, wenn der Meister ausgegangen war.

In ihrer Gottlosigkeit verabredete sich die Meisterin mit dem Gesellen, den Schmied aus dem Weg zu schaffen. Auf Anraten und mit Beihilfe des Gesellen trieb sie ihrem Mann einen kantigen, breitköpfigen Nagel durch den Kopf, als er eben schlief und deckte die Wunde durch das Haupthaar zu. Niemand merkte die Untat, und der Schmiedemeister wurde auf dem alten Friedhof begraben. Das Verbrecherpaar heiratete, und der Schmiedemeister war längst vergessen, als auch die Meisterin aufs Totenbett geworfen wurde. Da regte sich ihr Gewissen und sie gestand ihre Untat. Die Behörde ließ das Grab öffnen und fand die Angaben der Frau bestätigt.

Man glaubt, dass das Kreuz ursprünglich auf dem ältesten Friedhof der Stadt, dem Münsterplatz, stand. Nach dem Plan von 1685 war es auf dem nördlichen Münsterplatz vor dem Beinhaus. Nach einigen Wanderungen kam es schließlich in der zweiten Hälfte des 18. Jahrhunderts auf den heutigen „alten Friedhof".

*Oder:* Der Totengräber hatte ein Grab zu öffnen, in das eine andere Leiche gelegt werden sollte. Als er den Schädel schon aus dem Grab geworfen hatte, bemerkte er bei der Arbeit, dass dieser sich bewegte. Er sah nach, was diese seltsame Bewegung verursachte, und er entdeckte in der Mundhöhle eine Kröte sowie den Nagel, der durch den Kopf getrieben war. Durch die Bewegung der Kröte hatte der Schädel gewackelt. Er wurde der Behörde übergeben, und das Verbrecherehepaar, gegen das schon längst ein Verdacht sich richtete, erschien vor dem hohen Gericht. Der Frau gereichte die Verhaftung zur Erleichterung des Gewissens. Sie gestand sofort das Verbrechen ein, und die beiden wurden hingerichtet.[189]

▶ **Das Kreuz mit dem Totenkopf auf dem Alten Friedhof in Freiburg**

## Schwabentor von Freiburg

*Vom Stadtteil Oberlinden am Schlossberg führte früher das Obertor hinaus ins Dreisam- und Wagensteigtal, dann weiter über den Schwarzwald nach Schwaben. Daher rührt der heutige Namen „Schwabentor".*

Ein reicher Bauer aus Schwaben hörte von der Schönheit Freiburgs sprechen und beschloss, es sich zu kaufen. Er lud also sein gesamtes Geld in zwei Fässer, fuhr damit nach Freiburg und fragte: „Was kostet's Städtle?" Dass es tausendmal mehr wert sei als sein Geld, setzte ihn in große Verwunderung, und die Freiburger hatten nicht versäumt, ihn tüchtig auszulachen. Noch mehr spotteten sie

aber, als die Fässer geöffnet wurden und darin statt Gold nur Sand zum Vorschein kam. Die Frau des Bauern hatte nämlich das Geld heimlich aus den Fässern geleert, dafür aber Sand hineingefüllt und dadurch den Beweis geliefert, dass in Schwaben auch gescheite Leute zu finden sind. [190]

## Drei Kirchlein unter einem Dach – Lorettoberg

*An den Freiburger Ortsteil Wiehre grenzt der Lorettoberg. Die Lorettostraße führt zur Mercystraße, die bergaufwärts führt. Kurz vor dem Gipfel führt der Kapellenweg zu den „Drei Kirchlein unter einem Dach". Der Wanderweg vom Ortsteil Wiehre zum Schauinsland führt über den Brombergkopf, auf dem die Kapellen liegen.*

Vom 3. bis 5. August 1644 fand um Freiburg zwischen den österreichischen und französischen Armeen eine erbitterte Schlacht statt. In der blutigen Auseinandersetzung auf dem Lorettoberg gelobten die Freiburger Bürger eine Kapelle zu errichten. Die Österreicher gewannen, und so stiftete Christoph Mang, Zunftmeister der Kaufleute, mit seinem Bruder 1657 die Lorettokapelle. Sie wurde nach dem Vorbild der „Santa ca.sa von Loretto" erbaut.

Die Sage erzählt uns, der kaiserliche General habe im heißen Schlachtgetümmel das Kirchlein der Muttergottes im Stillen gelobt, damit es ihm gelänge den Feind zurückzudrängen. Und

◄ Sagenbild am Schwabentor zu Freiburg

er fand Erhörung: Fromme Bürgerinnen aus Freiburg wollten die Jungfrau Maria hoch über dem Pulverdampf schweben und die Kugeln mit ihrem Mantel auffangen gesehen haben. Erschreckt wichen da die Widersacher.

Im Oktober 1744 hatte sich nun der Feind auf dem Lorettoberg eingenistet, da schickten die Kanoniere vom Schlossberg aus einen donnernden Gruß zur Kapelle hinüber, wodurch König Ludwig XV um ein Haar sein Leben eingebüßt hätte, da die Kugel über ihm in die Wand der Kapelle einschlug. Als der König diesen Gruß nachdrücklich erwiderte und sagen ließ, falls sie sich weiterhin seines Hauptes so annehmen würden, werde er das Münster zusammenschießen lassen, verstummten die Kanoniere. Heute noch sieht man die Kugel aus jener Zeit an der Außenwand der Kapelle eingemauert.

Die Kapelle besteht aus drei aneinander gebauten Einzelkapellen: der eigentlichen Lorettokapelle, der später entstandenen Josephskapelle im Westen und der Annen- und Joachimskapelle im Osten.[191]

## St. Ottilien bei Freiburg

*Vom Freiburger Ortsteil Oberlinden führt die Straße durch das Schwabentor und dann gleich links vor der Dreisam entlang. Die Straße führt nach dem Ortsende an der Kartause vorbei und dann links hoch ca. 2,5 km bis nach St. Ottilien durch den Wald. Der Querweg „Freiburg zum Bodensee" führt von Freiburg kommend, zu St. Ottilien, der Wallfahrtsstätte.*

Ottilie soll um 662 als Tochter des elsässischen Herzogs Etticho blind geboren worden sein. Sie wurde nach der Legende vom Vater verstoßen. Eine Magd habe sie ins Kloster gebracht. Durch die Taufe mit sechs Jahren durch Bischof Erhard geschah das erste Wunder. Dadurch habe sie das Augenlicht erhalten und erhielt den Namen „Odilia" (Tochter des Lichtes). Der Vater wollte seine nunmehr sehende Tochter einem reichen adeligen Alemannen zur Frau geben. Doch Ottilie hatte gelobt, Nonne zu werden und verweigerte die Heirat.

Erst in den Legendentexten des 17. Jahrhunderts taucht die Flucht über den Rhein auf, um der Heirat und den Häschern des Herzogs zu entgehen. Diese verfolgten sie aber und spürten sie immer wieder auf. Ottilie wurde im Mußbachtal oberhalb des später gegründeten Freiburgs eingeholt. In ihrer Not flehte sie zu Gott, sie vor den Häschern zu retten. An der Stelle, an der heute die Wallfahrtskirche steht, geschah der Legende nach das zweite Wunder: Ein Felsen öffnete sich. Ottilie verbarg sich in ihm und der Felsen schloss sich wieder. Etticho erkannte nun, dass der Himmel seine Tochter schützte, bereute sein Verhalten und ging. Daraufhin soll sich der Felsen wieder geöffnet haben. Gott ließ aus ihm zum Gedenken an das Wunder eine Quelle entspringen.

Etticho respektierte fortan das Gelübde seiner Tochter und stiftete ihr auf der Hohenburg (heute Odilienberg) bei Obernai ein Kloster. Ottilie war die erste Äbtissin dort, wo sie 720 starb und ihre Gebeine heute noch ruhen. Seit dem 9. Jahrhundert wird die Schutzheilige für Blinde und Augenkranke verehrt.

Die Anfänge der Wallfahrt im Mußbachtal liegen im Dunkeln. Sie sollen zwischen dem 7. und 13. Jahrhundert liegen. Der heutige

Bau wurde 1505 geweiht. Teilweise mussten bis zu zehn Messen pro Tag gelesen werden. 1714 wurde die Kapelle erweitert und die Kapelle über der Gnadenquelle einbezogen. Die letzte Renovierung erfolgte 1966/67.[192]

*Oder:* Auf einem Vorberge der Vogesen stand in alter Zeit die Hohenburg. Hier wohnte der strenge Herzog Ettcho, dem ums Jahr 657 ein blindes Töchterlein geboren wurde. Darüber herrschte auf der Burg große Trauer. Um das hilflose Kind vor dem Zorne seines Vaters zu schützen, schickte es die Herzogin durch eine treue Dienerin in das entfernte Kloster Palma in Burgund und ließ es dort aufziehen. Bald darauf kamen der Bischof von Trier und der Bischof Erhard von Regensburg ins Kloster. Dieser taufte Ettchos blindes Töchterlein. Nach der Taufe öffneten sich die Augen des Mägdeleins und es ward sehend. Der Bischof gab dem Kinde den Namen Odilia oder Ottilia, das heißt so viel als „Tochter des Lichts".

Zur Jungfrau herangewachsen, erfuhr Ottilia das Geheimnis ihrer Herkunft, und ein heißes Verlangen erfasste sie, ihre Heimat, ihre Angehörigen und vor allem ihre fromme Mutter Bereswinda zu sehen. Selbst der strenge Vater war gerührt von der himmlischen Schönheit und Reinheit der heimgekehrten Tochter. Von Tag zu Tag gewann er sie lieber und hatte Wohlgefallen an ihrer Frömmigkeit und Demut. Bald kamen Fürsten und Grafen genug, die von der schönen Herzogstochter gehört hatten, und warben um Ottilias Hand. Darunter war auch ein reicher Alemanne, der sich besonders in die Gunst des Herzogs zu setzen wusste. Der Vater bestand darauf, die Tochter solle dem Klosterleben für immer entsagen und dem stattlichen Freier das Jawort geben. Ottilia aber hielt fest an ihrem Gelübde.

Als ihr Vater ihr mit Gewalt drohte, floh sie, in ein ärmliches Pilgerkleid gehüllt, heimlich von der väterlichen Burg. Am Rhein ließ sie sich durch einen Fährmann ans andere Ufer übersetzen und kam von da durch die Ebene an die Vorberge des Schwarzwaldes. Auf dem Schlossberg hielt sie kurze Rast.

Ihre Flucht blieb dem Herzog nicht verborgen. Er machte sich mit seinen Leuten auf, die Ungehorsame zu suchen. Durch die Aussage des Fährmannes kam er auf ihre Spur und schlug wie sie den Weg zum Schwarzwald ein.

Ermattet von der ausgestandenen Angst und der ungewohnt weiten Wanderung, hatte sich Ottilia gerade auf einem Felsstücke niedergelassen und flehte zum Himmel um Kraft und Schutz. Da vernahm sie im nahen Walde ein Geräusch: Es waren die Reiter ihres Vaters. Sie sprang auf und eilte dem Dickicht der Höhe zu, um sich dort zu verbergen. Aber bald sank sie erschöpft zu Boden. Nur ein Fels verbarg sie noch vor den Blicken ihrer Verfolger. Zitternd breitete Ottilia die Arme zum stillen Gebet aus. Da klaffte die Wand des Felsens auseinander, Ottilia flüchtete hinein, und der Felsen schloss sich wieder.

Außen aber stand der Herzog mit seinem Gefolge. Ergriffen von diesem himmlischen Wunder, ging er reuevoll in sich und schwor, das Gelübde seiner Tochter zu ehren und hier eine Kapelle zu bauen. Da öffnete sich der Felsen wieder. Ottilia trat hervor, strahlend von überirdischem Glanze, und sank an die Brust des Vaters.

Der Felsen schloss sich nicht mehr. Es entsprang ihm aber von Stund an ein klarer Quell, der für kranke Augen mit Heilkraft begabt war.[193]

# Falkensteiner Burg im Höllental

## Ritter Kuno

*An der B 31 Richtung talaufwärts liegen hinter dem Ort Falkensteig nach dem Engenbach linker Hand auf einem Felsvorsprung die Reste der Ruine Falkenstein.*

*Kurz nach 1100 wurde die Burg erstmals erwähnt. Die Burgherren waren Zähringer Ministeriale, der eigentliche Gründer Kuno von Falkenstein. Das Geschlecht entwickelte sich zu üblen Raubrittern. Ein Brand zerstörte 1388 die Burg, gelegt von den Freiburgern. Da sie mit der Reichsacht belegt waren, war ihnen ein Wiederaufbau strengstens untersagt.*

Ritter Kuno von Falkenstein und seiner Gattin fehlte zum vollkommen Glück nur noch die Nachkommenschaft. Damit sich der sehnlichst gewünschte Erbe doch einstellen möge, entschloss sich der Ritter zur Teilnahme an einem Kreuzzug ins Heilige Land. Beim Abschied sagte er zu seiner Gemahlin, sie solle sieben Jahre auf ihn warten. Wenn er dann nicht zurück sei, wäre er nicht mehr am Leben, und sie könne einen anderen heiraten. Mit dem Schwert teilte er seinen Ehering und gab die eine Hälfte seiner Frau, die andere behielt er.

Ritter Kuno geriet im Heiligen Land in die Hände der Heiden und schmachtete jahrelang im Kerker. Schließlich gelang ihm die Flucht. Auf dem Weg in die Heimat verirrte er sich jedoch im tiefen Wald. Er sank erschöpft nieder und hatte jede Hoffnung aufgegeben. Da trat der Teufel zu ihm, um ihm zu vermelden, dass die besagten sieben Jahre um seien, und seine Gattin im Begriff sei, einen anderen zu heiraten.

Der Böse bot Ritter Kuno einen Pakt an: Er wolle ihn auf den Rücken eines geflügelten Löwen in die Heimat bringen. Einzige Bedingung, der Ritter dürfe im Fluge nicht einschlafen, sonst habe er die Seele verloren. Ritter Kuno willigte in den Handel ein. Auf dem langen Flug drohte ihn oft die Müdigkeit zu überwältigen. Aber immer, wenn er einschlafen wollte, kam ein Falke und weckte ihn mit einem Flügelschlag wieder auf. So erreichte er wohlbehalten das Dreisamtal. Über seinen fehlgeschlagenen Plan erzürnt, warf der Teufel seinen Reiter am Eingang des Tales ab und schleuderte einen schweren Stein nach ihm, ohne aber zu treffen. (Dieser Stein ist heute an der Außenwand des Gasthauses „Fortuna" in Kirchzarten eingemauert.)

Auf der Burg Falkenstein wurde indes bereits die Hochzeit von Kunos Gemahlin vorbereitet, denn nach den versprochenen sieben Jahren hatte sie einem Freier ihr Ja-Wort gegeben. Der Heimkehrer kam als Pilger verkleidet auf seine Burg und bat um einen Becher Wein. Die Burgherrin selbst ließ ihm den Trunk hinausschicken. Als er den Becher geleert hatte, warf er die Hälfte seines Eheringes hinein und gab den Becher der Burgherrin zurück. Als sie die andere Hälfte in den Becher legte, verschmolzen beide Teile zu einem Ganzen. Jetzt wusste Ida, dass der vermeintliche Pilger ihr Kuno war. Es begann ein langes zweites Eheglück, dem auch die ersehnte Nachkommenschaft nicht versagt blieb.

Zum Andenken an seine Rettung nahm Kuno den weißen Falken in sein Wappen auf und nannte sein Geschlecht „Falkenstein".

## Zerstörung der Burg Falkenstein

Da war ein Mädchen aus dem Kirchzartener Tal, Tochter eines Leibeigenen der Falkensteiner. Dieses nahm gegen den Willen seines Vaters und seiner Herrschaft einen Freiburger Hintersassen zum Mann. Nun durften die Leibeignen oder deren Kinder nicht ohne Erlaubnis wegziehen. Die Falkensteiner fühlten sich in ihrem Recht übergangen und verlangten Genugtuung. Ihre Knechte lockten das Paar in eine Falle, überfielen beide, schleppten sie auf die Burg und warfen sie ins Verlies. Während die Frau freigelassen wurde, stürzten die Knechte den Mann vom hohen Burgfelsen in den Tod. Die Frau, entkräftet und krank, konnte sich nach Freiburg retten. Dort erstattete sie dem Rat der Stadt Anzeige. Das war für die Freiburger ein weiterer Grund, die Burg Falkenstein zu zerstören.

*Oder:* Eine schöne Frau wurde von den Raubrittern entführt und gefangengenommen. Nachdem sie mit einer List hatte freikommen und nach Freiburg flüchten können, brachte sie die Untaten der Raubritter zur Anzeige. Sodann legte sie eine Spur von Erbsen zur Burg hin, dass die Freiburger, der Spur folgend, die Burg erstürmen und die betrunkenen Räuber festnehmen konnten. [194/195]

## FALKENSTEINER TAL – HEUTE HÖLLENTAL

### Höllental

*Die B 31 führt von Kirchzarten, Himmelreich, Falkensteig hinauf nach Hinterzarten. Früher war dies das Falkensteiner Tal nach*

dem Geschlecht der Falkensteiner, die am Eingang ihre Raubritterburg hatten und der Straße den Namen gaben. Nicht zu verwechseln mit der Falkensteiner Steig, der kaum oder schwer passierbaren Schlucht auf der Seite der Burg Falkenstein. Der Weg zweigt nach Nessellache und Breitnau und zur Kirche St. Oswald ab.

Die Höllentalstrecke wurde 1301 erstmals urkundlich erwähnt und war nur für Personen oder Saumpferde geeignet. Der Name „Hölle" tauchte 1671 auf, der dem Falkensteiner Tal seinen neuen Namen gab. Als sich nämlich Kaiser Leopold 1 im Zusammenhang mit der Landesverteidigung nach geeigneten Verkehrswegen zwischen Freiburg und den Schwarzwaldhöhen erkundigte, soll er von einem Ingenieur folgende Mitteilung erhalten haben: „In der Falkenberger Steig, so man erst durch die große Hölle hindurch muss, könnte entweder hier vorne das alte Schloss Falkenstein in etwas zugerichtet oder aber hinten in der Enge die Steig bewahrt werden...“ [196]

### Hirschsprung

*Nach dem Ort Falkensteig verengt sich das Tal, so dass sich nur noch Straße und Bach durch die Öffnung zwängen. Dort steht unübersehbar der Hirsch auf dem Felsen.*

*Die enge Klamm, durch die der Höllenbach schießt, wurde 1755 und 1769 durch Sprengung nach schweren Zerstörungen durch Hochwasser erweitert. So konnte Marie Antoinette auf ihrer Fahrt von Wien nach Frankreich zu ihrer Hochzeit möglichst lange durch österreichisches Gebiet fahren. An der engsten Stelle erinnert seit*

*1874 auf einem überhängenden Felsblock ein stehender Hirsch an die dritte Versammlung der deutschen Forstmänner in Freiburg.*

**D**ie Sage erzählt, dass sich ein von einem Jäger verfolgter Hirsch nur durch den Sprung über die breite Klamm, von Fels zu Fels, vor seinem Verfolger hatte retten können. Doch den Jäger habe man zerschmettert am Fuße des Felsens gefunden.[197]

## WALLFAHRTSKAPELLE HEILIGENBRUNNEN BEI TITISEE

*Die B 31 führt von Titisee nach Hinterzarten. Ca. 3 km nach der Abzweigung nach Titisee liegt rechter Hand ein Ortsteil Oberaltenweg. Gleich an der Abzweigung, zurückgesetzt von der B 31, liegt das Gasthaus Lafette. An diesem führt eine Fahrstraße ca. 2 km bis zum Gasthaus Heiligenbrunnen. Daneben liegt die Wallfahrtskapelle Heiligenbrunnen. Der Westweg führt von Titisee nach Norden über Heiligenbrunnen weiter zur Kalten Herberge.*

*Die „Ca.pelle S. Margarthae Virginis et Martyris in Fonte Sancto" oder, wie es in alten Urkunden heißt, „das Kirchlein St. Margarethen beim heiligen Bronnen" ist über 450 Jahre alt. Sicher ist dieser Ort in früherer Waldeinsamkeit noch viel älter als die urkundliche Erwähnung 1519. Drei Schutzheilige behüten den Ort: Die heilige Jungfrau Maria, die heilige Märtyrerin Margaretha und die heilige Notburga.*

▶ Die Wallfahrtskapelle Heiligenbrunnen bei Titisee

Die Sage berichtet, dass die heilige Notburga eine Königin aus Schottland gewesen sei. Vertrieben durch den frühen Tod ihres Gatten, irrte sie durch Süddeutschland und kam nach Bühl. Hier soll sie neun Kinder geboren haben, wobei eines gleich nach der Geburt starb. Da die junge Mutter Wasser zur Taufe ihrer Kinder benötigte, ließ sie eine Dienerin mit der Wünschelrute nach Wasser suchen. Die Königin befahl ihr mit einem Stab gegen den Felsen zu schlagen. Das Wunder geschah, denn plötzlich entsprang eine Quelle aus dem Felsen. Viele Menschen pilgerten zu dieser Quelle und wollten davon trinken. Je mehr Pilger, desto größer war die Zankerei um das köstliche Nass. Dies war der Grund, dass die heilige Notburga mit ihren Kindern weiterzog und schließlich in die Bergeinsamkeit des Schwarzwaldes kam. Sie habe sich am Ort des Heiligenbrunnen niedergelassen und mit der Hilfe ihres Stabes eine Quelle zum Sprudeln gebracht. Die heilige Frau wurde so zur Schutzheiligen der Gebärenden.

Ursprünglich wohnte ein Messner neben der Kapelle, der Kapelle und Messen betreute. Seit 200 Jahren steht ein Wirtshaus neben der Kapelle.[198]

## WALLFAHRT ZUM SCHWEFELBRÜNNLEIN BEI HINTERZARTEN

*Ein kleine Straße führt vom Westende des Titisees nach Erlenbruck und dann weiter nach Hinterzarten. Bei Erlenbruck liegt ein kleines Naturschutzgebiet. Zwischen der Erlenbrucker Straße und dem Zartenbach entsprang auf einer kleinen Wiese, der „Schwefelmatte",*
*eine Quelle inmitten des damaligen Sumpfgebietes. Spätere Untersuchungen des Wassers konnten keinen Mineralgehalt nachweisen. Vermutlich waren Sumpfgase der Grund für die Namensgebung.*

*Seit 165 Jahren – wir kennen den Vorgang in allen Einzelheiten aus der Hinterzartener Pfarrchronik von 1810 – ist die ganze Umgebung in Wiesengelände umgewandelt worden, und ein paar Weiden gegenüber dem Fußweg, der den Bach entlangführt, bezeichnen die Stelle.*

Im Dreißigjährigen Krieg, so berichtet die Chronik, wurde die Quelle durch Soldaten verunreinigt; Reiterleichen und Pferdekadaver lagen im Wasser. Der Heilkraftglaube übertrug sich seither auf das kleine Marienbild, das sogenannte „Gnadenbild" in der Kirche selbst. Es hat in seiner neuen Fassung seinen Platz auf dem linken Seitenaltar auch in der jetzigen Kirche gefunden. Diese wurde als „Maria in der Zarten" 1416 gebaut.

Schon damals hatte die Wallfahrt stark zugenommen. Denn Kranke und Sieche wallfahrten von weit her und mussten untergebracht werden. Es wird auch davon berichtet, dass man große Mengen Krücken, „weil sie unnötig Gesperr" verursacht hatten, verbrannt habe. Geheilte Pilger hatten sie zum Dank hinterlassen und der Kirche geweiht.

Erst im 18. Jahrhundert ließ die Wallfahrt nach, bis sie unter Vinzenz Zahn während der Aufklärungszeit im Zuge der Josephinischen Reformen ganz aufgehoben wurde. Aber immer noch soll es Leute geben, die in bestimmten Nächten aus dem Schwefelbrünnlein Wasser schöpfen, um es kranken Familienmitgliedern zu bringen.[199]

## TITISEE UND SEINE SAGEN

*Die B 500 führt von Hinterzarten um den Schluchsee herum zum Titisee. Der Westweg führt von Heiligenbrunnen ebenfalls nach Süden um den Titisee herum. Dieser ist 1,3 km² groß und eines der bekanntesten Ausflugsziele im südlichen Schwarzwald. In den dreißiger Jahren wurden in strengen Wintern Motorrad- und Autorennen auf dem zugefrorenen See durchgeführt. Auch wurde dieser für Flugveranstaltungen missbraucht.*

Vor unvordenklichen Zeiten stand da, wo heute der Titisee seine Wasser zwischen freundlichen Bergmatten und dunklen Tannen ausbreitet, eine reiche Stadt mit einem Kloster. Die Einwohner dieser Stadt aber wurden mit ihrem Reichtum so übermütig und verschwenderisch, dass sie dem Vieh Weißbrot fütterten und die ausgehöhlten Brotlaibe als Schuhe benutzten.

Zur Strafe für diesen unerhörten Frevel versank die Stadt eines Tages mitsamt dem Kloster im Erboden, und viele Schuh tief deckt sie seither das Wasser des Titisees. In der Frühe des Sonntags kann man ganz leise und wie aus weiter Ferne die Glocken der versunkenen Stadt aus der Tiefe des Sees läuten hören.

Als einmal der See überlaufen wollte, und seine Fluten bereits das Dreisamtal bedrohten, nahm eine alte Frau mit geheimnisvollen Zauberworten ihre weiße Haube und verstopfte den Auslauf des Sees. Jedes Jahr jedoch verfault einer der Wollfäden dieser Haube, und wenn der letzte Faden verfault sein wird, so überliefert die Sage, überfluten die Wasser des Titisee das ganze Tal.[200]

*Oder:* Vor langer Zeit versuchte ein Wagemutiger, die Tiefe des Feldsees auszuloten. Als er das Senkblei in den See hinab ließ, rief eine Stimme aus der Tiefe herauf: „Willst du mich messen, so tu' ich dich fressen!" Eiligst versuchte daraufhin der Neugierige das rettende Ufer zu gewinnen und wagte es nie mehr, die Tiefe des Sees zu ergründen.[201]

## FELDSEE UND SEIN DENGELEGEIST

*Die B 317 führt von Titisee über den Feldberg ins Wiesental. Der Westweg ebenfalls von Titisee über den Feldberg zum Stübenwasen.*

*Der Feldberg ist mit 1.493 m der höchste Berg im Schwarzwald. Der höchste Rücken des Seebucks mit 1.448 m erhebt sich mächtig über dem Feldsee. Er wird auch „dunkles Auge des Feldbergs" genannt.*

Widergänger, Poltergeister und Grenzsteinverrücker sind unter den Feldberggeistern zu finden. Der bekannteste und mächtigste von ihnen ist der Dengelegeist. Als bösen, schwarzen Unhold und Vorboten des Todes kannten ihn die Feldbergbewohner in früheren Zeiten. Weitum war er gefürchtet.

Er dengelte in der Nacht nicht nur seine Sensen, sondern führte auch die Wanderer in die Irre und störte Menschen und Tier im Schlaf. Das ganze Feldberggebiet bis weit in die Täler hinab war sein Revier. Weil er eine Nebeltarnkappe besaß, nahm jedes Unwetter aus weitem Umkreis seinen Weg zum Feldberg, erzählte man sich in den Feldberggemeinden. Selbst Leute, die ihr Leben droben auf dem Feldberg zugebracht hatten und den ganzen Berg auf Schritt und Tritt kannten, setzten sich geduldig abwartend nieder, wenn plötzlich schwerer Nebel aufzog, denn sie waren sich bewusst, dass sie der Dengelegeist bei jedem Versuch, den Weg fortzusetzen, bestenfalls im Kreise herumtreiben, wahrscheinlicher aber in Sümpfe und Abgründe führen würde.

*Oder:* Auch den geistlichen Herren aus dem Kloster St. Blasien, das einen großen Teil des Feldberges zu seinem Besitz zählte, war er nicht gewogen. Denn Mönche aus dem Kloster hatten einmal versucht, ihn zu beschwören und in eine Flasche zu bannen. Mit einem Feuer wollten sie ihn locken. Kaum aber schlugen die Flammen aus dem dürren Holz der Krüppelfichten, da blies sie der Dengelegeist wütend aus und wirbelte die verängstigten Mönche durch die Windsbraut in lichtloser Finsternis, bei Stein- und Hagelregen, die Berghänge hinab.

Nicht besser soll es zwei Professoren der Universität Freiburg ergangen sein, als sie einige Zeit später den misslungenen Versuch der sanktblasianischen Mönche wiederholen wollten.[202]

## GIERSBERG UND SEINE WALLFAHRT (KIRCHZARTEN)

*In Kirchzarten führen die Haupt-, Hofener- und Silberbrunnen-straße 800 m weit bis zur Wallfahrtskapelle auf den Giersberg. Der Wanderweg führt südlich von Kirchzarten über den Giersberg auf*

*der Höhe bis zum Feldberg. Ein Pilgerweg als Stationenweg führt zur Marienwallfahrtskapelle hinauf auf den Giersberg. Das von Matthias Faller 1742 geschaffene Gnadenbild erinnert in der Kapelle heute an den Ursprung der Wallfahrt.*

Die Wallfahrt zur Kapelle auf dem Giersberg ist um 1700 entstanden. Die Legende berichtet von einem Hirtenbuben aus dem Schweizerhof, der beim Viehhüten im Brigittenwald Gesang vernommen habe, ohne Menschen zu sehen. Dem Erstaunten habe eine Stimme zugerufen, an dieser Stelle wolle Gott die Heilige Jungfrau verehrt sehen. Der Junge fand keinen Glauben, bis auch andere Leute den Gesang hörten. Als sie diesem nachgingen, fanden sie in einer Baumöffnung das Bild der Himmelskönigin. Nun wurde an dieser Stelle eine kleine Kapelle aus Holz errichtet und am 14. Juni 1710 geweiht.

Aus dem Bericht des Waldbruders Lorenz Rost über die Anfänge erfahren wir: Es war am Weg ein Fichtenbaum, der als Bildstock diente. In diesem Baum war ein kleines Mutter-Gottes-Bildlein lieblich zu sehen. Es war eine Kniebank davor, die zum Beten einlud.

Es pilgerten dorthin Krüppel, Pestkranke und andere, die Hilfe benötigten. Sie bekamen Hilfe und wurden gesund.

Vor 1709 brach in Kirchzarten eine Feuersbrunst aus. Da versprachen die Betroffenen eine Kapelle an diesem Fichtenbaum zu bauen, und das Feuer erlöschte. Die Bewohner vergaßen das Versprechen mit der Zeit. Da brach im Dorf und Tal eine Viehseuche aus. Wiederum wurde das Versprechen gegeben, eine Kapelle zu bauen.

Als sie ihr Gelübde einlösen und eine Kapelle bauen wollten, wurde dies von Christoph Hug dem Talvogt nicht genehmigt. Daraufhin bekam er große Augenschmerzen, dass er beinahe blind wurde. Da blickte er auf zu Maria und bat um Hilfe, und es wurde besser. Er gestattete den Bau der Kapelle und war sehr bemüht, den Bau nach Kräften zu unterstützen. Nach Beendigung sollte dann eine heilige Messe gelesen werden, aber der damalige Pfarrherr, Andreas Bräunle, wollte es nicht zulassen. Er bekam an Händen und Füßen Ausschläge, dass er weder Brot noch Suppen essen konnte. Auch er bat daraufhin um Beistand der Mutter Gottes, damit sie ihm helfe, seine Gesundheit wieder zu erlangen. Er würde auch die Messe lesen. Er wurde gesund und verrichtete das erste hl. Messopfer zur Dankbarkeit von Maria.[203/204]

## GNADENKREUZ VON OBERRIED

*Die Fahrstraße von Kirchzarten zum Notschrei führt durch Oberried ins Bruggatal. In der Ortsmitte liegt das ehemalige Kloster, das heute als Rathaus dient sowie die Klosterkirche. Das Gnadenkreuz steht links an der Innenwand der Kirche. Der örtliche Wanderweg führt aus dem Wilhelminer Tal über Oberried zum Rappeneck hinauf.*

*1238 waren es die Zisterzienserinnen vom Kloster Günterstal, die im einsamen Bruggatal ein Kloster gründen wollten. Das Leben der Nonnen im rauen Klima war so schwer zu ertragen, dass diese sechs Jahre später wieder zurückkehrten. 1252 wurde das ver-*

◄ Die Wallfahrtskapelle auf dem Giersberg bei Kirchzarten

waiste Kloster von den Mönchen aus dem Kloster Marienpforte bei Hagenau im Elsass übernommen. Aber auch diese zogen 1262 aus dem Tal weg und gründeten in Freiburg ein neues Kloster. Einige der Brüder kehrten 1266 zurück in die Einsamkeit des Tales und besiedelten erneut die Klosteranlage. Man sprach von den „Wilhelmiten in der Stadt" und von den „Wilhelmiten im Walde". Daher der Name „St. Wilhelminer Tal". 1683 wurde am heutigen Standort eine neue Klosteranlage gebaut. 1807 fiel das Kloster der Säkularisierung zum Opfer und ging an das Hause Baden.

Es waren einst vor vierhundert Jahren drüben am Rheinufer ein Knecht und eine Magd, die auf dem Wagen Futter holen wollten, als sie plötzlich auf dem Rhein herab einen eigentümlichen Gegenstand schwimmen sahen, der allmählich ans Ufer trieb. Sie gewahrten alsbald ein Kruzifix von sonderbarem Aussehen. Der lebensgroße Körper des Heilands sah aus wie eine Leiche, die im Wasser gelegen hatte. Sie zogen das Kreuz aus dem Rhein, banden es ihrer Kuh auf den Rücken und gingen damit ins nächste Dorf, um den Geistlichen um Rat zu fragen, was zu tun sei. Dort angekommen, brachten sie die Kuh gar nicht zum Stehen, so dass der Pfarrer sagte, man solle das Tier mit dem Kreuz laufen lassen, wohin es wolle. So ließen sie die Kuh also weiterziehen und gingen mit ihr ostwärts durch Freiburg ins Dreisamtal nach Oberried, wo sie vor der Kirche hielt.

Man erkannte also die Fügung Gottes und verbrachte das Kreuz in die Pfarrkirche von Oberried, wo es dann aufgestellt und von jeher hoch verehrt wurde.[205/206]

◀ Das Gnadenkreuz im Kloster Oberried

# ZAHNWEHKAPELLE AUF DEM RAPPENECK

*Am Ortsende von Oberried zweigt talaufwärts eine Fahrstraße über die Landstraße insgesamt 6 km zur Rappenecker Hütte hinauf. Dort steht die „Zahnwehkapelle". In über 1000 m Höhe lässt sich gleich von vier Seiten eine Marienkapelle vom Wanderer auf dem Rappeneck erreichen und zwar von Geroldstal an der Landstraße L 126, Oberried, dem Schauinsland oder von Kappel.*

Immer im Frühjahr wurde viel Vieh auf das Rappeneck hinauf getrieben. Und mit dem Vieh hat die Entstehung der kleinsten Wallfahrtskirche zu tun. Denn als in den Jahren vor 1750 der Viehhüter eines Tages sein Vieh nicht mehr fand, das sich infolge eines Gewitters panikartig verlaufen hatte, machte man nach tagelangem vergeblichem Suchen das Gelöbnis, eine Kapelle an der Stelle zu bauen, wo er das Vieh wieder finden würde.

Und genau da, wo jetzt mitten in der saftigen Bergwiese die Kapelle steht, soll er eines Morgens die ganze Viehherde wieder vorgefunden haben.

Aus einem Visitationsbericht 1808 geht hervor, dass diese Kapelle der hl. Apollonia geweiht ist, wohin Weiber in Zahnschmerzen pilgerten. Viele Leute aus Oberried und Kirchzarten, Geroldstal, Kappel und Hofsgrund sind bei Zahnweh den steilen Aufstieg zur „Zahnkapelle", Rosenkranz betend, gegangen.

▶ Die Zahnweh- oder Rappenecker Kapelle

„Gang nuff zur Zahnwehkapelle", hieß das Medikament, das die Mutter bei Zahnweh ihren Kindern gab. Bis zu Beginn des Zweiten Weltkrieges sollen Zahnwehleidende ihren Löffel durch das Gitterfenster hindurch geschoben und damit zu Ehren der hl. Apollonia geopfert haben. Apollonia als Patronin der Zahnärzte sollte den Bittsteller von den lästigen Zahnschmerzen befreien. Zum Dank schenkte er der Heiligen seinen Löffel, ihr Berufssymbol. Denn der Zahnarzt braucht einen Löffelstiel oder Spatel, um die Zunge niederzuhalten.

Die Alten, die anstatt den Zahnarzt die Zahnwehkapelle aufgesucht haben, mussten bekennen: „Eigentlich ischs's immer weg gsi, des Zahnweh, wenn mer obe bi de Abollone a kumme gsi sin."[207]

## Wilde Schneeburg über dem Bruggatal

*Die Landstraße führt von Oberried weiter Richtung Notschrei. Nach ca. 2 km führt sie rechts am Schneeberghof vorbei. Über ihm erhebt sich eine jäh ansteigende, wild zerklüftete Felsengruppe. Von diesem nur auf einer Seite zugänglichen Schroffen erhob sich einst eine Burg, die „wilde Schneeburg" genannt. Der örtliche Wanderweg führt aus dem St. Wilheminer Tal über die Schneeburg nach Oberried.*

*Es gibt keine Angaben, wann und von wem die Burg erbaut worden ist. Sie wurde 1312 urkundlich erwähnt und 1525 im Bauernkrieg zerstört. Der Name „Schneeburg" lässt auf das bekannte Freiburger Geschlecht der Schnewelins schließen.*

Gegen Ende des 13. Jahrhunderts soll das Geschlecht der Kolmanns dort gewohnt haben, die mit den Schnewelins verwandt gewesen seien. Jedoch sollen zwei Kolmann-Brüder sich der damaligen Seuche des Raubrittertums verschrieben haben. Im jugendlichen Übermut verübten sie boshafte Streiche, um auch den Freiburgern zu zeigen, dass sie sich in ihrem Felsennest vor niemanden zu fürchten brauchten.

Auch die Wilhelmiten-Brüder aus dem Kloster hatten öfters Grund, sich über die beiden Raubritter zu beklagen. Wenn sie konnten, nahmen sie den Klosterbrüdern Lebensmittel, Wein und eingezogene Lehenszinsen ab, wenn sie das Bruggatal aufwärts zogen. Diese Plage sei so schlimm geworden, dass die frommen Brüder auf Umwegen – über den sogenannten „Pfaffenweg" – nach der Stadt gehen oder von ihr kommen mussten.

Als den Freiburgern das Unwesen zu dumm wurde, setzten sie einen der Kolmann-Brüder, dem sie habhaft wurden, in Freiburg in den Turm. Durch eine Geiselnahme eines Freiburger Bürgers und die Verschleppung ins berüchtigte Felsennest wurde der inhaftierte Kolmann-Bruder wieder freigepresst. Als die berüchtigten Kolmann-Brüder dann bei einer Entführung wieder zuschlugen, zogen die Freiburger unterstützt durch mehrere Ritter in großer Schar im Morgennebel gegen die Schneeburg. Der Übermacht konnten die Bewohner der Schneeburg nicht lange Widerstand leisten. Mit Brechstangen und anderen Zerstörungswerkzeugen machten sie die Burg dem Erdboden gleich. Kein Stein blieb auf dem anderen.

In Freiburg wurde dann ein hochnotpeinliches Gericht abgehalten, das Schuld und Sühne der Streitenden feststellen sollte. Dabei stellte sich heraus, dass die Kolmann-Brüder gar nicht immer die Schuldigen waren. Die Burg blieb zerstört, aber die Freiburger mussten den entstandenen Schaden ersetzen.

Von dem Räuberschloss sind nur ganz spärliche Trümmer erhalten geblieben. An die wilde Schneeburg erinnert noch der Name des am Fuße des Felsen gelegenen Schneeberghofes. Die wilde Schneeburg ist zwar untergegangen, doch die einstigen Bewohner müssen, wie die Sage erzählt, noch nach dem Tode „geistweis umgehen" für ihre zu Lebzeiten verübten Freveltaten.

Auch hatten junge Leute, die unter Lebensgefahr am Räuberschlossfelsen herumkletterten, schon öfters zwischen den Felsspalten Truhen und Kisten voll glänzender Golddukaten in der Sonne schimmern gesehen. Hatten sie sich dann zu dem flimmernden Golde durchgezwängt, so war die lockende Beute verschwunden, und nur nackter Fels starrte ihnen entgegen. Ein Sonntagskind vielleicht könnte die verborgenen Schätze heben und die ruhelosen Geister erlösen.[208]

*Oder:* Eine weitere Sage erzählt von einem Ritter der Schneeburg, der wegen seiner vielen Untaten eine Pilgerfahrt nach Rom gemacht hatte. Dem Papst aber erschienen die Sünden des Ritters allzu groß. Eher würde, so sagte er, der Stab in seiner Hand Rosen tragen, als die Sünden des Pilgers Verzeihung erlangen. Traurig ritt der Schneeburger wieder heimwärts. Als er fast zu Hause war, sah er an der Schönbergflanke eine Öffnung und erkannte sie als Tor zum Venusberg. In seiner Verzweiflung ritt er hinein und war verschwunden.

Nach Jahren blühten aus dem Stabe jenes Papstes Rosen, und er ließ es der Witwe melden. Man grub – warum wird nicht gesagt – an dem Venusberg nach und fand den Ritter aufrecht auf seinem Pferde tot auf.[209]

# Bohrer-, Eckbach-, Neumagental

## SAGEN DES KLOSTERA GÜNTERSTAL (FREIBURG)

### Gründungssage

*Von Freiburg Wiehre führt die Günterstaler Landstraße über den Ortsteil Günterstal – seit 1890 ein Stadtteil von Freiburg - zum Schauinsland. Gleich nach dem Tor in Günterstal liegt rechts das ehemalige Kloster. Von Freiburg Whiere führt der Wanderweg über den Brombergkopf und Kibfelsen zum Schauinsland.*

*Günterstal wird namentlich erstmals 804 erwähnt. Um 1224 wird das Kloster „Gunterstal" erstmals in einer Urkunde als Zisterzienserinnenkloster erwähnt. 1806 wird das Kloster säkularisiert und 1829 bei einem Brand völlig zerstört. Seit 1927 gibt es in Günterstal auch wieder Benediktinerinnen im Kloster St. Lioba.*

Unter dem Kibfelsen lag die sagenumwobene Kyburg, von der keine Reste mehr vorhanden sind. Im Tale des Gunthers, eines Edlen des 13. Jahrhunderts, der die Burg auf dem Kybfelsen oberhalb jenes Tales bewohnte, baute dieser seiner Tochter Adelhaid ein

◄ Das Kloster St. Trudpert im Münstertal

Gebäude, damit dort ein klösterliches Leben geführt werden könne. Da Gunther keine männlichen Nachkommen hatte, wurde das Kloster für Adelhaid gebaut. Sie war auch urkundlich bezeugt die erste und langjährige Äbtissin des Zisterzienserklosters Günterstal (daher der Name).

Die Nonnen seien nach einigen Jahren durch ein überirdisches Licht dazu bewegt worden, sich in die rauere Abgeschiedenheit des Oberrieder Tales zu begeben. Aber schon nach wenigen Jahren kehrten die Nonnen nach Günterstal zurück, da die raue Luft, die dichten Wälder, die allzu steilen Felsen und die Schwierigkeiten, das Notwendige für ein solches Leben zu beschaffen, was der weiblichen Zerbrechlichkeit zuwider lief, es nicht zuließen, dass sie hier länger verweilten.[210]

### Günterstaler Kreuzsage

Günterstal war der Ort, wo man vor mehr als zweihundert Jahren ein großes, altes, von Holz ausgehauenes Kruzifix über den durch den Klosterhof laufenden Bach stromaufwärts schwimmen sah. Es blieb endlich von sich selbst „grad hinüber gegen den jetzigen Eingang" in der Kirche liegen. Mit ehrerbietigen Händen wurde es gleich aus dem Wasser gezogen, mit 1000 andächtigen Küssen bewillkommnet, umsungen, auf die Schultern genommen und auf den Altar der damaligen Bruderkirche, jetzt aber hl. Kreuzkapelle, gestellt.

Kaum war das Bild an den Ort der Sicherheit gebracht, da zeigte Gott, wie gefällig ihm diese Aufnahme gewesen ist. Ein stockblinder Mann war zufällig bei dieser Begebenheit zugegen. Er ließ sich noch zu dem nassen Kruzifix hinführen, küsste es andächtig und benetzte seine Augen mit dem Wasser, das vom Kruzifix tropfte. Da öffneten sich die Augen augenblicklich und zeigten ihm das wundertätige heilige Bildnis desjenigen an dem Kreuz, dem er sein Sehen verdankte.

*Oder:* Als um das Jahr 1414 die Bilderstürmer in unserem Land tobten, hüteten an einem Abend die Hirtenknaben auf dem Klosterhof und Beifang eine Herde. Auch da schwamm das hl. Bild auf wundersame Weise wider dem Strom des Baches durch den Garten gegen die hl. Kreuzkapelle.

Die Hirten versuchten das Kruzifix mit Stangen aus dem Wasser zu ziehen, was aber misslang. Die Äbtissin hörte das Geschrei und befahl dem Beichtvater des Klosters, das Bild herauszuziehen, was auch ohne Mühen gelang, und es feierlich zur Kapelle zu tragen.

Unter dem Volk war auch ein Mann, der in der Nähe wohnte und der die Almosen einsammelte. Dieser wusch sich mit dem herabfließenden Wasser die Augen und wurde alsbald sehend.

Das Günterstaler Kreuz ist bei dem großen Klosterbrand 1829 vernichtet worden.[211)]

## DRACHE VON EBRINGEN

*Ebringen, an der B 3 liegend, wird im Norden von der ehemaligen Schneeburg und im Osten vom Aussichtspunkt Schönberg umringt. Seit dem 14. Jahrhundert steht die Schneeburg auf einem kleineren Vorberg gegen die Freiburger Bucht. Sie gehörte den Herren von Hornberg. Die Burg wurde im Bauernkrieg 1525 durch einen „Markgräfler Haufen" zerstört.*

In altersgrauer Zeit fuhr ein feuriger Drache immer wieder über das Dorf Ebringen und verschwand am südlichen Schönberg in einer Höhle. Der Drache wurde von dem heidnischen Volke als Götze verehrt. Von Zeit zu Zeit mussten ihm zur Nahrung Menschenopfer gebracht werden. Das Los traf schließlich auch die reizende Tochter des Fürstens, der auf der Schneeburg saß.

Zur selben Zeit wohnte ein junger Ritter, der sich heimlich zum Christentum bekannte, am Fuß des Schönberges. Als dieser von dem schrecklichen Schicksal der Fürstentochter vernahm, fasste er rasch den kühnen Entschluss, den allgewaltigen Drachen zu töten. Wohl gepanzert, den gewaltigen Speer in der Rechten, bestieg er sein mutiges Ross und ritt, vertrauend auf die Macht Gottes, dem höllischen Untier entgegen.

Drohend mit weit aufgesperrtem, Gift qualmenden Rachen lag das Ungeheuer vor seiner Höhle, den unerschrockenen heransprengenden Angreifer gierig erwartend. Schäumend bäumte das stolze Ross sich auf, aber behände und sicher führten die kräftigen Arme des Ritters Zügel und Speer. Da fuhr das scharfe Eisen zischend und totbringend in den geöffneten Schlund des höllischen Gesellen. Jubelnd vernahmen Fürst und Volk die Kunde von der kühnen, befreienden Tat des jungen Ritters und jubelnd priesen sie den Christengott, der dem Kämpen solch hohe Kraft verliehen hatte. Zur Erinnerung wurden auf den Häusern in Ebringen, über welche der Drache einst dahinfuhr, steinerne Kreuze errichtet, von denen sich heute noch einige an den Giebeln befinden. Der kühne Ritter aber, den das Volk nunmehr als Heiligen verehrte, hieß Georg. Daher nannte sich der Ort, wo er wohnte, späterhin St. Georgen.[212]

# Teufelstein zu St. Ulrich

*Von Bollschweil im Hexental südlich von Freiburg führt die Landstraße 3,4 km nach St. Ulrich. Hier im Hof des ehemaligen Klosters, neben der noch zum Gottesdienst genutzten Kirche Peter und Paul, steht ein „Brunnentrog". Über zweieinhalb Meter Durchmesser und gut acht Tonnen schwer, ein ehemaliges Taufbecken. Das ehemalige Klostergebäude beherbergt die Landvolkhochschule.*

*Die Sage behauptet nun, dass der hl. Ulrich, der Gründer des Klosters, im Jahre 1087 den „Teufelstein" persönlich vom Teufel geschenkt bekam. Übrigens 1806 wurde das Kloster säkularisiert, und die Klosterkirche diente forthin als Pfarrkirche.*

Der heilige Ulrich hatte sein kleines Kloster im Möhlingrunde aufgebaut und wünschte nun noch einen steinernen Trog zu dem Brunnen. In dem Talgrunde selbst konnte er keinen tauglichen Stein auffinden und von anderswoher wegen der Enge des Tales

keinen kommen lassen. Da schlief er eines Abends im Freien ein. Im Traum erblickte er auf dem Meeresgrunde einen runden Sandsteinblock; der schien für eine Brunnenschale wie gemacht.

Als St. Ulrich erwachte, war es Morgen. Da kam ein Jäger des Weges daher und unterhielt sich mit dem heiligen Ulrich. Als der den Traum des Heiligen und sein Verlangen nach dem Steinblock erfahren hatte, erbot er sich, diesen noch vor dem Abend herbeizuschaffen, wenn Ulrich ihm dafür seine Seele verschreibe. Da wusste der Heilige, mit wem er es zu tun hatte, und sagte: „Um neun will ich Messe lesen. Wenn du den Stein vor der Wandlung zum Kloster geschafft hast, will ich nach meinem Tode dein eigen sein. Bringst du aber den Stein erst nach der Wandlung, so gehört er mir und ich nicht dir!" Mit diesem Vorschlag war der Teufel zufrieden und eilte von dannen.

Zur festgesetzten Zeit las der Heilige die Messe und bat Gott um Beistand gegen den Bösen. Unterdessen schwebte der Teufel mit dem Block auf dem Kopfe heran. Aber in der Ferne tönte ihm schon das erste Läuten zur Wandlung entgegen und bei seiner Ankunft auf dem Berg Geiersnest erklang das zweite. Da warf der Teufel voll Grimm den Stein ins Tal hinab und fuhr brüllend davon. Als Ulrich aus der Kirche kam, sah er mit Freuden den Block beim Kloster liegen. Er ließ aus ihm von seinen Mönchen das kunstreiche Becken mit den Heiligenbildern hauen, in das sich noch heute der Brunnen ergießt.[213]

*Oder:* Der heilige Ulrich sah einst im Traum einen großen Stein auf dem Meeresgrund liegen, der ihm für einen Brunnen gefallen hätte. Als Ulrich erwachte, stand der Teufel vor ihm und versprach,

▲ Der Taufstein im Kloster St. Ulrich

den Stein zu beschaffen, wenn der Heilige ihm dafür seine Seele verschreibe. Ulrich ließ sich auf den Handel ein, machte aber zur Bedingung, dass der Teufel den Stein noch vor der Wandlung bei der nächsten Messe beschaffen solle. Gelänge ihm das nicht, so gehöre der Stein dem Kloster, ohne dass Ulrich dem Teufel etwas dafür schulde. Der Teufel willigte ein. Als er mit dem Stein auf dem Gerstenhalm angekommen war, läutete es unten in St. Ulrich gerade zur Wandlung. Voller Zorn warf der Teufel den Stein hinab ins Tal in den Klostergarten.

Heute noch trägt die Schale den Namen „Teufelsstein".[214]

## AUSGESTORBENE STADT STAUFEN

*Die B 3 führt von Freiburg nach Süden. Zwischen Bad Krozingen und Heitersheim biegt links die Landstraße nach Staufen ab. Vom Hexental führt der Bettlerpfad am Schwarzwaldrand entlang nach Staufen.*

Als die Brandfackel des Dreißigjährigen Krieges erloschen war, lagen nicht nur die Dörfer und Städte in Trümmern, es fehlten auch die Menschen, um die Ruinen wieder aufzubauen. Die Soldeska, der Hunger und die Pest hatten so gründliche Arbeit geleistet, dass in dem Städtchen Staufen außer Ratten, Katzen und abgemagerten Hunden nur noch eine Magd im Hause des Babieraltmeisters übrig geblieben war. Der armen Magd blieb nichts anderes übrig, als ihren Hunger mit Wasser zu stillen, das Gottlob noch reichlich aus dem Stadtbrunnen sprudelte.

Als sie sich eines Tages wieder mal zum Brunnen schleppte, traute sie ihren Augen nicht. Auf dem Eckstein saß nicht nur ein Traumbild von einem Mann, sondern wirklich ein Wohlgenährter aus Fleisch und Blut.

Woher er denn wohl komme und ob ihm die Schweden oder die Wölfe nicht den Garaus gemacht hätten? Er sei den Schweden zu schade gewesen, denn Spaßvögel gebe es nur wenige. Allerdings könne er seinen Hunger bald nicht mehr ertragen. „Da könne sie auch nicht helfen, es sei denn, sie fangen einen streunenden Hund aus Haut und Knochen und bereiten den zu", erwiderte die Magd. „Nein, für solch ein Gerippe danke er", meinte lachend der Bursche, da sei ihm schon eine Dirn lieber.

So vergaßen beide ihren Hunger, heirateten und bald füllten sich die Gassen von Staufen wieder mit neuem Leben, denn sie sollen viele Kinder bekommen haben, mindestens zwei Dutzend davon.[215]

## WIE DER DR. FAUST VOM TEUFEL GEHOLT WURDE

*Berühmtester Einwohner von Staufen war wohl Dr. Faust, jener sagenumwobene Alchemist und Magier. Als sich der Silberbergbau im nahen Münstertal, die Haupteinnahmequelle der Freiherrn von Staufen, dem Ende näherte, stellte Freiherr Anton von Staufen Dr. Faust ein. Seine Aufgabe war, nachdem in Freiburg das Schwarzpulver erfunden worden war, das Verfahren zur Herstellung von Gold zu finden. Untergebracht war Dr. Faust im Löwen und starb dort 1539 in seinem Zimmer, vermutlich bei einer chemischen Explosion.*

Mitten in dem schönen mittelalterlichen Städtchen Staufen steht am Marktplatz das Gasthaus Löwen, das Dr. Faust damals als Herberge diente. An der Außenwand des Löwens befindet sich das Fresko. Dr. Faust wird vom Teufel gepackt und durch die Lüfte ins Reich des Bösen transportiert, dazu die Inschrift: „Anno 1539 ist im Leuen (Löwen) zu Staufen Doctor Faustus so ein wunderbarlicher Nigromanta gewesen, elendiglich gestorben."

Der Wirt des Löwens soll den Dr. Faust blau angelaufen und mit umgedrehtem Halse tot auf dem Boden liegend gefunden haben. Dies sei das Werk des Teufels gewesen. Im Treppenturm des benachbarten Rathauses ist noch auf der obersten Stufe ein Fußabdruck verewigt. Natürlich wurde er von keinem Geringeren als dem Leibhaftigen persönlich, dem Teufel, hinterlassen, als er den Faust gepackt hatte und mit ihm in die Hölle fuhr.

Zur Herbstzeit des Jahres 1548 kehrte ein Bauer mit seinem Sohne vom Felde nach dem Städtchen Staufen heim. Sie hatten lange gearbeitet, und es dunkelte schon, als sie zu dem Johanniter-Bannkreuze an dem Krozinger Sträßlein kamen. Da hörten beide ein gewaltiges Rauschen in der Luft, als ob ein Sturmwind einherbrauste, und da sie sich erschrocken umsahen, fuhr ein seltsames Wesen in der Abenddämmerung daher, das sie sich nicht zu erklären wussten. Der Bub meinte, es sei ein ungeheurer Vogel gewesen, mit großen schwarzen Flügeln. Vater und Sohn waren entsetzt ob dieser Erscheinung, dass sie zum Johanniterkreuz flohen und dort in inbrünstigen Gebeten Stärkung suchten.

◀ Der Teufel holt Dr. Faust – Bild am Gasthaus Löwen in Staufen

Als sie gegen Staufen kamen, war die Nacht schon hereingebrochen. Der Bauer hatte im Löwen noch etwas zu erledigen. Als nun der Bauer in die Stube trat, saßen am Kachelofen zwei Fremde, davon trug einer eine schwarze Schaube und ein Berettlein wie ein Doktor, wo doch der andere Mantel, Hut und Schwert, auch Stiefel und Sporen hatte wie ein reitender Knecht.

Da war es dem Bäuerlein seltsam zu Mute, wie er in die Stube trat und ihn der vermeintliche Doktor fragte: „He Bauer, hast du auf dem Wege vom Krozinger Schloss her nicht einen großen schwarzen Vogel gesehen?" Und der andere fügte hinzu: „Und bist mit deinem Buben zu den Johannitern gelaufen – glaub nur, die können dir auch nicht helfen, denn die meisten von ihnen sind mein!" Und dazu lachte er, dass es durch die Stube hallte. War es doch dem Bäuerlein darum seltsam, weil doch niemand außer ihm und seinem Buben von dem Vogel und der Flucht zum Johanniterkreuz wissen konnte.

Die beiden Fremden waren bald zehn Tage im Löwen geblieben und hatten aber keinen Umgang mit anderen gehabt. Da begab es sich am St. Gallustag, dass der Doktor mit dem anderen, den er seinen Schwager nannte, in der Kammer zwischen 12 und 1 Uhr nachts in einen lautstarken Streit gerieten, so dass alle Bewohner aus dem Schlaf gerissen wurden. Der Gastwirt erhob sich aber, um Frieden zu stiften und für Ruhe zu sorgen. Doch plötzlich war es ruhig.

Am nächsten Morgen, als niemand zum Frühstück erschien, suchte der Wirt doch die Kammer auf. Dort fand der den Doktor kölschblau im Gesicht mit umgedrehtem Halse tot auf dem Boden liegend.

Vom Schwager keine Spur, nur noch ein übler Gestank war verblieben. Der Wirt fand in einer Tasche nur etwas Geld, das zur Zeche reichte und sonst allerhand Schriften und Bücher, wie z.B. „Den schwarzen Raben", „Mirakelkunst" oder „Den dreifachen Höllenzwang".

Es soll der Fremde, der plötzlich im Löwen verstorben war, der weltbekannte Dr. Faust gewesen sein. Der andere, der aber aussah wie ein Kürassier und der als Schwager auftrat, soll der oberste Teufel gewesen sein. Er hatte den mit dem Dr. Faust vor 24 Jahren geschlossenen Pakt, der abgelaufen war, eingelöst, ihm das Genick gebrochen und die arme Seele der ewigen Verdammnis überantwortet.[216]

# BENEDIKTINERKLOSTER ST. TRUDPERT IM MÜNSTERTAL

*Von Staufen talaufwärts führt das Neumagental. Bei Münster gabelt sich das Tal in Ober- und Untermünstertal. Das Kloster St. Trudpert liegt am Einfluss des Paffenbachs am Anfang des Obermünstertales. Von dort führt auch der Zugangsweg bergaufwärts zum Westweg hinauf.*

*Das Kloster St. Trudpert gilt als das älteste Kloster im Gebiet rechts des Oberrheins. Um das Jahr 800 wurde es gegründet im Tal des Neumagen – zu Beginn des Obermünstertales – an einer Stelle, die durch Leben, Tod und Grab des Eremiten Trudpert aus Irland seit zwei Jahrhunderten geheiligt war.*

Der hl. Trudpert, so ergeben die alten Aufzeichnungen, war mit seinem Bruder aus Irland zunächst nach Rom gepilgert, um am Grab des hl. Petrus zu erfahren, in welchem Land sie Gott dienen sollten. Rupert ging nach Bayern, Trudpert strebte dem Rhein zu. Im Breisgau erkannte er den ihm von Gott bestimmten Ort. Landgraf Otbert gab ihm Jäger zur Seite, um ihm auf der Suche nach dem endgültigen Platz für seine Einsiedelei zu helfen. Es war die Stelle, wo der heutige Pfaffenbach in den Neumagen fließt. Trudpert ließ sich auf die Knie nieder und bat Gott hier sein Leben verbringen zu dürfen.

Orbert schenkte ihm den Platz zuzüglich Besitzungen oberhalb sowie sechs kräftige Knechte, die ihm helfen sollten, das Tal urbar zu machen. Die Rodung und Kultivierung wurden alsbald begonnen. Die Knechte wurden der harten Arbeit allmählich überdrüssig, und es reifte der Plan, den fremdartigen Eremiten zu ermorden. Drei Jahre waren vergangen. Als Trudpert sich eines Tages, von schwerer Arbeit ermüdet, auf eine Bank gelegt hatte, geschah das Schreckliche: Einer der Knechte schlug dem Gottesmann ein Beil ins Haupt, so dass es stecken blieb. Darauf floh er.

Als Orbert von dem Mord erfuhr, erschien er im Tal und fand den Heiligen noch in gleicher Lage, in der er niedergestreckt worden war. Der Mörder und seine Helfer hatten sich auf der Flucht im Wald verirrt und im Glauben, weit fort zu sein, erschienen sie wieder und konnten festgenommen werden. Der eine stürzte sich in seine Lanze, der andere wurde zum Tode am Galgen verurteilt.

Trudpert wurde in der Gebetsstätte beigesetzt, die er zu bauen begonnen hatte. Orbert ließ die Einsiedelei vollenden, da sich neue Eremiten eingefunden hatten. Die Einsiedelei ist mit der Zeit aber doch in Verfall geraten.

Als zweiter Klostergründer wird aber Rampert angesehen, der die zerfallene Stätte erneuern und eine größere Kirche bauen ließ. Unter diesem wurde die Einsiedelei in ein Benediktinerkloster umgewandelt, so dass die Gründung um 800 angesetzt werden kann.

Östlich von der heutigen Pfarrkirche steht die Trudpertkapelle. Sie soll am Ort, an dem der Heilige erschlagen wurde, erbaut worden sein.[217]

## Rodung des Geländes von St. Trudpert

Als der hl. Trudpert im oberen Münstertal den Wald lichtete und sich eine Hütte baute, tat, anderthalb Stunden davon entfernt, im Möhlingrund (heute St. Ulrich) der hl. Ulrich das Gleiche. Beide zusammen hatten aber nur ein Beil, das warf abwechselnd einer dem anderen über das Gebirge zu, wenn er an einem Tag gearbeitet hatte. Dabei hatte Trudpert im siebten und der Mönch Ulrich im 11. Jahrhundert den Wald gelichtet.[218]

## VESTE SCHARFENSTEIN ÜBER ELEND

*Die Landstraße führt durch das Obermünstertal talaufwärts. Nach der Armengasse biegt rechts eine schmale und kurvenreiche Verbindungsstraße zum Wiedener Eck ab. Sie umfährt nach ca. 3 km den Scharfenstein. Vom Spielweg im oberen Münstertal führt der Zugangsweg zum Westweg durchs „Elend" zur Veste Scharfenstein und dann weiter hoch zum Westweg.*

*Über die „Veste Scharfenstein", die einst auf einem gigantischen Felsen im Gewann Glashof gestanden hat, gibt es eine düstere Sage:*

Erbaut von den Herren von Staufen, wurde die Burg im ersten Drittel des 13. Jahrhunderts von Ritter Hugo und seiner Frau Agnes bewohnt. Weil sie keine eigenen Kinder hatten, nahmen sie eine Waise zu sich, Rotlinde, die Tochter des verstorbenen Besitzers der Sausenburg. In sie verliebte sich der Burgherr, und bald war Frau Agnes beiden im Wege. Der Ritter heckte einen bösen Plan aus: Er heuchelte seiner Frau Reue vor, und zu dritt begab man sich auf eine Versöhnungswallfahrt. Nach einem fingierten Überfall wurde Frau Agnes in das Gewölbe einer fernen Burg gebracht, wo man sie dem Hungertod preisgeben wollte.

Aber es gab auf der Burg einen alten, vernachlässigten, von ihr stets gut behandelten Hund mit Namen Blauli. Er spürte seine Herrin auf, machte deren alte Amme Immi durch sein seltsames Verhalten stutzig, so dass sie ihm folgte und die arme Frau Agnes fand.

Durch einen unterirdischen Gang konnte sie ihr solange von Blauli Speis und Trank bringen lassen, bis sie Gelegenheit fand, einen getreuen Verwandten ihrer Herrin, den Junker Gerold, ins Vertrauen zu ziehen. Er hinterbrachte das Unerhörte ihrer Familie in Staufen und Freiburg. Ritter Hugo bekam eine Vorladung zum Femegericht und wusste nun, dass sein letztes Stündlein geschlagen hatte.

Die schöne Rotlinde stürzte sich vom Burgfelsen hinab in die Tiefe. Ritter Hugo aber kam in den Flammen seiner brennenden Burg um. Frau Agnes trat als Nonne in das Kloster der Adelshauserinnen zu Freiburg ein, wo sie hoch betagt starb.[219]

# Sulzbach-, Klemmbach-, Kandertal

## HINTERE BAD ZU SULZBURG

*Die B 3 führt von Freiburg nach Süden. Zwischen Staufen und Müllheim biegt links die Landstraße nach Sulzburg ab. Vom mittelalterlichen Städtchen führt das Sulzbachtal 3 km weiter über eine schmale Landstraße zum ehemaligen Bad Sulzburg – heute das Waldhotel. Von Sulzburg führt ein schattiger Wanderweg den Sulzbach entlang dorthin. Von Sulzburg führt der Zugang zum Westweg das Sulzbachtal entlang über Bad Sulzburg zum Weiherkopf.*

Im Munde des Volkes hat sich eine Sage über die Entdeckung des hinteren Bades erhalten. Vor etwa 300 Jahren erkrankte ein entfernt von aller Hilfe mitten im Tannenwald wohnender, armer Köhler. Seine Krankheit beraubte ihn des Gebrauchs seiner Glieder. Da schleppte er sich zu dem in der Tiefe des Tales rinnenden Bächlein und badete sich darin. In kurzer Zeit erhielt er den Gebrauch seiner Glieder wieder und verbreitete nun die Kunde seiner wunderbaren Heilung allerwärts. Bald entstand ein Badhäuschen an der Stelle, zu dem die Gliederkranken der Nachbarschaft pilgerten und Heilung und Gesundheit fanden.

◄ Der Sulzbach

Das Wasser hat tatsächlich eine Temperatur von 15° C und enthält kohlensaures und schwefelsaures Natron, Chlornatrium, kohlensauren Kalk und Kieselerde.[220]

## HÖHLE DES PFARRERS FECHT IM SULZBACHTAL

*Von Bad Sulzburg führt ein Holzabfuhrweg nach Süden hoch zum Sattelplatz. Von diesem führt nach Süden ein Wanderweg zur Pfarrhöhle.*

*Johannes Fecht war in Sulzburg als evangelischer Pfarrer tätig. Im Winter von 1634/35 mussten viele Einwohner in die Wälder flüchten und wahrscheinlich auch Pfarrer Fecht. Die kaiserlichen Soldaten überfielen das Oberland und fahndeten besonders nach evangelischen Geistlichen. So entstand „jene Sage" von der Pfarrhöhle, wahrscheinlich einem alten Bergwerksstollen.*

Auf der Flucht in den Wald wurde er bald von Soldaten mit Hunden aufgespürt. Darauf flüchtete er mit seiner Familie tiefer in den Wald und baute sich eine Hütte oder bezog eine Höhle, in welcher er mit seiner Familie wochenlang blieb, von Hunger und Kälte viel zu leiden hatte, aber dennoch sein Amt so gut als möglich ausübte und daneben noch Mengen, Opfingen, Tiengen, Betberg und Laufen seelsorgerisch versah. Als die Not aber immer größer wurde, fing auch seine Frau an zu zagen und wider der Vorsehung zu murren. Fecht in seinem festen Glauben soll sie mit dem Beisatz zurechtgewiesen haben: „Hier auf dieser Stelle wirst du Gott deine Sünden einst unter Tränen wieder abbitten."

Als wieder ruhigere Zeiten kamen, und Fecht die Gunst des Markgrafens Friedrich V. in hohem Grade erworben hatte, sollte seine Prophezeiung in Erfüllung gehen. Seine Kinder waren versorgt und am 3. Dezember 1666 feierte er die Hochzeit seiner Tochter im Pfarrhause.

Da es ein schöner Tag war, schlug er eine Spazierfahrt vor: Es ging in den Bugginger Wald in die Berge hinein und alsdann zu Fuß bis an die Stelle der einstigen Wohnung in der Höhle, wo er eine ergreifende Dankesrede hielt. Alle Anwesenden fielen nach seinem Beispiel auf die Knie, und seine Frau bat neben dem bewegten Gatten Gott unter Tränen ihren Kleinmut ab.[221]

## BURGRUINE NEUENFELS BEI BADENWEILER

*Von Badenweiler führt nach Norden die Straße nach Oberweiler hinauf zum Parkplatz beim Steinbergfels. Von dort führt ein Holzabfuhrweg zur Burgruine Neuenfels. Der Bettlerpfad führt am Schwarzwaldrand entlang von Sulzburg nach Badenweiler. Bevor der Steinbergfels erreicht wird, ragt die Ruine Neuenfels über die Wipfel der Bäume hervor, und von oben bietet sich ein herrlicher Ausblick in die Rheinebene.*

*Wann die Burg erbaut wurde, ist nicht bekannt. 1337 werden als Besitzer die Herren Neuenfels genannt. Plötzlich 1540 erlosch das Geschlecht, die Burg war nicht mehr bewohnt und zerfiel zur Ruine.*

Die Sage erzählt nun vom Christoph, dem letzten Neuenfelser, der still und prunklos mit seiner Gattin und Tochter sowie einigen Dienstleuten, zusammen acht Personen, auf dem wohl befestigten Schlosse wohnte. Die Tore waren fest und gut verrammelt. Als Wächter diente ihnen ein treuer Hund. Das Tier war zugleich darauf abgerichtet, von den benachbarten Orten Badenweiler, Britzingen und Sulzburg, Fleisch und sonstigen Bedarf in einem Korb auf die Burg zu tragen.

Von Dorf zu Dorf war der treue Lastträger wohl bekannt und ungestört konnte er seiner Wege gehen. Ja, wenn er nur einen Tag ausblieb, vermisste man ihn.

Als man ihn nun mit einmal während mehrerer Tage seine gewohnten Wanderungen nicht mehr machen sah, trieb Neugierde oder Ahnung mehrere Leute nach der hohen Burg hinauf. Hier waren Türen und Tore gewaltsam aufgesprengt, im Hofe lagen die Diener und neben ihnen der treue Hund erschlagen, und im Inneren des Schlosses fand man den Herren mit Gemahlin und der lieblichen Tochter auf die schrecklichste Weise ermordet.

Unbekannt ist es immer geblieben, durch welche Feindes Hand die gräuliche Tat verübt worden; aber Trauer erfüllte die Gegend ob des großen Verlustes; denn die edlen Besitzer waren geliebt und geachtet unter dem Volke, dessen milde Beschützer sie gewesen waren.[222]

▲ Die Burgruine in Badenweiler

## Burg über Badenweiler

*Von der B 3 führt die Landstraße durch Müllheim nach Badenweiler. Südlich über dem Römerbad liegt die Ruine Badenweiler. Die Zugangswege zum Westweg nach Süden führen an der Burg vorbei.*

*Die Zähringer nannten ursprünglich ihre Burg „Badin". Sie liegt auf einer Anhöhe über der Stadt Badenweiler oberhalb der römischen Thermen und des Kurhauses. Um 1122 findet die Burg die erste Erwähnung als Gründung von Ministerialien der Zähringer als Gegengewicht der Herren von Staufen. 1678 wurde sie von den abziehenden Franzosen des „Holländischen Erbfolgkriegs" völlig zerstört.*

*Als Landvogt auf der Burg Badenweiler unterstützte ein „Freiherr von Hapsperg" den Markgrafen darin, die lutherischen Ideen zu verbreiten und zwar, wie es hieß, notfalls mit Gewalt.*

Eines Tages, so die Sage, begegnete er auf dem Weg nach Sulzburg einem Juden, dem er bereits zuvor einmal den Galgentod angedroht hatte, falls er wieder als Dieb erwischt würde. Und weil der Freiherr nun in Zunsingen gestohlene Hühner bei dem Armen fand, ließ er ihn sofort hängen, am heute noch so benannten „Judengalgen" (bei Müllheim). Erst nachträglich holte er sich die offizielle Erlaubnis zur Vollstreckung des spontanen Todesurteils. Außerdem galt der Freiherr als ein überaus begeisterter Jäger, doch von berüchtigter Rücksichtslosigkeit. So wurde auf seinen Jagden z.B. reifes Korn vernichtet, und Treiber holte er gelegentlich sogar aus dem Gottesdienst. Eines Tages soll ihm auf der Jagd die Nachricht überbracht worden sein, seine schwangere Frau liege mit ihrem Kind

im Sterben. Daraufhin wollte er Hals über Kopf zurück zur Burg, ritt jedoch so wild, dass er sich selbst dabei das Genick brach, und zwar genau an der Stelle des „Judengalgens". Seither soll er als durch die Lüfte reitender Geist in der Innenburg erscheinen.[223]

*Oder:* Der Habsberger war vor ungefähr 400 Jahren Schlosshauptmann auf der Burg von Badenweiler gewesen und Amtmann von Müllheim. Er war bei den Leuten sehr verhasst, weil er genug hatte, was ihm aber nicht gehörte. Noch heute ist das Grabmal in der Kirche zu Müllheim von ihm und seiner Frau zu sehen. So gerne man ihm aus dem Wege ging, ihn gehasst hat, so gerne hat man seine Frau gerühmt wegen ihrer noblen Art. Wo sie helfen konnte, hatte sie geholfen. Wo jemand unverschuldet in Not kam, hatte sie diese gelindert, so weit sie konnte. Gewalttätig gegen Mensch und Tier war er. Wenn er auf der Jagd im Müllheimer Wald oder im Hörnle war, so ging es wild zu. Er ist auch über die Treiber geritten, wenn sie ihm nicht schnell genug aus dem Weg gingen. Auch ist die Jagdgesellschaft über die Frucht- und Mattenfelder oder die Weinberge ohne Skrupel geritten, so dass ihm Verwünschungen nachgerufen wurden.

In der Nacht, als seine Frau auf dem Totenbett lag, war er auswärts. Als ihm ein Knecht die Tatsache zutrug, ist er wie der Teufel heimgeritten. Dabei ist das Pferd über eine Baumwurzel gestolpert. Er stürzte, brach sich das Genick und blieb tot liegen.

Seitdem war es auf dem Hörnle und im Müllheimer Wald nicht mehr geheuer. Wenn die Heimkehrer durch den Wald gingen, hat er sie in die Irre geführt, so dass sie stundenlang nicht mehr heimfanden. Dann hat er grässlich gelacht, dass die Heimkehrer wussten, das war der Geist des Habsbergers, der keine Ruhe im Grab fand. Früher war ein See auf dem Hörnle. Wenn die Frühjahrsstürme kamen, ist der Habsberger mit seiner wilden Jagd über Berg und Tal gebraust. Er hatte einen starken falbenen Hengst geritten und seine Hunde hatten ihn begleitet. Wenn es Tag wurde, ist er mit seiner wilden Jagd vorne raus in den Hörnle See hineingeritten und alle sind ertrunken.

Aber der Habsberger konnte nicht sterben, und wenn es auf dem Hörnle wieder gestürmt hatte, sagten die Alten: „ Horcht, wie es auf dem Hörnle wieder stürmt. Nehmt euch in Acht, der Habsberger kommt!“ [224)]

## LEGENDE DER KALTENBACHER VON DER EHEMALIGEN PROPSTEI BÜRGELN

*Die Landstraße von Kandern führt nordwärts nach Sitzenkirchen und weiter nach Schallsingen. Ca. 1 km vor dem Ort führt eine Straße scharf rechts 1,8 km auf den Wanderparkplatz Sandboden. Von hier führt eine Straße 500 m zum heutigen Schloss Bürgeln – einem Hotel. Der Interregio Wanderweg führt von Bad Bellingen kurz bevor er bei Malsburg-Marzell auf den Westweg trifft unter der Burgruine Bürgeln vorbei. Dies war der Stammsitz der Edelleute von Kaltenbach, die über den südlichen Oberrhein geboten.*

*Andererseits führt die Landstraße im Kandertal zwischen Malsburg und Marzell an der rechter Hand liegenden Ansiedlung „Kaltenbach" vorbei. Verwunderlich in einer so abgelegenen Berglandschaft einen*

*jahrhundertalten, stattlichen, romanischen Kirchturm zu sehen. Aber auch er ist sichtbares Zeugnis der Familie von Kaltenbach.*

Im 12. Jahrhundert übten die Edelleute von Kaltenbach ihre größten Einflussbereich aus und verschwanden dann plötzlich innerhalb von zwei Generationen: Herr Werner (Kaltenbach) besaß von seinen Vorvätern ein reiches Erbe und in Ita, einer Edeltochter aus dem Lande Rähtien (Schweiz), die treueste, liebvollste Lebensgefährtin. Beide bildeten ein Herz und eine Seele, und die Frucht ihrer tugendhaften Ehe blühte auf in drei Söhnen und ebensoviel Töchtern. Es waren Werner, Wibrecht und Konrad, Himmeltrud, Hedwig und Ita. Alle zeichneten sich durch ihre Wohltätigkeit aus, und jedem Pilger stand ihre Burg (Bürgeln) offen, und kein Bedrängter ging trostlos von ihnen. Werner hatte die Gewohnheit, wenn er auf das Waidwerk ging, auf sonniger Au oder im Schatten eines Hains die Armen um sich zu versammeln und mit ihnen seinen Jagdimbiss brüderlich zu teilen. Oft lud er auch die Geistlichen zu Tisch, namentlich die Mönche von St. Blasien habe er als seine Hausfreunde betrachtet.

Dort lernte er auch Bischof Gebhard kennen, der ihn oft auf seiner einsamen Burg besuchte. Bei seinen Besuchen wurde er wie ein Vater empfangen, denn die ganze Familie versammelte sich immer. Gebhard segnete die Söhne und legte in ihr Herzen den Keim ihrer künftigen Bestimmung.

Als nun der Herr Werner alt wurde, und mancherlei Krankheiten über seinen Leib kamen, betrachtete der gottesfürchtige Greis diese Züchtigung als einen Wink des Himmels, beredete sich mit den Seinigen, und alle bis auf Wibrecht und Hedwig (Konrad als Knabe)

▲ Die ehemalige Propstei Bürgeln – heute Schloss Bürgeln

beschlossen, der Welt zu entsagen und in der Abgeschiedenheit einer Zelle unter frommen Gebeten und Übungen die ewige Seligkeit zu erwerben. Also legte Werner, der Vater, den Rittergürtel ab und ging mit seinem Erstgeborenen zu St. Blasien und Ita, die Mutter, mit den beiden übrigen Töchtern zu Sitzenkirchen und Berau in den Orden.

Wibrecht übernahm als Stammherr der Familie die kaltenbachische Erbschaft und Hedwig gab ihre Hand einem ebenbürtigen Herren, welchem sie eine reiche Mitgift zubrachte. Ehe aber Wibrecht sich vermählte, bewog ihn die Liebe zu seinem Bruder, der Welt gleichfalls zu entsagen und das Rittergewand mit der Mönchskutte zu vertauschen. So ging der reiche kaltenbachische Besitz im Breisgau, Burgund und Räthien als ewiges Vermächtnis an die Mönche von St. Blasien.

Dem alten Werner aber, der sehen musste, wie die Reihe seiner Väter geschlossen würde, mochte dieser Gedanke doch schwer fallen. Es sollte wenigstens ein Denkmal seiner Familie als würdige Erinnerung ihres Stammes an die Nachwelt gelangen. In dieser Stimmung begab er sich zum Abt und trug ihm vor, dass auf Bürgeln im Sausenhard von Alters her ein Kirchlein bestehe, welches ihm besonders am Herzen liege, weil seine Voreltern dort immer bestattet worden waren. Nun neben diesem Kirchlein wünschte er sich eine Zelle errichten zu dürfen. Dort sollten fromme Brüder mit Gesang und Gebet dienen. Abt Rusten entsprach gerne dem frommen Wunsche, und sein Nachfolger Berthold brachte das beschlossene Werk in Vollzug und setzte zwei Mönche mit dem jungen Werner nach Bürgeln (heute Kaltenbach) und verwidmete dem neuen Klösterlein mehrere Hofgüter.

Nachdem der alte Herr von Kaltenbach diese Freude noch erlebte hatte, suchte ihn abermals der Herr heim. Er wurde wiederholt vom Fieber ergriffen und seine Lebenskräfte nahmen ab. Da drängte es ihn von der eigenen Zelle in St. Blasien fort, um die Seinigen noch einmal zu sehen. Auf diesem Wege aber holte ihn Gottvater heim, und Wibrecht führte ihn unter großer Anteilnahme heim in die allgemeine Gruft der St. Blasier Brüder. Dem alten Werner folgte seine Gemahlin Ita in kurzer Zeit nach.

Mittlerweiler war der Bau der Propstei Bürgeln vollendet, die Kirche vom apostolischen Gesandten zu Ehren des hl. Johannes geweiht, und von den Brüdern war der Erstgeborene des Stifters zum Vorsteher gewählt. Er brachte sein kleines Gotteshaus zu freudigster Blüte empor, in St. Blasien genoss er höchstes Vertrauen, sogar in Rom wurde der Name Kaltenbach mit Ehrfurcht genannt.

Der jüngere Werner wurde von Krankheit befallen, welche ihn unfähig machte, die Stelle des Vorstehers pflichtgetreu zu versehen. Er musste seinen Bruder Wibrecht zu sich rufen, um ihm die Verwesung des Gotteshauses zu übertragen. Was er auch in seinem Sinne bestens tat. Die Anstrengungen des klösterlichen Lebens haben die Lebenskräfte von Wibrecht bald erschöpft. Der unermüdliche Verweser beschloss sein Leben.

Nachdem der Propst Werner durch diesen Tod seine Stütze verloren hatte, nahte auch bei ihm das Ende in schnellen Schritten. Die Seele verließ den morschen Körper etliche Wochen weniger als ein Jahr nach dem Hinscheiden Wibrechts. Und so endete das edle Geschlecht derer von Kaltenbach in der Abgeschlossenheit klösterlicher Zellen.[225]

# Wiesental

## SAGEN VOM SCHLOSS RÖTTELN

### Die Hexe von Binzen und das Rötteler Schloss

*Von der A 5 Richtung Basel zweigt kurz vor der Grenze die A 98 Richtung Rheinfelden ab. Vor der Rheinüberquerung geht die Ausfahrt Haagen ab. Am Ortseingang von Haagen zweigt rechts gleich nach der Autobahnunterquerung eine Straße 1,5 km zur Burgruine Rötteln ab. Der Westweg von Kandern nach Süden führt über die Burgruine Rötteln nach Haagen. Dort an der Ruine befindet sich das Westweg-Portal des Schwarzwaldvereins.*

*Die ausgedehnte Ruine Schloss Rötteln liegt auf einem schmalen, gegen das Wiesental von Norden nach Süden vorspringenden Sporn. Ein Gewölbe unweit des Grünen Turmes auf dem Rötteler Schloss erinnert an die Hexe von Binzen.*

Der Diener Gotthold hatte dem Lieblingshund des Rötteler Herren in äußerster Notwehr das Bein zerschmettert. Wutentbrannt ließ der hartherzige Herr den sonst treuen und im Kampf bewährten Knecht von der Turmzinne in die grausige Tiefe hinabstürzen.

◄ Die Burgruine Rötteln bei Haagen

Dort fand den Ermordeten sein Weib, das in wahnsinnigem Schmerz furchtbare Rache schwor. Sie verließ die Stätte und bezog eine halbzerfallene Hütte. Von dort ging ihr der unheimliche Ruf einer Hexe voraus, wenn man sie auf versteckten Wildpfaden in Begleitung des hinkenden Hundes sah, den sie gesund gepflegt hatte.

Immer verrohter und ruchloser wurde das Tun des überall gefürchteten Mannes. Nur Milde war ihm in seiner lieblichen Tochter beschieden, die er vergötterte. Sie verstand es, mit ihrer Anwesenheit die Wildheit des Vaters zu zügeln. Schon lange hatte er mit seinem Freunde und Waffengefährten von Hunolstein im Elsass das Versprechen ausgetauscht, ihre Kinder zu verbinden, um ihre Freundschaft für alle Zeiten fortzupflanzen. Als Hildegard, zwanzigjährig, die baldige Ankunft des Freiers angekündigt wurde, gereute es den Vater in triebhafter Angst, mit seinem Kleinod würde der letzte Segen dem Fluche freie Bahn geben.

Eines Tages meldete sich ein Fremdling auf der Burg, hoch zu Ross in der Kleidung eines fahrenden Sängers. Sein edles Wesen, sein hohes Lied um Minne, Mannesmut und Gottes schönste Gaben gewannen bald auch das Vertrauen des harten Mannes, der ihm das Gastrecht anbot, aber auch das Herz und die Liebe der schönen Maid. Tage voll Sonne und Wonne erfüllten die Liebenden, meist draußen vor der Mauern der Burg. Das Maß ihres Glücks schien grenzenlos, als ihr der Geliebte kundtat, dass er der längst schon von ihren Vätern für sie Erwählte sei, der unbefangen ihre Liebe gewinnen wollte.

Die Stille und Fülle dieser unsagbaren glücklichen Stunde durchbrach ein zornig und wilder Ruf: „Verfluchter Abenteurer, hast du dich hier eingeschlichen, um mein edles Kind zu berücken? Fahr hin, du Elender!" Vom Schwerte des Rasenden durchbohrt, fiel der Jüngling. Als die Unglückliche ihrem Vater wehrend in den Arm fallen wollte, stieß er sie beiseite auf einen spitzen Felsvorsprung; ein feines Blutbächlein quoll aus ihrer Schläfe und vermischte sich mit dem ihres Geliebten. Sterbend hatte sie dem entsetzten Manne eröffnet, dass er den Sohn seines Freundes getroffen hätte.

Die Hexe von Binzen war es gewesen, die dem Verhassten auf dem Weg höhnisch zugerufen hatte: „Geht heim, Herr Ritter, und seht euer edles Töchterlein in den Armen des fahrenden Sängers!"

Blutige Fehde hatte der Vater des Ermordeten, der einstige Freund, dem halbwahnsinnig gewordenen Rötteler angekündigt. Wochenlang belagerte er die Burg, ohne sie zu bezwingen. Schon triumphierten Burgherr und Besatzung, als plötzlich, wie aus dem Boden geworfen, der Feind sie im Inneren der Burg entschlossen zum Kampf herausforderte, Mann gegen Mann, bis dass der Verruchte und Verfluchte von der Klinge seines früheren Waffengefährts getroffen war. Höhnisch grinsend trat die Hexe von Binzen vor den Sterbenden. Mit letzter übermenschlicher Kraft zog und zerrte sie den Verhassten zur hohen Mauerzinne und schleuderte ihn mit einem letzten Fluchen in den Abgrund.[226]

## Vom Schloss Rötteln und dem Hägelberger Wald

*Mit der Größe und Rangordnung der Herrschaft von Rötteln wuchs die einfache ritterliche Oberburg des 11. Jahrhunderts vom fürstlichen Herrenhof, den Bergverhältnissen und -formen angepasst, zur Burg. Im Jahre 1494 wurde die Anlage durch den Neubau des Markgrafens Philipp zum Schloss. 1678 wurde es von französischen Truppen in Schutt und Asche gelegt. Was blieb wurde 1689 unter Aufsicht der französischen Kommandanten abgetragen. Die Steine wurden zum Straßenbau verwendet.*

Zur Zeit, als die Edelherren von Rötteln noch ihre stolze Burg bewohnten, verirrte sich einmal ein junger Ritter auf der Jagd während eines Gewitters im Hägelberger Wald. Am anderen Morgen fand ihn ein Hägelberger Wellenmacher durchnässt, durchfroren und ganz ermattet. Der Bauersmann führte den Verirrten nach Hause, gab ihm von seinen Kleidern, und während die nassen Ritterkleider an der Kunst trockneten, bereitete ihm die Bäuerin ein warmes Nachtessen zu. Die Leute behielten den hohen Gast auch über Nacht und wiesen ihm ihr bestes Lager zu. Am nächsten Morgen zeigte ihm der Bauer den Weg zurück auf die Burg. Beim Abschied gab der edle Herr dem gütigen armen Bäuerlein seinen Degen zum Andenken. Der Gemeinde Hägelberg aber wurde zur Anerkennung für die Lebensrettung und die gute Pflege der Wald bis auf die Scheideck überschrieben.

*Oder:* Der Herr von Rötteln sei auf der Jagd von Wilderern angegriffen und nur durch die Mut und Tapferkeit eines Hägelberger Bürgers aus der Gefahr errettet worden. Aus Dankbarkeit hätte dann der Burgherr den Hägelberger Bürgern den Wald geschenkt und als Urkunde den Ritterdegen.[227]

## WEISSE FRAU IM BROMBACHER SCHLOSS

*Die B 317 führt weiter talaufwärts von Lörrach nach Brombach in die Lörracher Straße, die zur Ringstraße führt. Heute wird das Brombacher Schloss teilweise von der Ortsverwaltung benutzt. Der Interregio Wanderweg führt von Haagen, Hauingen über die Wiese nach Brombach.*

*Das Brombacher Schloss der Herren Reich zu Reichenstein wird erstmals 1294 urkundlich erwähnt. 1676 versuchten französische Truppen die Burg zur Übergabe zu zwingen und zündeten so den ganzen Ort mit dem Schloss an. Zwei Jahre später wurde die Burg von den Franzosen durch Sprengung gänzlich zerstört. 1890 wurde sie wieder aufgebaut.*

Es war zu jener Zeit, als die Franzosen das Schloss belagerten. Ein welscher Offizier untersuchte das Burggelände, um zu erkunden, von wo aus am besten der geplante Sturm unternommen werden könnte. Er sprengte hoch zu Ross rings um das Schloss. Da fiel unerwartet aus der Ringmauer ein Schuss; das Ross bäumte sich, getroffen, wild hoch und stürzte mit dem Reiter nieder. Am Schlossfenster aber stand eine schöne Frau im weißen Gewand, die rauchende Büchse noch in der wehrenden Faust. Der Feind wollte mit Waffengewalt in das Schloss eindringen. In schnellem Entschluss wendete sich die weibliche Gestalt, nahm ihr köstliches Geschmeide zur Hand und rauschte in ihrem langen, wallenden Gewand zur Tür. Eine Treppe führte sie zu einem geheimen Gang, den nur sie und ihre Getreuen kannten. Dorthin wollte sie den Schatz bergen vor dem Feinde. Diese aber, mächtig in der Überzahl, setzten nun zum Sturm auf das Schloss an.

Das Schloss wurde gestürmt, die Mauern geschleift, und das Schicksal der Besatzung war besiegelt. Die fremden Eindringlinge suchten die Schlossjungfrau, niemand vermochte sie mehr zu finden; sie war und blieb für immer verschwunden. Allmählich aber, um Mitternacht, erschien noch lange Zeit danach in den Gängen des verfallenen Schlosses eine geheimnisvolle Gestalt: Die Schlossjungfrau streifte in weißen Geisterschritten, an ihrer Hüfte den Schlüsselbund, umher. Man meinte, sie schließe irgendwo eine schwere Türe auf, und man vernähme schwere Seufzer.[228]

## HÄFNETJUNGFRAU AUS STEINEN

*An der B 317 Wiese aufwärts liegt Steinen. Von der Scheideck führt der Wanderweg über Hägelberg nach Steinen.*

*Das Schloss zu Steinen liegt in seiner Entstehungsgeschichte im Dunkeln. Im Ort saßen die Herren zu Steinen, im 12. Jahrhundert findet ihre Burg erstmals Erwähnung. Aber schon 1278 war sie schon wieder eine Ruine. 1563 wurde die Burg von Grund auf saniert und umgebaut. Das hatte wahrscheinlich die Mittel des Besitzers überfordert. 1888 wurde sie erneut umgebaut. Die Burg ist bis heute bewohnt. Das Schloss liegt am Ortsende gegenüber des Steinbachtals.*

Im Schlösslein zu Steinen lebten vor vielen hundert Jahren die Edelleute zu Steinen. Ihnen gehörten Schloss, Matten und Äcker. Die Leute im Dorf mussten für sie heuen, ernten, Gemüse pflanzen und im Winter Holz machen. Nach ihnen wohnten andere Herren im

Schloss und verlangten die gleiche Arbeit von den Dorfbewohnern. Doch einer von diesen hatte früh seine Frau verloren und musste wieder heiraten. Diese zweite Frau hatte aber schon eine große Tochter, die sie mit ins Schloss nach Steinen brachte.

Man erzählt von ihr, sie sei hochmütig und stolz gewesen und immer mit den besten Kleidern angetan. Die Leute im Dorf mochten sie nicht leiden und gingen ihr aus dem Weg. Nur eine gute Eigenschaft sagte man ihr nach: Sie ging jeden Sonntag in die Kirche. Doch dazu zog sie die schönsten Kleider an. Man musste in Basel mit Blumen bestickte Schuhe, eine goldverzierte Kappe, seidene Handschuhe und Bändel sowie wohlriechende Salben holen. Zum Kirchgang verlangte sie noch mehr: Vom Schlösslein bis zur Kirchentüre mussten die Leute den Weg mit den besten frisch gewaschenen Tüchern belegen, damit das hochmütige Fräulein ja den Erdboden nicht berühre. Das ging so lange Zeit.

An einem Frühlingstage wandelte das stolze Fräulein wieder auf den ausgebreiteten Tüchern zur Kirche. Plötzlich vor der Kirchentür trat ein alter Mann, den niemand kannte, auf sie zu und sagte: „Hört Jungfer, lasst euch sagen: Geht man so in die Kirche und über Gräber? Mit dieser Erde, mit dem Friedhof darf man keinen Spaß treiben. Wenn du ihn nicht willst, so wird er dich später auch nicht wollen." Sprach's und verschwand. Doch unser Schlossfräulein nahm die Warnung nicht zu Herzen. Sie setzte ihr stolzes Treiben fort, änderte ihr Wesen auch nicht, als ihre Mutter starb. Doch alles hört einmal auf. Eines Morgens lag sie im Bett und war entschlafen, der Körper starr und kalt. Vier Männer trugen den Leichnam auf dem gleichen Weg zum Friedhof, und alle beteten dort: „Herr, gib ihr die ewige Ruh!" Da stand wieder der alte Mann am Grab und sagte:

„Du hast die Erde nicht gewollt, jetzt will sie dich auch nicht. Wo du hingehörst, weiß nur der heilige Laubi (Stier)." Am anderen Morgen stand der Sarg außen neben der Kirchhofsmauer und man begrub sie noch einmal. Auch am zweiten Morgen geschah das dasselbe. Jetzt zog man den Vogt zu Rate, der sagte: „Holet den Wagen und Geitligers Stiere und leget den Totenbaum drauf." So geschah es. „Hü, laufet, wohin ihr wollt!" Sie zogen den Wagen talhinter den Steinenbach entlang, ja sogar dort den Berg hinauf, bis sie hängen blieben, der Wagen kippte, und der Sarg hinabfiel.

Seither kommt dort ein Brünnlein aus dem Boden, dort unten sitzt sie, steigt an sonnigen Tagen herauf, setzt sich an den Brunnenrand und kämmt ihr goldenes Haar. Doch kommt jemand zum Brunnen, der am Morgen nicht gebetet, das Haar nicht gekämmt, sich nicht gewaschen oder etwas Böses getan hat, so nimmt sie ihn am Arm, zieht ihn in den Brunnen hinab und tut das, was er daheim vergessen hat. Auch heute noch sitzt sie, die keine Ruhe bekommen kann, am Brunnenrand am Häfnetbuck (liegt an der Straßengabelung nach Schlächtenhaus und Weitenau) und schaut nach ihrem Heimatdorf Steinen, aus dem die Giebel und Türme des Schlössleins heraufgrüßen, und wartet auf ihre Erlösung.[229]

## EICHNER SEE

*Die B 317 führt das Wiesental aufwärts nach Schopfheim. In Schopfheim führt rechts die B 518 nach Eichen und Wehr ab. Nach dem Ortsausgang von Eichen ist nach ca. 50 m ein Wanderparkplatz, der nach ca. 700 m zum Eichner See führt; dieser liegt in einer Bodensenke. Der Hotzenwald-Querweg führt von Schopfheim über Eichen zum Eichner See nach Waldshut.*

*Hier liegt östlich von Eichen eine größere Einsenkung, die früher mit Eichenwäldern bis zum Rhein bewachsen war, daher der Ortsname Eichen. In dieser ist jahrelang nur ein Wiese zu sehen, aber zeitweise ist die Senke mit mehr oder weniger Wasser gefüllt, dem sie den Namen See verdankt. Dieser See erscheint nach mehreren Jahren wieder, dann aber oft mehrmals in einem Jahr, z. B. 1800 sogar fünf Mal. 1867 bedeckte er eine so große Fläche, dass Rheinschiffe und ein Floß auf das Wasser geschafft wurden. Er verfügt über unterirdische Zu- und Abflüsse.*

Natürlich gibt ein solcher See Anlass zu sagenhaften Erzählungen: Ein Bauer habe einst einem der Bergmännlein, die im Eichener See hausten, seine jüngste Tochter zur Frau versprochen, wenn die Männlein ihm während des trockenen Sommers die Matten wässern würden. Das geschah auch. Und während die umliegenden Felder in der Sonne vertrockneten, stand der Weizen des Bauern hoch, und seine Felder waren saftiger denn je. Die Tochter hatte jedoch leichtfertig zu dem Vertrag ja gesagt, denn sie dachte nur an die silbernen Geschmeide und Edelsteine, die sie von dem Bergmännlein erhalten sollte. Als jedoch der Tag kam, an dem das Versprechen eingelöst wurden sollte, flüchtete das Mädchen voller Angst mit ihrem Liebsten, den sie in der Zwischenzeit kennengelernt hatte, auf die Eichner Höhe. Aber es nützte alles nichts. Plötzlich drang das Wasser aus dem Boden und die beiden Liebenden mussten jämmerlich ertrinken. Seit jener Zeit lassen die Bergmännlein hin und wieder den Eichner-See erscheinen, um die Menschen vor Treulosigkeit zu warnen.[230/231]

# Peterskapelle in Schönbuchen (Schönau)

## Sage vom Gefecht bei Schönbuchen

*Talaufwärts führt die B 317 nach Schönau. Im nördlichen Ortsteil von Schönau – in Schönbuchen – liegt an der Bundesstraße die Kapelle, die dem Petrus geweiht ist. Der Wiesentalweg führt ebenfalls talaufwärts durch.*

*Ein riesiges Wandbild in der Peterskapelle links erzählt von dem Schlachtgetümmel, das sich einst hier zugetragen haben soll. Während die Reiter aufeinander einstechen und einhauen und hinten die Talkirche unversehrt dasteht, schleudern Bauern – so scheint es – von den nahen Felsen über die Talenge scharfe „Krähenfüße" herunter, ohne dass man unten Freund und Feind unterscheiden könnte.*

Die Sage will nun wissen, dass einst die aus Frankreich gegen die Schweizer angeworbenen Söldner, die Armagnacken oder „Armen Gecken", auf einem Beute- und Versorgungszug ins Tal kamen. Die vorgewarnten Talleute hätten nun kleine, sternförmige Wurfeisen mit jeweils vier Spitzen gefertigt, so dass beim Niederfallen immer eine Spitze nach oben ragte. Die Pferde der Feinde hätten sich an den Hufen verletzt, gescheut, und die verwirrten Ritter hätten sich daraufhin in einem schrecklichen Blutbad gegenseitig niedergemacht.

*Oder:* Einmal näherte sich eine Schwedenschar Schönau von Utzenfeld. Als der Anführer den Schönauer Kirchturm erblickte, rief er: „Blaser, blas auf! Pfeifer pfeif auf! Wir sehen das Schönauer Geißhaus!" Rascher rückten sie nun vorwärts. Aber auf den Bergen standen – wie Schwarzwälder gekleidet – Engel und warfen den Vordringenden unbemerkt kleine, vierspitzige Eisen in den Weg. Da diese aber in jeder Lage eine Spitze in die Höhe streckten, so drangen sie den darauf tretenden Pferden in die Hufe, wodurch dieselben scheu wurden und das Heer in Verwirrung brachten. Die vorderen Truppen gaben den hinteren, diese jenen die Schuld; so gerieten sie miteinander ins Handgemenge und rieben sich bis auf den letzten Mann auf.

Schönau aber war gerettet, und zum Dank stifteten seine Bewohner eine Abbildung der Schlacht nach Schönenbuchen.[232)]

## Die Sage vom Knie im Fels

*Es muss eine gewaltige Buche in diesem Engpass gestanden haben, dass dieser Baum in einer Urkunde vom Jahr 1304 als die „schön Buoch" erwähnt wird. Neben der schönen Buche rauschte das Wildwasser der Wiese. Es hatte mit seinem Gerölle die im Flussbett aufragenden Felsen geglättet. Solch ein Fels hatte zu dem Wasserschliff noch eine ganz auffallende tiefe Rille, so dass ein menschliches Knie bequem sich hineinfügte. Vielleicht hatten dort unter der „schönen Buche" beim Gebilde „im Stein" die noch heidnischen Siedler in ihrer naturnahen Art ihren Gottesdienst gehalten. Eines Tages brachte ein christlicher Gottesmann die Botschaft vom hl. Christ und betete dort, wo sie bisher nach ihrer Ahnenüberlieferung Gott verehrt hatten. Fromme Hände bauten in ihrem Schatten ein kleines Heiligtum, das den „Stein" umschloss und heute noch in der Krypta eingemauert ist.*

▶ Der Kniestein in der St. Peter Kapelle in Schönbuchen

Die Legende von der Entstehung des Wallfahrtsheiligtums in Schönenbach erzählt: Der hl. Petrus sei nicht immer in Rom geblieben. Er habe als Gottesbote die Welt durchwandert. Dabei sei er auch nach Deutschland gekommen. In großen Schritten sei er über unsere waldreichen und menschenleeren Berge gepilgert. Mit einem einzigen Schritt sei er von der Stuhlebene am Belchen ins Tal gelangt, habe sich bei der schönen Buche niedergekniet und im „Stein" den Eindruck seines Knies hinterlassen. Wie St. Petrus sollte man im „Stein" niederknien und wie er fromm beten. Auffallend oft habe der Herrgott solches Beten erhört.[233)]

## WIE DAS OBERE WIESENTAL ENTSTANDEN IST

*Die B 317 führt das obere Wiesental hinauf zum Feldberg. Von der Gebirgsjägerkaserne im Fahler Loch führt der Hebelweg 1,5 km zur Wiesenquelle hinauf. Hier führt auch der Feldbergpfad hinauf.*

Als unser Herr eben den Luzifer aus den Himmel gejagt und alle Hände voll mit den aufmüpfenden Engel zu tun hatte, da stürzte sich der Geschwänzte wütend auf die neu geschaffene Erde, um zu zerstören, was ihm unter die Klauen kam.

Und wie er zwischen Birsfelden und Kleinhüningen um die Ecke bog, da fiel sein neidiger Blick auf den Schwarzwald, der in seiner herrlichen Harmonie und Sonntagsfreude so recht beschaulich dalag. Das schlug dem Zornhafen den Boden aus; mitten hinein sprang der Böse mit seinem feurigen Geißfuß. Da fuhren die Berge entsetzt auseinander, die schönsten Tannen brachen wie Stromhalme, Felsen brachen und alles, was Beine oder Flügel hatte, floh, so schnell es nur fliehen konnte. Siebenmal stampfte der Geißfuß auf. Schon streckte er seine Krallen aus und wollte den Feldberg niederreißen.

Da fuhr ihm auf dem Seebuck sein Widersacher in die Parade, der Erzengel Michael, und eingedenk der saftigen Schläge, die der Michael austeilen konnte, retierte der Böse schleunigst in die Tiefe. Voll Zorn über den elenden Verwüster schleuderte ihm der Engel seinen schweren silbernen Stirnreif hintennach, dass er an den Felsen zerscheppern in tausend Stücke. Haben die Todtnauer nicht ein paar hundert Jahre lang davon so manches gute Stück aus den Bergen gegraben?

Wie der Michael sich nach getaner Arbeit auf den Heidgrasboden an der Grafenmatte setzte und das Elend in den sieben ausgebrannten und schwarz verkohlten Teufelsstapfen sah, da liefen ihm die Augen über vor Zorn und Erbarmnis. Eine Engelsträne tropfte ins gelbe Schmehlengras. Dort, wo die Engelsträne hingefallen war, sprang eine silberne Quelle ans Tageslicht und ließ ein munteres Wasser das Fahler Loch hinabhüpfen. Das ist des Feldbergs liebe, wildschöne Tochter, die Wiese. Wie an einem silbernen Kettlein sind sie an ihr aufgefädelt, die sieben Teufelstapfen, die Talbecken von Todtnau, Schlechtnau, Geschwend und Schönau, von Wembach, Mambach und Zell.

Längst hat die Engelsträne alle bösen Wunden wieder geheilt. Aber da und dort kann man an den Felsen noch heute die Risse und Narben finden, die der höllische Geisfuß hineingeschrammt hat, anno dazumal als das Wiesental entstand.[234]

## SAGEN VON TODTNAU

### Wie der Ortsname Todtnau entstanden sein soll

*Talaufwärts der B 317 folgend, liegt vor dem Geisköpfle an der Mündung des Schönenbachs Todtnau. Der Hebelweg führt talaufwärts nach Todtnau. Von hier aus führt auch der Feldbergpfad zum Hebelhof auf dem Feldberg.*

In der zweiten Hälfte des 14. Jahrhunderts wütete in Todtnau die Pest, so dass die Bevölkerung fast ganz hinweggerafft wurde. Da auf einmal der Ort schier menschenleer geworden war, nannte man ihn „tote Au", und daraus entstand der Ortsname Todtnau.

Solange der Silberbergbau in Blüte stand und reichen Ertrag lieferte, soll der Ort Reichenau geheißen haben.[235]

## Von der Grube auf der Maus

*Die Mausgrube über Todtnau war eine der wichtigen Gruben in Todtnau und bis 1805 in Betrieb. Das Bergwerk auf der Maus soll hauptsächlich dadurch erlegen sein, dass sich plötzlich ein Schacht mit Wasser füllte. Ein Mann aus Fahl namens Herr soll durch eine Pulversprengung eine Wasserader getroffen haben.*

Der Volksmund erzählt: An einer Gebirgsstelle bei Todtnau schürfte ein Bergmann längere Zeit vergebens nach Erz. Als er einst von der Arbeit ausruhte, sah er aus einem Felsspalt eine Maus schlüpfen. Sie lief zu seinem Brot, das er von zu Hause mitgenommen hatte, und begann es aufzufressen.

Da schleuderte er seinen Fäustel nach der Maus, traf aber die nahe Bergwand. Es entstand ein großes Loch, aus dem mächtiges Silberlager blinkte. Der Bergmann wurde auf einen Schlag reich. Zum Dank gab er der Grube den Namen „Maus".

*Oder:* Durch langes, furchtloses Schürfen an der Bergstelle war ein Bergmann um sein und seiner Frau Vermögen gekommen. Im Vertrauen auf Gott ging er mit neuer Hoffnung in die Grube. Da sah er ein weißes Mäuslein in eine Felsspalte schlüpfen, was er für einen Wink des Himmels hielt. Er erweiterte den Spalt und fand dahinter reichen Anbruch. Zum Dank gab er der Grube den Namen „Maus".[236]

◀ Die Wallfahrtskirche von Todtnau

## Schatzstein am Todtnauer Wasserfall

*In Todtnau biegt von der B 317 die Landstraße zum Notschrei ab. Nach Aftersteg biegt in der zweiten Kehre scharf rechts die Landstraße nach Todtnauberg ab. Nach dem Eingang zum oberen Wasserfall die 1. Straße rechts über den Bach fahren. Die Straße wenige Meter bis zum Schopf. Ein Fußweg führt nach der Aussicht nach links unten. Am Strommast scharf links 50 m nach unten gehen. Dort liegt der Schatzstein. Der Zugang zum Westweg führt von Todtnau über den Wasserfall nach Todtnauberg.*

In der Nähe des Todtnauer Wasserfalls liegt ein mächtiger Felsblock, der merkwürdige eingemeißelte Zeichen trägt. Man nennt ihn den Schatzstein. Diese rätselhaften Zeichen sollen die Maße sein, aus denen man die genaue Lage eines Geldschatzes erkennen könne, der zur Zeit des französischen Einfalls um 1795 von den Feinden auf der Flucht vor den Österreichern vergraben wurde. Man sagte, ein französischer Offizier aus Nanzig (Nancy) habe ums Jahr 1830 seinen Todtnauer Quartierleuten in einem offenen Brief die genaue Stelle des vergrabenen Schatzes bezeichnet. Seitdem ist schon oft, besonders zur Fastenzeit, dort selbst gegraben worden. Den Geldschatz hat aber noch niemand gefunden.[237]

## Nonnenmattweiher

*Zwischen Maulburg und Schopfheim biegt links die Landstraße ins Kleine Wiesental über Tegernau ab. Kurz vor dem Belchen in Neun-*

*weg biegt die Landstraße links ins Münstertal ab. Auf der Höhe bei Mittelheubronn biegt links die Straße zum Nonnenmattweiher ab. Am Zugang zum Westweg führt von Neuenweg im Kleinen Wiesental der Wanderweg um den Nonnenmattweiher. Er liegt am Osthang des waldreichen und über 1.200 m hohen Köhlgartens mit seiner Torfinsel.*

Die Sage leitet den Namen des Nonnenmattweihers von einem Kloster ab, in dem die Nonnen ihr Eremitendasein verbrachten. Zur Strafe für das sündhafte Leben der Bewohnerinnen versank das Kloster in der Tiefe, und es bildete sich ein See darüber.[338]

*Oder:* Im Jahre 1762 wurde eine Messglocke auf der Nordseite am Fuße des Berges gefunden. Durch Pflügen mag die Glocke aus dem Boden gerissen worden sein. Katholische Geistliche sollen dies Glöckchen als Messglocke bezeichnet haben. Man nimmt an, dass ein primitives Kloster, aus Holz gebaut, dort gestanden habe, dass dieses aber nicht versunken, sondern vielleicht durch einen Wolkenbruch zerstört und einfach verlassen wurde.

Nach der Überlieferung soll auf Nonnenmatt einstmals ein Kloster gestanden haben, das wegen zu großer Weltlichkeit versunken sein soll. Es soll vom Kloster ein viel begangener Weg, der „Mönchsweg", nach dem auf dem Stockberg – beim Blauen – befindlichen Mönchskloster geführt haben.

Die Mönche begingen zu gottesdienstlichen Verrichtungen und zur Versorgung der Nonnen mit Nahrungsmitteln nach Nonnenmatt diesen Weg. Darum wurde dieser zwei Stunden durch den Wald führende Pfad angelegt.[239]

# Wehratal

## Heiliger Fridolin von Bad Säckingen

Die Bundesstraße B 34 führt von Basel den Rhein entlang über Bad Säckingen. In der Ortsmitte liegt das mächtige St. Fridolinsmünster mit seinen weit sichtbaren Doppeltürmen. Vom Hochrhein-Querweg Rheinfelden – Albbruck führen die Zugangswege nach Bad Säckingen.

Römische Legionäre hatten das Christentum an den Hochrhein gebracht, mit ihrem Abzug verschwand auch dieses wieder. Es waren iroschottische Mönche, die in zäher Missionierung die heidnischen Alemannen bekehrten. Hierunter ist in erster Linie Fridolin, ein irischer Mönch, zu nennen, der sich um das Jahr 500 auf der später trockengelegten Rheininsel eine Missionszelle errichtete. Aus dieser entwickelte sich ein Doppelkloster, das später in ein Frauenkloster umgewandelt wurde. Ins 9. Jahrhundert fällt wohl der, den ersten hölzernen Vorgängerbau ablösende, steinerne Kirchenbau, von dem die karolingische Ringkrypta teilweise erhalten ist. Auch wurden mindestens bis ins 11. Jahrhundert zurückgehende Fundamente des ehemaligen Kreuzganges gefunden. Das am Rhein liegende heutige Fridolinsmünster wurde im Wesentlichen im 14. Jahrhundert barockisiert. Die rokokohafte Auskleidung erfolgte im 18. Jahrhundert.

◄ Sage vom heiligen Fridolin im Münster von Bad Säckingen

Das Kloster erhielt durch Schenkungen der Merowinger- und Karolingerkönige einen beachtlichen Landbesitz im Rhein-, Wiesen- und im Fricktal bis weit in das Gebiet der heutigen Schweiz. Auf diese Weise entstand ein Klosterstaat von wahrhaft regionalen Ausmaßen, regiert von einer Fürstäbtissin. Waren im Jahre 1001 die fricktalischen Besitzungen an Frankreich, dann an die Schweiz abgetreten worden, so fiel das Kloster im Jahre 1806 nach über tausendjährigem Bestand der Säkularisation zum Opfer.

Fridolin, aus vornehmem irischen Geschlecht stammend, wurde Priester, verließ seine Heimat und ging als Missionar nach Poitiers in Gallien. Nachdem er dort das Kloster aufgebaut hatte, zog es ihn weiter in den alemannischen Sprachraum. Nach langer, beschwerlicher Wanderung kam er zu seinem Ziel, eine größere unbewohnte Insel bei Säckingen, welche von den Einheimischen als Weideland benutzt wurde. Der fremde Eindringling wurde aber vertrieben. Der Heilige unternahm eine lange Reise zum fränkischen Königshof, ließ sich die Insel als königliches Eigentum und als Schenkung bestätigen. Nach glücklicher Rückkehr sank er ermüdet auf der Insel unter einem Baum zum Schlafe nieder.

Der Baum, an dem die Tasche mit den Reliquien des hl. Hilarius hing, neigte sich mit Krone und Stamm wie in betender Haltung zum Boden. Fridolin begann mit dem Bau von Kirche und Kloster.

Trotz des königlichen Schutzes versuchten die Einwohner ihn immer noch zu vertreiben. Mit Hilfe von gefällten und im rechten Arm versenkten Bäumen soll er seine Vertreibung verhindert haben, da durch den Stau die Insel beiderseits unbetretbar wurde.

Der Heilige soll auch einen reichen Badegast der Säckinger Thermalquellen um eine Spende für den Kirchenbau ohne Erfolg angegangen haben. Er befreite den Betroffenen nach erfolgter Übereignung eines Vermögensanteils von einer plötzlich auftretenden Lähmung im Bade. Die großen Besitzungen des Klosters im Lande Glarus werden mit der Schenkung zweier vornehmer Brüder, Landolf und Urso von Glarus, erklärt. *(Siehe der tote Zeuge.)*

Nun vollendete er den Bau der Hilariuskirche, gründete eine Niederlassung für sich und seine Anhänger sowie ein Kloster für Frauen, unter dessen Obhut er Kirche und Reliquien des hl. Hilarius stellte. Hier starb der irische Missionar an einem 6. März und fand in der von ihm erbauten Kirche seine Ruhestätte. Zahlreiche Wundertaten an seinem Grabe befruchteten eine große Verehrung und bildeten einen überregionalen Kult aus.[240/241]

## Der tote Zeuge

Das Land rings um das heutige Bad Säckingen gehörte zwei Brüdern namens Urso und Landolf. Urso schenkte mit Einwilligung seines Bruders zu seinem Seelenheil alle seine Besitzungen dem Kloster. Nach Ursos Tod riss aber Landolf alles wieder gewaltsam an sich, was der Verstorbene dem Kloster geschenkt hatte. Da trat Fridolin unerschrocken vor Landolf hin und sprach: „Gib Gott zurück,

was Gottes ist! Lass ab von dem ungerechten Gut! Sonst wird es deinen Kindern und dir nur Unheil bringen!"

„In acht Tagen", höhnte Landolf, „hält der Gaugraf einen Dingtag zu Rankwil. Dort wollen wir unser Recht suchen! Kannst du meinen verstorbenen Bruder als Zeugen bestellen, kannst du alle Besitzungen erhalten."

Da machte sich Fridolin auf und ging in die Schweiz nach Glarus, wo der verstorbene Urso in einer Einsiedlerkapelle begraben lag. Dort warf er sich zum Gebet nieder, schlug dann mit seinem Stab dreimal auf die Platte der Gruft und rief: „Urso! Urso! Du bist vor Gericht geladen von deinem Bruder! Säume nicht, zur festgesetzten Stunde zu erscheinen und mir als Zeuge beizustehen, damit kein Fluch deinen Namen und deine Ruhe bedrohe!"

Zu Rankwil saß am bestimmten Tage der Landgraf mit seinen zwölf Schöffen, um öffentlich Gericht zu halten. Fridolin und Landolf traten vor seinen Richterstuhl und brachten ihre Klagen vor. Landolf sprach: „Mein Bruder hat dem Kloster über die Vergabe seiner Länderein keine Schrift ausgestellt. Nur sein eigenes Zeugnis kann hier gelten. Der ehrwürdige Vater Fridolin mag ihn also als Zeuge stellen, damit er Rede und Antwort gebe!"

Kaum hatte er gesprochen, als es wie mit Geisterhand an die Pforte der Gerichtshalle pochte. Die Anwesenden überlief ein kalter Schauer. Nur Fridolin blickte ruhig und mit Vertrauen zu der Tür hin, die sich langsam öffnete. Und herein schritt Urso, umwallt von seinem langen Totengewand, mit bleichen Zügen. Doch bald belebte sich sein Auge, und der farblose Mund begann zu sprechen: „Wehe dir,

Bruder!", rief der Tote mit hohler und dumpfer Stimme dem lebenden Landolf zu. „Wehe dir, dass du die Ruhe meines Grabes gestört hast, und dreimal wehe dir ob des Frevels, den du ausüben willst am Eigentum des Herren aller Herren! Mit deiner Einwilligung habe ich meine Besitzungen dem Kloster Fridolins geschenkt, darum muss ich heute zeugen gegen dich!"

Da warf sich Landolf auf die Knie. „Auch mein Eigentum will ich nun der Kirche schenken", rief er, „und mein Leben unter Fridolins Gehorsam in einer Klosterzelle beschließen."[242/243]

## Hochzeit auf Schloss Bärenfels bei Wehr

*Die B 518 führt vom Hochrhein durch das Wehratal nach Wehr. Von Wehr führt beim Bad ein Weg zum Fischgraben hoch über das Wehratal. Auf einem steilen Bergkegel des Hotzenwaldmassivs, dem Steineggberg, liegt die Burgruine Bärenfels. Über die Entstehung der Burg ist nichts Genaueres bekannt, doch wird sie nicht vor dem 11. Jahrhundert erbaut worden sein. Ursprünglich hieß sie Steinegg, aber später nach deren Besitzer „von Bärenfels". Über ihren Untergang ist nichts bekannt. Zumindest hat sie bis 1541 bestanden.*

Vor langer Zeit zählten die Ritter von Bärenfels zu den reichsten Geschlechtern des Alemannenlandes. Dies war namentlich der Fall zu Zeiten der Herren Engelbrecht. Dieser Ritter führte ein friedliches und glückliches Leben mit seinem Weibe Elsbeth und den beiden Kindern Wernher und Agnes. Diese Ruhe wurde gestört durch die Kunde, dass der König zum Kreuzzug rüste. Vater und Sohn fassten

den Entschluss, mit ihrem König auszuziehen, um im Heiligen Lande den Kampf gegen die ungläubigen Sarazenen aufzunehmen.

Zwei Jahre waren vergangen, als endlich frohe Botschaft eintraf, dass die Kreuzritter gesund und wohlbehalten zurückgekehrt seien und bald daheim erscheinen würden. Freude sollten auf der Burg Bärenfels einkehren, denn Fräulein Agnes sah den Tag nahen, an dem der Ritter Hans von Sponeck, ihr geliebter Bräutigam, sie zum Altare führen werde. Doch bald sollte sich die Freude in Trauer verwandeln. Aus Frankfurt traf ein Bote ein mit der unglückseligen Kunde, dass ein böses Fieber beide Ritter dahingerafft habe. Dazu ein großes versiegeltes Schreiben aus der Hand des Herren Engelbrecht, das die Bestimmung enthielt, dass die Tochter Agnes den Ritter Kuno von Stolzenburg heiraten müsse, der auch rechtmäßiger Schlossbesitzer werden sollte.

Groß war die Trauer auf Bärenfels, denn Agnes wollte nicht von ihrem geliebten Bräutigam Hans von Sponeck ablassen. Eines Tages hatte Hans von Sponeck seine Veste verlassen. Inzwischen drängte Kuno zur Hochzeit. Doch als die Zeremonie in der Schlosskapelle stattfinden sollte, da standen auf einmal drei Männer hinter dem Brautpaar: es waren die Ritter von Bärenfels und von Sponeck.

Mit Entsetzen versuchte Kuno, der Betrüger, zu entfliehen. Die jungen Ritter zückten bereits das Schwert über ihm. Doch der greise Engelbrecht ermahnte zur Ruhe. „Halt!", so rief er, „ elender Mörder Kuno, du hast uns in Frankfurt langsam vergiftet, und als wir im Starrkrampf lagen und du uns für tot hieltst, da hast du uns beraubt und dir angeeignet, was dir nicht gehörte. Verflucht seiest du und ruhelos sei dein Ende und dein Tod."

Sie ließen ihn frei, und in wilder Hast stürzte Kuno aus der Veste. Eines Tages vernahm man, dass ein entstellter Leichnam aus der Wehra gezogen wurde. Er soll jedoch im Grabe keine Ruhe gefunden haben.[244/245]

## Das nicht gehaltene Versprechen

Von dem Ritter Friedrich von Bärenfels erzählt eine weitere Sage: Der Ritter ging einst auf die Jagd. Aber plötzlich hatte er sich in dem hohen und tiefen Wald verirrt. Einen Ausweg aus dem Tannendickicht konnte er nicht finden. Da erblickte er plötzlich vor sich eine alte Frau, die zu ihm sprach: „Wenn du meine Tochter zum Weibe nimmst, so will ich dir wieder aus dem Walde heraushelfen." Friedrich willigte sofort ein. Die Alte geleitete ihn nun zu einer Stelle, wo er in der Ferne seine stolze Burg sah. Da reute ihn sein der alten Frau gegebenes Versprechen, da er heimlich mit Katharina von Rötteln verlobt war, und er rief der Alten nach: „Niemals reiche ich deiner Tochter die Hand fürs Leben." Da drehte sich die Alte um, stieß einen Fluch aus und rief dem Ritter nach: „Du wirst bald deine Braut selber töten."

Unterdessen war Katharina von Rötteln, Friedrichs Braut, von ihrer väterlichen Burg in Begleitung ihres zahmen Rehleins geflohen, weil man sie zur Verlobung mit einem reichen Edelmann zwingen wollte. Auf ihrer Flucht war sie bis zur Erdmannshöhle gekommen. Sie pflückte hier Blumen, während das Rehlein munter in der Nähe herumsprang. Ritter Friedrich von Bärenfels war nach seinem Abenteuer im Walde auf dem Heimweg nach seiner Burg begriffen und kam dort vorbei. Da sah er das Rehlein des Edelfräuleins und wollte

es erlegen. Er legte an und zielte, schoss aber fehl. Anstatt dessen hatte er aber seine Braut, Katharina von Rötteln, mitten ins Herz getroffen und getötet. So war der Fluch der Alten erfüllt.[246]

## Kreuz auf dem Wildenstein

*Talaufwärts nach Wehr führt die Bundesstraße entlang dem Wehrastaubecken. Der Wehratalweg führt über die Staumauer vom Wehrastaubecken über Au nach Todtmoos. Nach vier bis fünf Kilometer auf der Mettlerhalde wird auch der Wildenstein umwandert. Fluß und Straße im Tal biegen nach Süden in einem Bogen um den Wildenstein. So wird eine 200 Meter hoch aufstrebende Felspartie im romantischen Wehratale genannt. Dort steht ein großes Holzkreuz zur Erinnerung an Agnes von Bärenfels, die einst in der Schlucht unter den Felsen ihre Zuflucht gefunden haben soll.*

Der Volksmund erzählt, dass es zur Zeit der Kreuzzüge gewesen sei, als der Ritter von Bärenfels, Engelbrecht, mit seinem Kaiser auszog das Heilige Land vor dem Einfall der Sarazenen zu beschützen. Agnes, seine schöne Tochter, war viel umworben und konnte den verhassten Freier Kuno von Stolzenberg nicht loswerden. Sie beschloss, ihm zu entrinnen, machte sich auf den Weg. Ohne von ihrer sorgenden Mutter Elsbeth und ihrem kleinen Bruder Werner Abschied zu nehmen, schlug sie sich Bahn durch den dichten, undurchdringlichen Wald von Steinegg (Bärenfels) und die Kaiserfelsen und kam nach Tagen, nur von Beeren sich ernährend, den Rosenkranz in den Händen und sich dem Schutz der Heiligen anvertrauend, zur Wehra. Sie gelangte zur Schlucht, die sie vordem nie gesehen und von der sie nie etwas gehört hatte. Die Heilige, zu der sie flehentlich betete, zeigte ihr eine Zufluchtsstätte hinter einem wildzerklüfteten Felsen, wo sie niemand vermutete, und sandte ihr durch Tauben Essen und Trinken. Wochenlang suchte sie der verhasste Bräutigam in den Wäldern, jedoch ohne Erfolg.

Der Kreuzzug war beendet. Eines Tages stapften Reiter den Fischgrabenweg gegen den Bärenfels. Das Burgtor wurde geöffnet und vor Familie und Gesinde stand Held Engelbrecht. Ohne Rast ging er mit dem treuen Gefolge auf die Suche nach seiner geliebten Tochter. Jedoch erst nach Wochen bei einer Jagd im Wehratal kam man durch Beobachtung des Taubenfluges zur Heimstätte der Ritterstochter, die, vor einem Felsenaltar kniend, angstvoll die Kommenden anstarrte. Bald lagen sich Vater und Tochter in den Armen, und auf dem Pferd eines Pagen ging es zur Heimat auf Hochsteinegg (Bärenfels). Ritter Kuno aber ward nicht mehr gesehen.[247]

## Erdmännlein von der Erdmannshöhle

*Die Bundesstraße B 518 führt von Wehr nach Schopfheim nach ca. 4 km zweigt die Straße rechts nach Hasel ab. Die Abzweigung führt in einem großen Bogen um die Erdmannshöhle nach Hasel. Der Westweg von der Hohen Möhr auf seinem Weg nach Süden umgeht im Bogen Hasel.*

*1755 wurde die Erdmannshöhle erstmals erwähnt als „Erdmännleins Grub". Bei einem Besuch in Hasel empfahl der damalige Groß-*

*herzog 1765 den Ausbau der Höhle. Schon 1803 waren verschiedene Höhlen und Seen bekannt.*

Wie überall im südlichen Schwarzwald, sind die Erdmännlein in das Gerank der Sagen um die Ruine Bärenfels verflochten. Ritter Ruprecht von Bärenfels verübte gar manchen schlimmen Streich. Von seiner festen Burg, von der er weit ins Wehratal schauen konnte, schickte er seine Raubritter und Knechte hinunter ins Tal, um die einsamen, des Weges ziehenden Wanderer und Reisenden zu töten und zu berauben. Die Kunde von den edlen Erdmännlein, von ihrer Güte zu den Menschen und dem Segen, der sich durch diese guten Geister über das Land ergoss, drang auch zu Ritter Ruprecht auf Burg Bärenfels. Da beschloss er, auch den Erdmännnlein nachzustellen, und gar oft wurden diese in der Folge von dem grausamen Ritter und seinen bösen Fanghunden verfolgt.

Einst wollte Ruprecht seine Schwester Adelgunde zur Ehe mit Bruno von Steinegg, dem Ritter einer in der Nähe von Bärenfels gelegenen Burg, zwingen. Da aber dem Edelfräulein diese Verbindung nicht zusagte, entfloh es mit seinem Vetter Burkhard aus der väterlichen Burg. Ein Erdmännlein gewährte ihnen Schutz in der Hasler (Erdmanns-) Höhle. Kaum waren die Flüchtlinge an einem sicheren Ort untergebracht, als Rupprecht von Bärenfels und Bruno von Steinegg auf schäumenden Rossen heransprengten, um der Entflohenen habhaft zu werden.

Da machte das Erdmännlein von seiner Zauberkraft Gebrauch und ließ durch einen Zauberspruch einen mächtigen Felsblock herabstürzen, der die beiden Verfolger zerschmetterte. So hatte der grausame und böse Ritter Ruprecht ein Ende gefunden.[248/249]

## TODTMOOSER SAGE

*Die Bundesstraße führt weiter das Wehratal aufwärts bis zum Wallfahrtsort Todtmoos. Die Zugangswege führen zum Westweg, der in einem Bogen Todtmoos umgeht. Die Wallfahrtskirche im Ort Todtmoos steht dominant an einem Hang etwas erhöht über den Häusern. Diese Bergkuppe nennt sich Schönenbühl.*

*Dout muss a, Dut mies, Dottmos, Tottmoos, Todtmoos bildete ehemals eine vorderösterreichische Vogtei und wurde 1319 von Herzog Leopold von Österreich mit der Kirche samt allen ihren Zugehörten und Rechten, mit Ausnahme von Schwarzenbach und dem Benediktiner-Kloster St. Basien, als Eigentum überlassen.*

*Todtmoos, in seiner jetzigen Größe, verdankt seine Entstehung der Wallfahrtskapelle, die 1255 vom Leutpriester Dietrich von Rickenbach (Säckingen) am Schönbühl zwischen Todtenbach und Wehra zu Ehren der schmerzhaften Mutter Maria aus Holz erbaut wurde.*

Die Legende berichtet: In alten Zeiten war die ganze Gegend ein Waldsumpf, aus dem so giftige Dämpfe aufstiegen, dass Menschen und Tiere, die in diese Gegend kamen, an den schädlichen Gasen sofort starben. Diese Gegend wurde daher auch „totes Moos" genannt. Da erschien die Mutter Gottes mehrere Male einem in der Nähe wohnenden Leutpriester und sprach zu ihm: „Theodorice, so sehr dir dein Heil am Herzen liegt und du mich als deine Patronin erkennst, so mache dich nach dem Ort Schönenbühl auf. Dieser liegt zwischen den Bächen Wehra und Todtenbach auf dem Schwarzwald."

Sie befahl ihm weiter, einen Dreher aufzusuchen. Dieser werde ihm auf dem Schönenbühl eine große Tanne zeigen, welche er fällen sollte. Dann würden die giftigen Dämpfe vom toten Moos verschwinden. Während Dietrich über die Erscheinung nachdachte, kam gegen Abend ein Gast und bat um Herberge.

Da fragte Theodorice, wer er sei und von wo er komme? Der Gast antwortete, dass er vom Schwarzwald komme vom Ort Todtmoos, er ein Dreher sei und dort mit der Familie lebe. Am folgenden Morgen gingen sie nach Todtmoos und kamen zur Wehra. Aber im dichten Tannenwald fanden sie sich nicht zurecht. Die Mutter Gottes erschien Dietrich abermals und sprach: „Gehe hin zum Schönbühl, dort wirst du einen Baum finden mit einem heiligen Kreuz. Denselben fälle und erbaue mir an dieser Stelle ein Kapelle, den Altar setze dort, wo die Spitze des Baumes liegen wird."

Den bezeichneten Baum fanden sie und fällten ihn. Als die mächtige Rottanne zu Boden krachte, fiel auch der Dreher tot zur Erde. Er war der letzte, der an dem bösen Gift starb. Von der Arbeit ermüdet, schlief der Leutpriester ein. Die Mutter Gottes erschien ihm wieder und befahl ihm, ihr Bild in der Kapelle aufzustellen. Aber der Priester meinte, er sei zu arm und vermöge nicht, ein würdiges Bild anzufertigen. Die Mutter Gottes erwiderte: „Du wirst sehend werden!" Dietrich erwachte und fand am Wurzelstock der gefällten Tanne ein schönes Gnadenbild, das die Mater Dolorosa mit dem Fronleichnam darstellte. (Bild auf dem Hauptaltar). Ringsherum arbeiteten unbekannte Männer am Kapellenbau (Bild in rechter Seitenkapelle), den sie aus dem Holze der gefällten Tanne herstellten. (Werden in der Kapelle die Altarstufen beiseite gezogen, so erblickt man angeblich den Wurzelstock der Tanne).

Auf die Frage des Einsiedlers, woher sie gekommen wären, gaben sie zur Antwort: „Wir kommen von dort, wohin Du einst gehen wirst!" Am dritten Tag war die Kapelle erbaut und das Gnadenbild aufgestellt. Mit dem letzten Nagel, den die Bauleute einschlugen, waren sie verschwunden.

Dem damaligen Brauch entsprechend, suchte Dietrich für sein Kirchlein auch bald einen freigebigen Patron zu gewinnen. Nun war er gerade mit Rudolf von Habsburg schon längst bekannt. Derselbe kam öfters in diese Gegend zur Jagd. Zu ihm, dem nachmaligen deutschen Kaiser, ging Dietrich und stellte sein Kirchlein in dessen Schutz. Rudolf schenkte dem Kirchlein den Wald jenseits der Wehra, Ingheld genannt. Die Leute, welche im Ingheld etwas besaßen, sollten den Zehnten, auch von den Bienen, geben. Bei dieser Schenkung waren folgende adelige Zeugen zugegen: Arnoldus, ein Edler von Minfelden, Henricus Ruthardus von Hörischwandt, Conradus Schmidt von Zell und sein Söhne Johann und Konrad Sergedan.

1268 ließ Rudolf an Stelle der aus Holz erbauten und baufällig gewordenen Kapelle eine solche aus dem Stein aufführen. Eberhard, Truchsess von Waldburg, Bischof von Konstanz, erhob sie zur Pfarrkirche. 1300 wurde auf Anordnung zweier Klostergeistlicher zur Neuenzell (Unteribach) diese Kapelle zu einer größeren Kirche erweitert. Die Gnadenkapelle wurde in weiten Kreisen bekannt und stark besucht, nachdem die Kunde vieler Wunderheilungen von körperlichen und geistigen Gebrechen in nahe und ferne Gegenden gedrungen war. Näheres über die Wunder findet sich im alten und neuen Wallfahrtsbüchlein.[250]

◀ Die Wallfahrtskirche von Todtmoos

# Hauensteiner Albtal

## Vom Rihburger Raubritter aus dem Albtal

*Die B 34 führt von Laufenburg über Albbruck nach Waldshut. In Albbruck zweigt links die Straße in das Albtal. Die Rihburg oder auch Iburg war an einem Steilhang rechts über der Alb und der Straße ca. 1 km nördlich von Tiefenstein. Beim Bau für die Albtalstraße wurde der Nordteil der Burg zerstört, sodass nur noch wenige Mauerreste übrig geblieben sind.*

Da wohnte auf der Rihburg vor langer, langer Zeit ein gefürchteter Herr. Grausam gegen die Knechte und Leibeigenen, ein Räuber wie die meisten jener Zeit, unbeliebt und gemieden. Unbändig wurde allmählich die Wut der unterdrückten Bauern. Ritt er auf die Jagd, gingen ihm die Knechte durch, so war die Burg fast unbeschützt. Die freiheitsgewohnten Hotzen ertrugen auf die Dauer noch kein Joch, ohne sich zu wehren. Auch die Rihburger sollten ihren Zorn zu fühlen kriegen. Eine kecke Schar zündete ihm die Burg an, als er zwischen Alb und Murg der Jagd frönte. An einem einsamen Hof des hinteren Murgtales ritt der Rihburger vorbei. Aus der offenen Haustür kam ein feiner Duft. „Habt ihr heute ein Fest, Bäuerin?", rief der Rihburger. Freudig winkte ihn die Frau herein,

gab ihm Küchle zu versuchen und erzählte dem Fremden: „Freilich haben wir ein Fest, ein Freiheitsfest! Heute wird der Rihburger aufgehängt, seine Burg niedergebrannt und das gestohlene Gut wiedergeholt! Mein Mann ist auch dabei, er hat die Mistgabel mit, damit wird er dem Rihburger schon das Räubern verleiden." Sie wusste nicht, dass der Gefürchtete vor ihr stand.

Da stiegs diesem ins Gesicht, eine teuflische Wut packte ihn, und er ergriff mit eiserner Faust das Handgelenk der Bäuerin, fuhr damit in den Küchenteig und drückte jetzt die teigumschlossene Hand der Erstaunten in's brodelnde Fett in der Pfanne. Vor Schmerz aufschreiend, suchte sich jetzt die Frau zu befreien. Erst als der Teig um die Hand dunkelbraun gebacken war, ließ er sie los. Kalt lächelnd sagte er im Fortgehen, indem er auf die verbrannte Hand wies: „Sag deinem tapferen Mann, er soll sich nach seiner Heldentat dieses Küchli gut schmecken lassen. Das habe ihm der Rihburger persönlich gebacken." Und fort ritt der Heimatlose.[251/252]

## Görwihler Bub am Iburgfelsen

*Die Albstraße führt an den überwachsenden Mauerresten der Iburg, der „Burg bei den Eiben", oder, wie oft erwähnt, der Rihburg vor-*

◄ Der Eselfuß-Abdruck im Stein bei Höchenschwand

bei. *Von hier gibt es eine herrliche Aussicht ins Albtal und auf den Görwihler Berg. (Siehe Sage „Vom Rihburger Raubritter aus dem Albtal", S. 241)*

Die Sage berichtet uns: Die besten und größten Haselnüsse gab es am Iburgfelsen. Wer sie pflücken wollte, der musste klettern können und keine Angst und Schwindel haben.

Ein Görwihler Büble wollte die größten Haselnüsse holen, die zwischen der Ruine und der Alb an Stauden wuchsen, die in einer breiten Felsspalte wurzelten. Hinter einem der Haselnussbüsche sah der Bub eine Höhle, weit hinten eine Helle und dachte: „Also muss ich dort wieder rauskommen." Da sprach ihn auch schon ein Gewappneter an und führte unser Büble, das beide Hände zwischen den Nüssen in den Hosentaschen hielt, in einen Saal. Eine Herrlichkeit, wie es das Büblein noch nirgends sah: Edelknaben bedienten stolze Frauen. Ritter in Eisenkleidern zechten aus Riesenkrügen. Das Büblein kam ihnen gerade recht zum Kegel aufstellen. Das ganze Kegelries war aus schwerem, reinem Gold. Kaum vermochte der Bub die Kegel zu heben.

Jetzt sollte er wieder gehen; schade. Eine ganze Hand voll Goldstücke war sein Lohn. Schnell eilte er heim. Es wollte schon dunkeln, und manches schien so sonderbar: die Bäume um seiner Eltern Haus so groß und der Hof ganz verändert. Ängstlich trat er ins Haus. Da stand eine fremde Frau am Herd. „Vater, Mutter!", rief der Bub. Sie fragten, er erzählte, sagte seinen Namen und den seines Vaters. Da erinnerten sich alle an ein Büblein, das vor sieben Jahren nicht mehr vom Haselnusssuchen heimgekommen war. Lange hatte man ihn gesucht, und die Mutter sei vor Gram gestorben. Der Vater

wohnte seit drei Jahren im Oberdorf, wohin sich die älteste Tochter verheiratet habe. Dorthin brachte man das Büblein, das sieben Jahre als Stunde verlebt hatte. Das goldene Kegelries wurde lange gesucht und nicht gefunden, obwohl mancher Schatzgräber Nacht für Nacht dort gegraben hat.[253/254]

## DER ESELSFUSS BEI HÖCHENSCHWAND

*Die B 500 führt von Waldshut über Höchenschwand zum Schluchsee oder die Albtalstraße von St. Blasien nach Höchenschwand. Vom Ortszentrum die Waldshuter Straße nach 500m links Richtung Strittberg, 1,2 km bis zum Wald. Dort am Kreuzstein links befindet sich ein Waldparkplatz. Den Fahrweg 300 m bis zum Eselsfuß. Von Höchenschwand führt der Dreiländerweg nach Süden.*

Auf der Flucht nach Ägypten soll der Sage nach die Heilige Familie auch in den Schwarzwald gekommen sein. Sie waren vor Herodes geflohen. Seine Häscher kamen einmal der Heiligen Familie so nahe, dass sie schon verloren schienen. In dieser Not wurden die drei Esel wie von unsichtbarer Hand über die Tannen emporgehoben und zwischen Amrigschwand und Höchenschwand wieder auf den Boden niedergesetzt. Dabei schlug das Tier seinen rechten Hinterhuf so hart auf einen Granitfelsen, dass sich der Huf tief eingrub. Noch heute ist der Abdruck des Eselsfuß im Eselstein zusehen.

*Oder:* Vor vielen hundert Jahren, als auf dem höchsten Punkt des Höchenschwander Berges noch kein einziges Haus stand, kamen die Mönche von St. Blasien auf den Gedanken, hier oben Siedlungsland zu schaffen. Kaum waren die ersten kleinen Flächen gerodet, da entschloss sich einer von Ihnen – Hacho war sein Name –, eine Kapelle zu errichten. Nicht alle waren damit einverstanden.

Einem gefiel es gar nicht, dass zur Ehre und Anbetung Gottes ein frommes Haus entstehen sollte. „Lass ab davon, Mönch Hacho!", sagte er und wiederholte es täglich mit steigendem Nachdruck. Hacho wusste, wer ihn abhalten wollte, ließ sich auf nichts ein. Am letzten Tag vor Vollendung vernahm er noch einmal die Stimme, jetzt aber ferner, doch zorniger: „Lass ab davon, Mönch Hacho, lass ab!" Am nächsten Tag bestieg der standhafte Mönch – ein Holzkreuz in der Hand – die angelehnte Leiter und steckte das heilige Zeichen auf den First. Da hörte er einen Laut wie von heftigem Stampfen auf harten Stein, und Ruhe war um ihn her. Später fand man an besagtem Ort den pferdeähnlichen Abdruck im Granit.[255]

## ST. BLASIEN SAGE

*Albtal aufwärts führt die Landstraße nach St. Blasien mit seinem ehemaligen Kloster – heute Jesuiteninternatschule. Die Zugangswege zum Mittelweg führen durch St. Blasien.*

*Das Benediktinerkloster St. Blasien wurde im 9. Jahrhundert gegründet und war eines der bedeutendsten Klöster Süddeutschlands. Unter seinem Fürstabt Gerbert (1764-1793) erreichte das Kloster seine größte Bedeutung. 1768 brannte die Klosteranlage nieder. Gerbert baute diese mächtiger denn je auf und 1783 wurde die Klosterkirche mit der größten Kuppel nördlich der Alpen einge-*

*weiht. 1806/1807 wurde das Kloster säkularisiert. Ein Teil der Mönche ging nach St. Paul in Österreich.*

*Es war ein Gebirge und in diesem Gebirge ein Tal, es hieß Albtal. Der Name soll aus dem Lateinischen kommen: aqua alba, d. h. helles Wasser. Dieses Tal war wie das ganze Gebirge ein undurchdringlicher Urwald. Bär, Wolf und Luchs belauerten dort ihre Beute. Man nannte ihn „Schwarzer Wald" wegen seiner dunklen Bäume.*

In dieses Tal kamen in grauer Vorzeit fromme Männer. Sie bauten Holzhütten und Einsiedlerhäuschen und übten Buße. Obwohl sie vor den übrigen Menschen in die Einsamkeit geflohen waren, verbreitete sich bald die wunderbare Kunde von ihrem heiligen Leben und lockte immer mehr Männer gleichen Sinnes an. Diesen Männern verdankte St. Blasien seine Besiedlung.

Das Land, auf dem sie lebten, gehörte einem edlen und gütigen Herrscher, dem Freiherr Sigmar von Albgau. Dieser Mann war ein großherziger Wohltäter in der Sage; denn er schenkte dieses große wilde Land vor vielen hundert Jahren einem fernen Kloster (Rheinau). Dieses übernahm den Schutz über die frommen Brüder an der Alb. Diese nannten sich „Brüder an der Alb", und ihre Siedlung hießen sie „Albzelle".

Um 858 soll der Sage nach die Albzelle den Namen „Zelle des heiligen Blasius" getragen haben und zwar nach dem Bischof Blasius von Sebaste in Armenien. Bekannt wurde dieser als Heiler von Krankheiten des Leibes und der Seele, da er einen Knaben, dem eine Fischgräte im Hals stecken blieb, vor dem Erstickungstod gerettet haben soll. Die Reliquien, also Knochenreste dieses heiligen Mannes

▲ Das Kloster St. Blasien

und zwar vor allem von seinem Unterarm, wurden der Sage nach von Papst Leo IV dem Kloster Rheinau überlassen. Dessen Abt soll dieses Kleinod der sogenannten Albzelle im Schwarzwald geschenkt haben. Der heilige Klausner Fintan zu Rheinau ließ es sich nach der Überlieferung nicht nehmen, das kostbare Heiligtum persönlich nach der Albzelle zu bringen.

Erst um die Zeit nach dem Jahr 940 wird vom „Kloster Sankt Blasien" berichtet. Um diese Zeit lebte im Zürichgau ein Adeliger namens Reginbert von Seldenbüren. Er stand im Dienst der Könige und der Kaiser Heinrich sowie Otto des Großen und machte etliche Kämpfe mit. In einem dieser Kämpfe verlor er angeblich einen Arm; und dieses für einen Kriegsmann höchst hinderliche Ereignis mochte ihn zu dem für St. Blasien entscheidenden Schritt veranlasst haben, sich für den Rest seines Lebens in die Einsamkeit zurückzuziehen.

Um das Jahr 945 wird er als großer Wohltäter der Brüder an der Alb genannt. Der Sage nach verkaufte er seine Güter, und mit dem Erlös und anderen Spenden baute die Gemeinschaft der Klausner ein Kloster. Im Jahr 945 oder 946 wurde der Bau begonnen, wo Graf Reginbert sich selbst einbrachte, in dem er selbst als Mönch ins Kloster eintrat.[256/257)

## Haupt des heiligen Cyrill aus Unteribach

*Von St. Blasien führt die Landstraße über Ober- nach Unteribach ins Ibachtal. Die Landstraße führt im Ibachtal nordwärts über Unteribach nach Ibach. Von St. Blasien führt der örtliche Wanderweg*

*sowohl nach Ober- wie auch Unteribach. Unteribach hieß seit etwa 1240 Neuenzell und hatte diesen Namen bis etwa 1814. Unteribach ist eine Siedlung der Herren von Tiefenstein, während Oberibach vorwiegend vom Kloster St. Blasien besiedelt wurde.*

*Die vom Abt Augustinus zu Neuenzell erbaute Kirche wurde am 22. Juni 1699 feierlich eingeweiht zu Ehren der heiligen Märtyrer Georg, Cyrill und der heiligen Maria Magdalena.*

Die Legende erzählt uns, dass sich das Haupt des heiligen Cyrill als Reliquie in der Kirche von Neuenzell befunden haben muss. Im Jahre 1240 waren vom Kloster St. Georg zu Stein am Rhein zwei geistliche Mönche mit mehreren Brüdern in das Klösterlein zu Ibach gekommen, um dort zu wirken. Eines Tages kam Graf Rudolf mit bewaffnetem Gefolge nach Neuenzell und eignete sich alles an, was er fand. Danach zog er auch alle Güter ein und machte die Bevölkerung zu seinen Untertanen. Nach Jahren einigten er und der Abt des Klosters zu Stein sich auf fünfhundert Silberlinge als Entschädigung für die Annektion. Der Graf von Habsburg wollte die Kirche in Neuenzell abrechen lassen und ließ die Reliquie – das Haupt des Cyrill – und andere Heiligtümer nach Hauenstein überführen, um sie dort unterzubringen.

Am nächsten Tage fanden die Bewohner aber das Haupt des Cyrill und die anderen Heiligtümer wieder auf dem Altar zu Neuenzell. Wiederum wurden das Haupt des Cyrill und die anderen Heiligtümer nach Hauenstein zurück überführt. Gleichzeitig musste ein Knecht nachts die heiligen Gegenstände bewachen. Dieser aber verfiel dem Wahn und wieder waren die Gegenstände am nächsten Morgen auf dem Altar in Neuenzell.

Als dies der Graf von Habsburg erfuhr, erschrak er mächtig und sandte einen Priester nach Neuenzell. Dieser sollte dort Messen und Gottesdienste abhalten, soviel er wollte. Der Graf stattete ihn mit einer Pfründe aus und dies auf immer und ewig.[258]

## GRAF RUDOLF VON HABSBURG UND DER PFARRER VON IBACH

*Graf Rudolf von Habsburg, der spätere König, hatte das Gebiet um Ibach annektiert und einen Priester mit einer ewigen Pfründe eingesetzt.*

Der alte Vater des Zellbrühl Bauern war schon längere Zeit kränklich. Darum fürchtete der Bauer, es könne mit seinem Vater zu Ende gehen. Er ging, um den Pfarrer zum Versehen zu holen. Als er an den Ibach kam, war wegen des Hochwassers keine Brücke mehr da. Aber er sah in der Nähe des Pfarrhauses den Mesner, dem er die Sache zurief. Dieser gab es dem Pfarrer Konrad weiter. Dieser nahm das heilige Öl, ging in die von Rudolf wieder hergerichtete Kirche, um das Allerheiligste zu holen, und machte sich auf den Weg. Als er zum Ibach kam, sah auch er, dass es keine Möglichkeit gab, nach drüben zu kommen. Er schaute sich suchend um, denn er sah vom Freiwald her einige Reiter daherkommen. Diese sahen den Pfarrer ratlos dastehen, ritten näher. Es war Graf Rudolf von Habsburg mit seinen Begleitern, die auf der Jagd waren und auf dem Tragpferd den erlegten Hirsch mitführten. Graf Rudolf erwies dem Allerheiligsten zuerst seine Verehrung und fragte den bekannten Pfarrer nach seinem Anliegen. Er berichtete, dass er auf den

Zellbrühl Hof zum Versehen gerufen wurde und er wegen der mitgerissenen Brücke nicht dorthin käme. Da stieg Graf Rudolf ab und übergab dem Pfarrer sein Pferd, dass dieser über den Ibach reiten konnte, was er dann auch tat.

Dort erwarteten ihn die Familienmitglieder des alten Bauern im Gebet. Er erteilte mit dem Allerheiligsten seinen Segen, versah den alten Vater und tröstete die Angehörigen. Dann ritt er mit dem Pferd des Grafen wieder durch den Ibach zurück, wo die Jagdgesellschaft auf ihn wartete. Mit herzlichem Dank wollte der Pfarrer dem Grafen dessen Pferd wieder zurückgeben. Aber Graf Rudolf wehrte ab und sagte: „Ich bin nicht würdig das Pferd wieder zu reiten, das meinen Schöpfer und Herrn getragen hat", und er schenkte dem Pfarrer das Pferd, das dieser verlegen annahm.

Dafür lud der Pfarrer die Jagdgesellschaft zu einem Imbiss und zum Übernachten ins Pfarrhaus ein. Da es schon spät war, nahm die Jagdgesellschaft das Angebot dankend an. Die Knechte zerlegten den Hirsch und schnitten eine saftige Keule ab. Bald gab es im Pfarrhaus einen feinen Duft, und der Pfarrer steuerte die Zukost sowie köstlichen Wein bei. So feierte die Runde einen nahrhaften und fröhlichen Abend mit abenteuerlichen Geschichten und fröhlichem Gesang.

Am nächsten Morgen gings zum Gottesdienst in der vom Grafen hergerichteten Kirche. Nachdem dem Herrgott die Ehre erwiesen und dem Seelenheil gedacht war, ging es zu einem kräftigen Frühstück. Gegen Mittag bestieg der Graf mit seiner Jagdgesellschaft die Pferde, wobei das Tragepferd von einem Knecht geritten wurde, der sein Pferd dem Grafen abgab. Und auf ging es zur Burg Hauenstein.[259] *(Siehe Sage: Haupt des heiligen Cyrill, S. 245)*

▲ Die Pfarrkirche von Unteribach

# Schlücht-, Schwarza-, Steinatal

## Sagen von Waldshut

### Name Waldshut

*Die B 34 führt Rheintal aufwärts durch die Doppelstadt Waldshut-Tiengen. Der Mittelweg und der Dreiländerweg führen von Norden her nach Waldshut. Die Stadt Waldshut wird erstmals in einer Urkunde vom 11. November 1259 „Waldishute" genannt.*

Die Ratspersonen saßen in tiefem Sinnen beisammen. Eine hübsche Summe lag bereit, den würdig zu belohnen, der einen passenden Namen fände. Jeder hätte gern das Geld gewonnen, aber keinem kam der rechte Einfall. Doch siehe, die Türe öffnete sich und ein Männlein von wunderlicher Art kam herein. Sein dicker Knotenstock überragte den Knirps um ein gutes Stück. Ein ungeheuer gelber Bart bedeckte ihm Brust und Leib. Geblendet von dem Glanz des Silbers fragte er, wer das Geld hier empfangen solle? Man sagte es ihm. Da war er schnell besonnen, nahm das Geld in seinen Hut und sagte dabei:
„Ich streich das Geld in meinen Hut,
die Stadt soll heißen Waldshut."

◄ Die Burgruine Roggenbach

Darauf eilte er aus dem Saal und war spurlos verschwunden. Im Saal aber erkannte man den schönen Doppelsinn des Wortes – „die Hut des Waldes – des Schwarzwaldes Hut" – und gab dem Städtchen den Namen Waldshut. Seither führt die Stadt das Waldshuter Männlein im Stadtwappen und malte es ans Schaffhauser oder Oberes Tor.[260/261]

### Waldshuter Chilbi

*In der Ortsmitte von Waldshut Richtung Tiengen links über die Eisenbahn Richtung Schmitzingen in die Schmitzinger Straße bis links der Chilbiweg abzweigt. Das Chilbifest findet jeweils im August statt. 2010 zum 542. Male.*

Es war in den harten Tagen der Waldshuter Belagerung durch die sonst friedlichen Schweizer Nachbarn im Jahre 1468, als sich die Junggesellen von Waldshut durch einen Löwenmut hervortaten. Ein Brauch, der sich noch in seiner alten, urwüchsigen Kraft vom Jahr 1468 an erhalten hat, ist das einzige große Fest der Junggesellenschaft, die Waldshuter Chilbi. Sie findet immer am Sonntag nach Maria Himmelfahrt, dem Erinnerungstag an die Befreiung der Stadt, statt. Ein großer Festzug zieht hinaus vor die Stadt auf die Festwiese. Unter den Klängen des „Chilbimarsches" wird von den Junggesellen, die mit dem „Schützenverein" und der „Vereinigung Alt-

Waldshut" die Träger des Heimatfestes sind, ein Hammel im Festhäs, reich bekränzt und mit vergoldeten Hörnern, durch die Stadt auf die Festwiese, den Chilbiplatz, geführt. Mit dem Chilbibock soll es folgende Bewandtnis haben: Während der wochenlangen Belagerung durch die Schweizer war in der Stadt, wie der Volksmund berichtet, der Vorrat an Lebensmitteln sehr klein geworden, es herrschte großer Proviantmangel. Schließlich sei nur noch ein Schafsbock übriggeblieben. Diesen Bock habe man nun, um die Feinde zu täuschen und den Anschein hervorzurufen, als besitze man noch genügend Vorräte, über die Mauer herab in das eidgenössische Lager geworfen und den erstaunten Schweizern zugerufen, man wolle ihnen von ihrem Überfluss auch noch was zukommen lassen. Die Eidgenossen aber hätten sich täuschen lassen,  zogen unverrichteter Dinge ab und schlossen einen Friedensvertrag.[262/263]

## Zahnkäpelle

*Vom Chilbi Platz in Waldshut führt der Weg über die Bergstraße zum Zahnkäpelle Weg. Am Wolfsackerweg liegt rechts am Weg bei Waldrand das Zahnkäpelle. Es ist zur Ehre der hl. Apollonia geweiht, ein kleines Bethäuschen ohne Turm und Glocke, ohne Sakristei und Altar.*

Immer bei Zahnweh wurden die Kinder von ihren Müttern zur Kapelle der hl. Apollonia – der Schutzheiligen der Barbiere und Zahnärzte – geschickt, um sie für Beistand bei ihrem irdischen Schmerz zu bitten. Darüber soll so manches Zahnweh verflogen sein. Daher der Name Zahnkäpelle.[264]

◀ Das obere Tor von Waldshut mit Waldshuter Männle

## STOLZER FREIHERR VON KRENKINGEN (TIENGEN)

*Tiengen als Stadtteil der Doppelstadt liegt an der B 34 nach der Schlüchtmündung Rheintal aufwärts. An der Ecke Peter-Tumb-Straße und Hauptstraße in Tiengen liegt das „Alte Schloss". Es stammt vermutlich aus dem 11. Jahrhundert und wurde 1225 in Zusammenhang mit einem Ritter Johannes von Tiengen, einem Ministerialen der Krenkinger, erstmals genannt. Die Krenkinger übersiedelten erst 1229 auf die Burg. Sie wurde 1499 von den Schweizern „zerschlissen". Heute steht noch der mächtige Wohnturm und dient als Heimatmuseum.*

Die Zimmersche Chronik berichtet uns, dass eines Tages Kaiser Friedrich, Barbarossa oder Rotbart genannt, mit seinem Gefolge durch den Hegau zog. Er übernachtete auf dem Hohen Stoffel und kam durch Tiengen. Da blieb der Baron von Krenkingen ruhig vor seinem Herrensitz in seinem Sessel sitzen und lüftete, als die Majestät vorbei ritt, sein Barett nur ein wenig zum Gruß. Dem Kaiser fiel die sonderbare Zurückhaltung befremdend auf und er fragte einen seiner Getreuen, wer dieser Ritter sei, der ihm so wenig Referenz erweise. Ein Bote sprengte zu dem Baron, und dieser ließ erwidern, er sei der Herr des Ortes, ein freier Mann, der weder vom Kaiser noch von sonst jemandem ein Lehen trage. Er erkenne zwar den Kaiser als seinen Oberherren an, wie ein Geistlicher ihn anerkenne, aber nicht als den Herren seiner Güter. Auf diesen stolzen Bescheid ritt Friedrich auf ihn zu und sagte huldvoll: „ Damit ein so trefflicher Edelmann uns und dem Reiche näher verbunden werde, so verleihen wir Euch die Freiheit, in Eurer Stadt Tiengen goldene Münzen mit dem kaiserlichen Bildnisse prägen zu lassen."[265/266]
Der Kaiser starb 1190, die Ersterwähnung war 1229.

## GRAB DES LANGEN PETERS IM HASELBACHTAL

*Die B 34 führt durch die Stadtteile Waldshut und Tiengen. Zwischen beiden zweigt links die Landstraße ins Schlüchttal ab. Nach Gurtweil zweigt links die Straße nach Bürgeln im Haselbachtal ab. Vor dem Ortsschild von Indelkofen zweigt scharf rechts ein schmaler Fahrweg hinab zum Haselbach. Kurz vor der Brücke zweigt links ein Holzabfuhrweg parallel zum Haselbach ab. Nach ca. 3 km führt links der Fußweg zum naheliegenden Wasserfall. Der Haselbach bildet einen 7 m hohen Wasserfall. Dieser Wasserfall ist bekannt unter dem Namen „Teufelskessel". Der Mittelweg führt von Waldshut am Wasserfall vorbei nach Rothaus.*

Der Volksmund erzählt, dass der „lange Peter" von Remetschwiel Gefallen an dem hübschen Töchterlein des Hasselbachmüllers gefunden hatte. Heimlich schlich er oft am Haselbach entlang vorbei am rauschenden Wasserfall von Aispel bis zur Mühle im einsamen Talgrund zwischen Indelkofen und Weilheim.

Eines Abends in der Dämmerstunde kam Maria aus der Mühle und lief am Ufer des Haselbaches dem Schlüchttal zu. Unbemerkt folgte ihr der lange Peter und versuchte, ihr auf einem Umweg den Weg abzuschneiden. Als er den Wasserfall, den „Teufelskessel" wie er im Volksmund heißt, erreichte, sah er sich dem wartenden Junker von Waldkirch gegenüber, der ihm schon öfters in der Nähe der Haselbachmühle begegnet war. Voll Eifersucht packte er den Junker und wollte ihn in den gurgelnden Strudel des Teufelskessels hinunterstürzen. Da trat plötzlich Maria dazwischen, hielt den Junker fest, und der Teufelskessel wurde das Grab des langen Peters.[267/268]

# Sagen vom ehemaligen Kloster Berau

## Agnes von Weilheim

*Die Landstraße führt weiter talaufwärts im Schlüchttal, links über dem Tal liegt Weilheim. An der Einmündung der Schwarza – ca. 3 km talaufwärts – zweigt links die Straße hinauf nach Berau zum ehemaligen Kloster Berau ab. Der Mittelweg führt von Rothaus das Schlüchttal an Berau Kloster vorbei nach Waldshut.*

*Die großzügige Schenkung seines ganzen Besitztums auf dem Berauer Berg durch Ritter Gottfried von Berau an das Benediktinerkloster St. Blasien ermöglichte die Verlegung des Frauenklosters von St. Blasien nach Berau. 1117 wurde die erste Klosterkirche und 1147 das Kloster eingeweiht. 1807 wurde es durch die Säkularisierung aufgehoben.*

Der Volksmund berichtet uns darüber: Im Schloss ihres Vaters, des edlen Heinrich von Weilheim, verbrachte seine einzige Tochter Agnes eine wohlbehütete Kindheit und frohe Jugendzeit. Nur ungern gab der Vater seine Einwilligung, als sie ihm eines Tages ihren unwiderruflichen Entschluss offenbarte, dass sie den Schleier nehmen und ihr Leben im nahen Kloster Berau verbringen wolle. Schweres Herzeleid war ihr widerfahren, und so weihte sie ihr ganzes Dasein dem Lob und Dienste Gottes. Sie begnügte sich jedoch nicht mit der schon strengen Klosterregel, sondern ließ sich als Klausnerin in einem eigens für sie erbauten Häuslein hinter dem

◄ Der Haselbach-Wasserfall bei Weilheim

Altar der Klosterkirche einschließen. Durch viele Jahre nahm sie nur das Notwendigste und schließlich gar keine Nahrung mehr zu sich und wurde, da sie fast keiner Hilfe bedürftig war, nur noch selten von ihren Mitschwestern besucht. Eines Tages fingen die Glocken der Klosterkirche von selbst zu läuten an, und als die Frau Meisterin die Klause öffnete, schwebte Agnes mit gefalteten Händen einige Span hoch über der Erde und war selig verschieden. Sie wurde in der Kirche unter einem erhöhten Stein beigesetzt, auf dem die Worte „Agnes in Clausura" eingemeiselt waren, und wurde weit über das Kloster hinaus als Heilige verehrt.

Die Klosterchronik berichtet, dass 1498 eine Klosterjungfrau mit Namen Agnes in Clausur in Berau gelebt hat. Abt Franz II ließ 1736 die auf dem Klosterfriedhof exhumierten Gebeine der frommen Klausnerin im Chor der Klosterkirche beisetzen. Als 1834 die Klosterkirche auf Abbruch verkauft wurde, wurde beim Abriss die Klausnerin in die Pfarrkirche umgebettet. Beim Einbau der Kirchenheizung 1954 wurden im Chor Skelettreste freigelegt, die als Gebeine einer älteren Frau identifiziert wurden, mit aller Wahrscheinlichkeit die der hochverehrten Klausnerin Agnes. Die Sage bringt die von der Welt abgeschieden lebende Agnes mit der Tochter des Edlen Heinrich von Weilheim in Verbindung, die im 14. Jahrhundert den Schleier im Kloster Berau nahm, nachdem sie, wie der Volksmund erzählt, schmerzliches Leid erfahren hatte.[269/270]

## Die Legende der heiligen Luitgart von Wittichen

*Ritter Gottfried von Berau schenkte seinen gesamten Besitz auf dem Berauer Berg an das Benediktinerkloster St. Blasien. Dadurch wurde die Verlegung des Frauenklosters von St. Blasien nach Berau ermöglicht. Das Kloster wurde 1147 dem hl. Nikolaus geweiht. 1807 wurde das Kloster säkularisiert.*

*Die Legende erwähnt Luitgart, welche Stifterin des Klosters Wittichen gewesen war, und erzählt folgende wundersame Begebenheit, welche sich bei ihrem Besuch des Gotteshauses Berau ereignet haben soll:*

Als die fromme Luitgart nach dem Kloster Berau durch einen großen finsteren Wald gehen wollte, ließ Gott es zu, dass ihr von sechs Mördern aufgelauert wurde. Diese umzingelten sie und ihre Mitschwestern. Sie trieben allerlei unchristliche, schreckliche und schändliche Spottreden, griffen sie tätlich an, rissen sie hin und her und versuchten sie zu Boden zu werfen. Die selige Mutter samt ihrer Mitschwestern rief mit innerlichem Herzen göttliche Hilfe an. Da richteten die Bösewichte wegen des starken Widerstandes der göttlichen unsichtbaren Gnade nichts aus und mussten von den Schwestern ablassen. Als nun aber die fromme Luitgart sie mit Worten ermahnte, etwas Gutes zu lehren und gut von Gott zu reden, begleiteten sie Luitgart weiterhin mit unzüchtigen Spottreden und täuschten vor, sie ermorden zu wollen. Die fromme Mutter redete ihnen aber mit unerschrockenem Gemüt ernsthaft zu, dass die boshaften und harten Gesellen schnell in freundliche Gebärden umschwenkten. Sie begannen ihre Boshaftigkeiten und zu verdammenden Gewohnheiten zu erkennen und ihre vielen gräulichen Mordstücke zu bekennen. Sie baten allesamt die fromme Mutter, dass sie für ihre armen Seelen bitten solle, und schworen, dass sie vor ihrem Tode innigliche Reue und Buße tun wollten. Dies beeindruckte die fromme Luitgart derart, dass sie auf der restlichen Reise Gott Lob und Dank sang, bis sie im Kloster Berau ankam.[271/272]

## NIKOLAUS-SAGE VOM SCHLUCHSEE (SCHWARZATAL)

*Der Ort Schluchsee, am gleichnamigen Stausee gelegen, ist ein Treffpunkt aller Wanderwege.*

*Die allererste Besiedlung des Gebietes am Schluchsee fand durch Eremiten aus der Gegend von St. Blasien statt. Die Albzelle bestand als Eremitensiedlung um die Zeit 750 bis 945. Vermutlich erfolgte der Zusammenschluss der Einsiedler zu einem regelrechten Kloster. Und dieses Kloster St. Blasien wurde zu einer beherrschenden Macht in der Geschichte vom Schluchsee.*

Eines Tages tief im Winter fand ein Laienbruder aus der Alb am Schluchsee auf der Nahrungssuche im Wald eine Höhle und darin ein menschliches Skelett, daneben einen Krummstab und andere Zeichen des christlichen Glaubens. Auf dem Weg nach Albzelle zu einem Priester, der die Gebeine an einem geweihten Ort beisetzen sollte, kam ihm im Schneesturm ein Unbekannter entgegen, der sich bald als Priester zu erkennen gab und auch bereit war, die Reliquien beizusetzen. Dies geschah dann bei der Einsiedlerzelle, und den Krummstab hängte der Fremde in der Zelle auf.

Während sich der Einsiedler beeilte, dem Fremdling ein karges Mahl und ein Lager zu bereiten, war der Gast verschwunden, und keine Spur war mehr von ihm zu entdecken. Der Einsiedler glaubte, es sei der Schutzpatron seiner Klause, der heilige Nikolaus selbst, gewesen.

Der hl. Nikolaus ist noch heute der Kirchenpatron der katholischen Kirche in Schluchsee. Jener Krummstab soll noch im 12. Jahrhundert in der Kirche von Schluchsee zu sehen gewesen sein. Auch das Messgewand des Heiligen soll Wunderkraft besessen haben.[273]

## BRAUT VON BURG ROGGENBACH (STEINATAL)

*Von Tiengen führt das lange Steinatal im Schwarzwald aufwärts. Oder von Birkendorf über dem Schlüchttal führt die Landstraße östlich ins Steinatal. Ca. 4 km talaufwärts liegt gut sichtbar auf der anderen Talseite die Ruine Roggenbach und ca. 1 km weiter die Ruine Steinegg. Der Zugangsweg von Rothaus zum Ostweg überquert die Steina bei Roggenbach, führt über dem Steinatal zu den ehemaligen Burgen Steinegg und Roggenbach.*

Burg Roggenbach wurde wohl im 12. Jahrhundert gebaut, um den Steina-Übergang zu sichern. Wahrscheinlich ging sie im 15. Jahrhundert unter. Sie wurde nach einer Auseinandersetzung mit St. Blasien gebannt, belagert und zerstört. Der Wiederaufbau wurde nur halbherzig verfolgt. So verlor die Burg an Substanz und verfiel langsam.

Im Steinatal standen hoch und mächtig die Schlösser Roggenbach und Steinegg. Von dem unteren Schloss sind noch die beiden Türme erhalten, von dem oberen noch ein Turm. Die beiden Schlossherren waren Brüder.

Der eine hatte einen Sohn, der andere eine Tochter. All zu früh war die Mutter des jungen Grafen Töchterleins gestorben. Die junge Gräfin wurde deshalb von Klosterjungfrauen des Berauer Klosters erzogen und unterrichtet. Als die Gräfin nach Vollendung ihrer Erziehung im Kloster zu Berau wieder zu ihrem Vater zurückkehren sollte, wurde der junge Roggenbacher damit betraut, dieselbe mit ihrer Kammerfrau im Kloster abzuholen. Auf dem Heimweg verlobten sich die jungen Leute, die sich schon als Kinder und Spielgefährten gekannt hatten, und beschlossen, gleich bei der Heimkehr die Eltern um ihren Segen zu bitten.

Währenddessen befand sich der Vater der jungen Braut als Jagdgast auf dem Schlosse des Grafen Pappenheim von Stühlingen. Bei dem Jagdgelage, bei dem es wie gewöhnlich froh und heiter zuging, warb der Graf von Stühlingen um die Hand der Gräfin von Roggenbach. Der Roggenbacher war in der frohesten und heitersten Stimmung, versprach dem Stühlinger hoch und teuer seine Tochter mit dem Ausruf: „Ich bringe dir meine Tochter, lebend oder tot."

Kaum war der Roggenbacher heimgekehrt, teilte er ihr freudig die Verlobung mit, welche auf dem Schlosse in Stühlingen geschehen sei. Die junge Gräfin suchte den Vater durch alle möglichen Mittel zu überreden, um ihn von seinem Plane abzubringen. Trotz aller Überredungsversuche blieb der Vater dabei, sein gegebenes Wort einzulösen.

Der väterliche Entschluss traf die Roggenbacherin schwer. Oft entnahm sie ihrer buntfarbigen, eichenen Truhe das schöne, weiße Kleid, das sie für die Hochzeit mit dem Roggenbacher Grafen mit eigenen Händen verfertigt hatte. Es wurde bald ihr Sterbekleid; denn nicht lange nach der unüberlegten Tat des Vaters kehrte eine schwere Krankheit ein im Schlosse zu Roggenbach und holte das Grafenkind herab vom Schloss zu den Toten.

Der alte Graf von Roggenbach mochte sich fast nicht trösten lassen über den Verlust seiner schönen Tochter. Doch, sein Versprechen zu erfüllen, brachte er die Entseelte, bräutlich geschmückt mit weißem Gewande, nach Stühlingen auf das Schloss des Grafen von Pappenheim.[274/275)]

## Schatz im Schlosse Roggenbach

Dem Pächter des Hofes in Roggenbach nahte sich eines Tages ein fahrender Schuler und eröffnete ihm das Geheimnis, dass in der Schlossruine eine Kiste voll Gold verborgen sei. Bald gelangten sie zu dem erwünschten Ziele, der Kiste, auf welcher ein schwarzer Pudel als Hüter des Schlosses saß und mit einer Gerte von seiner Stelle vertrieben wurde.

Der fahrende Schuler öffnete den Schatz und erlaubte daraus nach Gefallen Gold zu nehmen; doch anstatt des Goldes war nichts als Spreu zu sehen, dessen der Pächter ohnehin genug besaß und nicht mehr zu bedürfen glaubte. Dessen ungeachtet nahm er etwas wenig Spreu, den er in seinen Sack steckte, worauf der Vorweiser des Schatzes die Kiste schloss und den Schlüssel an die Tanne hing, woher er ihn genommen hatte.

Aber welches Wunder! Nachdem der Pächter nach Hause gekommen war und den Sack geöffnet hatte, machte er die freudige Entdeckung, dass die Spreu lauter Gold war. Er bereute es, nicht mehr genommen zu haben. Als er aber alleine zur Ruine zurückging, fand er weder Schlüssel noch Kiste, und der Wächter des Schatzes war verschwunden.[276)]

# Wutachtal

## RABEN WEISEN DEN BAUPLATZ FÜR DIE KIRCHE VON DEGERNAU

*Die Bundesstraße B 314 führt von Tiengen das Wutachtal aufwärts. Nach Wutöschingen liegt auf der rechten Seite ein kleiner Ort De-gernau mit seiner Dorfkirche „Zur Heiligen Mutter" über dem Ort auf einer Anhöhe.*

*Die Pfarrkirche von Degernau ist schon sehr alt. Sie wurde schon 1318 erwähnt. Sie steht auf einer Anhöhe, ist der Mutter Gottes ge-weiht und ist eine alte Wallfahrtsstätte. Früher war es die Wallfahrt zum hl. Kreuz; jetzt ist der Dreikönigsaltar die Wallfahrtsstätte „zur Erlangung eines guten Todes".*

Auf der Kanzel der Pfarrkirche von Degernau befindet sich eine Urne mit Holzspänen. Man erzählt darüber Folgendes: Als die Kirche gebaut werden sollte, waren zwei Parteien, die eine wollte die Kirche im Tale, die andere auf dem Berge haben. Im Tale wur-den schon die Fundamente gegraben, und die Zimmerleute richte-ten das Holz zurecht. Da trugen Raben Holzspäne auf den Berg, wo jetzt die Kirche steht, und legten sie turmförmig aufeinander. Die

Leute betrachteten dies als ein Zeichen von Gott und bauten die Kirche auf dem Berg.[227]

## KAPELLE AUF DEM HELLE IN UNTEREGGINGEN

*An der B 314 liegt talaufwärts Eggingen. Im alten Ortsteil von Untereggingen liegt am Ende der Schulstraße gegen den Berg, eine Moräne aus der Eiszeit, eine Kapelle. Sie wurde 1274 erstmals erwähnt, 1454 abgerissen und wieder aufgebaut. 1911 verursacht ein Erdbeben starke Schäden, so dass sie 1913 abgebrochen werden musste, 1922 wurde sie in der heutigen Form aufgebaut.*

Als die ersten Glaubensboten in die Gegend kamen, errichteten sie Gedenkstätten mit dem Zeichen des Erlösers. Beim Durchzug der Hunnen um 451 wurden diese Denkmäler mit dem Dorfe zer-stört und verbrannt.

Nach langen Jahren baute nach der Sage ein blinder Klausner auf der „Burghalde" behelfsmäßig aus Holz ein Hochkreuz auf. Ein Zwinggraf namens Hagen soll dort später auf der Anhöhe gehaust haben, der seinen Bruder auf der Jagd erschlug. Darüber trieb ihn die Reue zur Buse. Er entschloss sich, an der Stelle des ehemaligen

◄ Die Fridolinskapelle bei Oberegginingen

Kreuzes ein Kirchlein zu erstellen. Zur Sühne für seine grauenhafte Tat trug er selber Wasser, Stein und Sand auf die Baustelle und arbeitete dort unermüdlich und werktätig mit.[278]

*Oder:* Am 1. Mai um Mitternacht kommen alle Hexen der Gegend bei der Untereggiger Kapelle zusammen, tanzen um diese, strecken die Zunge heraus und drehen die Nase gegen sie. Als zur Zeit der Reformation die Landgrafenfamilie von Stühlingen zwischen dem alten und dem neuen Glauben schwankte, gingen in jener Zeit beständig, auch bei schönstem Wetter, vom Kapellendach die Dachtraufen: die Kapelle weinte. Auf dem Eggacker, auf dem Berg an der Baumgrenze, zwischen dem Schweizer Orte Trassadingen und dem Orte Untereggingen wurden früher die Hexen verbrannt. So oft eine verbrannt wurde, fing das Glöcklein der Egginger Kapelle leise an zu singen. Als die Kapelle gebaut wurde, hörte man allmitternächtlich über dem Bauplatz Himmelsgesang. Als während der Reformation die Bewohner der Landschaft zum Luthertum neigten, klagten täglich drei weiße Tauben auf dem Kapellendach.[279]

## LEGENDE VOM HEILIGEN BLUT (EGGINGEN)

*Die Gemeinde Eggingen wurde 884 als Erchinga erstmals erwähnt und besteht aus den Ortsteilen Unter- und Obereggingen.*

Gallus Ohem, der Chronist der Reichenau, weiß von einem unschätzbaren Heiligtum zu berichten, welches aus einem Kreuze von geschmiedetem Golde bestand und mit edlen Steinen besetzt war. An seinen „vier Örtern" klebte etwas von dem Schweiß und dem Blute Christi. In der Mitte war ein Stück Holz von dem Kreuze des Herrn eingeschlossen. Es war im Besitz von Azzan oder Hassan, dem Beherrscher von Jerusalem. Dieser wollte mit Karl dem Großen zusammentreffen und ihm dabei als Geschenk das Heiligtum überreichen. Zur Vorbereitung des Treffens schickte Karl der Große den Hünfried als Abgesandten nach Jerusalem. Dort erhielt er von Azzan das Kreuz für seinen Herren überreicht.

Es ging später als Erbstück von Hand zu Hand und kam schließlich in den Besitz der „edlen Sunahild", der Gattin Waltaris. Auf ihren Reisen trug sie stets das Kreuz bei sich.

Als sie ihren Bruder Ulrich im Kloster Reichenau besuchte, bat dieser vergeblich um Überlassung der Reliquie für sein Gotteshaus. Auf dem Rückweg nach Zurzach übernachtete die Edelfrau in der Klosterherberge zu „Erkingen an der Wutta". Während der Nacht überfiel sie ein starkes Fieber mit heftigem Schweiß und großer Angst und sie „besorgte, der Tod hätte sie angestoßen."

Congulfus, ihrer Begleiter einer, riet ihr ernstlich, das güldene Kreuz mit seinen Heiligtümern dem Kloster Reichenau zu überlassen. „Sunahild wallfahrete" diesem Vorschlag und schickte das Kreuz an das Kloster zurück und sie gesundete allso gleich.

So kam das heilige Blut im Jahre 923 oder 925 über Untereggingen nach der Reichenau, wo auch heute noch alljährlich das Blutfest feierlich begangen wird. Durch diese Legende erfahren wir, dass um diese Zeit die Klosterhoftaverne (Dreikönig) schon bestanden hatte.[280]

## Fridolinskapelle in Obereggingen

*In Obereggingen links ab Richtung Untermettingen. Nach ca. 1 km nach dem Ortsschild führt links ein Weg – auch Stationenweg - hinauf zur Fridolinskapelle.*

Der Anlass zum Bau der Kapelle soll auf das Jahr 1895 zurückgehen. Damals soll Luise Schanz dort oben Kühe gehütet haben. Durch einen Unglücksfall mit dem Vieh wurde das Kind schwer verletzt und war in großer Gefahr, äußerlich entstellt zu werden. Die Eltern Schanz legten das Gelübde ab, bei völliger Heilung eine kleine Kapelle zu errichten. Die Verletzungen heilten tatsächlich völlig aus, und so erfüllten die Eltern das Gelübde und erbauten noch im selben Jahr eine kleine Kapelle, deren Grundriss heute noch neben der jetzigen Kapelle zu sehen ist. Der Bruder von Luise Schanz baute den Kreuzweg zur Kapelle und gleichzeitig baute er in Eigenarbeit eine größere und neue Kapelle.[281]

## Altstadtmännlein von Stühlingen

*An der B 314 Wutach aufwärts liegt der Ort Stühlingen. Im alten Ortsteil von Stühlingen über dem neuen Ortsteil liegend, steht das Rathaus. Auf dem Rathausplatz befindet sich ein großer alter Brunnen. Auf der Brunnensäule steht das Stühlinger Altstadtmännlein ohne Arme. Der Ostweg führt vom Wutachtal über Stühlingen,*

▶ Das Altstadtmännle am Stadtbrunnen von Stühlingen

Schweizer Grenze nach Schaffhausen. Stühlingen führt als Wappen im silbernen Schilde ein blau gekleidetes „gestumpftes Männlein", d.h. „ohne Arme und Beine".

Einst, so erzählt die Sage, kam ein großes Sterben ins Land. Auch die Einwohner von Stühlingen wurden vom Tode weggerafft, alle, bis auf ein Männlein. Das war zur Welt gekommen ohne Beine und Arme. In des Grüningers Haus, in der Herrengasse, wälzte es sich in den noch heute erhaltenen, in den Felsen gehauenen, tiefen Keller hinab und näherte sich einem großen Laib Schweizer Käse, der dort aufbewahrt war. Dazu trank es firnen Wein, indem es mit dem Munde den Hahn öffnete und wieder schloss. So fristete es

Das Schloss Stühlingen

sein Leben, bis eine Frau dazu kam, mit der er sich dann ehelich verband. Von diesem Männlein stammen alle Stühlinger ab, und zum Danke wurde es in das Stadtwappen aufgenommen.[282]

## ROSSTRAPP AUF DER BURG HOHENLUPFEN VON STÜHLINGEN

*Wutach aufwärts auf der B 314 fahrend, wird kurz vor Stühlingen die Burg Hohenlupfen oder Schloss Stühlingen oben auf dem Berg sichtbar. Die Ortsstraße führt vom alten Ortsteil kurvenreich nach oben. Aus dem Walde herausfahrend, geht scharf links der Zugangsweg zur Burg.*

*Die Burg Hohenlupfen muss bereits 1093 existiert haben, so wie es aus der Urkunde des Grafen von Stühlingen hervorgeht. Wahrscheinlich bestand sie schon viel früher, vielleicht schon in fränkischer Zeit. Sie lag an der wichtigen Kreuzung der von der Baar zum Wutachtal kommenden Straße mit der Verbindung von Freiburg, Bonndorf nach Schaffhausen. Die Burg galt als wohl gerüstet und versorgt und wurde trotzdem samt Stadt 1499 an die Schweizer übergeben, die sie plünderten und ansteckten. Sie wurde nur notdürftig in Stand gesetzt. Maximilian von Pappenheim – ein Schwiegersohn der Fürstenberger – ließ sie abreißen und das heutige Schloss an dieser Stelle errichten. Es diente den Fürstenbergern als Sitz, bevor sie nach Donaueschingen zogen, und wird auch heute noch von der Familie Fürstenberg bewohnt.*

◄ Das Schloss Stühlingen

*Nach dem mit dem Grafenamt verbundenen Gerichtsstuhl erhielt die Burg wohl auch ihren Namen. Sie muss schon vor 1093 existiert haben, da dann der Graf von Stühlingen mit ihr erwähnt wird. Der zweite Name Hohenlupfen kommt von einem Schwiegersohn, dem Landgraf von Lupfen. 1499 galt die Burg als wohl gerüstet und gebaut. Trotzdem wurde sie ohne Kampf den Schweizern übergeben, die sie plünderten und in Brand steckten. Sie wurde nur noch notdürftig instandgesetzt. 1620 wurde sie abgerissen und man baute aus den Resten das heutige Schloss und den Gutshof. Nur der Bergfried blieb erhalten.*

*Früher ging es oft recht lebhaft zu auf der alten Burg, wo die reichen, prachtliebenden Grafen von Lupfen ihren Hof hielten. Turnier, Sang und Spiel wechselten bei Besuchen mit reicher Tafel und fröhlichem Trinkgelage.*

Einst, als die allgemeine Freude auf's höchste Maß gestiegen war, rief des Burgherren junges Töchterlein einem Ritter zu: „Liebst du mich so sehr, wie du versicherst, so sattle dein Ross, reite die Treppe hinauf in den Saal und springe durch das hohe Burgfenster hinab auf den Fels! Daran will ich das Maß deiner Treue und Liebe erkenne." Der junge Ritter, Kurt von Ewattingen, erhob sich hastig von dem eichenen Stuhl, ging schweigend hin zum Fenster und warf einen Blick hinab in die schauerliche Tiefe. Dann ging er aus dem Saal zu seinem Pferde und warf ihm den Sattel um. Im Augenblick erschien er wieder oben hoch zu Ross. Entsetzt schrie bei seinem Anblick die junge Gräfin auf und suchte den wackeren Ritter von der Ausführung seines verhängnisvollen Wagnisses durch das laute Geständnis ihrer treuen Liebe abzuhalten. „ Ich tue, was du mich geheißen", rief der Ewattinger und sprengte mit lautem Hurra in die Tiefe.

Der grässliche Sprung gelang. Ross und Reiter waren unversehrt. Nach dieser kühnen Tat aber dachte der Ritter: Eine Gemahlin, die solch strenge Befehle gibt, will ich nicht haben, zog von dannen und zeigte sich im Schloss von Stühlingen niemals wieder.

Heute noch zeigt man auf dem Stühlinger Schloss den Rosstrapp; denn der Huf des Pferdes grub sich bei dem Sprung tief in den Felsen ein.[283/284)]

*Oder:* Landgraf Max von Stühlingen, der sechseinhalb Schuh hoch war, besaß eine ebenso große Gewandtheit wie Stärke. Die lange Treppe im Schloss zu Stühlingen sprang er in drei Sätzen hinab, und es fiel ihm nicht schwer, die wildesten Pferde zu bändigen, indem er sie beim Schweif packte und rasch seitwärts wendete.

Während eines Gelages auf seinem Schloss ging er mit dem Freiherrn von Wartenberg die Wette ein: Er mache sich anheischig, eher auf seinem Ross als dieser auf dem seinigen zu sitzen, obgleich er dem Freiherrn, wenn derselbe im unteren Stock angekommen, noch im oberen an der Treppe Antwort geben wolle.

Nachdem der Wartenberger verabredetermaßen die Antwort erhalten hatte, eilte er vor das Schloss, wo sein Rappe wie auch des Stühlingers Schimmel aufgezäumt standen. Und siehe, der Landgraf saß bereits wohlgemut im Sattel seines riesigen Pferdes. Er war nämlich aus einem Fenster des oberen Stockwerkes gesprungen und hatte somit durch diesen tollkühnen Streich die Wette gewonnen. Noch heutigen Tages zeigt man das Fenster; und ein Hufeisen des Schimmels, so groß wie eine Suppenschüssel, ist lange Zeit im Zeughaus zu Donaueschingen aufbewahrt worden.[285)]

## MEINEIDSBRÜCKE VON GRIMMELSHOFEN

*Grimmelshofen liegt im Wutachtal, und dort verlässt die B 314 tal-aufwärts das Wutachtal Richtung Fützen. Oberhalb Grimmelshofen führt der Ostweg durchs Wutachtal.*

Im Dorf Grimmelshofen führt eine Brücke über die Wutach. Das wäre nichts Besonderes. Der Volksmund aber weiß von dieser Brü-cke allerlei Hintergründiges zu erzählen. Schon dass sie vor urdenk-lichen Zeiten als Thingstätte diente, hebt sie aus anderen Brücken heraus. Hier wurde Gericht gehalten über die in den umliegenden Dörfern verübten Frevel.

Auf dieser Brücke aber soll einmal ein Mord verübt worden sein. Ein durchreisender Kaufmann wurde erschlagen und seine Leiche in die Wutach geworfen. Ein Bauer aus der Umgebung, bei dem der Kauf-mann sein Pferd eingestellt hatte, wurde der Tat verdächtigt, vor das Thinggericht gestellt, verurteilt und durch den Strick am Galgen ins Jenseits befördert. Der Bauer hatte bis zuletzt seine Unschuld beteuert.

Nun soll aber einer der einflussreichsten Bauern der Gegend, der als Hauptzeuge aufgetreten war, ein persönlicher Feind des Verurteil-ten gewesen sein, und die Leute sagten – nicht laut, nur so hinten herum, dass der saubere Zeuge die Gelegenheit benutzt hatte, sich mittels eines Meineides, den gehassten Gegner vom Halse zu schaf-fen. So viel Ungerechtigkeit kann nicht zur Ruhe kommen. Während andere Gehängte viele Wochen am Galgen im Winde baumelten und den Raben als Fraß dienten, hatte es bei dem Unschuldigen kein

Rabe gewagt, auch nur in seine Nähe zu kommen. Von einem Un-schuldigen wollten die Raben nichts. Bald darauf starb der falsche Zeuge. Die drei Schwurfinger waren ihm abgefault und lagen mit der rechten Hand schwarz auf seiner toten Brust. Seither geisterte der Meineidige in der Gegend herum, und immer wieder kehrt er an die Brücke zurück, wo er so schweres Unrecht getan hatte.[286]

## DER LUNZISTEIN IN DER WUTACHFLÜHE

*Der Ostweg führt talaufwärts die Wutach entlang von Stühlingen über den Bahnhof Lausheim/Blumegg bis zum Eisenbahnviadukt von Grimmelshofen und weiter nach Achdorf. Auf der linken Tal-seite des Eisenbahnviaduktes liegt ein einmaliges Naturschutzgebiet in ähnlicher Formation wie in der Umgebung von Dietfurt – Bad Boll. Tief unten rauscht der Fluss zwischen den verrutschten, feuch-ten, quellenden Hängen des Mittlern Muschelkalkes; hoch steigen darüber die Steilhänge im Hauptmuschelkalk auf, gekrönt von der Felsmauer des Trigonodusdolomits.*

Von ihm wird folgende Sage erzählt: Vor Jahrhunderten war es, da waltete in Blumegg ein Vogt seines Amtes, gesetzt, den Zehnten einzuziehen und die leibeigenen Bauern zu beaufsichti-gen. Bero, der junge Freibauer vom Lunzihof, hatte sich verlobt mit Mechthilde, der Tochter eines Hörigen von Blumegg. Die Hochzeit war festgesetzt. Da erfuhr der Vogt davon. Wie die Burgherren der damaligen Zeit, verlangte er das Mädchen ein Jahr lang für sich als Magd. Der Lunzibauer wies diese Zumutung zurück und heiratete umgehend.

Da versammelte der Vogt seine Knechte um sich und zog aus, den Freibauern zu überfallen und seinen Willen durchzusetzen. Doch Bero war rechtzeitig gewarnt worden, raffte Waffen und Lebensmittel zusammen, verließ mit seinem jungen Weib den Hof und versteckte sich in einer Felsenkluft der Wutachschlucht.

Wochen vergingen; der Herbst zog ins Land. Da verriet aufsteigender Rauch den Schlupfwinkel. Schnell rückte der Vogt mit seinen Helfershelfern heran. Der Lunzibauer und sein braves Weib aber zogen sich auf die steile Felsnadel zurück. Eine umgestürzte Tanne hat eine Brücke von Fels zu Fels gebildet. Bald flogen die Pfeile herüber und hinüber. Näher kamen die Angreifer; dem Lunzibauer wurde der Spieß entrissen. Wutentbrannt sprang der Vogt selbst auf den Stamm, dem kämpfenden Bero entgegen. Einen gellenden Schrei ausstoßend, ließ sich Mechthilde in die Schlucht hinabfallen. Der Freibauer umfasste seinen Gegner. Zwei kräftige, Hass erfüllte Männer kämpften, strauchelten und stürzten, fest ineinander verkrallt, in die Tiefe. Seit jener Zeit heißt dieser emporragende Fels Lunzistein oder Brautflühe.[287/288]

*Oder: Die Landstraße von Grimmelshofen führt ins Tal des Weitergraben. Nach der Museumsmühle links, zweigt nach wenigen Meter rechts die Straße hinauf nach Blumegg ab. In der Ortsmitte zweigt an der Kirche rechts der Weg hinab zu den kümmerlichen Resten der Burg Blumegg im Naturschutzgebiet ab. Die Burg Blumegg wurde 1292 erstmals erwähnt, obwohl sie schon möglicherweise im 10. Jahrhundert gebaut wurde. Die Gründer waren die Herren von Blumegg. Im 15. Jahrhundert wurde die Ruine Eigentum des Klosters St. Blasien. Heute sieht man zwischen den Baumspitzen die Turmruine noch stehen.*

Der Fels gegenüber der Burg auf der anderen Seite des Tales heißt auch heute noch im Volksmund „der Lunzistein". Über eben diesem hatte nämlich „Lunzi", einer der wenigen Freibauern, seinen Hof. Selbstbewusst hatte er sich ein Edelfräulein aus dem Geschlecht derer von Blumegg zur Frau auserkoren. Doch dem Vogt von Blumegg gefiel dasselbe Mädchen ebenso, und er küsste es gegen ihren Willen, als er die Verehrte einmal traf. Der zufällig hinzukommende „Lunzi" schlug den unliebsamen Rivalen zu Boden, nahm die Braut auf sein Pferd und zog sich mit ihr auf einen Felsen zurück, bis der Vogt mit einigen Knechten Verstärkung zurückkam, um sich Genugtuung zu holen. Schließlich traf der Vogt den „Lunzi" mit seinem Schwert und meinte, er habe ihn getötet, so dass er sich der Braut bemächtigen könne. Diese riss sich aber los und sprang in die Tiefe. Den Vogt ergriff Entsetzen, zudem kam inzwischen – von ihm unbemerkt – der Freibauer wieder zu Besinnung, er griff eine Axt und zerschmetterte damit in kräftigem Hieb den Kopf seines Widersachers. Vor den alsbald hinzukommenden Knechten des Vogtes konnte er fliehen. Seitdem wird dieser Fels „Lunzistein" genannt.[289]

## SCHLOSS HARDEGG ÜBER DEM WUTACHTAL

*Der Querweg Freiburg-Bodensee führt das Wutachtal abwärts. Zwischen der Gipsmühle bei Ewattingen und der Gemeinde Achdorf liegen mittig auf der Hardhalde linker Hand über dem Fluss die Reste des Schlosses Hardegg. Das Schloss wird erstmals in Zusammenhang 1108 mit Heinrich und Werner Hardegg erwähnt. Sie waren Dienstmänner der Herzöge von Zähringen.*

Die Sage, die im Munde des Volkes sich erhalten hat, erzählt: Zwei Edle, Brüder, vielleicht die vorgenannten, waren es, die hier ihre Herrschaft hatten, von welchen der eine das ehemals in dem Herrengarten zu Mundelfingen bestandene Schloss bewohnte, der andere aber auf dem im Tale gelegenen Schlosse sich aufhielt.

Während sich der Erstere durch eine gute Hauswirtschaft auszeichnete, wodurch er zu großem Reichtum gelangte, aber ohne Leibeserben starb, überließ sich Letzterer einer verschwenderischen und ausschweifenden Lebensweise, die ihn all' seines Vermögens beraubte.

In dieser Lage stahl er nicht allein zu den Lebzeiten seines Bruders in der Ernte die Früchte von dessen Feldern, sondern verlegte sich auch, nachdem er die Erbschaft durchgebracht hatte, auf Raub und Wegelagerung. Davon zeugt der an das Schloss anstoßende, noch heutigen Tages sich nennende „Wachtbuck", auf welchem er seine Knechte und Raubgesellen aufgestellt hatte, um die vorüberziehenden Wanderer zu beobachten und zu plündern, ja nicht selten sich auch noch andere schändliche Handlungen gegen sie zu erlauben.

Nachdem der Unhold lange Zeit genug sein Unwesen zum Schrecken der Nachbarschaft getrieben hatte, verschwand er eines Tages plötzlich, ohne dass die Sage angibt, wohin.

Aber nach der Geschichte fällt die Zerstörung des Schlosses gegen das Ende des 14. Jahrhunderts, zu welcher Zeit noch andere Schlösser dieser Gegend von mächtigerer Hand ihren Untergang fanden.[290]

## BILDHÄUSLE BEI EWATTINGEN

*Von Mundelfingen kommend nach Ewattingen, liegt einer der wenigen Übergänge – Gipsmühle – durch die Wutachschlucht. Von dort kommend, liegt über dem Dorfeingang die Pfarrkirche von Ewattingen. In Ewattingen führt die Landstraße Richtung Münchingen. Kurz vor dem Ortsende zweigt links ein Fahrweg „Am Fahrenberg" ab. Auf der Höhe – eine alte Römerstraße – liegt rechts am Weg das Bildhäusle. Über seine Entstehung erzählt die Sage:*

Ein Wanderer geriet auf dem Weg von Lembach nach Ewattingen in einen schweren Schneesturm. Die frühe Winternacht brach herein, und der Wanderer irrte müde, vom Weg abgekommen, auf dem Esch umher. Die Gefahr, im Schneesturm zu erfrieren, ließ ihn ein Gelöbnis an Maria ablegen. Er versprach, eine Kapelle zu errichten, wenn sie ihn aus der Lebensgefahr errettete. Kurz darauf erklang aus dem Brausen des Nordsturmes heraus der Glockenton der Bettzeitglocke in Ewattingen. Er folgte der Glocke und erreichte todmüde das Dorf Ewattingen.

Zum Dank für seine Errettung ließ er das Bildhäusle erstellen, welches allen, die vom Sturm oder Gewitter überrascht werden, noch heute ein schützendes Obdach bietet. Im Kindermund weiß man sich zu erzählen, dass um die Weihnachtszeit der „Sami-Claus" (St. Nikolaus) im Bildhäusle seine Backstube eingerichtet hatte. Dort bereitete er in wochenlanger Arbeit all die vielen Süßigkeiten zu, die er dann den besonders Frommen ins Haus brachte. Es kam nicht selten vor, dass Kinder in diesen Tagen weit über hundert „Vater unser" beteten, damit der „Sami-Claus" ihnen ja viel zu bescheren hatte.[291]

◄ Das Bildhäusle bei Ewattingen

## SILBERNES GLÖCKLEIN VON BONNDORF

*Bonndorf an der B 315 von Weizen nach Lenzkirch gelegen und durch den Zugangsweg über Boll mit der Wutachschlucht verbunden.*

*Ein Fräulein von Tannegg stiftete das Silberglöcklein auf dem Turm des Rathauses zu Bonndorf, in dessen Saale ehemals ihr Brustbild in Ketten hing. Lange war das Glöcklein nach dem Willen der Stifterin durch das nächtliche Geläute den Wanderern eine Weiserin und lud die Bewohner zur Ruhe, bis es in dem großen Brande am 27. Dezember 1827 ein Raub der Flammen wurde.*

Das edle Fräulein von Tannegg machte eine Tages einen Besuch auf dem Schlosse Roggenbach, wo sie im traulichen Kreise ihrer nachbarlichen Gespielinnen allzu lange verweilte, denn sie hatte gar zu vieles von der Minne und anderen Dingen zu reden, so dass ihnen die Trennung schwer fiel. Schon war die Sonne ihrem Untergange nahe und die Tannen warfen nur noch lange Schatten über die einsame Wohnung, als sie voneinander schieden. Auf der Heimkehr wurde das Fräulein mit ihrem Gefolge vom Dunkel der Nacht überfallen, in welchem sie den Weg verfehlten. Lange irrten sie umher, und die Edle fürchtete, ihr Schloss nicht mehr zu erreichen. Da ertönte plötzlich von der Klosterkirche von Bonndorf die Glocke, welche die Brüder des heiligen Paulus zum nächtlichen Lobe mahnte. Es war ihr wie die Stimme eines Rettungsengels, welcher sie auf den rechten Weg leitete. Eingedenk der Gefahr, aus der sie so seltsam errettet worden war, wünschte das Fräulein, dass solches

Geläute noch länger in Wintersnacht ertöne, und fasste aus Dankbarkeit den Entschluss, ein Glöcklein aus lauterem Silber für das Rathaus von Bonndorf zu stiften, das allnächtlich um neun Uhr eine Stunde lang geläutet werden sollte, bis sich im Frühling der dritte Pflug im Felde wendet.[292]

Der gegenwärtige Rathausturm trägt auch wieder eine Glocke, die allabendlich geläutet wird, aber nicht mehr um neun, sondern um zehn Uhr.

▲ Das Rathaus von Bonndorf mit dem Glockentürmchen

## SCHNEEKREUZ BEI LÖFFINGEN

*Die B 31 führt von Geisingen an der A 8 über Löffingen nach Neustadt. In Löffingen die Obere Hauptstraße, von dort dem Ortsausgang zu, links in die Alenbergstraße, die zur Wallfahrtskirche Winterschneekreuz führt. Diese liegt direkt an der B 31. Der Zugangswanderweg führt von Löffingen nach Wolterdingen nördlich von Löffingen zur Wahlfahrtskirche Winterschneekreuz.*

Um das Jahr 1740 verirrte sich ein Wanderer im Schneesturm eines kalten Winterabends und geriet auf die Hochkuppe, im 11. Jahrhundert „itirsne" später „Wittarsne" genannt. Das bedeutet „raue Stelle", wo zur Winterzeit große und tiefe Schneewächte den Durchgang auf der alten Straße oft sehr erschwerten. Der Wanderer sank hier erschöpft nieder und kam nicht mehr weiter. In seiner Lebensnot gelobte er, wenn er gerettet würde, wolle er an der Stelle als sichtbares Zeichen seines Dankes ein Kreuz zu Ehren des Heilandes errichten. Nach längerem Harren hörte er in nicht gar weiterer Entfernung ein Glöcklein läuten. Es war das Feierabendglöcklein des Städtchens, das damals zum Verlassen der Wirtschaften und zur Heimkehr aufforderte. Gleichzeitig hörte er in der Nähe auch Männerstimmen. Es waren Holzfäller, die vom Wald nach Hause gingen und durch den Schnee ebenfalls aufgehalten worden waren. Sie nahmen den um Hilfe rufenden, halb erstarrten Mann mit und brachten ihn in eine Herberge, wo er sich erholte.

Getreu seinem Versprechen ließ der Mann auf dem Platz vor einem Lindenbaum, unter dem er bei dem Unwetter Schutz gesucht hatte, ein Kreuz mit dem Bildnis des gekreuzigten Heilands errichten. Es stand zur Winterszeit in Mitte eines großen Schneefeldes und war weithin sichtbar. Daher erhielt es den Namen „Schneekreuz".

Später wurde das Kreuz erneuert, da es unter der Witterung stark gelitten hatte. Einige Bürger des Städtchens ließen noch eine Nische mit Dach um das Kreuz erstellen, um es gegen Witterungseinflüsse zu schützen. Viele Besucher kamen, um hier ihre Hilfe zu erflehen. 1792 wurde die Schneekreuznische zu einer offenen Kapelle verlängert. Trotz Verbot und Behinderung – einige Male soll das Kreuz in die Pfarrkirche gebracht worden sein und am nächsten Morgen stand es wieder an der alten Stelle – nahm die Zahl der Wallfahrer stetig zu. Aus den Opfergaben der Gläubigen wurden 1846/47 eine Kapelle aus Holz an die Nische gebaut und mit einem Türmchen geschmückt. Sie steht heute noch neben der auf ihrem ursprünglichen Platz in den Jahren 1894/97 gebauten Wallfahrtskirche „Winterschneekreuz". Noch heute zeigen zahlreiche Votivtafeln und Bilder von der Frömmigkeit der Wallfahrer.[293]

## GRÜNDUNG DES KLOSTERS FRIEDENWEILER

*Die B 31 führt von Hüfingen nach Neustadt. Bei Rötenbach zweigt rechts die Landstraße nach Friedenweiler ab. Vom ehemaligen Kloster die Straße nach Rudenbach, die zweite Straße rechts, nach ca. 500 m liegt rechts die Schillingkapelle. Der Zugangsweg führt von Eisenbach über Friedenweiler zum Mittelweg.*

*Am 26.11.1123 kamen die Äbte des Klosters Reichenau (Abt Odalrich) und des Klosters St. Georgen (Abt Werinherr) in Konstanz*

▲ Die Wallfahrtskirche Winterschneekreuz bei Löffingen

zusammen und vereinbarten einen Gebietstausch. Wirtschaftspolitische Interessen waren maßgebend für die Gründung des Frauenklosters Friedenweiler. Der Klosterbau wurde 1139 vollendet. 1802 wurde das Kloster nach wechselvollen Beziehungen säkularisiert. Die Klosterkirche ist heute noch im Ort erhalten.

Über die Zeit der Gründung von Friedenweiler gibt es zwei Sagen. Wie die eine berichtet, soll sich ein Sohn des Grafen Johannssen von Fürstenberg im Jahre 1065 auf einer Jagd verirrt haben. Er kam zu einer Kapelle, eine „halbe Stunde von einem Mayerhoff, Friedenweiler genannt, welcher auf eine Höhe gelegen". Erst nach drei Tagen wurde er von seinen besorgten Verwandten aufgefunden. Er kniete in friedlicher Harmonie zusammen mit Hunden und Wild vor dem Vesperbild. Als Dank für die Rettung seines Sohnes soll der Graf an diesem Ort eine Kapelle erbaut haben. Dieser Ort soll die Stelle der späteren Schillingskapelle sein.

Die Kapelle wurde vermutlich nach den Notzeiten des Dreißigjährigen Krieges erbaut und im Jahre 1746 erneut aufgebaut. Sie steht westlich des Ortes inmitten der Waldabteilung Schilling auf der Höhe.[294]

Vom Abt Werinherr, dem Baron von Zimmern, der 4. Abt von St. Georgen war, gibt es folgende Sage: Der Abt sei der Stifter des Klosters Friedenweiler gewesen, weil er auf eine wundersame Art einen Sturz überlebt habe. Bei einem Ritt nach Neustadt stürzte er, auf dem Pferde sitzend, in eine Tiefe und gelobte, an dem Orte des Falles, von wo nicht weit entfernt das Bildnis der Maria in einer Kapelle sich befand, ein Nonnenkloster ganz nahe bei Neustadt zu gründen. (Schilling Kapelle)[295]

Oder: Abt Werinherr vom Kloster St. Georgen gründete den Ort und das Kloster Friedenweiler, um die einsame Waldgegend zu besiedeln. Er starb 1134 und erlebte die Vollendung 1139 nicht mehr. 400 Jahre konnten die Benediktinerinnen des Klosters ihrem Glauben und ihrer wertvollen Kulturarbeit nachgehen. Die Reformationsbewegung brachte Nachwuchssorgen, der Abt von St. Georgen musste das Kloster an den damals protestantischen Grafen von Fürstenberg abgeben. Es wurde dann aufgelöst. 1570 wurde das Kloster im Zuge der Gegenreformation als Zisterzienserinnenkloster vom Kloster Lichtental wieder gegründet und unterstand dem Kloster Tennenbach. 1802 wurde Kloster Friedenweiler säkularisiert.

Nach der Sage sollte das Frauenkloster Friedenweiler wegen des feuchten Untergrundes nicht im Tal, sondern auf der Höhe, in der Nähe des Schafhofes errichtet werden. Das bei Tage dorthin geschaffte Baumaterial war am nächsten Morgen unerklärlicherweise verschwunden und im Talgrund aufzufinden. Nachdem sich dieser Vorgang mehrmals wiederholt hatte, sah man darin ein göttliches Zeichen und baute das Kloster dorthin, wo es heute steht.[296]

## LENZKRICHER URSEE

Die B 500 führt am Schluchsee vorbei. Nach dem Windgfäll Weiher führt rechts eine Landstraße über Raitenbach Richtung Lenzkirch. Nach Raitenbach aus dem Wald kommend, zweigt scharf rechts ein Fahrweg ab. Nach 300 m links das Hochmoorgebiet „Ursee". Auf der anderen Seite führt der Zugangswanderweg von Altglashütten

*nach Lenzkirch. Nach Überquerung des Verbindungsweges Raiten-*
*bach nach Fischbach wird linker Hand der Stoßfelsen passiert.*

Am Fahrweg von Raitenbach gegen Fischbach, wo der „Tabaks-
bue" sein neckendes Wesen treibt, der einst zu Lebzeiten Grenz-
steine versetzte, ragt über dem Ursee ein gewaltiger Fels mit einer
kleinen Höhle in die Höhe. „Stoßfelsen" ist er benannt und die Höhle
„Bärenhöhle", weil einst hier Bären gehaust haben sollen. Ließ man
in dieser Höhle durch einen Spalt ein Steinchen fallen, so hörte man
früher nach einigen Minuten deutlich das Aufschlagen auf dem Wasser des Ursees, der sich unter der Erde gegen Westen hinzieht. Bei
diesem See pflügte einst ein Bauer mit einem Joch Ochsen, sein
kleines Bübchen machte den Treiber. Die Ochsen wurden störrisch,
und kein „Hö, hü!" half. Da tat der Bauer den Fluch: „Wenn eich
nu allz'ämme der Teufel hole tät!" Kaum gesagt, zogen die Ochsen
an und eilten schnurstracks ins Wasser. Den Knaben aber rissen sie
mit sich, und nur mit Mühe konnte er noch im letzten Augenblick
gerettet werden. Vom Gespann sah man nichts wieder, bis nach
einigen Jahren das Jochholz plötzlich aus dem Titisee ans Ufer ge-
schwemmt wurde. Damit hatte man den Beweis, dass zwischen dem
Ursee und dem Titisee eine Verbindung besteht.[297]

## RUINE URACH BEI LENZKIRCH

*Nach dem Ortsausgang von Lenzkirch Richtung Titisee liegt in einer*
*Linkskurve auf der linken Seite an der Straße Ruine Urach. Auch*
*der Mittelweg nach Lenzkirch führt dort vorbei. Noch im 12. Jahr-*
*hundert erfolgte der Ausbau des Gebietes zu einer kleinen Herr-*

schaft, die sich dann vom Albgau loslöste. Als die Zähringer ausstarben, wurden sie von den Grafen von Urach (Schwäbische Alb)
beerbt, die sich bald Grafen von Fürstenberg bzw. Grafen von Freiburg nannten. Die Burgruine bei Lenzkirch trägt noch ihren Namen.
Berthold von Urach wird 1239 als ihr Besitzer genannt. In den vo-
rangegangen Jahren dürfte die Burg erbaut worden sein. Die Zerstörung fällt wahrscheinlich in die Zeit des Dreißigjährigen Krieges.

Vor mehreren hundert Jahren herrschte auf Schloss Urach der
Burggraf Heinrich mit seiner Gemahlin, der Gräfin Eugenie. Sie
müssen wegen einer Ungerechtigkeit, die sie zu Lebzeiten verübt
haben, im Schlosse umgehen. Viel Geld und Kostbarkeiten sollen,
von einem riesigen Hund bewacht, dort vergraben sein.

Man erzählt: Der Galgenhans, selbst eine sagenhafte Gestalt, der
verspürte große Gelüste nach verborgenen Schätzen; nur wusste er
nicht, wo er sie suchen sollte. Da kam er auf den Gedanken, den
alten Burgherrn und seine Gattin zu zitieren und auszufragen. Im
„Draierhisli" in Holzschlag sprachen sie die Beschwörungsformel, das
sog. Christoffelgebet. Da zog es wie ein finsteres Gewölbe über die
Wälder her: Der Graf und seine Gattin kamen. Die Beschwörer fragten, wie es ihnen sei. Es sei ihnen nicht wohl und nicht wehe, sie
seien aber des Angesichts Gottes beraubt; auch schmerze es ihnen
sehr, dass sie hätten kommen müssen. So lautete die Antwort. Wenn
man für sie drei Zwingmessen in einer Hofkapelle lesen lasse, so
seien sie erlöst. Darauf gingen sie wieder, doch ohne verraten zu haben, wo das Geld verborgen lag. Von diesem Tag an war das Weib
des Galgenhannes gelähmt, er selber wurde wahnsinnig, so dass
man ihn wie einen bösen Hund an einer Kette hinter der Stubentüre
angebunden halten musste.[298/299]

# Bregtal – Brigtal

## KETTE AN DER FRIEDHOFSKAPELLE VON HÜFINGEN

*Die A 81 führt von Stuttgart nach Süden. Bei Donaueschingen biegt die A 864 auf die B 27 nach Süden. Nach Donaueschingen biegt die B 31 nach Freiburg rechts ab. Nach ca. 1 km liegt rechts davon Hüfingen. Von Süden kommend, liegt die Friedhofskapelle St. Leonhard vor der Brücke über die Breg und dem Stadttor rechts am Friedhof.*

*Im Jahre 1479 wurde St. Leonhard durch die Stiftung einer Kapelle eine Ehre zuteil. 1629 weihte Abt Gaiser von St. Georgen den Friedhof bei St. Leonhard als Ruhestätte der Hüfinger. Die kleine Kapelle umfasste nur den heutigen Chorraum. 1788 wurde die Kapelle erweitert und 1961/1979 rundum erneuert.*

Einst war im oberen Tal der Breg, wo die Schwarzwaldtannen ganz nahe ans Ufer herantreten, ein schreckliches Unwetter niedergegangen und ließ den so stillen Fluss hoch anschwellen. Schäumend brauste er plötzlich daher und trug die Holzstämme, Heuhaufen, ja sogar Hausrat und totes Getier zu Tal. Wütend stieß er gegen die Ufer, überspülte Äcker und Wiesen, rüttelte an den Grundmau-

ern der Häuser und rannte auch mit aller Gewalt gegen die Hüfinger Brücke an, dass sie in den Fugen ächzte und stöhnte und einzustürzen drohte.

Da kam gerade ein Müller mit seinem schwer beladenen Fuhrwerk angefahren und wollte noch rasch ans andere Ufer. „Bleib zurück!", riefen ihm warnend die Bauern zu, die gerade dabei waren, den Brückenbogen, so gut es eben ging, abzustützen. Der Müller schlug aber die Warnung in den Wind. Erst versuchte er mit lautem Hüst die Pferde anzutreiben. Als sie aber vor den hochgehenden Fluten scheuten und ihre Mähnen schüttelten, dass die Kummetglocken hell aufklangen, hieb er wütend mit der Peitsche auf sie ein. Mit einem jähen Ruck zogen sie an, dass die Zugseile knirschten. Und holpernd rollte der Wagen über die Brücke. Als er aber in der Mitte der Brücke angekommen war, holte der wütende Fluss zu einem neuen Stoß aus. Das war für die alte Brücke zuviel. Dem Anprall des Wassers und der Last des Gefährtes war sie nicht mehr gewachsen. Krachend brach sie in sich zusammen, und Rosse und Wagen versanken in der tosenden Flut.

Der Müller aber, der sich im Sturze mühsam an einen Balken geklammert hatte, gelobte in seiner Not, dass er der Kapelle drüben am Ufer einen Schmuck stiften wolle, wenn er und sein Gefährt gerettet würden.

◄ Die Martinskapelle an der Brequelle bei Furtwangen

Und alsbald tauchten die Pferde mitsamt dem Wagen wieder aus dem lehmfarbigen Wasser auf und gelangten unversehrt ans Ufer, so als habe eine überirdische Kraft sie an starker Kette emporgezogen.

Der Müller hielt sein Gelübde. Und so umschließt heute noch die Hufeisen behangene Kette die alte Kapelle.[300)]

## RUCHTRAUT VON ALLMENDSHOFEN UND DIE KIRCHE VON MISTELBRUNN

*Die Landstraße von Bräunlingen führt durchs Bregtal nach Norden. Kurz vor Wolterdingen führt sie dann links ab in den Schwarzwald über Mistelbrunn nach Bubenbach. Der Jakobus-Wanderweg führt von Hammereisenbach nach Süden über Mistelbrunn.*

*Mistelbrunn liegt an den letzten Abhängen des Schwarzwaldes. Dunkler Tannenwald säumt das Dorf von drei Seiten ein. Das Dorf erinnert mit seinem Namen an die heilige Mistel. Die wenigen Häuser Mistelbrunns reihen sich um ein Kapelle, „St. Markus".*

*Die Kapelle soll um 1120 anzusetzen sein. Das Innere zeigt eben nichts Merkwürdiges, außer einem löschpapierähnlichen Brustbild des heiligen Markus, welches an Stelle eines steinernen steht, das einst nach Bräunlingen in feierlichem Umzuge getragen und hier und dort in einen Brunnen getaucht wurde, um nasse oder trockene Witterung zu erflehen. Eine Votivtafel (1,50 m auf 1,60m) als*

◄ Die Hufeisen behangene Kette an der Friedhofskapelle von Hüfingen

*Ölgemälde stellt eine Waldkirche dar, gegen die ein Paar Ochsen aus einem Dorfe heraus einen Sarg führen, von Fackelträgern umgeben.*

Der Volksmund berichtet darüber: In alten Zeiten haben in dem Dorfe Allmendshofen bei Donaueschingen reiche Ritter gewohnt, denen fast die ganze Gegend gehörte. Einer von ihnen hatte eine Tochter, Ruchtraut mit Namen, welche an frommer Gesinnung die Ihrigen weit übertraf. So weit ging die Frömmigkeit, dass sie mit der Andacht in ihrer Schlosskapelle sich nicht begnügte, sondern mitten in der Nacht vom Lager sich erhob und ihre zarten Füße nicht schonte, um vor Tagesanbruch dem Frühgottesdienste beizuwohnen, welcher in der drei Stunden entfernten Kirche von Mistelbrunn ein frommer Priester hielt.

Damals aber bedeckte die ganze Gegend dichter Wald, wovon die wenigen Tannen des Hasenwäldchens bei der Allmendshofer Ziegelhütte die letzten Zeugen sind. Doch wie die Jungfrau ohne Vorwissen der Eltern ihre Andacht verrichtete, so musste sie ohne Begleitung den schaurigen Weg antreten. So wie sie aber zum ersten Male den Wald betrat, ward es plötzlich helle vor ihren Augen, denn siehe ein Hirsch von siebzehn Enden stand vor ihr, auf jeder Zacke seines Geweihes flammte ein Licht, und er geleitete sie durch des Waldes Dickicht den geradesten Weg, bis von der heiligen Stätte die erleuchtenden Kirchenfenster ihr entgegen glänzten. Und oftmals machte sie den Weg in lauen Sommernächten und oft über den knisternden Schnee der winterlichen Gegend; aber immer ging leuchtend und begleitend der Hirsch vor ihr her. Endlich kam die Zeit, da sie, nicht mehr in der Kirche von Mistelbrunn, sondern vor dem Throne der Herrlichkeit selbst Gott anschauen sollte. Da ließ sie die Ihrigen an das Todbette kommen und nahm ihnen das Verspre-

▲ Darstellung der Sage der St. Markus Kapelle von Mistelbrunn

chen ab, sie nicht in der Familiengruft, sondern dort zu begraben, wo es Gottes Wille sei. Da legten sie nach ihrem Hinscheiden den Totenbaum auf einen Wagen und spannten diesem zwei des Jochs ungewohnte Stiere vor und überließen ihnen zu gehen, wohin sie wollten. Die Leidtragenden aber und ganz Allmendshofen, denn alle hatten das fromme Fräulein lieb gehabt, folgten von Ferne.

Und siehe, die Tiere zogen durch Dick und Dünn den geraden Weg durch den Wald. Als sie vor der Kirche zu Mistelbrunn angelangt waren, legten sie sich vor dem Kirchhof nieder. Die Ihrigen aber begruben sie in derselben Kirche und als die Herren von Allmendshofen schon lange ausgestorben waren, gedachten die armen Leute des Dorfes immer noch der frommen Ruchtraut und ehrten ihr Gedächtnis durch ein Votivbild. Wirklich lässt sich auch auf der Votivtafel an der Kirche des abgebildeten Dorfes der Turm von Allmendshofen nicht verkennen.[301]

Die Sage ist in einem Bild in der Kapelle links festgehalten.

## Bärenkreuz bei Kohlwald

*Die Landstraße führt von Mistelfeld weiter Richtung Bubenbach. Nach 3 km liegt kurz nach den Kohlwald direkt links an der Straße das Bärenkreuz. Die aufgeführte Jahreszahl von 1474 weist auf ein altes Kreuz in der Region hin. Vor noch nicht zu langer Zeit lebten hier in dieser waldreichen Gegend noch Bären – 1904 wurde in der Schweiz der letzte Bär erlegt. Der Volksmund erzählt uns vom Bärenkreuz:*

Ein Holzhauer verrichtete seine schwere Arbeit in dieser einsamen Gegend und wurde durch ein Zotteltier gestört. Der Bär ging auf den Eindringling in seinem Revier los. Der Holzhauer rannte um sein Leben. Es wurde ihm durch ein kleines Wunder geschenkt. Nahe der Kohlwaldhöfe soll damals ein Weiher sich befunden haben, der im strengen Winter zugefroren gewesen sei. Der Flüchtende überquerte die Eisfläche unbeschadet, der ihn verfolgende Bär brach ein und verschwand unter dem Eis.

Bräunlinger Bürger ließen nach dieser Errettung das Kreuz in Sandstein erstellen. Die Inschrift lautet: Ad Cruci A lapi ita est Hiec,

Crux a Civitate Brunling Anno 1474 – frei übersetzt: „Zum Kreuz blicke am Stein, so ist hier das Kreuz von der Bürgerschaft von Bräunlingen im Jahre des Herren 1474".[302]

## Burg Zindelstein bei Wolterdingen

*Von Donaueschingen führt die Landstraße über Wolterdingen ins Bregtal. Nach ca. 2 km führt scharf rechts ein Fahrweg hoch. Nach 100 Metern liegt rechts ein Bauernhof in der Kurve. Am Gartenzaun entlang führt ein Trampelpfad ca. 30 m zu der rechts gelegenen zugewachsenen Burgruine Zindelstein. An der Auffahrt ist ein Wanderparkplatz. Von Tannheim die Zindelsteiner Straße folgend, sind kurz vor dem Bauernhof links die Burgreste sichtbar. Der Bregtalwanderweg führt von Wolterdingen auf der linken Talseite aufwärts nach Vöhrenbach. Beim Gasthaus „Schwarzer Bube" beginnt der kurze Aufstieg zur Burgruine Zindelstein.*

*Die Burgruine wurde im 12. Jahrhundert von den Grafen von Zähringen erbaut und 1255 erstmals erwähnt. Nach dem Aussterben der Zähringer gelangte die Höhenburg an die Fürstenberger. Mit dem Bau von Neufürstenberg bei Hammereisenbach verlor die Burg ihre Bedeutung und wurde ebenfalls im Bauernkrieg 1525 zerstört.*

Die Sage erzählt uns: Als der Ritter der Burg in seinen jungen Jahren von einem Kreuzzug in das Heilige Land zurückkam, brachte er seiner Braut einen großen Karfunkelstein als Kriegsbeute mit, der, auf die Burgmauer gelegt, nachts weithin funkelte und „zündelte".

Als der Kaiser seinen treuen Waffengefährten erneut zu den Fahnen rief, um die heidnischen Sarazenen aus der Heiligen Stadt Jerusalem zu vertreiben, ging der fromme Rittersmann pflichtgetreu seinen Weg, wohl wissend, dass schwere Mühsal ihn erwarteten. Seine Gattin gelobte ihm ewige Treue und zum Zeichen dafür wollte sie allabendlich den Karfunkel auf die Burgmauer legen, damit er ihrem Gemahl den Weg zurück in die Heimat weise.

Doch Jahre zogen in das Land, ohne dass Nachrichten vom fernen Kriegsgeschehen in den Schwarzwald drangen. Der Burgverwalter fühlte sich schon als Herr der Burg, und je geringer die Hoffnungen auf eine Rückkehr des Vogtes waren, desto mehr verdunkelte sich das Herz des Lehensmannes, und eine finstere Gier nach den Besitztümern seines Herren ließen ihn den Treueeid gegenüber dem Ritter vergessen. Voll Ungestüm warb er um die Hand der edlen Frau, nicht achtend auf ihr gramgebeugtes Herz, das jedoch die Rückkehr des treuen Gatten nicht aufgab. Wütend ließ der Besessene die Frau in ihrer Kemenate einschließen, bis sie anderen Sinnes geworden sei und sein Werben erhöre.

Indes war es dem Ritter gelungen, nach langen Jahren der Sklaverei, aus der sarazenischen Gefangenschaft zu entfliehen und sich an Bord eines Schiffes zu begeben, mit dessen Hilfe er das Feindesland zu verlassen hoffte. Doch ein schwerer Sturm auf dem Meer brachte das große Segelschiff zum Kentern, und der schiffbrüchige Kreuzfahrer trieb alleine tagelang auf einem Wrackstück im offenen Meer. Ausgehungert und bar jeder Hoffnung auf eine glückliche Heimkehr, legte er sich eines Nachts zum Sterben nieder. Doch im Traum erschien ihm wie aus weiter Ferne das strahlende Licht eines Karfunkels. Als der Mann erwachte, durchströmten neue geheimnisvolle Kräfte seinen Leib. Er fertigte notdürftig ein Ruder und trieb damit seinen Kahn bis zu den Gestaden Italiens. Tagein und tagaus war nun das Licht sein ständiger Begleiter und führte ihn durch alle Gefahren bis hin zum heimatlichen Bregtal.

Noch einmal erhoben sich die Mächte der Finsternis in der Gestalt eines fürchterlichen Unwetters in pechschwarzer Nacht, um den Heimkehrer in die Irre zu führen. Doch auch sie vermochten nicht, das erleuchtete Herz des wackeren Ritters zu brechen. Wohlbehalten gelangte er zu seiner Burg und seinem Eheweib, deren Treue den Edelstein nie zum Erlöschen gebracht hatte. Der Volksmund aber nannte, im Gedenken an jene wundersamen Geschehnisse, die Burg fortan Zindelstein.[303]

## Schimmelreiter von Hammereisenbach

*Die Landstraße im Bregtal weiter talaufwärts bis linker Hand der Eisenbach mündet. Der Bregtalwanderweg führt von Wolterdingen auf der linken Talseite das Bregtal hinauf. Kurz vor Einmündung des Eisenbachs führt ein Wanderweg zur Burg Ruine Neufürstenberg. Über Hammereisenbach liegt weit sichtbar die Ruine Neufürstenberg. Die Burg wurde um 1350 von den Fürstenbergern erbaut und war Verwaltungssitz. Im Bauernkrieg wurde sie 1525 zerstört.*

Darüber erzählt der Volksmund: Bei Hammereisenbach steht eine alte Burgruine, im Volksmund „Hammerburg" genannt. Ihr ursprünglicher Name ist „Burg Neufürstenberg". Als die Burg erbaut wurde, waren die Bauern in der Umgebung arg in Bedrängnis. Sie

▲ Die Burgruine Neufürstenberg über Hammereisenbach

mussten Frondienste leisten und Proviant liefern, besonders Milch. Mit dieser rührte man den Mörtel an wegen besserer Haltbarkeit. Der Burgvogt, der eine große Anzahl von Burgknechten hielt, war ein Schrecken für die Bauern. Er war sehr verhasst.

Als sich im 16. Jahrhundert die Bauern auflehnten, fühlte sich der Burgherr nicht mehr wohl. Gewöhnlich ritt er mit seinem Schimmel zur Jagd aus. Als er bemerkte, dass ihm die Bauern nachstellten, befahl er seinem Burgschmied, er müsse seinem Pferd die Hufeisen verkehrt aufnageln, so dass seine Verfolger in die verkehrte Richtung gelenkt werden. Doch die Bauern erkannten bald diese List. Als der Bauernaufstand immer heftiger wurde, ritt er mit seinem Schimmel in einer Nacht die Burghalde hinunter. Er hatte sich als einfacher Knecht verkleidet und wollte über Urach nach Freiburg. Doch die Bauern der ganzen Umgebung, von Vöhrenbach bis Schwärzenbach, hielten Wache. Als er den Höhenrücken zwischen Urach und Waldau, Widiwander Höhe genannt, fast erreicht hatte, stellten ihn die Bauern, rissen ihn vom Pferd und erschlugen ihn. Noch heute heißt dieser Gewann „s'Groffe Loch", des Grafen Loch. Bis heute hat seine Seele keine Ruhe gefunden. Auf einem Schimmel reitet der Graf durch die Gegend, von Linach über die Höhen bis nach Schwärzenbach. Seinen Kopf trägt er auf einem Zinnteller unter dem Arm.[304]

## „KALTE HERBERGE" AN DER B 500

*Die B 500 führt von Furtwangen nach Hinterzarten an der „Kalten Herberge" vorbei, dort wo die Straße ins Urachtal links abzweigt. Auch der Mittelweg führt von Furtwangen nach Neustadt dort an diesem bekannten Gasthaus vorbei. Das ursprüngliche Gasthaus wurde 1480 gebaut und fiel 1838 einem Brand zum Opfer. Seit nun mehr 500 Jahren ist die „Kalte Herberge" im Besitz der Familie Winterhalder. Die Besitzer erklären den Namen mit der Lage, da das Gasthaus auf der Höhe von Osten und Westen offen dasteht, und die kalten Stürme über die Höhe pfeifen.*

Der Volksmund erzählt aber, dass es auf der Höhe so kalt sei, dass ein Handwerksbursche, der in dem Gasthaus im Juli auf der Ofenbank (mangels Geld) übernachtet habe, erfroren sein soll.

Die alten Bürger behaupten aber, der über 500 Jahre alte Hof sei in völliger Abgeschiedenheit gestanden und sei nur schwer erreichbar gewesen. In unruhigen Zeiten, wie im Dreißigjährigen Krieg, im Bauernkrieg oder im Erbfolgekrieg, sollten die Bürger aus Furtwangen, Vöhrenbach oder Neustadt und Umgebung ihre spärlichen Wertsachen zur „Kalten Herberge" in Sicherheit und Versteck gebracht haben. Im älteren Schwärzwälder Wortschatz bedeutet „verkalten" verstecken und daher der Name „Kalte Herberge".[305]

## SAGEN AUS VÖHRENBACH

### Die Sage vom Bruderkirchle

*Das Bregtal aufwärts führt die Landstraße nach Vöhrenbach. Im Ort kurz vor der Kirche führt rechts die alte Landstraße nach Villingen Richtung Friedhof. Nach 1 km auf der linken Seite liegt an einer Quelle das Bruderkirchlein. „Kapelle des hl. Michael zu Vöhrenbach" wird es meist in den offiziellen kirchlichen Urkunden genannt und wurde um 1580 erstmals erwähnt. Manchmal wird sie auch als Siebenfrauen-Kirchlein bezeichnet.*

Ein frommer Ritter, der im Bregtal ein Schloss besaß, hatte sieben schöne Töchter. Zum Andenken an seine verstorbene Gemahlin und zum Dank für das Gottesgeschenk, das die tugendhaften Töchter darstellten, war er willens, in der Nähe seines Schlosses eine Kapelle zu bauen. Bevor es aber dazu kam, schwärmten die wilden Hunnen in das Land ein und erreichten auch das Bregtal. Trotz heldenhaften Widerstandes fielen der Verteidiger des Schlosses und seine Gefolgsmannen, das Schloss selbst ging unbeschützt in die Hände der Feinde über. Die Horde drang auch in den Saal ein, in dem die sieben Jungfrauen vor einem Jesusbild beteten. Als sich die Hunnen den Mädchen frech näherten und zudringlich werden wollten, baten die Bedrängten den leidenden Heiland, er möge sie in Engel verwandeln. Tatsächlich erfüllte der Herr dieses Flehen. Plötzlich schwebten die Jungfrauen in Gestalt von Engeln über die Köpfe der Verfolger hinweg aus dem Saal und ließen sich an dem Platz nieder, an dem das Kirchlein hätte entstehen sollen. Das Wunder vertrieb die Feinde, die aus dem Tal abzogen. Über dem Platz aber wurde die von dem gefallenen Ritter geplante Kapelle erbaut, wo dann die sieben Jungfrauen beisammen blieben und ein heiligmäßiges Leben führten.

*Oder:* Als die Stadt Vöhrenbach noch heidnisch war, wohnten vor den Mauern sieben Jungfrauen, die Christinnen waren und ein heiligmäßiges Leben führten. Sie waren bemüht, den Glauben zu verbreiten und die Stadt zum Christentum zu bekehren. Dies zog ihnen die Verfolgung der heidnischen Stadtbevölkerung zu. Der Schultheiß

◀ Die Bruderkapelle bei Vöhrenbach

Mändle ließ die Jungfrauen als Hexen verbrennen. Jede der sieben Jungfrauen tat aber vor dem Tode eine Weisung über Vöhrenbach. Sechs dieser Weissagungen waren für Vöhrenbach ungünstig. Sie lauteten, die Obstbäume würden keine Früchte mehr tragen und die Beeren würden verdorren; die Silbergruben würden kein Silber mehr geben; der Stadtrat würde nie ein ganzes Jahr vollständig sein und das Geschlecht der Mändle würde aussterben. Die Stadt würde ihr Blutgericht, d.h. das Recht über Tod und Leben zu richten, verlieren. Die siebte Weisung aber lautete, die letzte Märtyrerin würde einen Schlüsselbund an einen Ort werfen, wo eine Quelle entstehen würde; dort würde in der Karfreitagsnacht ein Fisch mit den Schlüsseln erscheinen, den nur eine Person sähe, die so rein sei wie ein Auge. Wenn dieser Fisch gesehen würde, sei der Bann der üblen sechs Weissagungen gebrochen. An das Martyrium der sieben Frauen erinnert auch das Bild, das sich im Bruderkirchle befindet. Man sieht darauf, von Henkerhänden auf den Scheiterhaufen gestoßen, die sieben Jungfrauen, die flehend ihre Hände gegen den Himmel erheben. In den Wolken schweben die Geister der Verwandelten, die sich zu den himmlischen Heerscharen gesellen.[306]

## Der Esel im Wappen von Vöhrenbach
*(siehe auch der Schimmelreiter von Hammereisenbach, S. 275)*

Die Vöhrenbacher Bauern fielen über den Burgvogt von Neufürstenberg aus Hammereisenbach her, da er ihnen so arg verhasst war. Als er zur Jagd ausritt, rissen sie ihn vom Pferd herunter, schlugen ihn und gruben ihre Spieße in seine Brust. Aber die anderen

Grafen von Fürstenberg waren Meister im Lande und wollten Vöhrenbach von Grund auf zerstören. Es war aber eine alte Stadt, die schon zu der Heiden Zeit viel Ungemach ausgestanden hatte, und nach einer Weissagung der sieben Frauen, schon mehrmals abgebrannt war. Deswegen erbarmten sich die Fürstenberger wieder. Zur Strafe musste Vöhrenbach einen Esel im Stadtwappen aufnehmen und erst spät (1802) erkauften sie sich die Erlaubnis, diese Schmach wieder aus dem Wappen ätzen zu dürfen.[307]

## St. Wendelinskapelle in Linach

*Von der Landstraße im Bregtal zweigt 2 km nach Hammereisenbach die Straße ins Linachtal ab. Nach 6,5 km liegt auf der rechten Talseite beim Gemeindehaus und dem Hinterbauernhof die St. Wendelinskapelle. Sie wurde nach der über der Kirchentür angebrachten Jahreszahl im Jahre 1608 erbaut.*

Darüber hat sich folgende Sage erhalten: In einer schweren Kriegszeit wurde der einzige Sohn des Klausenbauers (heute Hinterbauernhof), namens Wendelin, von durchziehenden Kriegshorden mit seinen zwei Pferden zur Vorspannleistung mitgenommen. Der Vater wollte seinen Sohn nicht ziehen lassen, aber alles Bitten half nichts, er musste mit. Die Soldaten versprachen, ihn nur eine kurze Strecke mitzunehmen. Aber es vergingen Wochen, Monate und Jahre, der Sohn kehrte nicht zurück. Die hochbetagten Eltern grämten sich sehr und rechneten ihren eigenen Sohn bald unter die Toten. Nach langen Jahren kam plötzlich ein Kriegersmann mit zwei prächtigen Rappen vor den Klausenhof geritten. Es war der verloren

geglaubte Sohn. Das eine Pferd war mit einem schweren Sack voll Talern beladen, die sich Wendelin während des langen Krieges durch Tauschhandel erworben hatte. Die Freude war nun groß im Klausenhof. Aus Dank gegen Gott für seine glückliche Heimkehr stifte dieser Sohn Wendelin zu Ehren seines heiligen Namenspatrons eine Kapelle. Auch soll aus einem Teil des mitgebrachten Geldes ein Silberglöcklein gegossen worden sein.[308]

## Der Landenberger aus Linach

*Nur kurz talaufwärts im Linachtal Richtung Lettwies im abgelegenen Tal mit großen Bauernhöfen liegt der größte, der Wehrlehof, knapp 2 km nach der Dorfmitte auf der linken Talseite. Er hat eine schaurige Vergangenheit, wie die Sage erzählt:*

Der ehemalige Wehrlebur war ein Verschwender und Trinker. Er machte einmal Blauen, begab sich nach Furtwangen mit der Chaise, von zwei stolzen St. Märgener Füchsen gezogen. In Furtwangen wählte er zur Mittagszeit eine Wirtschaft, eigentlich mehr einen Speisesaal, für sein Verweilen.

Dort pflegten viele Arbeiter und Arbeiterinnen über Mittag zu speisen. Der Wehrlebur hatte seine Pferde in der Sonne versorgt und fühlte sich nun als freier, reicher Mann, welcher mit seinem Reichtum gut prahlen konnte. Er hatte sein mit lauter Goldstücken gefülltes Hifthorn umgehängt und den Hirschfänger umgeschnallt. So trat er als schmucker, damals noch junger Jäger und Großbur unter die „Proletarier", um sich ein Ansehen zu machen und sich zu „amisüren":

Aber der Wehrlebur ließ sich nicht lange foppen und spotten. Als die Leute gegessen hatten, ließ er das große Orchestrion laufen, stellte sich auf einen Stuhl und sagte: „Liebe Lüt! Eue Mittagesse zahl i, sowie alles, wa ihr trinke wöllet und möget. I' mach Blaue und will, dass ihr mir Gesellschaft leistet. Wa de Spaß au koste mag. I zahl'n schon! Aber der erst Tanz ist mi!" Und der Wehrlebur, das goldgefüllte Hifthorn umgehängt, suchte sich das schönste Maidli zur Tänzerin und drückte ihm gleich ein Goldstück in die Hand. Das Maidli sagte nit nei, tanzte mit dem jungen Wehrelebur, bis er müde und toll zugleich war ... Und siehe, in seiner Tollheit und seinem Größenwahn, nahm er das Füllhorn von der Seite und schleuderte in einem Schwung alle Goldstücke unter die Leute. Es gab ein Drängen, Stoßen, Balgen und Puffen, welches den Wehrlebur freute und ergötzte. Was fragte er nach tausend Mark in Gold als reichster Bauer der ganzen Umgebung.

Als der Wehrlebur mit seinen rassigen Rossen heimfuhr, in noch betrunkenem Zustand die Lettwies erreichte, gedachte er auch dort einzukehren. Aber die Wirtschaft hatte schon geschlossen. Der Wehrlebur fluchte: „Da... Da?" – „Was ischt au sell?" – „En Riiter, en Ritter." Mit silbernem Harnisch im Mondschein saß er hoch zu Ross und kam dem Wehrlebur gerade entgegen. Unter dem Arm trug der Ritter einen zinnernen Teller, worauf sein eigener Kopf lag. Die Rosse des Wehrleburen stutzten und blieben stehen. Der Wehrlebur knallte mit der Geisel und schrie in die Nacht hinaus: „Landenberger, weiche von mir!" Und das Gespenst verschwand. Der Wehrlebur hatte schon in seiner Jugend von alten Männern und Weibern die Sage vom Raubritter Landenberger gehört, welcher einst im Breg- und Linachtal fürchterlich gehaust hatte und schließlich von Kaiser Rudolf von Habsburg gefangen und enthauptet worden war. Da

er nur mit seinem eigenen Kopf die vielen Meuchelmorde sühnen konnte, musste er jetzt noch als Geist im Linachtal umgehen. Und nun hatte der junge Wehrlebur den Landenberger wirklich gesehen und wurde vom Rausch wach.

Auch nach der Heirat ging es mit dem Wehrlebur bergab. Er ging lieber auf die Jagd und ins Wirtshaus als auf die Matten. Im Winter musste er immer viel Holz schlagen, um seine Schulden oder wenigstens die Zinsen zu bezahlen. Die Schulden wuchsen schneller als die Waldbäume. Der Wehrlebur verfiel dem Schnaps, hatte kein Geld mehr, erfuhr aber, dass sein Weib noch zehn Mark besaß. Diese weigerte sich das Geld herauszugeben, weil sie Angst hatte, diese würden sofort in Schnaps umgesetzt. Da geriet der Wehrlebur so in Jähzorn, dass er sein Weib mit einem Stilet erstach und sich selbst mit der Jagdflinte erschoss. Diese schreckliche Tat geschah im Januar 1908.[309]

## MARTINSKAPELLE AN DER BREGQUELLE BEI FURTWANGEN

*Von Furtwangen führt am Ortsende links die Katzensteigstraße 6,5 km zur Martinskapelle. Der Westweg führt nach Süden um Schonach und Schönwald herum direkt zur Martinskapelle. Hier an der alten Passstrasse und Wasserscheide zwischen Donau und Rhein gelegen, soll schon um 800 ein Sakralbau, eventuell ein heidnisches Quellheiligtum, gestanden haben, wie Grabungen bestätigen. Im Mittelalter wurde mit den Resten ein zweite Kapelle gebaut, die 1672 nach den Schäden des Dreißigjährigen Krieges wieder erneu-*

ert wurde. Heute gehört die Kapelle zum Kolmenbauernhof, deren Bewohner sie 1905/1906 wieder in den früheren Zustand setzen ließen.

Von ihr werden zwei Legenden erzählt: Der Kolmenbauer soll um 1900 ein Gelübde abgelegt haben, dass er die als Stall und Heuboden genutzte Kapelle zu Ehren Gottes und als Dank wieder herrichten wolle, würde Gott ihn und seine Familie aus wirtschaftlicher Not befreien. Offensichtlich wurde er erhört, denn 1905/06 wurde die Kapelle wieder weitgehend in ihren alten Zustand versetzt, indem auch ein Türmchen wieder an die alte Stelle kam. 1906 wurde die Kapelle geweiht. Früher gehörte die Martinskapelle zum Martinskapellenhof. Die beiden Brüder Kaltenbach waren 1834 die Besitzer. Sie führten ein lustiges Leben auf der Martinskapelle, dem Anziehungspunkt für die Jugend der Umgebung. Sie waren anders als viele ihrer Standesgenossen, und die Sage weiß manche Besonderheit von ihnen zu erzählen. So sollen sie einst bei des Vaters Tod den Sarg, den sie auf dem Gottesacker in Schönwald beisetzen ließen, mit Steinen gefüllt, den Vater aber droben im Kapellenwald begraben haben. Sie selber zogen übers große Wasser mit Weib und Kind nach Amerika und verdingten sich dort in Chicago als Straßenmusikanten. Der Badische Staat kaufte das Anwesen und baute, nachdem es 1931 ein Raub der Flammen wurde, das Gasthaus zur Martinskapelle.[310/311]

## GALGEN BEI TRIBERG

*Die Landstraße von Schönwald führt nach Oberkirnach. Nach der Abzweigung Richtung Geutsche und Triberg liegt nach 600 m links der Straße der ehemalige Galgen von Triberg. Der Mittelweg führt von St. Georgen über den Kesselberg, den Stöcklewald Turm nach Furtwangen. Nach dem Kesselberg führt der Mittelweg am ehemaligen Triberger Galgen vorbei.*

*Der Galgen wurde auf dem Gelände des ehemaligen Galgenhofes 1722 als vorderösterreichische Richtstätte erstellt. Der Galgenhof selbst wurde um die Jahrhundertwende verkauft und abgebrochen. Von beiden hat sich folgende Sage erhalten:*

Einst soll in einer kalten Winternacht ein armer Handwerksbursche frierend über die Höhe gewandert sein, dem Galgenhof zu, wo man oft solch armen Burschen ein Nachtlager gewährte. Am Galgen vorbeimarschiert, sah er, dass dort ein Mann aufgehenkt war. Der Handwerksbursche hielt, verrichtete für den Unglücklichen ein Gebet und entdeckte dabei, dass der schon Erkaltete recht feine Stiefel trug, während er, der noch Lebende, armseliges zerschlissenes Schuhwerk hatte. Kurz entschlossen schnitt der Bursche Beine und Stiefel ab, nahm das Eroberte unter den Arm, ging zum Galgenhof, wo ihm auch noch zu später Stunde ein Nachtlager hinter der Ofenbank zugewiesen wurde.

Gerade in dieser Nacht kalbte aber beim Galgenbauer eine Kuh, und man brachte das neugeboren Kälbchen vom gefährlich kalten Stall zur Aufwärmung in die Stube. Der Bursche hinter dem Ofen aber hörte das Herumtappen. Er wurde wach und erschrak, denn er erinnerte sich an seine üble Tat mit den Stiefeln. Weil er meinte, der Geist des Gehenkten habe ihn besucht, packte er so rasch wie möglich seine sieben Sachen und ergriff die Flucht, wobei er im Schrecken die Stiefel hinter dem Ofen stehen ließ.

◄ Der Triberger Galgen von 1722

Am Morgen, als die erste Magd in die Stube kam, sah sie das Kalb, die Stiefel und auch dass der Bursche weg war. So schrie sie: „Burr kumm, das Kalb hat de Handwerksbursch gfresse!"[312]

## FUCHSFALLE BEIM STÖCKLEWALD TURM

*An der Kreuzung der Landstraßen Rohrbach/St. Georgen und Schönwald/Oberkirnach liegt gleich auf der rechten Seite Richtung Schönwald die ehemalige Fuchsfalle. Der Mittelweg führt von St. Georgen nach Furtwangen. Zwischen dem Kesselberg und dem Stöcklewald Turm führt dieser an der Fuchsfalle vorbei.*

*Die Fuchsfalle war eines der bekanntesten Gasthäuser im Schwarzwald, wurde 1830 ausgebaut, brannte 1904 ab und wurde wieder neu erbaut. Um 1960 wurde sie geschlossen.*

Nicht weit vom Hochgericht der Triberger Herrschaft – einer unwirtlichen Gegend – gab es einen Schlupfwinkel von Wilderern und Schmugglern. Zugleich wohnte in Triberg ein Gendarm, der weit und breit unter dem Spitznamen „Fuchs" bekannt war. Der „Fuchs" hatte nun Wind von dem Treiben bekommen, das sich in der Nähe des Hochgerichts abspielte. So beschloss er, den Burschen einmal einen unverhofften Besuch abzustatten. Diese hatten aber von dem Vorhaben des schlauen Gegners Wind bekommen und sie beschlossen ihrerseits, dem „Fuchs" einen gebührenden Empfang zu bereiten.

Leise schlich der Fuchs eines Tages zur Hütte, in der die Gesuchten hausten. Er riss die Tür auf und stand vor einer lustigen Gesellschaft, die wegen seines Erscheinens gar kein Aufheben machte. Eine Frau – die schöne Viktoria - begrüßte ihn. Der „Fuchs" ging auf sie zu und fühlte, wie der Boden sich unter ihm bog. Er erwachte mit einem dumpfen Schädelweh in einem dunklen Loch. Über ihm immer noch das Stimmengewirr. Nach einiger Zeit öffnete sich das Loch. Der „Fuchs" wurde aus dem Gefängnis gezerrt, denn die Gauner hatten die Fußbodenbretter gelöst. Dem alten Soldaten geschah wie im Traum: Er musste versprechen, von dem Geschehenen und Gehörten nichts zu erzählen und wurde dann laufen gelassen.

Das war der letzte Streich der Bande. Mancher Schmuggler und Wilderer soll ehrlich geworden sein, andere endeten aber am Galgen wie die schöne Viktoria.[314]

## EHEMALIGE KAPELLE ST. WENDELIN IN OBERKIRNACH

*Die Landstraße von Villingen nach Schönwald führt anfänglich durch das Brigachtal und zweigt beim Bahnhof Kirnach ins Kirnachtal ab. In Oberkirnach führt im Ort bevor die Landstraße nach rechts die Höhe erklimmt, eine Straße weiter ins Kirnachtal. An der zweiten Möglichkeit biegt die Straße links ab zum Hagzinken. Dort befinden sich die Mauerreste der ehemaligen Wendelinskapelle am Waldrand auf einer Anhöhe südlich des Stoffelbauernhofes. Der ursprüngliche Zeitpunkt der Erbauung der ersten Kapelle liegt im Dunkeln. Die Kapelle war nicht nur eine schlichte Hofkapelle,*

*sondern eine weithin bekannte Wallfahrtskapelle. Da die erste Kapelle zu klein war, wurde die zweite am 4. Oktober 1496 eingeweiht. Trotz Einführung der Reformation 1534 wurde weiterhin die Wallfahrt begangen, bis sie 1585 endgültig geplündert wurde. 1717 wurden die Reste der Kapelle eingerissen.*[315]

Der Sage nach hing in der St. Wendelinskapelle zu Oberkirnach eine schöne Glocke namens Susanna. Diese wollte man nach St. Georgen bringen und lud sie auf einen mit einem Stier bespannten Wagen. Schon war man auf dem Spittelberg angelangt, als der Wagen mit der Glocke wieder den Berg hinunterrumpelte. Hart am Weiher blieb er stehen. Erzürnt ging der Fuhrmann wieder den Berg hinab und spannte den Wagen nochmals ein.

Während bei uns nach einer schönen alten Sitte ein rechtschaffener Fuhrmann noch heute sein Gespann mit den Worten „Hü, in Gottes Namen" antreibt, rief jener dagegen „Hinauf muss die Glocke, es sei Gott lieb oder leid, hü!" Sie kamen auch den Berg hinauf, aber kaum waren sie oben angelangt, so rollte der Wagen wie von unsichtbarer Hand getrieben wieder zurück.

Mit Poltern und Krachen ging es den Berg hinab in den Weiher hinein, der über Fuhrmann, Wagen und Tier seine Wasser wieder schloss. Seitdem hat man nichts mehr von ihnen gesehen, aber alle Jahre in der Fastenzeit hört man des Nachts den Stier aus dem See brummen.

Der Kern dieser Volkssage lautet, dass die katholische Wallfahrtsglocke nicht nach dem evangelischen St. Georgen gelangen sollte, um dort für den lutherischen Gottesdienst geläutet zu werden.[315/316]

# Literaturverzeichnis

1 Die Ortenau, Veröffentlichungen des historischen Vereins für Mittelbaden, 21. Heft 1934, Schloß Staufenberg, W. Geiler S. 275

2 Durbach Wein- und Erholungsort, Karl Ehmann / Gerd Reiser, Herausgeber: Bürgermeister und Rat der Gemeinde Durbach S. 13

3 Gengenbach Vergangenheit und Gegenwart, Die Baudenkmale der Stadt Gengenbach, Martin Hesselbach Herausgeber: Paul Schaaf im Auftrag der Stadt Gengenbach 1960 S. 206

4 Aus den Bergen Gengenbach, Armbruster Gottfried, Verlag: Schöndienst & Sohn 1897 S. 104

5 Dto S. 92

6 Dto S. 89

7 Mittelbadische Presse, Ortenaukreis: Haslach, Vom sagenumwobenen „Heiligen Brunnen" Alois Krafczyk, 29.1.1991

8 Schneeballen Erste Reihe, Heinrich Hansjakob, 6. Auflage, Verlag von Franz Leichter 1906 S. 73

9 Sagen des Kinzigtales, Willi Keller, Grimmelshausen Buchhandlung u. Verlag S. 143

10 Badische Burgen aus romantischer Sicht, Herausgeber: Stadt Freiburg Augustinermuseum 1994 S. 78

11 Chronik der Stadt Hausach, Hermann Schneider-Strittmatter, Herausgeber: Stadt Hausach 1966 S. 249

12 Die Ortenau, Veröffentlichungen des historischen Vereins für Mittelbaden 50. Jahrgang, 1970, Das Schloß zu Wolfach, Josef Krausbeck S. 370

13 Wallfahrtskapelle St. Jakob in Wolfach, Herausgeber: Kath. Pfarramt St. Laurentius Wolfach S. 6

14 Die Stabsgemeinde Kinzigtal, Hermann Schneider-Strittmatter, Herausgeber: Gemeindeverwaltung Kinzigtal 1962 S. 89

15 Dto S. 110

16 Der Teufel von Schiltach, Hans Harter, Beiträge zur Geschichte der Stadt Schiltach Band 2, Herausgeber: Stadt Schiltach 2005 S. 23

17 Die Ortenau, Veröffentlichungen des historischen Vereins für Mittelbaden, 21. Heft 1934, Die Schenkenburg, Hermann Fautz S. 431

18 Der Hansjakobweg, Kurt Klein, Morstadt Verlag Kehl 1981 S. 67

19 Kaltbrunn-Wittichen einst und jetzt, Albert Hiss, Herausgeber: Gemeindeverwaltung Kaltbrunn, 1966 S. 24

20 Dto S. 209

21 Waldleute, Heinrich Hansjakob, Selbstverlag der Stadt Haslach, 11. Auflage 1984 S. 203

22 Alpirsbach Ein Heimatbuch, Karl-Martin Hummel/Peter Dombrowsky, Herausgeber: Stadt Alpirsbach 1986 S. 24

23 Der Landkreis Freudenstadt, Heimat- und Jahrbuch 1988/89, Sagen aus Alpirsbach, Walter Traub S. 150

24 Der Landkreis Freudenstadt, Heimat- und Jahrbuch 1988/89, Sagen aus Alpirsbach, Walter Traub S. 151

25 Heimatbuch für den Bezirk Freudenstadt, J. Bitzer, Druck und Verlag: Oskar Kaupert 1922 S. 71

26 Chronik der Stadt Zell am Hamersbach, Franz Disch, Herausgeber: Buchhandlung Josef Kopf 1981 S. 217

27 Die Wallfahrt Maria zu den Ketten, Adalbert Ehrenfried, Ordensdruckerei 1975 S. 1

28 Der Lichtgang, Blätter für Heimat und Volksleben, Jahrgang 6, 1956, St. Gallus in Hamersbachtal, Franz Georg Brustgi S. 109

29 Das Tal Oberhamersbach, Hermann Schneider-Strittmatter, Herausgeber: Gemeinde Oberhamersbach 1960 S. 140

30 Hamersbach Die Geschichte eines Tales 1139-1812, Karl-August Lehmann, Herausgeber: Karl-August Lehmann, Band I S. 88/132

31 Das Nordrachtal, das badische Davos, F. Hirth, Herausgeber: Gemeindeverwaltung Nordrach 1930 S. 61

32 Die Ortenau Veröffentlichungen des Historischen Vereins für Mittelbaden, 43. Jahrgang, 1963, Der Sagenschatz des Nordrachtales, Wilhelm Baumann S. 132

33 Der große Hansjakob Weg 2, Kurt Klein, Verlag Mohrstadt Kehl 1985 S. 128 ff

34 Das Tal Oberhamersbach, Hermann Schneider-Strittmatter, Herausgeber: Gemeinde Oberhamersbach 1960 S. 143

35 Oberwolfach, Dr Kurt-Erich Maier, Herausgeber: Gemeinde Oberwolfach 1958 S. 72

36 Dto S. 77

37 Schapbach im Wolftal, Adolf Schmid, Herausgeber. Gemeindeverwaltung Bad Rippoldsau-Schapbach S. 531

38 Wegweiser durch Bad Peterstal, Herausgeber: Kurverwaltung Bad Peterstal S. 58

39 Schwarzwälder Bote Mediengesellschaft mbH, Oberndorf, Mittleres Kinzigtal, Stummer Zeuge schrecklicher Begebenheit, 23.3.1990

40 Bad Rippoldsau in Vergangenheit und Gegenwart, Dr Robert Volz, Herausgeber: Ortsgruppe des Badischen Schwarzwaldvereins 1928 S. 36

41 Bad Rippoldsau 800 Jahre Heimatgeschichte, Adolf Schmid, Herausgeber: Gemeinde Bad Rippoldsau 1966 S. 136

42 Oberkirch Dr Hans-Martin Pillin, Band 1, Herausgeber Stadt Oberkirch 1975 S. 309

43 400 Jahre Wendelinsheiligtum in der Pfarrei Nußbach-Bottnau, Heinz G Huber, Grimmelshausen Buchhandlung und Verlag 1991 S. 19,24,58,93,94

44 Die Ortenau, Veröffentlichungen des historischen Vereins für Mittelbaden, 21. Heft 1934, Die Ruine Schauenburg, Berha Freifrau von Schauenburg S. 259

45 Kleindenkmäler in Lautenbach, Bildstöcke Band 2, Ludwig Baumann, Druck und Verlag: Franz Huber Offenburg 1996 S. 30

46 Lautenbach im Renchtal, Hans Heid, Selbstverlag 1930 S. 80

47 800 Jahre Allerheiligen, Kloster und Kultur im Schwarzwald, Dieter Kauß/Karl Maier, A. Reiff Verlag Offenburg 1996 S. 189

48 Der Amtbezirk Oberkirch, Ludwig Heizmann, Herausgeber: Badenia AG für Verlag und Druckerei Karlsruhe 1928 S. S 86

49 800 Jahre Allerheiligen, Kloster und Kultur im Schwarzwald, Dieter Kauß/Karl Maier, A. Reiff Verlag Offenburg 1996 S. 187

50 Kappelrodeck Orts-Chronik, Adolf Hirth, Herausgeber: Gemeindeverwaltung Kappelrodeck 1999 S. 96

51 Geschichte Ottenhöfens, Dr Hans-Martin Pillin Band I, Herausgeber: Gemeinde Ottenhöfen o.J. S. 142

52 Die Ortenau, Veröffentlichungen des historischen Vereins für Mittelbaden, 21. Heft 1934, Die Ruine von Bosenstein, Ernst Batzer S. 209

53 Geschichte Ottenhöfens, Dr Hans-Martin Pillin Band I, Herausgeber: Gemeinde Ottenhöfen o.J. S. 146

54 Das Saschwaller Buch, Adolf Hirth, Herausgeber: Gemeindeverwaltung Sasbachwalden 1997 S. 200

55 Geschichte der Pfarrei Sasbach, Ernst Döbele, Herausgeber: Franz Anton Himmelsbach 1950 S. 111

56 Das Mummeldorf Seebach und seine Geschichte, Dr. Hans-Martin Pillin, Herausgeber: Gemeinde Seebach 1990 S. 270

57 Das Saschwaller Buch, Adolf Hirth, Herausgeber: Gemeindeverwaltung Sasbachwalden 1997 S. 208/214

58 Das obere Murgtal, Prof Dr Manfred Eimer, Druck und Verlag Emanuel Haisch, Klosterreichenbach 1931 S. 159

59 Das Mummeldorf Seebach und seine Geschichte, Dr. Hans-Martin Pillin, Herausgeber: Gemeinde Seebach 1990 S. 273

60 Die Ortenau, Veröffentlichungen des Historischen Vereins für Mittelbaden 72, Jahrgang, 1992, Hoch auf dem Tannenberge, da ist ein schwarzer See, Götz Bubenhofer S. 475

61 Freudenstädter Heimatblätter, Heimatgeschichtliche Beilage zum „Schwarzwälder Bote" Band XXIX Nr 10, Herausgeber: Heimat- und Museumsverein für Stadt und Kreis Freudenstadt, Ausschnitte der Mummelsee-Sage, Wilhelm Günter

62 Heimatbuch 1984 Landkreis Rastatt, 23. Jahrgang, Herausgeber Landkreis Rastatt, 500 Jahre Wallfahrtskirche Maria Linden, Erika Schnappler-Honnef S. 122

63 Badische Burgen aus romantischer Sicht, Herausgeber: Stadt Freiburg Augustinermuseum 1994 S. 158

64 Der Schwarzwald des Badischen Schwarzwaldvereins, 35. Jahrgang 1932, Herausgeber: Der Badische Schwarzwaldverein e.V., Der Hennengraben, E. Meyer S. 27

65  Badische Burgen aus romantischer Sicht, Herausgeber: Stadt Freiburg Augustinermuseum 1994 S. 158

66  Die Ortenau, Veröffentlichungen des historischen Vereins für Mittelbaden, 21. Heft 1934, Alt- und Neu-Windeck mit Bühler Edelhöfen, Theodor von Glaubitz S. 208

67  Heimatbuch der Gemeinde Bühlertal, Alfons Duffner, Herausgeber: Gemeinde Bühleretal 1954 S. 154

68  Die Ortenau, Veröffentlichungen des historischen Vereins für Mittelbaden, 21. Heft 1934, Die Iburg, Maximilian Besler S. 156

69  Der Schwarzwald des Badischen Schwarzwaldvereins, 32. Jahrgang 1929, Herausgeber: Der Badische Schwarzwaldverein e.V., Die Sage von Burkhard Keller von Yburg, E. Meyer S. 211

70  Geschichte der Stadt und des Kurortes Baden-Baden Band I, Rolf Gustav Haebler, Verlag Willy Schmidt Baden-Baden 1969 S. 63

71  Heimatkunde vom Amtsbezirk Rastatt, E. Spitz, Druck und Verlag Konkordia AG Bühl, 1926, Die Dreieichenkapelle, Schreiber S. 42

72  Geschichte der Stadt und des Kurortes Baden-Baden Band I, Rolf Gustav Haebler, Verlag Willy Schmidt Baden-Baden 1969 S. 18/36

73  Heimatkunde vom Amtsbezirk Rastatt, E. Spitz, Druck und Verlag Konkordia AG Bühl, 1926, Die Badener Heiquellen, Schreiber S. 41

74  Dto S. 44

75  Geschichte der Stadt und des Kurortes Baden-Baden Band I, Rolf Gustav Haebler, Verlag Willy Schmidt Baden-Baden 1969 S. 36

76  Heimatkunde vom Amtsbezirk Rastatt, E. Spitz, Druck und Verlag Konkordia AG Bühl, 1926, Die Engels- und Teufelskanzel, Schreiber S. 43

77  Die Ortenau, Veröffentlichungen des historischen Vereins für Mittelbaden, 21. Heft 1934, Schloß Neu-Eberstein, Theodor Humpert S. 56

78  Geschichte der Stadt und des Kurortes Baden-Baden Band I, Rolf Gustav Haebler, Verlag Willy Schmidt Baden-Baden 1969 S. 39

79  Dto S. 47

80  Frauenkloster Lichtental Geschichte, Kirchen und Altertümer, Maria Deodata, Ord. Cist, Selbstverlag: Frauenkloster Lichtental 1915 S. 22

81  Dto S. 37, 47, 50

82  Heimatbuch 700 Jahre Hörden 1251 - 1951, Heinrich Langenbach, Herausgeber Gemeindeverwaltung Hörden S. 56

83  Gernsbach im Murgtal, Regina Kunitzki, Casimir Katz Verlag Gernsbach 1985 S. 85

84  Heimatkunde vom Amtsbezirk Rastatt, E. Spitz, Druck und Verlag Konkordia AG Bühl, 1926, Der Klingel, A. Schreiber S. 50

85  Heimatbuch 1982 Landkreis Rastatt, 21. Jahrgang, Herausgeber: Landkreis Rastatt, Die Kapelle zum „Finsteren Klingel", Franz Kappler S. 91

86  Die Ortenau, Veröffentlichungen des historischen Vereins für Mittelbaden, 21. Heft 1934, Schloß Neu-Ebertsein, Paul Dorpert S. 64

87  Um Rhein und Murg, Heimatbuch des Landkreis Rastatt, Herausgeber: Landkreis Rastatt, 1961, Die Grafen von Eberstein, Heinrich Langenbach S. 162, 159

88  Heimatkunde vom Amtsbezirk Rastatt, E. Spitz, Druck und Verlag Konkordia AG Bühl, 1926, Die Teufelsmühle, A. Schreiber S. 52

89  Aus dem Schwarzwald, Blätter des württembergischen Schwarzwaldvereins, 30. Jahrgang, 1927, Alte Nachrichten und halbvergessene Sagen von der Teufelsmühle bei Loffenau, Friedrich Fick S. 152

90  Weisenbach Geschichte unserer Gemeinde, Arno Zähringer, Herausgeber: Gemeinde Weisenbach o.J. S. 79

91  Heimatkunde vom Amtsbezirk Rastatt, E. Spitz, Druck und Verlag Konkordia AG Bühl, 1926, Seefrauen vom Herrenwieser See, B. Baader S. 47

92  Huzenbach Geschichte eines Murgtal-Dorfes, Wilhelm Günter u.a. Herausgeber: Ortsverwaltung Huzenberg S. 79

93  Das obere Murgtal, Prof Dr Manfred Eimer, Druck und Verlag Emanuel Haisch, Klosterreichenbach 1931 S. 162, 158,166

94  Aus dem Schwarzwald, Blätter des württembergischen Schwarzwaldvereins, 36. Jahrgang 1928, Das Bärenschlössle S. 24

95  Heimat zwischen Murg und Kinzig, Albert Hiss, Erwin Schmieder's Druckerei und Verlag Baiersbronn 1953 S. 219

96  Geschichte der Stadt Freudenstadt, Prof Dr Manfred Eimer Druck und Verlag: Oskar Kaupert Freudenstadt 1937 S. 19, 24

97  Freudenstadt, Chronik einer Tourismusstadt, Herausgeber: Stadtarchiv Freudenstadt 1999 S. 100

98  Freudenstädter Beiträge Nr 6 1987, Herausgeber: Heimat- und Museumsverein für Stadt und Kreis Freudenstadt, Das „Gelübde" Herzog Freidrich S. 33

99  Langensteinbach, Das einstige Fürstenbad, Hermann Schneider-Strittmatter, Herausgeber: Bürgermeisteramt Langensteinbach 1970 S. 23, 25, 162

100  Bad Herrenalb vom Kloster zum Kurort, Die Geschichte, Christiane Högerle/Sabine Zoller, Herausgeber: Stadt Bad Herrenalb S. 26

101  Aus dem Schwarzwald, Blätter des württembergischen Schwarzwaldvereins, 13. Jahrgang 1905, Das frühere Kloster Frauenalb im Albtal, Jul. Naeher S. 245

102  Bad Herrenalb vom Kloster zum Kurort, Die Geschichte, Christiane Högerle/Sabine Zoller, Herausgeber: Stadt Bad Herrenalb S. 141

103  Moosbronn – Mittelberg, Landesübergreifender Streifzug durch die Heimatgeschichte, Hans-Jürgen Moser, BadnerBuch-Verlag, Rastatt 2007 S. 127, 335

104  Geschichte der Stadt Pforzheim, von den Anfängen bis 1945, Hans Georg Zier, Konrad Theiss Verlag GmbH Stuttgart 1982 S. 13,38

105  Heimatbuch Neuenbürg, Herausgeber: Stadt Neuenbürg S. 333

106  Bad Wildbad, Seine Geschichte vom 12. bis zum 20. Jahrhundert. Karl Greiner, überarbeitet von Siegfried Greiner, Herstellung: Weberdruck, Inh. Gunter Bude Pforzheim 1952 S. 10

107  Heimatbuch Neuenbürg, Herausgeber: Stadt Neuenbürg S. 173

108  Aus dem Schwarzwald, Blätter des württembergischen Schwarzwaldvereins, 41. Jahrgang 1933, Der Überfall im Wildbad und die Burg Straubenhardt, G. Volz S. 203

109  Aus dem Schwarzwald, Blätter des württembergischen Schwarzwaldvereins, 38. Jahrgang 1930, Sage und Geschichte von Enzklösterle, Kuhn S. 50

110  Ein Vierteljahrhundert Seewald im Schwarzwald, Manfred Gall, Herausgeber: Gemeinde Seewald 1999 S. 176

111  Aus dem Schwarzwald, Blätter des württembergischen Schwarzwaldvereins, 37. Jahrgang 1929, Hannikel, der Zigeunergeneral im Schwarzwald und das alte Hannikel Lied, Engelbert Wittich, S. 21, 53

112  Die Geschichte Dillweißensteins, Richard Schrade, Herausgeber: Stadt Pforzheim 1981 S. 74

113  Heimatkunde vom Oberamt Calw, Wilhelm Mönch, Druck und Verlag: A. Oelschläger'schen Buchdruckerei 2. Auflage S. 120

114  Bad Liebenzell, Gottlob Klepser, Herausgeber und Verlag: Weberdruck Pforzheim 1986 S. 26

115  Aus dem Schwarzwald, Blätter des württembergischen Schwarzwaldvereins, 39. Jahrgang 1931, Der Riese Erkinger in Sage und Geschichte, W. G. Klepser S. 72

116  Geschichte einer Stadt, Hirsau I, Klaus Schreiner, Herausgeber: Große Kreisstadt Calw - Stadtarchiv- 2005 S. 13

117  Hirsau, Geschichte und Kultur, Wolfgang Irtenkauf, Jan Thorbecke Verlag, 3. Auflage, Sigmaringen 1978 S. 10

118  Hirsau seine Geschichte und seine Ruinen, Karl Greiner, Herausgeber: A. Oelschläger'sche Buchdruckerei 1953 S. 38

119  Nachrichten zur Geschichte von Calmbach und Höfen, Max Eifert, Verlag der Stiftungspflege von Calmbach 1850 S. 9

120  Calw Geschichte und Geschichten aus 900 Jahren, Ernst Rheinwald/Giesbert Rieg, Verlag A. Oelschläger'sche Buchdruckerei 1952 S. 15

121  Bad Teinach und Luftkurort Zavelstein, W. Mönch, Herausgeber: Schwarzwald-Bezirksverein Teinach und Zavelstein 1911 S. 6

122  Der Landkreis Claw, Ein Jahrbuch, Herausgeber: Landkreis Calw Band 17, 1999, Burgen und Schlösser im Landkreis Calw, Sebastian Parzer S. 177

123  Heimatkunde vom Oberamt Calw, Wilhelm Mönch, Druck und Verlag: A. Oelschläger'schen Buchdruckerei 2. Auflage S. 24

124 Nagolder Heimatbuch, Karl Bach u.a., Herausgeber: Georg Wagner, 1925 S. 352, 353

125 Aus der Geschichte Altensteigs, Friedrich Kühbauch u.a., Wegra-Verlagsgesellschaft mbH Stuttgart 1987 S. 23

126 Der Landkreis Calw, Ein Jahrbuch, Herausgeber: Landkreis Calw Band 17, 1999, Burgen und Schlösser im Landkreis Calw, Sebastian Bernklaue S. 180

127 Nagolder Heimatbuch, Karl Bach u.a., Herausgeber: Georg Wagner, 1925 S. 353

128 Seewald Ein Heimatbuch, Udine Meissner, Herausgeber: Schwarzwaldverein Ortsgruppe Besenfeld 1990 S. 230

129 Aus dem Schwarzwald, Blätter des württembergischen Schwarzwaldvereins, 13. Jahrgang 1905, Burg Liebeneck, Robert Gerwig S. 129

130 Waldbauerndorf- Industriearbeitergemeinde- Stadtteil Würm 1263-1980, Karl Ehmann/Herbert Ruff, Herausgeber: Stadt Pforzheim 1987 S. 32

131 Heimatbuch der Stadt und des alten Amts Dornstetten, Johannes Wößner, Katl Bohn, Herausgeber: Stadt Dornstetten 1986 S. 154/ 629

132 Der Kreis Freudenstadt, Heimat und Arbeit, Herausgeber: Landrat Gerhard Mauer 1978 S. 172

133 900 Jahre Salzstetten 1085-1985, Festschrift, Herausgeber: Mitglieder des Festausschusses S. 28

134 Aus der Geschichte der Gemeinde Königsfeld und ihrer Ortsteile, Herausgeber: Gemeinde Königsfeld S. 59

135 Heimat an der Eschach, Dunningen, Seedorf, Lackendorf, Herausgeber: Gemeinde Dunningen 1986 S. 188

136 Gutach, Heimat der Bollenhuttracht, Sagen im Gutachtal, Hannelore Zimmermann, Herausgeber: Gemeinde Gutach 2000, S. 169

137 Schwarzwälder Bote Mediengesellschaft mbH, Oberndorf, Ausgabe Hornberg Gutach, Wo die Pferde hielten wurde Kirche gebaut, 29/30. 7. 1989

138 Badische Burgen aus romantischer Sicht, Herausgeber: Stadt Freiburg Augustinermuseum 1994 S. 98

139 Hornberg an der Schwarzwaldbahn, Dr Karlleopold Hitzfeld, Herausgeber: Stadt Hornberg 1970 S. 129

140 Dto S. 140

141 Dto S. 249

142 Die Ortenau Veröffentlichungen des Historischen Vereins für Mittelbaden, 21. Heft 1934, Althornberg, Edith Reiß-Vasek S. 463

143 Der Schwarzwald des Badischen Schwarzwaldvereins, 3. Jahrgang 1900, Das Felsenfräulein, A. Kammerer S. 283

144 Triberg Geschichte der Stadt Triberg, Wilhelm Maier, Karl Lienhard, Herausgeber: Heimat- und Gewerbeverein Triberg e.V. 1964 S. 241

145 Mittelbadische Presse, Herausgeber: Reiff Verlag Offenburg, In Kirchen und Kapellen, Karl Volk, 1.6.1985

146 Almanach 1998 Heimatbuch des Schwarzwald-Baar-Kreises, Herausgeber: Landratsamt Schwarzwald-Baar-Kreis, 22. Folge, Felsenkönigin S. 235

147 Geschichte der Stadt Triberg, Wilhelm Maier, Karl Lienhard, Herausgeber: Heimat- und Gewerbeverein Triberg e.V. 1964 S. 185/189

148 Dto S. 243

149 Almanach 1993 Heimatbuch des Schwarzwald-Baar-Kreises, Herausgeber: Landratsamt Schwarzwald-Baar-Kreis, 17. Folge, Die Sage von der Laubwaldkapelle, Jochen Schultheiß S. 316

150 Chronik der Gemeinde Schonach im Schwarzwald, Werner Hamm, Herausgeber: Gemeinde Schonach im Schwarzwald 1981 S. 235

151 Dto S. 421

152 Dto S. 423

153 Dto S. 423

154 Almanach 1995 Heimatbuch des Schwarzwald-Baar-Kreises, Herausgeber: Landratsamt Schwarzwald-Baar-Kreis, 19. Folge, An der Wasserscheide Gutach und Elz, Bruno Bender S. 310

155 Die Verehrung der schmerzhaften Mutter Gottes im Brudertal bei Kuhbach, Ludwig Heizmann, Verlag: Kath. Pfarramt Kuhbach 1913 S. 14/18

156 Geschichte des Marktfleckens Seelbach, Joseph Himmelsbach, Druck: E. Revellio Hüfingen 1906 S. 16

157 Storchenturm, Herausgeber: Stadt Lahr, Heft 4, Jahrgang 6, 1966, Hohengeroldseck - Die Sage, Gabriele Bohnert

158 Wenn Steine reden, Gerhard Finkbeiner/Gernot Kreutz, Herausgeber: Historischer Verein für Mittelbaden-Mitgliedergruppe Seelbach-Schuttertal S. 37

159 Dto S. 116

160 Dto S. 116

161 Die Ortenau Veröffentlichungen des Historischen Vereins für Mittelbaden, 43. Jahrgang, 1963, Die Sage von Ettenheimmünster und dem Ettenbachtal, Erwin Ohnemus S. 61

162 Geroldsecker Land, Jahrbuch für den Landkreis Lahr, Heft 6, 1963/64, Herausgeber: Stadt Lahr, Die Benediktinerabtei Ettenheimmünster, Karl Gast S. 132

163 Geroldsecker Land, Jahrbuch für den Landkreis Lahr, Heft 15, 1973, Herausgeber: Stadt Lahr, Landolin und die Anfänge des Klosters Ettenheimmünster, Paul Ritter S. 101

164 Badische Burgen aus romantischer Sicht, Herausgeber: Stadt Freiburg Augustinermuseum 1994 S. 84

165 Windenreute 1094-1994 Festschrift und Chronik, Herausgeber: Ortsverwaltung Windenreute zur Jubiläumsfeierlichkeit 1994 S. 62

166 Historisch-topographische Beschreibung des Amtsbezirkes Waldkirch, Johann Nepomuk Hirz, Universitätsdruckerei von H.M. Poppen Sohn, Freiburg 1864 S. 40

167 Dto S. 24

168 Waldkirch im Elztal Stift, Stadt und Amtsbezirk, Max Wetzel I Teil, Selbstverlag S. 82

169 Historisch-topographische Beschreibung des Amtsbezirkes Waldkirch, Johann Nepomuk Hirz, Universitätsdruckerei von H.M. Poppen Sohn, Freiburg S. 32

170 Waldkirch im Elztal Stift, Stadt und Amtsbezirk, Max Wetzel I Teil, Selbstverlag S. 344

171 Aus der Geschichte von Bleibach, Hermann Rambach, Herausgeber: Gemeinde Bleibach 1978 S. 140

172 Wegkreuze Bildstöcke und Hofkapellen im Elztal, Gerda Hasencamp, Waldkircher Verlag 1990 S. 75

173 Yach, das Dorf am Rohrhardsberg, Josef Weber, Herausgeber: Stadt Elzach anläßlich der 700 Jahr Feier der Ortschaft Yach 1993 S. 302

174 Dreisamtal mit seinen Kapellen und Wallfahrten, Franz Kern, Schillinger Verlag Freiburg, 4. Auflage 1997 S. 43

175 Dto S. 111

176 Maeia Lindenberg, Josef Läufer, Herausgeber: Stiftungsrat Maria Lindenberg 1984 S. 10/11/12

177 Dto S. 20

178 Schwarzwald Sagen, Johannes Künzig, Verlegt bei Eugen Dietrichs Jena 1930 S. 241

179 Das Dreisamtal mit seinen Kapellen und Wallfahrten, Franz Kern, Schillinger Verlag Freiburg, 4.Auflage 1997 S. 66

180 St. Märgen eine Perle des Schwarzwaldes, Ernst Hug, Herausgeber:Ernst Hug 1991 S. 31/73

181 Der Lichtgang Blätter für Heimat und Volksleben, Jahrgang 18, 1968, Das Gnadenbild von St. Märgen, Josef Künzig, August S. 55

182 Geschichte St. Märgens, Karl Fehrenbach Band 1, Verlag: Schwarzwaldverein Ortsgruppe St. Märgen e.V. 1988 S. 110

183 Im Herzen des Hochschwarzwaldes, Eugen Josef Katzenmayer, Druck & Verlag Spachholz & Ehrath Bonndorf 1952 S. 73

184 Geschichte St. Märgens, Karl Fehrenbach Band 1, Verlag: Schwarzwaldverein Ortsgruppe St. Märgen e.V. 1988 S. 106

185 Heimatblättle, Heimat- und Geschichtsverein Gütenbach,1/1993, Der Balzer Herrgott - Dichtung und Wahrheit, Oswald Scherzinger S. 25

186 Der Lichtgang Blätter für Heimat und Volksleben, Jahrgang 11, 1961, Die Köhler, Heinrich Schreiber S. 8

187 Badische Burgen aus romantischer Sicht, Herausgeber: Stadt Freiburg Augustinermuseum 1994 S. 166

188 Badische Heimat Mein Heimatland, Herausgeber: Badische Heimat e.V., Jahrgang 68, 1988, Drei Sagen zum Ursprung der Herzöge von Zähringen, Stefan Wolf S. 374

189 Schauinsland, Herausgeber: Breisgau-Verein „Schau-ins-Land" Jahrgang 38, 1911, Die Sage vom Totenkopf des alten Friedhofes zu Freiburg, Dr Max Stork S. 47

190 Schwarzwaldsagen, Johannes Künzig, verlegt bei Eugen Dietrichs Jena 1930 S. 281

191 Der Lichtgang Blätter für Heimat und Volksleben, Jahrgang 7, 1957, Drei Kirchlein unter einem Dach, S. 26

192 Internet freiburg-schwarzwald.de littenweiler/otilien/htm

193 Badische Heimat Mein Heimatland, Herausgeber: Badische Heimat e.V., Jahrgang 78,1998, St. Ottilien bei Freiburg – bergbaulichen Ursprungs, Hansjörg Maus, S. 456

194 Badische Burgen aus romantischer Sicht, Herausgeber: Stadt Freiburg Augustinermuseum 1994 S. 70

195 Unsere Gemeinde Buchenbach vom Kirchspiel zur Gemeinde, Herausgeber: Ursula Huggle und Ulrike Rödling i.A. der Gemeinde Buchenbach 1996, Die Herren von Falkenstein und die Burg im Höllental, Josef Faller S. 117

196 Dto Wege über Schwarzwald, Raimund Herder S. 54/58

197 Schauinsland, Herausgeber: Breisgau-Verein „Schau-ins-Land" Jahrgang 12, 1885, Eine Wanderung ins Höllental, Otto von Eisengrün, S. 12

198 Internet freiburg-schwarzwald.de/Gasthaus//Roland Kroell 92.208.BZ

199 Hinterzarten Gesicht und Geschichte einer Schwarzwaldlandschaft, Ekkehard Liehl, Rosengarten Verlag Konstanz 3. Auflage 1986 S. 112

200 Der Schwarzwald, Zeitschrift des Schwarzwaldvereins 1966, Herausgeber: Schwarzwaldverein, Aus dem Sagenschatz unserer Heimat, Hans Matt-Willmatt S. 64

201 Feldberg im Schwarzwald, August Vetter, Selbsverlag der Gemeinde Feldberg S. 498

202 Dto S. 487

203 Kirchzarten Geschichte der Pfarrei Kirchzarten, Max Weber, Herausgeber: Selbstverlag Gemeinde Kirchzarten S. 241

204 Internet freiburg-dreisamtal/Giersberg

205 St. Wilhelm Die Geschichte eines Schwarzwaldtales, Hans Bühler, 2. Auflage, 1978 S. 3

206 Badische Heimat Zeitschrift für Volkskunde, Herausgeber: Eris Busse Freiburg, Jahrgang 12, 1925, Das schwimmende Krzufix, Friedrich Pfaff S. 111

207 Das Dreisamtal mit seinen Kapellen und Wallfahrten, Franz Kern, Schillinger Verlag Freiburg 4. Auflage S. 93

208 St. Wilhelm Die Geschichte eines Schwarzwaldtales, Hans Bühler, 2. Auflage, 1978 S. 28

209 Oberländer Chronik Heimatblätter des Südkurier, Herausgeber: Südkurier Medienhaus Konstanz, Snewelin und die Schneeburg, B. Gemeiner Nr 160/1956

210 Geschichte des Schwarzwaldes, Martin Gerbert, Band 2, Rombach Gmbh Druck- und Verlagshaus 1996 S. 135

211 Badische Heimat Zeitschrift für Volkskunde, Herausgeber: Eris Busse Freiburg, Jahrgang 12, 1925, Das schwimmende Kruzifix, Friedrich Pfaff S. 112

212 Schauinsland, Herausgeber: Breisgau-Verein „Schau-ins-Land zu Freiburg" 1882, Volkssagen von Ebringen am Schönberg, Carl Gagg S. 64

213 Das Hexental, Thomas Herzig u.a., Kehrer Verlag Freiburg 1983 S. 54

214 Der Schwarzwald, Zeitschrift des Schwarzwaldvereins 1968, Herausgeber: Schwarzwaldverein, Ein Kleinod der Einsamkeit: St. Ulrich, Klaus Peter Schwarz S. 176

215 Der Lichtgang Blätter für Heimat und Volksleben, Jahrgang 16, 1966, Die ausgestorbene Stadt Staufen, Paula Hollenweger S. 74

216 Schauinsland, Herausgeber: Breisgau-Verein „Schau-ins-Land zu Freiburg" Jahrgang 9, 1882, Wie Dr Faust zu Staufen vom Teufel geholt ward, Constantin Geres S. 6

217 Münstertal/Schwarzwald Geschichte und Geschichten, Herausgeber: Gemeinde Münstertal 1974, Die Geschichte des Benediktinerklosters St. Trupert, Hermann Meier, S. 11

218 Dto Sagen und Anedekoten, Eugen Baur, S. 230

219 Dto S. 234

220 Sulzburg - ein Stadt- Bergwerks- und Waldgeschichte, Ed Martini, Buchdruckerei Lauber Freiburg S. 82

221 Dto S. 103/121

222 Ebneweiler und seine Umgebung, Dr Gustav Wever, 1866, Nachdruck 3. Auflage, Wolfgang Abel 1980 S. 56

223 Badische Burgen aus romatischer Sicht, Herausgeber: Stadt Freiburg Augustiner Museum 1994 S. 56

224 Der Lichtgang Blätter für Heimat und Volksleben, Jahrgang 12, 1962, Der Habsberger, Paula Hollenweger S. 96

225 Malsburg-Marzell Eine Spurensuche im Südschwarzwald, Herausgeber: Gemeinde Marburg-Marzell 1995, Die Adelsfamilie von Kaltenbach, Karlheinz Beyerle S. 50

226 Rötteln-Haage, Fritz Schüllin, Herausgeber: Gemeindeverwaltung Haagen, 1965 S. 226

227 Dto S. 137/141/659

228 Brombach 786-1972, Fritz Schülin, Herausgeber: Gemeinde Brombach 1972 S. 102

229 Steinen Chronk eines Dorfes, Ernst F. Bühler, Herausgeber: Gemeinde Steinen S. 277

230 Geschichte der Stadt Schopfheim, August Eberlein, Nachdruck: Klaus Strütt S. 190

231 Der Schwarzwaldverein, Zeitschrift des Schwarzwaldvereins, 1968, Herausgeber: Schwarzwaldverein 1968, Der Eichner See in Sage und Geschichte, Kurt Ueckert, S. 126

232 Utzenfeld Ein Dorf im Wandel der Zeit, Albrecht Schlageter, Herausgeber: Gemeinde Utzfeld S. 393

233 Geschichte von Schönau im Schwarzwald, Eduard Böhler, Verlag Rombach Freiburg S. 336

234 Im Schwarzwälder Hergottswinkel Das obere Wiesental, Werner Dold und Gerhard Jung Kehrer Verlag Freiburg 1989 S. 14

235 Todtnau Wesen und Werden einer Schwarzwaldgemeinde, Dr Theodor Humpert, Herausgeber: Gemeinde Todtnau 1939 S. 157

236 Dto S. 96/157

237 Dto S. 158

238 Der Schwarzwald, Zeitschrift des Schwarzwaldvereins, 1967 Herausgeber: Schwarzwaldverein, Zur Geschichte des Nonnenmattweihers, Kurt Ueckert, S. 17

239 Der Schwarzwald des Badischen Schwarzwaldvereins 1932, Herausgeber: Der Badische Schwarzwaldverein, Der Nonnenmattweiher bei Neuenweg S. 195

240 Der Kreis Waldshut, Herausgeber: Dr Konrad Theiss und Hans Schleining 2. Auflage 1979, Kunstdenkmäler im Kreis Waldshut, Judith und Lars Jakob Wörner S. 129/143

241 Säckingen Die Geschichte der Stadt, Hugo Ott, Konrad Theiss Verlag Stuttgart und Aalen 1978, Geschichte des Stiftes und der Stadt Säckingen, Berhard Oeschger S. 17

242 Der Kreis Waldshut, Herausgeber: Dr Konrad Theiss und Hans Schleining 2. Auflage 1979, Bad Säckingen, Walter Brom S. 235

243 Ibach bei St. Blasien, Mathäus Morath, Herausgeber: Gemeinde Ibach 1969 S. 328

244 Badische Burgen aus romantischer Sicht, Herausgeber: Augustinermuseum 1994 S. 108

245 Wehr, Dr Fridolin Jehle, Herausgeber: Stadt Wehr 1969 S. 547

246 Dto S. 549

247 Dto S. 247

248 Dto S. 548

249 Die Geschichte von Hasel und Glashütten, Heinrich Weidner, Seblsverlag 1933 S. 191

250 Todtmoos Geschichte und Landschaft, Josef Anton Ruf, Emil Buhr + Verlag Bernau 1976 S. 17

251 Geologische Landeskunde des Hotzenwaldes, Rudolf Metz, Moritz Schauenburg Verlag 1980 S. 807

252 Heimatbuch für den Amtsbezirk Waldshut, Wilhel Hugo Mayer, Druck und Verlag von R. Philipp, Waldshut 1928 S. 223

253 Geologische Landeskunde des Hotzenwaldes, Rudolf Metz, Moritz Schauenburg Verlag 1980 S. 806

254 Aus der Geschichte von Görwihl und des Görwihler Berges, Jakob Ebener, Druck: St. Josephs-Druckerei 1952 S. 92

255 Die Chronik vom Höchenschwander Berg, Karl Beck, Druck: Tilia-Druck Freiburg 1989 S. 343/344

256 Das tausenjährige St. Blasien 200 jähriges Domjubiläum, Ausstellungskatalog Kloster St. Blasien, Band 2 1983, Das Schicksal der Klostergebäude im Lauf d1983, 1983, Das Schicksal der Klostergebäude im Laufe der Jahrhunderte, Hansjakob Wöhner S. 106

257 Sankt Blasier Land, Bernhard Steinert, Verlag: Johannes Maier Buchhandlung St. Blasien 1987 S. 21

258 Ibach bei St. Blasien, Mathäus Morath, Herausgeber: Gemeinde Ibach 1969 S. 13/291/325

259 Dto S. 321

260 Dto S. 329

261 Geschichte der Stadt Waldshut, Joseph Ruch, Herausgeber: Bürgermeisteramt Stadt Waldshut S. 27

262 Heimatbuch für den Amtsbezirk Waldshut, Wilhel Hugo Mayer, Druck und Verlag von R. Philipp, Waldshut 1928, Von der Junggesellenschaft Waldshut, E. Heiden S. 256

263 Geschichte der Stadt Waldshut, Joseph Ruch, Herausgeber: Bürgermeisteramt Waldshut S. 77

264 dto S. 43

265 Tiengen Bild einer Stadt, Heinz Vollmer, Herausgeber: Stadt Waldshut-Tiengen 1987 S. 26

266 Der Lichtgang Blätter für Heimat und Volksleben, Jahrgang 22, 1972, Sagen aus dem Klettgau Richard Gäng S. 42

267 Geologische Landeskunde des Hotzenwaldes, Rudolf Metz, Moritz Schauenburg Verlag Lahr 1980 S. 903

268 Heimat am Hochrhein Schriftreihe des Landkreises Waldshut, Herausgeber: Landkreis Waldshut 1963/64, Sagen aus dem Kreis Waldshut, Hans Matt-Willmatt S. 121

269 Berau im südlichen Schwarzwald, Hans Matt-Willmatt, Herausgeber: Bürgermeisteramt Berau 1969 S. 22/47

270 Weilheim im Landkreis Waldshut, Hans Matt-Willmatt, Herausgeber: Gemeinde Weilheim 1977 S. 240

271 Berau im südlichen Schwarzwald, Hans Matt-Willmatt, Herausgeber: Bürgermeisteramt Berau 1969 S. 22

272 Der Amtsbezirk oder die ehemalige sanktblasische Reichsherrschaft Bondorf, Albert Kürzel, Commissions-Verlag Fr. Xav Wangler Freiburg 1861 S. 128

273 Schluchsee, Bernhard Steinert, Herausgeber: Gemeinde Schluchsee 1983 S. 13

274 Die Burgen und Schlösser zwischen Wutachschlucht und Hochrhein, Heinz Vollmer in Schriftreihe „Heimat am Hochrhein" 1975 S. 70

275 Heimatbuch für den Amtsbezirk Waldshut, Wilhelm Hugo Mayer, Druck und Verlag von R. Philipp Waldshut 1928 S. 235

276 Der Amtsbezirk oder die ehemalige sanktblasische Reichsherrschaft Bondorf, Albert Kürzel, Commissions-Verlag Fr. Xav Wangler Freiburg 1861 S. 78

277 Heimatbuch für den Amtsbezirk Waldshut, Wilhem Hugo Mayer, Druck und Verlag von R. Philipp Waldshut 1928 S. 174/225

278 Chronik von Eggingen, Siegfried Hasenfratz, Gedruckt vom Kommunalen Nachrichten, Verlag Grimm Allensbach 1973 S. 72

279 Heimatbuch für den Amtsbezirk Waldshut, Wilhelm Hugo Mayer, Druck und Verlag von R. Philipp Waldshut 1928 S. 239

280 Chronik von Eggingen, Siegfried Hasenfratz, Gedruckt vom Kommunalen Nachrichten Verlag Grimm Allensbach 1973 S. 60

281 Dto S. 181

282 Geschichte der Stadt und vormaligen Landgrafschaft, Hans Brandeck, Verlag Stadt Stühlingen 1927 S. 158

283 Die Burgen und Schlösser zwischen Wutachschlucht und Hochrhein, Heinz Vollmer in Schriftreihe „Heimat am Hochrhein", Herausgeber: Hochrhein-Geschichtsverein Waldshut 1975 S. 15/16

284 Heimatbuch für den Amtsbezirk Waldshut, Wilhelm Hugo Mayer, Druck und Verlag von R. Philipp Waldshut 1928 S. 237

285 Stühlingen Vergangenheit und Gegenwart, Gustav Häusler, Selbstverlag der Stadt Stühlingen 1966 S. 217

286 Heimat am Hochrhein Schriftreihe des Landkreises Waldshut, Herausgeber: Landkreis Waldshut 1967/68, Die Meineidsbrücke, Karl Hermanmn Glötzner S. 132

287 Der Schwarzwald Zeitschrift des Schwarzwaldvereins 1963, Herausgeber: Schwarzwaldverein, Der Lunzistein in der Wutachflühe, Gustav Häusler S. 77

288 Die Wutach Naturkundliche Monographie einer Flußlandschaft, Nachdruck, Herausgeber: Landesamt für Umweltschutz Baden-Württemberg 1988, Morphologie des Wutachgebietes, Ekkehard Liehl S. 16

289 Badische Burgen aus romantischer Sicht, Herausgeber: Stadt Freiburg Augustinermuseum 1994 S. 60

290 Der Amtsbezirk oder die ehemalige sankblasische Reichsherrschaft Bondorf, Albert Kürzel, Commission-Verlag Fr. Xav. Wangler Freiburg 1861 S. 212

291 Ortschronik Ewattingen, Josef Burger u.a., Herausgeber: Gemeinde Ewattingen 1996, S. 136

292 Der Amtsbezirk oder die ehemalige sankblasische Reichsherrschaft Bondorf, Albert Kürzel, Commission-Verlag Fr. Xav. Wangler Freiburg 1861 S. 45

293 Chronik von Löffingen Die Geschichte eines Landstädtchens, Karl Hasenfuß, Herausgeber: Stadt Löffingen 1953 S. 54

294 Friedenweiler Hochschwarzwald 1123-1973, Dr Erich Wohlfahrt, Herausgeber: Bürgermeisteramt Friedenweiler S. 5/22

295 Geschichte des Klosters und der Pfarrei St. Georgen auf dem Schwarzwald, Eduard Martini 1859 Nachdruck: Verein für Heimatgeschichte St. Georgen 1979 S. 21

296 Friedenweiler Hochschwarzwald 1123-1973, Dr Erich Wohlfahrt, Herausgeber: Bürgermeisteramt Friedenweiler S. 8

297 Der Lichtgang Blätter für Heimat und Volksleben, Jahrgang 18, 1968, Der Lenzkircher Ursee S. 63

298 Lenzkircher Bevölkerungsgeschichte im Hochschwarzwald, Max Weber, Verlag Rombach 1953 S. 3

299 Mein Heimatland, Herausgeber: Hermann Eris Busse Freiburg 21. Jahrgang 1934, Sagen aus Lenzkirch, Theodor Meyer S. 176

300 Hüfingen, August Vetter, Herausgeber: Stadt Hüfingen 1984 S. 570/673

301 Almanach 1979 Heimatbuch des Schwarzwald-Baar-Kreis, Herausgeber: Landratsamt Schwarzwald-Baar-Kreis, Ruchtraud von Allmendshofen, Georg Goerlipp S. 126

302 Almanach 1995 Heimatbuch des Schwarzwald-Baar-Kreis, Herausgeber: Landratsamt Schwarzwald-Baar-Kreis, Bärenkreuz zwischen Hubertshofen und Bubenried, Engelbert Kropfreiter S. 189

303 Dto Burg Zindelstein, Gerhard Blessing S. 237

304 Schollach Heimatgeschichte einer Talgemeinde, Burkhard Krupp u.a., Herausgeber: Gemeinde Eisenbach 2. Auflage 1987 S. 157

305 Der Schwarzwald Zeitschrift des Schwarzwaldvereins 1988, Herausgeber: Schwarzwaldverein, Worauf bezieht sich der Name „Kalte Herberge", Heinz Erhardt S. 174

306 Beiträge zur älteren Geschichte der Stadt Vöhrenbach, Karl S. Bader, Herausgeber: Stadt Vöhrenbach 1965 S. 121

307 Internet: wikisource: Sagen Vöhrenbach wiki

308 Die Geschichte von Linach im Schwarzwald, Walter Fauler, Herausgeber: Stadt Furtwangen, 2. Auflage 1990 S. 32

309 Dto S. 102

310 Internet: wapedia.mobi.de/Martinskapelle_Furtwangen

311 Schönwald in Vergangenheit und Gegenwart, Richard Dorer, Verlag Müller Villingen 1948 S. 320

312 Die Chronik von Rohrbach im Schwarzwald, Manfred Kimmig, Herausgeber: Stadt Furtwangen 1981 S. 69/151

313 Dto S. 62/154

314 Oberkirnach Hofchronik und Dorfgeschichte, Herausgeber: Stadt St. Georgen, 2. Auflage 1987 S. 217

315 Geschichte von St. Georgen, Karl Theodor Kalchschmidt, Carl Winter's Universitätsbuchhandlung Heidelberg 1895 S. 21

316 St. Georgen Chronik des Klosters und der Stadt, Erich Stockburger, Herausgeber: Stadt St. Georgen 1972 S. 113